中国社会经济史新探索丛书

重返海洋：
晚清中国海洋思想研究

黄顺力 ◎ 著

厦门大学出版社 国家一级出版社
XIAMEN UNIVERSITY PRESS 全国百佳图书出版单位

图书在版编目（CIP）数据

重返海洋：晚清中国海洋思想研究 / 黄顺力著. -- 厦门：厦门大学出版社，2024.5
(中国社会经济史新探索丛书)
ISBN 978-7-5615-9220-5

Ⅰ. ①重… Ⅱ. ①黄… Ⅲ. ①海洋权-思想评论-研究-中国-清后期 Ⅳ. ①D993.5

中国国家版本馆CIP数据核字(2023)第228770号

责任编辑	韩轲轲
美术编辑	蒋卓群
技术编辑	朱 楷

出版发行	厦门大学出版社
社　　址	厦门市软件园二期望海路39号
邮政编码	361008
总　　机	0592-2181111　0592-2181406(传真)
营销中心	0592-2184458　0592-2181365
网　　址	http://www.xmupress.com
邮　　箱	xmup@xmupress.com
印　　刷	厦门集大印刷有限公司

开本	720 mm×1 020 mm　1/16
印张	23.5
插页	1
字数	400千字
版次	2024年5月第1版
印次	2024年5月第1次印刷
定价	88.00元

本书如有印装质量问题请直接寄承印厂调换

厦门大学出版社
微信二维码

厦门大学出版社
微博二维码

序

黄君顺力是我的学生和同事，1995年他以42岁的"高龄"在职考取了我的博士研究生，经过四年的博士课程学习和学位论文的训练，终以全优的成绩获得博士学位。对他于教学科研工作的努力认真与治学探求的勤奋耐苦，我一直深以为慰。眼前摆着的这部30余万字的书稿是他退休8年后的新作，也是国家2014年度社科课题项目的结题成果。面向海洋，重返海洋，提炼晚清中国海防与海权思想演变的历史经验和教训，是研究和阐释党的十九大提出的"建设海洋强国"战略的题中应有之义。顺力送来书稿给我提意见时，希望我写个序，以示鼓励。由此我写了如下读后感，权当为序：

第一，中国作为陆海兼具的东方大国有着自己的海洋文明传统，自然也有着自身内在理路的海洋权益思想，包括该书所专门论及的海防与海权思想。但由于"工业革命"之后西方世界的崛起和海上的全球扩张，建立起统治海洋的国际秩序和规则，在社会及学界形成以西方为本位的话语体系，无视甚至于否认东方和中国有自己的海洋文明传统，对此，我们亟需拨乱反正，从理念上、制度上和实践上三个层面，培育海洋强国建设的观念和文化。顺力教授的新作强调任何思想意识的产生与发展都是时代和环境的产物，这如同东西方社会的历史发展有所不同一样，东方国家有着自己与西方不同的海洋发展道路,其海洋文明传统和海洋权益意识也必然有着不同的发展理路。为此,他认真梳理,简要归纳出中国海洋文明传统中"开发利用""陆主海从""内敛守护"三个特点,显现出中国"利用守护型"的海洋文明与西方国家"掠夺进攻型"海洋文明的不同。他由此进一步指出以中国为代表的东方海洋文明,自明清以降对海洋"利用守护"的程度乃主要是因应大航海时代之后,也即西方世界"向外用力""掠夺进攻"的新形势而日益予以强化的。

这或许在学界传统关注的"防海"或"海防"问题上,可以从某种历史维度去更好地揭示明清中国为何凸显其"用力向内""消极防守"特点的时代原因。诚然,这种"用力向内""消极防守"的认知深刻影响了大航海时代中国在世界海洋竞争中的发展格局,并最终造成了晚清中国应对西方海洋挑战的败北。但正如该书所指出的,在时代与环境变化发展的过程中,"消极防守"意识处于外来压力之下也可以努力"创造性地转化"为"积极防御"的思想发展态势。晚清中国海防与海权思想的衍变正是沿这一脉络向前发展的。作者将中国海洋权益思想,包括近代海防、海权思想的产生、衍变置于世界海洋文明发展的历史进程中加以比较考察,在相当程度上拓展了这一研究的视野,对中国海洋文明史的研究很有启发意义。

第二,清嘉道以后,中国沿海的"海患"与海防都出现了新的情况,尤其第一次鸦片战争的爆发促使晚清国家在政策层面上将海防事务列为最重要的议题之一。作者认为,在这一问题上,晚清中国既有对传统海洋思想、海洋权益观念的发掘与传承,又有在西方列强海上挑战下的抗争与蜕变,亦即该书所言:"晚清国人海防、海权思想由传统向近代转变的两个最基本的动力来自于:一方面是在'西力东侵'的大趋势下,中国国家安全所面临的主要威胁已由传统的陆疆转向海洋,即所谓'自道光中海禁大开,形势一变,海防益重'。日益严重的海防危机促进了传统海防、海权思想的近代转型。另一方面是在'西学东渐'的过程中,主张和确保国家海洋权益的《国际法》精神与准则,以及以马汉为代表的西方海权思想学说开始输入中国,晚清中国的有识之士对'新学'的认知、消化和吸收成为此一转型的思想动力。"

作者在深刻反思晚清国人传统海防、海权思想"落后"于近代西方的基础上,还认真梳理了晚清朝野上下为提升海洋和海权意识,加强海防、海军建设,以设法跻身海洋强国的努力过程,并强调指出,晚清中国的海洋军事物质技术的确落后于西方的"坚船利炮",但其时晚清国家的综合国力对发展海防、海军事业的实际支撑程度,包括传统海洋观念意识,对近代海防、海军建设的深层困扰及其历史经验教训,都需要我们做出更为认真理性的思考,而不是"一言以蔽之"式地予以简单否定。

晚清中国的海洋认知经历了一个由传统向近代转型的过程,尽管这一衍变转型过程对于有着自己海洋文明传统的中国来说显得相当崎岖曲折,但也的确是我们这个陆海兼具型古老大国面向海洋、重返海洋的时代性开端。

第三,该书主要以晚清中国海防与海权的思想衍变为研究脉络,但思想的发展衍变是个过程,故作者在写作内容安排上对中国古代海洋权益思想之发微,以及明清时期海防、海权认知的产生做了必要的溯源,以此能更好地理解晚清国人海防、海权认知与时代基本同步转型的思想衍变脉络。讨论重点则以第一次鸦片战争前后、洋务自强新政和甲午战败、"重建海军之议"为三大关键节点,考察晚清中国因海防危机的催逼,国人传统的海防、海权意识在"西力东侵"和"西学东渐"的双重冲击下,如何由最初的朦胧觉醒向以《国际法》为导向的近代海防、海权思想转型的过程,探讨晚清时期中国初显向陆海兼具的海权大国转化的发展趋势,及其成功与失败的历史经验教训。

以往学界研究的相关成果,多侧重或基本沿袭以西方话语体系为本位的学术概念,该书作者除了遵循必要的相关诠释之外,还提出了诸如"防海"认知与"海防思想","海洋权益"、"海洋权利"与"海洋利益","海权"与"海洋权力","海国时代"与"第一次对外海防战争"等新概念,应该说也是一种有益的尝试和探索。我赞赏作者充分注意到近代万国公法（《国际法》）引入，以及同时代世界海权思想发展对国人深刻影响的学术关怀。海国竞争既有实力对抗，也有文明互鉴。作者尝试从东西方不同的海洋发展道路，以及东西方有所区别的海洋权益（包括海洋权利、海洋利益及海洋权力）思想的理论探索上，建立与国际学界话语体系对话的努力相当值得肯定。

当然，"生有涯而学无涯"，学术研究既是新知创获积累的过程，也是旧知转化剔除的过程，我认为，该书对中国海洋文明传统具有"开发利用"、"陆主海从"和"内敛守护"三个显明特点的归纳，将传统海防思想表述为"防海"而将近代海防思想视为"海防"，以及对清末国民海权意识觉醒的程度，包括清末南中国海的"海权实践"等的论述，均自成一家之言。此外，作者在该书"绪论"部分对一些相关问题的理论思考和阐释，也可以引起学界的进一步争鸣与讨论，相信该书的出版对作者、对中国海洋史学界、对我们这个民族提高和强化海洋意识以及当今"建设海洋强国"的努力都是一件好事。

是为序。

杨国桢

2021 年 5 月 1 日

目　录

绪　论 ··· 1
　　一、研究旨趣 ·· 1
　　二、相关研究 ·· 11
　　三、基本思路与主要观点 ··· 21

第一章　古代中国海洋意识之发微、发展 ································· 28
　　一、"历心于山海而国家富" ··· 29
　　二、"履至尊而制六合" ·· 34
　　三、海上丝绸之路 ··· 42
　　四、唐、宋、元海洋权益意识之发展 ···································· 47
　　五、中国传统海洋权益思想的特点 ······································· 65

第二章　大航海时代：明清中国的海洋经略意识 ····················· 70
　　一、世界海洋发展与明初海疆局势 ······································· 71
　　二、"防海"：官方的"海禁"迷思 ·· 74
　　三、"泛海"：民间海上力量的崛起 ·· 89
　　四、"通洋之利"：郑氏父子的海洋权益意识 ·························· 92
　　五、清承明制的"防海"观念 ·· 97
　　六、台湾归附与弃留之争 ··· 103

七、清前期海防体系的衍变 ································ 110

第三章 "千古奇变"：从"防海"到海防 116
一、"海国时代"与西力东侵 ································ 117
二、"防海""海防"的思想碰撞 ···························· 124
三、有识之士海防认知的近代转向 ························ 132
四、关注《国际法》所体现的海洋主权意识 ············ 149
五、晚清中国海防思潮的初现 ······························ 161

第四章 "借法自强"：近代海防思想之滥觞 184
一、海防思潮的崛起 ·· 186
二、清廷高层的海防认知 ···································· 190
三、地方疆臣大吏的海防主张 ······························ 194
四、社会士子儒生对海防的呼应 ·························· 225

第五章 应变之策：海防与海权的双重变奏 230
一、"船政风波"：筹议海防之前奏 ························ 231
二、"海塞防之争"：筹议海防之插曲 ···················· 243
三、"大治水师"：筹议海防之主调 ························ 253

第六章 晚清中国的海洋权益意识 268
一、觉醒：对航海、航运利权的关注 ···················· 268
二、延伸：对海岛的经营与拓垦 ·························· 276
三、增强："弃民"与侨民的观念转化 ···················· 284
四、他山之石：海防与海权的国际法意识 ············· 293

第七章 "甲午之殇"与清末国民海权意识的觉醒 302
一、"甲午之殇"的历史反思 ································ 303
二、重建海军：建议与方案 ································ 318

三、清末国民海权意识的觉醒 …………………………… 327

四、晚清余晖：南中国海的海权实践 …………………… 338

余　论 ………………………………………………………… 344

主要参考文献 ………………………………………………… 353

后　记 ………………………………………………………… 364

绪　论

一、研究旨趣

作为人类生存与发展的"第二空间",辽阔深邃的海洋是地球上最大的水体地理单位。在约为 5.1 亿平方千米的整个地球表面面积中,海洋的面积约 3.62 亿平方千米,几占地球总面积的 71%。依有关数据统计,当今世界 85% 的大城市(居住人口 100 万人以上)、70% 的工业资本和 80% 的人口集中在距海岸 200 千米以内的沿海地区。[①] 海洋蕴藏着巨大的天然资源和能源,为地球上人类的生存发展提供了极其丰富的物质生活和生产条件。海洋所产生的社会经济利益与人类历史发展的相互关系密不可分。

放眼人类社会发展的全球历史,自古以来,不论是以"蓝色(海洋)文明"自诩的西方国家,还是被人为贴上"黄土(大陆)文明"标签的东方民族,其生存和发展都与海洋有着密切的关系,并且在与海洋互动的过程中形成了各自对海洋的基本认识。例如,人们所熟悉的、似具西方海洋话语权的经典性语录,"谁能控制海洋,谁就能控制世界"(古罗马哲人西塞罗语),彰显出西方沿海国家的人们对海洋的认识蕴含"积极进取"的向外军事征服的意义;而颇具东方色彩的"历心于山海而国家富"(古代中国哲人韩非子语),则显示出中华先民们看重的是对广阔海洋的开发与利用,其对海洋的

[①] 周碧松:《深蓝海洋的激烈争夺》,北京:军事科学出版社,2015 年,第 38 页。

认识虽然没有西方那种"控制征服"的显明特征，却更具有海洋经济文明内涵的实际意义。

马克思说："人们自己创造自己的历史，但是他们并不是随心所欲地创造，并不是在他们自己选定的条件下创造，而是在直接碰到的、既定的、从过去承继下来的条件下创造。"① 而且，任何思想的发展都"必须首先从已有的思想材料出发"②。

人类对海洋的思想认识也是如此，既是在直接碰到的、既定的、从过去承继下来的条件下产生形成的，又都有其各自发展的独特性。

基于此，我们认为，人类对海洋的认识，即海洋观念意识，是其自身通过各种实践活动，包括经济、政治、军事等所获得的、对海洋本质属性的基本认识。③ 它既是社会实践的产物，也是历史发展的积淀。人类在与海洋打交道的过程中，生活在不同地区的人们所形成的对海洋的认识，有着不同的理念和路径。植根于不同生活、生存条件基础上所形成的东西方海洋文明，包括我们所拟着重阐释、揭示的海防、海权等问题，在历史长河的洗练冲淘过程中，东西方国家与民族之间自然也有着不同的认识和内在理路，这是本书立意的基本旨趣所在。

著名学者杨国桢教授指出："海洋开发活动，在人类的童年时期便开始了。鱼盐之利，舟楫之便，是人类对海洋的早期认识，而海洋经济和海洋社会，则是人类开发、利用海洋，创造社会文明的成果。"④ 事实的确如此。由于人类的海洋开发活动与其拓展"第二生存空间"的生存需求紧密相关，不论是西方国家，还是东方民族，人类在开发、利用海洋，创造社会文明成果的同时，各种争胜海洋的活动，包括相随而至的海洋安全也日渐成为一个国家、民族得以生存发展的重要保障。海洋安全思想意识，即"防海""海防"；"海洋权益"、"海洋权利"与"海洋利益"；以及"海权"与"海洋权

---

① 马克思：《路易·波拿巴的雾月十八日》，《马克思恩格斯选集》，第1卷，北京：人民出版社，1972年，第603页。
② 恩格斯：《反杜林论》，《马克思恩格斯选集》，第3卷，第56页。
③ 黄顺力：《海洋迷思：中国海洋观的传统与变迁》，"致读者"，南昌：江西高校出版社，1999年，第1页。
④ 杨国桢等：《明清中国沿海社会与海外移民》，北京：高等教育出版社，1997年，第2页。

力"、"海洋主权"等等观念意识，构成了国家与民族整体海洋权益思想中极其重要的基本内容。

在此，首先就本书有关的几个学术概念做出必要的说明。

(一)"防海"认知与"海防思想"

"防海"是中国传统时期，尤其是明清时期，有关海上安全防御事务的泛称，它虽与"海防"时有并用，但"防海"一词之"防"字在先，亦即海上安全以"防"为主，基本上代表了晚清以前中国人普遍的海上安全防御意识。例如，明代中期身膺沿海防御重任的总督尚书胡宗宪即言："防海之制，谓之海防，则必宜防之于海，犹江防者，必防之于江，此定论也。"① 此一认知的思想基础主要是以大海为天然防线、视海洋为万里"天堑"，这较之于后人所普遍理解的"海防"含义，其传统色彩显然比较鲜明，故有今之论者指出："以'防海'来概括海防，始见于明代，专利权属胡宗宪。这一概念把海防限制于非常狭小的军事空间里，使之仅仅具有捍卫国家沿海安全这一个职能，而且是仅仅作为陆上防御的补充而存在，海防等于防海，海防等于防御、防守，一句话，等于防。胡宗宪的这一概括，当然是对明洪武以来的海防实践的总结，作为一个富于代表性的理性认识，它代表了明代中国人普遍的海防观念，代表了明代统治阶级的海防思想，它开宗明义地给了海防以明确的定义，从而也给了中国后来者的海防思想、海防战略一个基本的规范，其影响是深远的。"② 需要指出的是，昔时清代学者蔡方炳亦有所谓"海之有防，历代不见于典册。有之，自明代始。而海严于防，自明之嘉靖始"③，其概言要之即这种情况。

沿袭这一基本思路，本书所提到并略加以分析的"防海"认知，即指称传统的海防意识。

---

① （明）郑若曾：《筹海图编》（李致忠点校），卷12上，《经略三·御海洋》，北京：中华书局，2007年，第763页。
② 海军军事学术研究所：《中国海防思想史》（张玮、邓峰主编），北京：海潮出版社，1995年，第56页。
③ （清）蔡方炳：《广舆记·海防篇六》，见王锡祺编：《小方壶斋舆地丛钞》，光绪十七年（1891年）上海著易堂铅印本，第9帙，卷43，第12页。

而"海防思想"一词的使用在思想观念上则具有近代转型的意义,如林则徐、魏源等人在第一次鸦片战争后期海防观念的转变等。在严格意义上,海防是国家安全防卫的一部分,是为捍卫国家海洋方向的安全利益和发展利益所采取的防卫措施,包括海防体制、海军建设、武器装备、海防工程、力量动员、海防教育、海防立法和海防理论等诸多内容。这是第一次鸦片战争后,晚清中国在传统"海防"的基础上,因应"数千年未有之大变局"而陆续建立、发展起来的近代海上国防举措,因此,本书所涉及的有关海防思想的论述,即指称晚清国人对上述防卫措施的认识及其转变过程。这种认识既是近代社会转型的一个思想缩影,也是晚清国人面向海洋、深入认识海洋的一个衍变过程。

这里还需要指出的是,以往学界与社会关于海防思想的研究和认识都普遍有一种说法,认为东西方不同的自然地理环境,导致其国家与民族所形成的海洋观念与认识也截然不同:西方国家是"进攻型"的海防思想,是积极进取的,而东方民族则是"防守型"的海防思想,是消极防守的。[①]

但如前所述,不论西方国家,还是东方民族,抑或是世界其他濒海或非濒海地区的国家和民族,人类的生存发展都与海洋有着程度不同的密切关系。西方国家,尤其是地中海沿岸国家因航海条件的便利和海上贸易交换的生存需求,所形成的海洋观念与认识貌似更具"积极进取"的意义,但由于其侧重点从一开始就在于对海洋的控制和征服,即"向外用力",在这个意义上,我们将西方国家称为"掠夺进攻型"的海洋文明似不为过,其海防思想虽然是"进攻型"的,但并不能就此定义为"积极进取"的性质。

与西方国家相比,东方的中华先民在中原地区拥有大河流域发展农耕的优越条件而形成农业文明,在沿海地区则因"行舟楫之便"与"兴鱼盐之利"的海洋实践而形成"以海为田"的海洋文明,这种陆海兼具型海洋文明的侧重点是对海洋的开发和利用,在形式和途径上有着"用力向内"的特点。东方海洋文明虽不如西方海洋文明那样注重"向外用力",但更具海洋文明应有的经济社会内涵,其"用力向内"的程度则是因应大航海时代到

---

① 《关注"航海日",提高海防意识》,http://www.chinamil.com.cn,访问日期:2005年7月15日。

来，也即全球化世界历史发展这一新形势而日益得以强化的。

在这个意义上，相对于西方而言，我们或可将东方海洋文明称为"利用守护型"的海洋文明，其相应的海防思想虽显现出"消极"的"防守型"的特点，但"消极防守"在外来压力之下完全可以转化为"积极防御"。晚清之后国人的这一思想变化轨迹、发展脉络，包括其利弊得失、经验教训正是我们力图深入加以探讨的问题所在。

（二）"海洋权益"、"海洋权利"与"海洋利益"

"海洋权益"这个词本身是舶来品，它是17世纪欧洲一些国家在摆脱神圣罗马帝国的统治，取得独立地位和国家主权之后，在当时开始流行的"国际法"精神和准则基础上形成发展起来的各国对海洋空间的利用、征服与控制的认识和主张，具有"国际法"的法律意义。

一般而言，"海洋权益"属于国家的主权范畴，在理论意义上，它阐述的是国家领土向海洋延伸形成的权利和利益。

"海洋权利"是指属于国家领土主权性质的海洋权利，以及由此延伸或衍生的部分权利。如国家在自己领海区域内享有完全排他性的主权权利。在领海毗连区、专属经济区和大陆架等也享有由领海主权延伸或衍生过来的、仅次于主权的"准主权"权利。在实践意义上，它是"海洋权益"具有操作性的表述。

"海洋利益"则是国家在海洋上所获得的利益，即通常所说的"好处"。如开发利用国家海洋资源，发展海洋经济、海洋科学、海洋勘探、海洋文化、海洋观光等产业所获得的利益等等。在近代之前，海洋利益主要是指海洋对人类的自然馈赠，如中华先民对海洋"舟楫之便""鱼盐之利"的初步认识等。

"海洋权益"的概念虽然是近代西方资本主义社会发展的产物，但"海洋权益"这一意识在人类发展史上始终是客观存在的，对"海洋权益"的理解，不同国家、地区的人们在不同的历史阶段和不同的社会背景下有着不同的诠释。

对此，我们还认为，"海洋权益"除了具有"海洋权利"和"海洋利益"的含义之外，还与"海洋权力"，即西方国家以武力为后盾、对海洋进行征服与控制有着千丝万缕的、扯不清道不明的关系。故此，亦有下述有关"海权""海洋权力"概念的简要阐释。

(三)"海权"与"海洋权力"

"海权"一词与上述"海洋权益"的含义有关,但与体现海上军事征服、武力控制的"海洋权力"联系更加紧密。目前学界对"海权"的定义多达数十种,并且对"海权"内涵的不同理解,得出的结论往往也不相同,但迄今最为权威的仍要数西方近代海权理论创始人、美国海军战略理论家艾尔弗雷德·塞耶·马汉(Alfred Thayer Mahan,1840—1914)所下的定义。马汉在《海权论》一书中认为:"海权的历史乃是关于国家之间的竞争、相互间的敌意以及那种频繁地在战争过程中达到顶峰的暴力的一种叙述。"并直截了当地宣称:各国在海上展开利益的争夺时,"为了使本国民众所获取的好处超越寻常的份额,有必要竭尽全力排斥掉其他竞争者:要么通过垄断或强制性条令的和平立法手段,要么在这些手段不能奏效时,诉诸直接的暴力方式"。他还明确指出:"海上力量的历史,在很大程度上就是一部军事史。在其广阔的画卷中蕴涵着使得一个濒临于海洋或借助于海洋的民族成为伟大民族的秘密和根据。"[①]

由此可见,"海权"作为专有名词在出现伊始就与"海上力量""海上实力""海上竞争"等控制、征服海洋(目的在于掌控海洋利益)的军事"权力"联系在一起。马汉"海权论"的提出距今已百余年,作为所谓"海军的'圣经'""影响人类进程的经典著作",迄今仍有巨大而深刻的影响。

正如前已述及,我们认为,从理论上讲,海洋作为一个不可分割的整体,海洋安全的核心是国家与民族对自身海洋权益的维护。而就舶来品的"海权"而言,它从一开始就是具有军事控制、征服性质的海洋权力与掌控海洋利益的有机结合,"谁能控制海洋,谁就能控制世界"即海洋权力意识的直观表述。以追求海洋权力为核心利益的西方国家在海洋安全问题上,"涉及了有益于使一个民族依靠海洋或利用海洋强大起来的所有事情"[②],因

[①] [美]A. T. 马汉:《海权论》(萧伟中、梅然译),北京:中国言实出版社,1997年,第2~3页。

[②] [美]A. T. 马汉:《海权对历史的影响(1660—1783)》(安常容、成忠勤译),北京:解放军出版社,2006年,第1~2页。

此，它们对追求自身海洋权益或海洋利益的认识，"不仅包括用武力控制海洋或其任何一部分的海上军事力量的发展，而且还包括一支军事舰队源于和赖以存在的平时的贸易和海运的发展"①。其着力点主要在于对海洋权力的掌握和控制，海洋利益基本上都是通过海洋权力去获取的，故其表现形式往往是"用力向外"的进取与扩张。

而以中华先民为代表的东方国家提倡"历心于山海而国家富"，既是追求海洋利益的集中体现，也是人类开发利用海洋过程中对维护自身海洋权益的自觉。因此，在海洋安全问题上，随着时代的发展，以维护自身海洋权益为核心的东方国家一方面要通过加强海防军事建设，以各种军事防御手段维护国家海疆、海域和海岸线的安全；另一方面自然也需要建立一支强大的海军力量去保护国家的海洋利益，包括保护海洋资源的开发利用、海上交通运输和海上贸易航线的安全可靠，并有效防御来自海上的各种武力威胁。其着力点主要在于对国家海洋安全的防卫和对海洋利益的保护，海洋利益是通过维护自身应有的海洋权益去予以诉求，故其表现形式往往是"用力向内"的防卫与抗争。

可以说，海洋权益与"海权"一直是人类开发利用海洋、争胜海洋的焦点，尤其15、16世纪地理大发现和海洋新航路的开辟将整个世界连在一起，开启了世界历史的全球化进程之后更是这样。早期的全球化过程正是以大航海时代的来临为标志揭开其壮丽的历史篇章的。在此过程中，传统上侧重于争胜海洋、控制海洋的西方海外殖民扩张主义者把海洋权益，尤其是海洋权力与获利丰厚的海洋贸易紧紧连在一起，宣称："谁控制了海洋，就控制了贸易；谁控制了世界贸易，就控制了世界财富，因而也控制了世界本身"②。在这种海洋观念意识的指导下，从早期热衷于海外探险、寻求财富的葡萄牙、西班牙，到稍后的荷兰、英国、法国等，都从国家政策层面上积极鼓励和资助各种形式的海外探险和殖民扩张，"一批批殖民队伍，由拿着刀枪的士兵、捧着十字架的传教士和拎着钱袋的商业资本家组成，如狼似虎地奔向亚洲、非洲和美洲"③。

此后的西方世界随着社会生产力的发展和生产关系的变革，资本原始积

---

① ［美］A. T. 马汉：《海权对历史的影响(1660—1783)》(安常容、成忠勤译)，第38页。
② 转引自肖继英等：《海上军事强国丛书》，"总序"，北京：海洋出版社，1999年，第3页。
③ 艾周昌、程纯：《早期殖民主义侵略史》，北京：人民出版社，1982年，第44页。

累被提上社会发展议程，而恰好这些频繁的海外探险和远洋航行活动，"建立了主要大洲之间的直达航线，使传统上已经存在的远东到红海的东西向海上丝绸之路，向东延伸到美洲，扩展到全球；使亚洲从东西两个方向与欧洲联系起来"①，从而推动着更多的西方冒险家不畏风险，远涉重洋，用武力侵入非洲、亚洲和美洲，进行抢占殖民地，掠夺财富的殖民扩张活动。这正如美国历史学家斯塔夫里阿诺斯所描述的那样："在欧洲的海外扩张中最重要的人物不是哥伦布、达·伽马和麦哲伦，而是那些携带着资本的企业家们。……他们'负责建立了很多殖民地，维持了殖民地的供给，开辟了新的市场，找到了新的土地，让整个欧洲都发了财。'"②

在这样的历史大背景下，有着自己海洋文明传统的中国明、清两朝一方面要面临西方海上殖民扩张带来的日益严峻的挑战，另一方面要设法应对王朝兴替过程中因海疆不靖所带来的政权隐患，国家海洋方向的安全需求便成为王朝统治者不得不关注的军国大事，并希图以"防海"或"海防"的军事防御手段去消弭来自海上方向的各种武力威胁。早期全球化世界历史发展的这一新形势，使得中国自唐、宋、元以来在社会经济中日益显现的海洋社会经济发展势头遭到潜在的遏制③，继而将对海洋的注意力逐渐聚焦于国家海

---

① 刘迎胜：《丝路文化·海上卷》，杭州：浙江人民出版社，1995年，第274页。
② [美]斯塔夫里阿诺斯：《全球通史：从史前史到21世纪（下）》（董书慧、王昶、徐正源译），北京：北京大学出版社，2005年，第393页。
③ 唐代的海外贸易已成为国家财政收入的重要组成部分，史称："上足以备府库之用，下足以赡江淮之求"（见张九龄：《开大庾岭路记》，罗韬选注：《张九龄诗文选》，广州：广东人民出版社，1994年，第272页）；宋代社会经济发展的整体重心南移后，"国家根本，仰给东南"[见（元）脱脱等：《宋史》，卷337，《列传第九十六·范镇范祖禹传》，北京：中华书局，1985年标点本，第10796页]，而"东南利国之大，舶商亦居其一"[见（清）秦湘业、黄以周等辑：《续资治通鉴长编拾补》，卷5，上海：上海古籍出版社，2006年影印本，第83页]。学界在有关宋代海洋贸易的市舶收入在国家财政总收入中的比重问题上分歧较大，估计低者为1%～2%，高者则达20%。但若以持中估计为准，海洋贸易经济在宋王朝统治者心目中的地位已大大提高，故宋高宗赵构有"市舶之利最厚，若措置合宜，所得动以百万计，岂不胜取之于民，朕所以留意于此，庶几可以少宽民力尔"的感叹[见（清）徐松辑：《宋会要辑稿》，第86册，《职官四四之二〇》，北京：中华书局，1957年影印重印本，第3373页]。由此观之，宋时以海外贸易为核心的海洋社会经济成分在国民经济中已占有相当的分量，故宋神宗有所谓"经费困乏，一切倚办海舶"之说。但此一开发利用海洋的认识重点却在明清之后因国内统治政权的稳定和国际海洋势力的竞逐而逐步转到海洋安全的防卫上，明清以降"防海"或"海防"问题的凸显实由来有致。

洋方向安全的防卫与抗争之上。

(四)"海国时代"与"对外海防战争"

"海国"是传统国人对临海之国或海外之国的泛称,如(唐)张籍诗:"海国战骑象,蛮州市用银"①;(宋)苏轼诗:"海国空自暖,春山无限清"②;(明)何景明诗:"日月天门迥,星辰海国遥"③;(清)卓尔堪诗:"中华百货资百蛮,海国纷纷估客船"④;(清)魏源诗:"鹤尽羽书风尽檄,儿谈海国婢谈兵"⑤;等等。故国人传统上所说的"海国",既泛指域外临海或环海之国,又意指那些在海上较为活跃的国家。本书借此所指"海国时代",对整个世界历史来说,是泛指15、16世纪地理大发现和新航路开辟之后,西方诸海上强国远涉重洋、四处扩张的世界大航海时代。于中国历史而言,则主要指称第一次鸦片战争前后中国所处的全球化海洋时代背景,此亦如魏源在《海国图志》开篇所说的:"始知不披《海国图志》,不知宇宙之大,南北极上下之浑圆也。……岂天地气运,自西北而东南,将中外一家欤?"⑥

而本书"对外海防战争"一词的使用,则是基于第一次鸦片战争爆发及之后的历次对外战争,大皆因西方列强国家由海上梯航东来所引起。本书以晚清中国海防、海权思想的衍变为主旨,在历史叙事上虽按惯例表述"第一次鸦片战争"、"第二次鸦片战争"或"英法联军战争"等,但间或也表述为"第一次对外海防战争""第二次对外海防战争",以加深读者对晚清中国"海防""海权"思想衍变之印象。

总之,对上述相关学术概念的简要释义是为本书的讨论作一不揣简陋的平台式规范,不妥之处衷心祈望能通过讨论得到方家不吝赐教,以裨益于自

---

① 《送南迁客》。
② 《新年》。
③ 《送宗鲁使安南》。
④ 《题刘松年海岛图》。
⑤ 《寰海后》。
⑥ 《魏源全集》,第四册,《海国图志·后叙》,长沙:岳麓书社,2004年,第7页。以下除特别注明之外,均引自该版本。

己日后的修正与进步。

此外，还有一些涉及学术概念的问题将在具体行文中予以说明，这里不再赘述。

概言之，我们希图强调的是，东西方海洋文明，包括上述的"防海""海防"；"海洋权益"、"海洋权利"与"海洋利益"；"海权"与"海洋权力"等思想观念意识的形成和发展都有着自己的传统和不同的发展路径。在对待整个人类的海洋文明问题上，既不能如以往西方学界那样以先进的"蓝色文明"和落后的"黄土文明"简单予以区分，更不能断言"蓝色文明"要优于"黄土文明"，甚至干脆无视东方海洋传统文明的存在。在海防与海权问题上，也不能简单地以"进攻型"或"防守型"，抑或"积极进取"或"消极保守"一言以蔽之。[①] 对此，我们必须以人类海洋历史发展的全方位视角才能看清问题及其历史经验教训的所在。

由此回到本书的旨趣范畴，理智冷静地回顾过往风云，大航海时代以来的世界历史发展清楚地告诉我们这样一个铁一般的客观事实：民族的繁荣和国家的强盛与海洋安全密切相关，大航海时代以来的世界历史在某种意义上是扩张与守护的历史，反映在世界海洋发展问题上也是这样。自古以来，原本在海洋权益问题上更为侧重于海洋开发利用而有着自己海洋文明传统的中华民族，在这一扩张与守护的历史潮流中有过诸多的困惑和迷思，也经受过屡屡"落后挨打"的灾难和屈辱，但更有不屈不挠的抗争与崛起！

"述往事，知来者"，世界海洋历史发展的经验教训值得认真总结和记

[①] 由于东西方不同自然地理环境的国家与民族所形成的海洋观念与认识是不同的，而由此产生的东西方海防思想也有所不同：西方国家因陆上自然地理环境恶劣，不适宜发展农耕文明，而航海条件却很优越，故利用海洋实施贸易立国，为保护航海贸易的安全而产生了"进攻型"的海防思想；而东方民族则因良好的陆上自然地理条件，发展出发达的农耕文明，故实施以农立国而不重视海洋，形成了"防守型"的海防思想。笔者以为，此种说法以自然地理环境的不同而产生出不同的思想认识，固然有一定的道理，但由此推断并将其简单划分为"进攻型"和"防御型"的海防思想则值得进一步思考和商榷。因为，"进攻"与"防御"本身就是既互相对立，又相互依存的矛盾统一体，没有大航海时代后西方国家咄咄逼人的海上进攻，也就没有东方民族处心积虑的海上防御，特别是明清以降中国"防海"或"海防"意识的强化，这种"防守型"海防思想的形成与西方殖民者的海上进攻扩张实际上有着紧密的因果互动关系。

取。本书的研究意义正在于此。

二、相关研究

探讨晚清中国海防与海权思想的衍变属思想发展史的研究范畴，而有关海防、海权思想的讨论以往主要散见于研究晚清海防与海疆、海军与海战、船政与航运、南海和东海问题等一些有分量的学术论著中。这里主要围绕学界对海防与海权思想的相关研究，择其主要者做一简要的学术史梳理与回顾。

（一）研究专著

就海防思想史研究层面来说，由海军军事学术研究所研究人员集体合作编写的《中国海防思想史》（北京：海潮出版社，1995年，张玮、邓峰主编）无疑是这一研究领域中一部具有开拓性、探索性的研究专著。该书以中国海防思想的历史发展为主线，从海洋观念和海防意识的起源入手，分析了不同历史时期海防思想产生的客观条件、基本特点和发展规律，揭示了海防思想与国家经济、政治结构和文化传统的相互关系，以及对国家与民族兴衰所产生的影响。该研究基本脉络清晰，史论结合，尤其在运用海军军事学术的理论和方法上有独到之处。虽然因课题研究范围广、跨度大，而最终研究成果篇幅较小，只能删繁就简，做出提纲挈领式的阐述而显得深度略有不足，但相信凡从事相关课题研究的国内学者，只要阅读过该项研究成果都会受到不同程度的、有裨益的启发。

王宏斌所著的《晚清海防：思想与制度的研究》（北京：商务印书馆，2005年）一书将晚清的海防危机、海防建设与海防史的研究紧密结合在一起，从海防思潮与军工修造制度两个层面，探讨了晚清海防思想、政策演变与军工修造制度的互动关系。该书是近十余年来晚清海防思想与军工制度研究领域中的佳作，尤其是作者联系清代前期海防思想的发展，接续晚清以降西方海防、海权思想的传入，并结合数次严重的海防危机所带来的海防思潮变化，以此诠释晚清国家海防政策的演变轨迹及其在海防实践中的得失，对于本书的研究具有很好的参考启迪作用。

刘中民所著的《中国近代海防思想史论》（青岛：中国海洋大学出版社，2006年）一书是近代中国海防思想史研究的新作。作者将1840—1949年中国海防思想的萌芽与艰难发展划分为三个阶段加以研究，在结合近代中国海防危机日益加重的大背景下，对林则徐、魏源、李鸿章、左宗棠、沈葆桢、张之洞、丁日昌等晚清代表性人物，以及民国时期孙中山、蒋介石、陈绍宽等人的海防思想做了专门系列的研究与分析。该研究对中国近代海防思想的历史嬗变进行的梳理和反思有理论和现实的意义。

由海军司令部《近代中国海军》编辑部编著的《近代中国海军》（北京：海潮出版社，1994年，杨国宇主编）则是一部近代中国海军专史。该书采取纵横结合的研究方法，既对近代海军的创建、发展、重建过程做纵向考察，又对近代海军组织体制、武器装备、教育训练、基地建设、海防经费等做横向对比。该书在近代海军史料的发掘和利用上做了大量的努力，也取得很大的收获，如有关近代海军档案、晚清报刊资料、海军刊物及各种文史资料中的海军人物回忆录等。该书虽然是海军史专著，但在海防、海权思想方面也做了必要的分析和梳理，在近代海防、海权思想的相关研究中具有广泛的学术影响力。

杨金森、范中义所著的《中国海防史》（北京：海洋出版社，2005年）是一部中国海防通史。由于国家的海防问题至明代而凸显，即所谓"海之有防，历代不见于典册。有之，自明代始"，故该书以明清两朝为研究重点，从明清两朝的海防形势、海防战略和政策、海防体制、海防部署、海防力量、海防经济、海防工程、海防教育、海防动员和海防斗争等十个方面进行阐述，对有关资料如宫廷档案、疆臣奏议、两朝实录等的爬梳、整理、分析与归纳相当到位。该专著属通史性质，故对海防思想、海防政策变化等相对较少论及，然不失为本书重要的研究参考。

戚其章的《晚清海军兴衰史》（北京：人民出版社，1998年）是迄今近代中国海军史研究中最具学术分量的力作之一。该书虽以晚清海军史为研究主线，但因戚先生本身具有思想史研究的深厚学术功力，故该书在近代中国海防思潮、相关人物的海防、海权思想等方面颇有诸多能启发读者思维的见解，如作者所言："近代海军在中国的产生和发展道路，完全不同于西方。近代海军既是近代工业的产物，是资本主义生产力发展的结果，而中国没有经历资本主义社会,所以近代海军在中国的产生,并不是由中国社会生产力直接发展而来,而是向西方学习的一个成果。""中国迟至晚清时才创办海军,它和中国社会的近代化进程是同步的。……近代海军的产生和发展是中国近代化运动的一个主要内容和重要组成部分。只有将海军的产生和发展放在近代化的整个过程而不是单独地、孤立地进行考察,才可能对它的成败和兴衰做到真正确切的了解。"[①]……凡此种种精辟的论断,均有助于启发相关研究者加深对近代海防、海权思想在中西碰撞、交融大背景下发展衍变的认识。

王家俭的《中国近代海军史论集》(台北:文史哲出版社,1984年)与《李鸿章与北洋舰队:近代中国创建海军的失败与教训》(校订本,北京:生活·读书·新知三联书店,2008年)两书是台湾地区学者中研究近代海军的上乘之作。前书由作者的十篇精到论文集辑而成,其中以《清季的海防论》和《近代中国海权意识的觉醒》两文在有关海防、海权思想研究方面最具学术影响;后著则专就"李鸿章与北洋舰队"这一重要论题而作,虽属专史性质,但因李鸿章在晚清海防、海军建设中举足轻重的地位,因而该专著也广泛而深入地论及近代海防与海权思想变化的相关问题,且由于作者对清廷档案,时人奏议、文集、日记、自述,以及英国外交部和海军部档案的发掘与利用,使该研究更具可靠的资料基础,其学术贡献甚巨。

姜鸣的《龙旗飘飘的舰队——中国近代海军兴衰史》(甲午增补本,北京:生活·读书·新知三联书店,2008年),与前述戚其章先生的《晚清海军兴衰史》一样,也以近代中国海军兴衰的历史过程为研究对象。姜著的特点是在详尽论述近代海军发展四个阶段的同时,始终把与海军建设密切关联的近代造船工业及海军经费等作为同时关注的研究面向,并且在传统文化因素对近代海军建设的影响方面有深入的分析,其对北洋海军覆灭做出了基本结论:"历史的悲剧在于,洋务派官员们一方面在大张旗鼓地推行海军近代化,使得海军在技术领域里发生了巨大的变化,从而一度成为亚洲最为强大的舰队;可是另一方面,深植于文化心理深处的海洋观却并没有变化。国家

[①] 戚其章:《晚清海军兴衰史》,北京:人民出版社,1998年,第5~6页。

战略中并没有增添海洋意识,从而注定了海军近代化的失败命运。"[1] 此论发人深省!

还值得一提的是杨国桢所著《瀛海方程——中国海洋发展理论和历史文化》(北京:海洋出版社,2008年),该书虽然没有直接涉及近代中国海防与海权思想问题,但杨著对于中国海洋发展理论和历史文化的阐释有极独到的见解,对于本书理论研究视野的开拓具有重要的启迪意义。

此外,还有包遵彭的《中国海军史》(台北:台湾中华书局,1977年);戚其章的《北洋舰队》(济南:山东人民出版社,1981年);孙克复等的《甲午中日海战史》(哈尔滨:黑龙江人民出版社,1981年);张墨、程嘉禾的《中国近代海军史略》(北京:海军出版社,1989年);吴杰章等的《中国近代海军史》(北京:解放军出版社,1989年);戚其章的《甲午战争史》(北京:人民出版社,1990年);胡立人、王振华的《中国近代海军史》(大连:大连出版社,1990年);驻闽海军军事编辑室编著的《福建海防史》(厦门:厦门大学出版社,1990年);鲍中行的《中国海防的反思》(北京:国防大学出版社,1990年);茅海建的《天朝的崩溃——鸦片战争再研究》(北京:生活·读书·新知三联书店,1995年);黄顺力的《海洋迷思:中国海洋观的传统与变迁》(南昌:江西高校出版社,1999年);王宏斌的《清代前期海防:思想与制度》(北京:社会科学文献出版社,2002年);许毓良的《清代台湾的海防》(北京:社会科学文献出版社,2003年);王家俭的《洋员与北洋海防建设》(天津:天津古籍出版社,2004年);钱刚的《大清海军与李鸿章》〔香港:中华书局(香港)有限公司,2004年〕;李金明的《南海波涛——东南亚国家与南海问题》(南昌:江西高校出版社,2005年);高新生的《中国海防散论》(沈阳:辽宁大学出版社,2009年);《广东海防史》编委会编的《广东海防史》(广州:中山大学出版社,2010年,罗欧主编);王士强、高新生编著的《中外海防发展比较研究》(北京:军事科学出版社,2011年);王宏斌的《晚清海防地理学发展史》(北京:中国社会科学出版社,2012年);张建雄的《清代前期广东海防体制研究》(广州:广东人民出

---

[1] 姜鸣:《龙旗飘飘的舰队——中国近代海军兴衰史》(甲午增补本),北京:生活·读书·新知三联书店,2008年,第5页。

版社，2012年）；戚海莹的《北洋海军与晚清海防建设》（济南：齐鲁书社，2012年）等相关研究成果。

此外，还有李金强等合编的学术论文集《近代中国海防——军事与经济》（香港：香港中国近代史学会，1999年）、《我武维扬——近代中国海军史新论》（香港：香港海防博物馆，2004年）；麦劲生主编的《近代中国海防史新论》［香港：三联书店（香港）有限公司，2017年］以及马汝珩、马大正主编的《清代边疆开发研究》（北京：中国社会科学出版社，2003年）；等等。这些研究成果都从不同的学术视角，对近代海军、海防建设等问题做出较为系统的梳理，也不同程度地涉及一些海防与海权思想的讨论。

（二）研究论文

有关近代中国海防、海权思想研究的论文近年来发表数量很多，这里也择要按海防人物和海防思潮两部分分别予以简要介绍和回顾。

1. 关于海防人物的研究成果

关于海防人物的研究中，对林则徐和魏源海防思想的研究比较多。早在1992年，施渡桥在《军事历史》上发表《林则徐、魏源的海防战略思想是消极的吗》[1] 一文，针对有学者认为林、魏二人忽视海防战略中的主动进攻原则，变防守战略为消极的专守防御一说提出质疑，认为林、魏二人的海防思想不仅不是消极的，而且是积极的，并蕴含着某些朴素的海权思想。与施文观点相同的还有王家俭的《魏默深的海权思想——近代中国倡导海权的先驱》[2] 和戚其章的《魏源的海防论和朴素海权思想》[3] 两文。黄顺力则结合鸦片战争爆发初期、战争过程及战后形势的变化，从传统海防观的影响和扬弃的角度，对林则徐、魏源"以守为战"海防战略思想由消极向积极转变的发展趋势进行考察，认为林、魏等人的这种思想衍变在某种程度上成为传统

---

[1] 施渡桥：《林则徐、魏源的海防战略思想是消极的吗》，载《军事历史》1991年第5期。
[2] 王家俭：《魏默深的海权思想——近代中国倡导海权的先驱》，载《台湾师范大学历史学报》第21期，1993年。
[3] 戚其章：《魏源的海防论和朴素海权思想》，载《求索》1996年第2期。

海防观向近代海防观转型的开端。①

另外，有关林则徐、魏源海防思想研究较为重要的论文还有吴大康的《林则徐的海防思想》②，杨济开的《清朝世界秩序的近代转型——以魏源海防思想的形成与传播为线索》③，李英铨、吴迪的《林则徐海防建设失败原因分析——回答日本学者田中正美的问题》④ 等。

第一次鸦片战争时期相关海防人物的海防思想研究，还有胡斌的《鸦片战争时期梁章钜海防思想浅论》⑤、潘家谕的《关天培的海防思想》⑥ 等。

近代其他海防人物海防思想的研究主要集中于洋务新政时期众多的洋务官员，其中以文祥、曾国藩、左宗棠、李鸿章、沈葆桢、丁日昌、刘铭传、张之洞等为多，尤以对李鸿章海防思想的研究更为集中。

文祥作为同光年间清廷中枢重要的国防决策者，其海防思想受到研究者的关注，如闫存庭对文祥的海防思想专文进行探讨⑦。我们认为，鉴于文祥所处总理衙门大臣的地位和他的背景、经历，关于其对中国海防、海权主要对手日本的认识及应对之道等，实际上还有很大的扩展研究空间。

曾国藩是洋务"借法自强"新政的主要倡导者，其海防思想也受到研究者的重视，如张墨的《简论曾国藩海防思想与实践》⑧ 一文，主要探讨了"师夷智以造炮制船"对洋务新政时期海防建设的指导作用。成赛军、贺进财等则重点探讨了曾国藩海防思想中"权自我操"的基本原则。⑨ 史滇生也

---

① 黄顺力：《传统心态与鸦片战争》，载《福建论坛》1990年第4期；《鸦片战争时期传统海防观的影响和扬弃》，载《厦门大学学报》1992年第2期。
② 吴大康：《林则徐的海防思想》，载《安康师专学报》1997年第2期。
③ 杨济开：《清朝世界秩序的近代转型——以魏源海防思想的形成与传播为线索》，载《杭州师范大学学报（社会科学版）》2016年第3期。
④ 李英铨、吴迪：《林则徐海防建设失败原因分析——回答日本学者田中正美的问题》，载《汕头大学学报》2014年第5期。
⑤ 胡斌：《鸦片战争时期梁章钜海防思想浅论》，载《军事历史研究》2012年第1期。
⑥ 潘家谕：《关天培的海防思想》，载《剑南文学》2013年第4期。
⑦ 闫存庭：《文祥与近代中国的海防与塞防》，载《伊犁师范学院学报》2007年第4期。
⑧ 张墨：《简论曾国藩海防思想与实践》，载《历史教学问题》1995年第6期。
⑨ 成赛军：《曾国藩海防思想简论》，载《军事历史研究》2010年第3期；成赛军、贺进财：《曾国藩与晚清海防述论》，载《湖南人文科技学院学报》2011年第4期。

重点就曾国藩对晚清海防建设的影响问题做了细致的考察与分析。[①]

对于左宗棠海防思想的研究业已较为深入，除了许多专著论及左之海防思想之外，专题论文方面主要还有杨东梁的《试析左宗棠的海防思想与实践》[②]、史滇生的《李鸿章左宗棠海防思想比较》[③]、张璐漫的《浅议左宗棠海防思想》[④] 等。

由于李鸿章是晚清海防与海军建设决策与实践上最重要的人物，有关他的海防、海军、海权思想的探讨也最为集中。史滇生认为李鸿章受命督办北洋海防20余年，海防与海军建设是其后半生最重要的活动，也是晚清海防、海军建设发展的一个缩影[⑤]，应对其做出客观公允的历史评价。施渡桥的《论李鸿章海防战略思想的变化》[⑥] 一文，认为其海防战略思想因时势变化而经历了消极—积极—消极的曲折变化过程，既有其积极的一面，也有其消极的影响。有关李鸿章海防、海军、海权思想的专题论文还有袁伟时的《李鸿章与海塞防之争——晚清思潮与人物新探之一》[⑦]；施渡桥的《李鸿章的练兵制器与海防建设思想初探》[⑧]；戚海莹的《论李鸿章的海防思想》[⑨]；李严成、金胜利的《论李鸿章的海防思想》[⑩]；张海华的《李鸿章海防思想试析》[⑪]；陈胜、陈胄的《李鸿章海军人才建设思想探析》[⑫]；等等，这里不再一一赘述。

[①] 史滇生：《曾国藩与晚清海防》，载《明清海防研究》第5辑，广州：广东人民出版社，2011年。
[②] 杨东梁：《试析左宗棠的海防思想与实践》，载《福建论坛》1985年第3期。
[③] 史滇生：《李鸿章左宗棠海防思想比较》，载《安徽史学》1996年第2期。
[④] 张璐漫：《浅议左宗棠海防思想》，载《湖北广播电视大学学报》2014年第9期。
[⑤] 史滇生：《李鸿章与北洋海防》，载《安徽史学》1992年第3期。
[⑥] 施渡桥：《论李鸿章海防战略思想的变化》，载《近代史研究》1993年第4期。
[⑦] 袁伟时：《李鸿章与海塞防之争——晚清思潮与人物新探之一》，载《开放时代》1992年第6期。
[⑧] 施渡桥：《李鸿章的练兵制器与海防建设思想初探》，载《军事历史研究》1993年第3期。
[⑨] 戚海莹：《论李鸿章的海防思想》，载《安徽史学》1997年第2期。
[⑩] 李严成、金胜利：《论李鸿章的海防思想》，载《湖北大学学报》2001年第6期。
[⑪] 张海华：《李鸿章海防思想试析》，载《军事历史》2002年第5期。
[⑫] 陈胜、陈胄：《李鸿章海军人才建设思想探析》，载《兰台世界》2017年第4期。

此外，有关沈葆桢、丁日昌、刘铭传、张之洞等人物海防思想研究的论文也不少，如杨彦杰的《沈葆桢与台湾海防》[1]、苏读史的《沈葆桢近代海防思想探讨》[2]，郑剑顺的《沈葆桢海防和海军建设思考及其实践》[3]，等；马鼎盛的《丁日昌对台湾防务的贡献》[4]、陈绛的《丁日昌与晚清海防论》[5]，韩晓娟的《浅议丁日昌的海权意识》[6]，等；苏小东的《刘铭传的海防思想与实践——兼论台湾在中国海防中的战略地位》[7]，李细珠的《略论刘铭传的台海防御观》[8]，等；史滇生的《张之洞的海防思想》[9]，黎仁凯的《张之洞的海防思想与海防教育》[10]，何永涛的《试析张之洞与晚清海南海防事业的发展》[11]，等。有关郭嵩焘、薛福成、王韬、马建忠、郑观应等海防、海权思想的讨论也受到研究者较多的关注。

2. 关于整体海防思想、思潮及海权思想的研究成果

戚其章最早将近代中国海防思潮划分为"萌发（1840—1861）""重倡（1861—1874）""趋实（1874—1879）""深化（1879—1884）""高潮（1884—1894）"五个时期。[12] 王宏斌则将海防思潮划分为"第一次海防大讨论（1842年）""第二次海防大讨论（1866年）""第三次海防大讨论（1874—1875年）""第四次海防大讨论（1879年）""第五次海防大讨论（1885年）""第

---

[1] 杨彦杰：《沈葆桢与台湾海防》，载《福建论坛》1982年第1期。
[2] 苏读史：《沈葆桢近代海防思想探讨》，载《军事历史》2000年第4期。
[3] 郑剑顺：《沈葆桢海防和海军建设思考及其实践》，载《福建史志》2017年第6期。
[4] 马鼎盛：《丁日昌对台湾防务的贡献》，载《近代史研究》1987年第4期。
[5] 陈绛：《丁日昌与晚清海防论》，载《军事历史》1987年第3期。
[6] 韩晓娟：《浅议丁日昌的海权意识》，载《经济研究导刊》2010年第18期。
[7] 苏小东：《刘铭传的海防思想与实践——兼论台湾在中国海防中的战略地位》，载《安徽史学》2007年第1期。
[8] 李细珠：《略论刘铭传的台海防御观》，载《安徽史学》2016年第3期。
[9] 史滇生：《张之洞的海防思想》，载《军事历史研究》1999年第1期。
[10] 黎仁凯：《张之洞的海防思想与海防教育》，载《保定师专学报》2000年第3期。
[11] 何永涛：《试析张之洞与晚清海南海防事业的发展》，载《西安文理学院学报》2017年第3期。
[12] 戚其章：《洋务思潮勃兴与近代海防论的发展》，载《烟台师范学院学报》1996年第3期；《晚清海防思想的发展及其历史地位》，载《东岳论丛》1998年第9期。

六次海防大讨论（1895 年以后）"。① 应该说，甲午战败后，清廷朝野上下，包括国民及社会舆论对重建海军与海防、海权问题的探讨较之前更为广泛深入，将海防思潮再划分出甲午战后的历史发展阶段是适宜的。②

从思想史发展的角度，史滇生对中国海防思想进行了全景式的梳理，认为海防思想最早产生于明代抗倭战争中，后因"倭患"平息，海防思想发展也随即停滞，只是到了近代以后才开始产生近代海防思想，并对民国时期有着深远的影响。作者还认为，近代时期洋务人士的海防战略思想不如海防建设思想，而民国时期则更侧重海军战略战术问题的研究。③

姜鸣把晚清海防思想分为三个层次：纯粹军事意义的海疆防御，核心是对制海权的认识；海军发展战略，核心为海军建设；国家对海洋事业的追求，核心是建立利用海洋和保卫海洋综合一体的海上力量。④ 姜文的分析有助于晚清海防与海权理论问题的深入探讨。

此外，还有俞世福的《浅析中国近代海防论》⑤；李国华的《清末海洋观与海军建设》⑥；何平立的《略论晚清海防思想与战略》⑦；季云飞的《同光之交"海防议"中若干问题辨析》⑧《光绪乙酉年间"海防筹议"述论》⑨；孙占元的《近代海防观的萌发与海防议》⑩；兰岚的《试论中国近代海防思想的发展》⑪；胡博实的《晚清海防观述论》⑫；张芳的《论晚清海防建设观念

---

① 王宏斌不是以专题论文讨论这一思潮划分问题，而是在其所著《晚清海防：思想与制度的研究》（北京：商务印书馆，2005 年）一书中阐述之。
② 具体论述亦可参见本书的最后一章。
③ 史滇生：《中国近代海防思想史论纲》，载《军事历史研究》1996 年第 2 期；《中国近代海军战略战术思想的演进》，载《军事历史研究》2000 年第 1 期。
④ 姜鸣：《晚清海防思想研究》，载《史林》1988 年第 3 期。
⑤ 俞世福：《浅析中国近代海防论》，载《军事历史》1989 年第 6 期。
⑥ 李国华：《清末海洋观与海军建设》，载《历史研究》1990 年第 5 期。
⑦ 何平立：《略论晚清海防思想与战略》，载《上海大学学报》1992 年第 3 期。
⑧ 季云飞：《同光之交"海防议"中若干问题辨析》，载《学术界》1992 年第 3 期。
⑨ 季云飞：《光绪乙酉年间"海防筹议"述论》，载《学术界》1994 年第 4 期。
⑩ 孙占元：《近代海防观的萌发与海防议》，载《浙江学刊》1995 年第 5 期。
⑪ 兰岚：《试论中国近代海防思想的发展》，载《理论界》2006 年第 7 期。
⑫ 胡博实：《晚清海防观述论》，载《黑龙江教育学院学报》2009 年第 1 期。

的三大误区》①；等等。

在海权思想方面，前已述及台湾地区学者王家俭较早就注意到海权思想的萌芽问题，如《魏默深的海权思想——近代中国倡导海权的先驱》②和《近代中国海权意识的觉醒》③两篇重要文章。皮明勇的《海权论与清末海军建设理论》也是一篇理论深度与广度俱佳的力作，尤其对清末西方海权理论的传入有详细的考证与阐释。④杨东梁对晚清海权思想也有深入的探讨与分析，认为海权意识薄弱是晚清海防建设成败的重要原因之一。⑤李强华则以李鸿章为例，探讨了晚清海权意识的感性觉醒与理性匮乏。⑥苏小东对近代中国海权思想的探讨集中于甲午战争时期东亚中日两国的海权较量上，认为中国海权意识的薄弱是甲午海战失败的思想因素。⑦

另外，还有许华的《海权与近代中国的历史命运》⑧、黄顺力的《晚清海防教育与国民海权意识的觉醒》⑨、周益锋的《"海权论"东渐及其影响》⑩、马志荣的《海洋意识重塑——中国海权迷失的现代思考》⑪、刘中民的《海权

---

① 张芳：《论晚清海防建设观念的三大误区》，载《军事历史研究》2010年第2期。
② 王家俭：《魏默深的海权思想——近代中国倡导海权的先驱》，载《台湾师范大学历史学报》第21期，1993年。
③ 王家俭：《近代中国海权意识的觉醒》，载《近代中国维新思想研讨会专刊》，台北："中央研究院"近代史研究所编，1978年。后分别收入《中国近现代史论集》第8编（台北：台湾商务印书馆，1985年）和王家俭《中国近代海军史论集》（台北：文史哲出版社，1984年）。
④ 皮明勇：《海权论与清末海军建设理论》，载《近代史研究》1994年第2期。
⑤ 杨东梁：《晚清海权观的萌发与滞后》，载《社会科学战线》2010年第10期。
⑥ 李强华：《晚清海权意识的感性觉醒与理性匮乏——以李鸿章为中心的考察》，载《广西社会科学》2011年第4期。
⑦ 苏小东：《甲午战争前后东亚海权与海防的较量及其影响》，载《安徽史学》2015年第4期。
⑧ 许华：《海权与近代中国的历史命运》，载《舰船知识》1994年第5期。
⑨ 黄顺力：《晚清海防教育与国民海权意识的觉醒》，载《中国国情国力》2004年第4期。
⑩ 周益锋：《"海权论"东渐及其影响》，载《史学月刊》2006年第4期。
⑪ 马志荣：《海洋意识重塑——中国海权迷失的现代思考》，载《中国海洋大学学报》2007年第3期。

发展的历史动力及其对大国兴衰的影响》[1]、庄秋水的《从海防到海权》[2]、高月的《近代中国海权思想浅析》[3]、张晓鸣的《试论中国海权意识的嬗变》[4]等。

从以上列举的主要研究成果来看，学界对近代中国海防、海军和海权问题的讨论虽然已比较充分，尤其对人物思想的研究最为集中，但也可以看出，迄今对近代中国海防、海权思想，尤其对传统海防观念如何向近代海防、海权思想衍变进行系统而深入研究的成果还相对贫乏。因此，本书的研究立意即冀望能够在此一问题上做一点努力。

三、基本思路与主要观点

中国作为陆海兼具的东方大国蕴含着辉煌的海洋文明，国人朦胧的海洋权益思想亦由来已久。但由于以往社会及学界对中国缺乏海洋传统、海洋文明的强调，在相当程度上左右了我们对中国传统海洋权益思想，包括明清以来中国海防、海权思想衍变的研究思维。这主要体现于：在研究方法上未能从极为丰富的史料典籍和民间文献中去认真爬梳、挖掘反映中国海洋历史发展的真实面相，忽视了明清以降，尤其是晚清国人对中国既有海洋思想、海洋权益观念的发掘与传承。在学术视野上也没能很好地将晚清国人海防、海洋权益思想的衍变置于近代万国公法（国际法）引入中国，以及同时代世界海权思想的发展进程中加以探讨。在研究层面上虽然关注了国人传统海防、海权思想"落后"于近代西方的一面，但忽视了晚清朝野上下努力提升海洋和海权意识，加强海防、海军建设，以设法跻身海洋强国的另一面。在强调海洋军事物质技术落后于西方"坚船利炮"的同时，亦未能很好地研究晚清综合国力对发展海防、海军事业的实际支撑程度；在批评洋务人士缺乏海洋观念、海权意识淡薄的同时，实未能很好地反省"陆主海从""重陆轻海"

---

[1] 刘中民：《海权发展的历史动力及其对大国兴衰的影响》，载《太平洋学报》2008年第5期。
[2] 庄秋水：《从海防到海权》，载《国学》2011年第9期。
[3] 高月：《近代中国海权思想浅析》，载《浙江学刊》2013年第6期。
[4] 张晓鸣：《试论中国海权意识的嬗变》，载《学理论》2014年第11期。

文化传统及其影响凝聚而成的传统海洋观念意识，对近代海防、海军建设的深层困扰，因而也未能在真正意义上对近代中国的海防、海权思想及其历史经验教训做出更为认真理性的思考。

本书在对古代中国海洋意识进行简要溯源的基础上，主要以晚清中国海防与海权的思想衍变为研究脉络，重点以第一次鸦片战争前后、洋务自强新政和甲午战败、"重建海军之议"为三大关键点，系统考察晚清中国因海防危机的催逼，国人传统的海防、海权意识在西力东侵和西学东渐的双重冲击下，如何由最初的朦胧觉醒向以国际法为导向的近代海防、海权思想的转型过程，探讨晚清时期中国初显从单一的陆权大国向陆海兼具的海权大国转化的发展趋势，总结其成功与失败的历史经验教训。

与此同时，本书初步尝试通过对东西方不同的海洋发展道路，以及东西方有所区别的海洋权益（包括海洋权利、海洋利益及海洋权力）思想的理论探索，亟望能与同道者一起建立与国际学界对话的话语体系。

本书的主要观点分列阐释如下：

（1）中国有着自己传统的海洋权益思想和观念。

一般而言，海权（Thalassocracy、Sea Power）思想的萌发乃国家间因由海洋上的经济、政治、军事利益冲突而产生。与西方国家以追求海洋权力为核心利益的"谁能控制海洋，谁就能控制世界"的直观表白不同，以中华先民为代表的东方国家注重"舟楫之便""鱼盐之利"，提倡"历心于山海而国家富"，这既是人类追求海洋利益的集中体现，也是在开发利用海洋过程中对维护自身海洋权益的自觉觉醒。从古之"行舟楫之便"与"兴鱼盐之利"到"历心于山海而国家富"；从秦皇伟业、汉武开拓，到唐、宋、元各朝开放的海洋意识，显示了古代中国人在长期与海洋打交道的过程中对海洋社会经济、政治属性认识的逐步深化。这既是一个由本能的感性认识向有意识的理性认识转变的微妙而重要的变化过程，同时也是以开发与利用海洋为主要特征的中国传统海洋权益思想的发微、发展过程。

明朝永乐年间郑和船队的"开海"远航，旨在"内安诸夏，外抚四夷"，有着安靖和开拓海疆的双重意义，而民间士子吴朴编纂的《渡海方程》，提出在海外设立都护府以保护海上贸易的主张，则可视为中国海洋权益思想的最初萌芽。明末清初郑氏海商武装集团主张"通洋裕国"，"海舶不得郑氏令旗，不能往来"，已凸显其与西方早期海上殖民者竞逐东西洋的海上权益意识。至清代前期，清王朝统治者为取得东南沿海的军事控制权，不仅转变了对台湾所处海疆战略地位的既有认识，而且开始主张"国家兵制，水师与陆路并重"，以达成安宁海疆与"保商靖盗"的双重防海目标。其时国人对海防、海权的认识虽然显得杂乱零散，但其思想遗产却值得我们挖掘、梳理和总结。

基于此，我们认为，中国传统海洋权益思想具有海洋以"开发利用"为主、"陆主海从"观念偏向伸展和"内敛守护"防御为重的三个显明特点，其作为一个相互联系的有机整体，构成了中国与西方国家不同的、有着自己发展路向的"利用守护型"的海洋文明。

在人类历史发展的长河中，以"开发利用"为主流的特点本应因其更具积极意义的海洋经济文明内涵而顺向前行，但世界大航海时代西方海上强国殖民扩张加剧与东方王朝统治者设法应对海疆不靖隐患的严峻挑战，迫使明清中国将注意力聚焦于国家海洋方向的安全防卫与抗争，其结果是导致传统"陆主海从"观念偏向伸展和"内敛守护"海洋防御为重的两个特点逆向发展，并一直延续到国门被西方海上列强强行轰开的晚清时代。

东西方海洋世界发展大格局的这一新形势，使得中国自唐、宋、元以来在社会经济中日益显现的海洋社会经济发展势头遭到潜在的遏制，其海洋权益思想意识也在国家与民族海上安全受到威胁的情况下产生了逆转和迷思，从而拉开了明清以降，尤其是晚清中国海防与海权思想衍变的帷幕。晚清中国海防、海权思想的衍变正是在前人这一思想的基础上延伸拓展开来的。

（2）"西力东侵"与"西学东渐"促进晚清海防向海权思想的转变。

清朝嘉庆、道光以后，沿海的"海患"与海防都出现了新的情况，尤其是第一次鸦片战争的爆发促使晚清朝野兴起一股颇具影响的海防思潮，在国家政策层面上也开始将海洋事务列为最重要的议题之一。中国人的海洋认知开始经历了一个由传统向近代转型的过程，也即一个由过往单纯"重海防"逐渐向萌发全方位"要海权"的思想衍变过程。尽管这一衍变转型之路对于有着自己海洋文化传统的晚清中国来说显得相当崎岖与曲折，行进步履也艰难而蹒跚，但它是自明清之后我们这个陆海兼具型古老大国面向海洋、重返海洋的开端。被誉为近代"睁眼看世界第一人"的林则徐在了解"夷情"的过程中，组织人员编译瑞士法学家瓦特尔（Emerich de Vattel）《国际法》（《华达尔各国律例》）的部分内容，运用一些《国际法》条例精神处理禁烟问题，开始初步探及近代国家所应有的海上权益问题。魏源则觉察到随着"海国时代"的到来，"惟有师海权国家之长，才足以制驭海权之国"，萌发了堪称近代意义的海权意识。

此后，随着洋务"借法自强"新政的推展，举凡船政建设、海防塞防之议、航海利权之争、新式海军创建，包括海岛、海域拓垦、海外移民，以及从鄙视海外"弃民"到保护海外侨民的观念转变和政策制定等等，都不同程度折射出晚清海防与海权思想的衍变趋势。特别是洋务新政时期，江南制造局翻译出版的惠尔顿（Henry Wheaton）《万国公法》，为洋务官员处理海洋事务纠纷提供了《国际法》的借鉴，体现出维护国家领海、国土主权和伸张海权的思想意识。

可以看出，晚清国人海防、海权思想由传统向近代转变的最基本的动力来自两方面。一方面是在"西力东侵"的大趋势下，中国国家安全所面临的主要威胁已由传统的陆疆转向海洋，即所谓"自道光中海禁大开，形势一变，海防益重"。日益严重的海防危机促进了传统海防、海权思想的近代转型。另一方面是在"西学东渐"的过程中，主张和确保国家海洋权益的《国际法》精神与准则，以及以马汉为代表的西方海权思想学说开始输入中国，晚清中国的有识之士对"新学"的认知、消化和吸收成为此一转型的思想动力。

（3）"甲午之殇"的深刻反思。

原本承载着晚清"中兴"希望的北洋海军的覆灭和甲午之败，有着诸多政治、经济、军事、外交等方面的原因，但由于"甲午之殇"是同为亚洲国家的近邻日本给中华民族带来的惨痛记忆，因而从中日两国不同的海洋文化传统、"防海"思维影响下的海防与海军战略，以及海防、海军观念更新的体制性制约因素等思想层面加以比较研究，深刻反思晚清中国海防、海权思想发展衍变的艰难与曲折是必要的，且富有借鉴启迪和吸取历史教训的意义。"甲午之殇"一方面显示出在相同的"海国时代"背景下，"陆权防御性"的晚清中国在对抗"海权进攻性"的日本时遭受失败的惨痛事实；另一方面也反映出洋务人士思想深处的海防、海军战略谋划与其时德人希理哈

《防海新论》所持"莫如自守"海防战略的高契合度,致使晚清海防与海军建设从一开始就立足于"防"与"守",缺乏控制海洋、争胜海洋的姿态和决心,从而成为在思想和战略决策上导致甲午战败的最主要原因。而晚清时期海防、海军观念更新的体制性制约因素也值得研究者充分重视,例如,仅以通常所强调的海防、海军建设经费困窘为显例,倘若比较中日两国当政者对海军建设的重视及经费的筹措与投入,即可证明北洋海军成军后的停滞不前与其说是经费问题,不如说是清廷统治者海防、海权意识淡薄的观念问题,而这正是"甲午之殇"在思想层面上留给我们最应汲取的历史经验教训。

(4)"重建海军"与晚清报刊媒介海防、海权思想的传播。

1888年成军的北洋水师在舰船总吨位上曾居亚洲第一,名列世界第九。晚清中国据此也曾一度有过"(北洋)海军一支规模略具,综核海军战备,尚能日异月新,……就渤海门户而论,已有深固不摇之势"的自信,但中日甲午一战,北洋水师竟全军覆没,清廷与洋务人士"自强御侮""争胜海洋"的幻想随之破灭。甲午战败后,晚清朝野亦有"重建海军"的呼声和行动,惜因财政困窘而进展缓慢,"重建海军"终未能如国人所愿。但英国人琅威理所上重整海军条陈,以及清廷练兵处提调姚锡光草拟的三个重建海军方案,都已明确提出:"方今天下,一海权竞争剧烈之场",强调立国之道须"海军与陆军相表里",开始跳出传统"以陆军为立国根基"的思维模式,显现出同一时期西方海洋、海军理论,尤其是美国马汉海权学说传入对晚清国人的深远影响。清廷重建海军的计划虽未能实现,但引起社会各界对重建海军的支持和广泛关注。更值得注意的是,其时留日热潮方兴未艾,西方现代国际法理论与学说,包括海洋法理论,如荷兰格劳秀斯的《海洋自由论》、英国塞尔登的《海洋封闭论》、美国马汉的《海权对历史的影响》等通过留日学生所办刊物被介绍传播到中国,激发了晚清国民海权思想意识的觉醒,也促进了国人从维护海洋经济权益到维护海洋国家主权、从立足于陆权国家向发展为海权国家的认识深化。

近代报刊是促进晚清社会嬗变的一大媒介,甲午战后各类新增报刊有1830多种。从1900年开始,一直到清王朝垮台前夕的十年间,《亚东时报》《东方杂志》《华北杂志》《新民丛报》《申报》《新闻报》《时报》《广益丛报》

《醒狮》《教育杂志》《经世报》《南洋兵事杂志》《南方报》《中国新报》等报刊先后发表了许多有关海权问题的讨论文章,尤其《广益丛报》《醒狮》《南洋兵事杂志》等报刊还经常互相刊登洋洋数千言的长文,使得海军重建及海防、海权问题的讨论在国民中更为普及,近代海防、海权思想也在更大范围内得到传播,促进了国人对海权的认识从单一的海上贸易、航海利权等海上经济权益向海洋国土意识和海洋国家主权的深化,同时也预示了未来中国将由单一的陆权国家向陆海兼具型海权国家转化的发展趋势。

(5) 重新评价清末十年间的海权实践。

以往学界常有甲午战败、北洋海军覆灭标志着"借法自强"洋务新政全面破产之论,认为晚清海防、海军建设就此一蹶不振,直至清王朝的彻底垮台。但事实上,从甲午战败到清王朝垮台的十余年间,清廷统治者筹议重建海军虽然总体上是"雷声大雨点小",实际成效并不明显,但重建海军之议却因与国民海权意识觉醒的相互激荡,使得这一滚滚"雷声"始终伴随着清末的最后一抹余晖。清政府对南中国海的经营与海权实践,包括成功收回东沙岛主权、李准率海军巡视查勘南海,宣誓海洋主权,以及种种维护领水主权、渔界主权、领海权益的竭诚努力,而显得意义深远。研究者应以客观公允的历史唯物主义态度重新评价清末十年间的海权实践,因为这是近代中国将由单一的陆权国家向陆海兼具型海权国家转化发展的逻辑开端。

(6) 最后需要予以说明的是,由于中国海洋思想有着自己独具理路的传承发展关系,本书在讨论这一问题时除了对中国古代海洋权益思想之发微做出简要的梳理外,在海防与海权思想问题上也对明清时期中国海防、海权认知的产生做了必要的溯源,以更好地理解晚清国人海防、海权认知与时代基本同步转型的思想衍变脉络。

因此,本书在篇幅内容的安排上,除"绪论"之外,第一章讨论了古代中国海洋意识的发微、发展,并力图归纳出古代中国海洋权益思想具有"开发利用"、"陆主海从"和"内敛守护"的三个主要特点。

第二章是"大航海时代:明清中国的海洋经略意识",探讨在世界海洋发展与明初海疆局势的压力下,王朝统治者在"海禁"与"开海"的张弛交替中形成了明清中国固有的"防海"认知,但与此同时沿海民间海上力量的崛起也为明清时期的海洋意识注入了鲜活的基因。

第三章以"千古奇变"的第一次鸦片战争（亦可称之为"第一次对外海防战争"）为重要节点，考察国人面临"西力东侵"的严峻挑战，从传统"防海"到近代海防的思想变化轨迹，其中以林则徐等人为代表的有识之士在初步运用《国际法》时所体现的海洋主权意识，促使晚清中国初兴的海防思潮出现了新的特点。

第四、五章则以洋务"借法自强"新政时期海防与海权思想之滥觞与应对之策为重点，较为详细而深入地探讨和分析洋务新政中，清廷高层的海防认知、地方疆臣大吏的海防主张和士子儒生对海防的社会呼应。其中则以"船政风波"、"海塞防之议"和"大治水师"为典型案例，分析清廷朝野上下对国家海防问题的认知与应对，厘清此一时期国人初步由海防向海权发展的思想衍变理路。

第六章分析晚清"航海、航运利权"之争、对海岛的经营与拓垦、"弃民"与侨民之观念转换的原因及其影响，探讨晚清中国海洋权益意识的觉醒、延伸和增强过程，其中洋务官员对国际法（《万国公法》）中有关海防与海权精神的借鉴与运用，作为"他山之石"的引入实有着极为特殊的意义。

第七章探析"甲午之殇"的历史缘由与清末国民海权意识的觉醒。"甲午之殇"是晚清中国海防与海权思想记忆中难以忘怀之痛。该章主要从思想文化层面，就中日两国在海洋文化传统、海防、海权观念意识，以及海防、海军战略目标及其建设实践等方面的异同，做一比较研究。同时就甲午战后"重建海军之议"、清末国民海权意识的觉醒，以及清朝海军在南中国海的海权实践等进行重新梳理和考察。

本书的结语部分是以民国肇建者孙中山先生的"海洋强国"思想作为余论，借以揭示晚清后中国必将由单一的陆权国家向陆海兼具型海权国家转化的发展趋势。

第一章
古代中国海洋意识之发微、发展

中国是陆海兼具的古老大国，考古工作者在我国黄海、渤海沿岸的辽东半岛、山东半岛的大汶口—龙山文化遗址，东海沿岸的江苏、浙江、福建、台湾，以及南海沿岸两广地区的百越文化遗址中，发现了大量上古时代的贝丘海洋文化遗存。[①] 这些文化遗存一方面充分说明了自古以来中华民族的先民们早已有与广袤海洋打交道的实践经验，萌发出最初的、朦胧的海洋观念，并随着生产力水平的提高和社会经济的发展，不断丰富和发展对海洋的认识，逐渐形成具有中华民族自己特点的海洋文明传统和海洋权益思想意识。但另一方面，由于古代社会生产力发展水平的关系，以大河流域从事农业生产为主的中原先民事实上没强烈的需求要向凶险莫测的大海进行生存性的拓展活动。中华古老传说中的始祖神农"斫木为耜，揉木为耒，耒耨之

---

① 有关研究可参阅孙守道、郭大顺：《辽宁环渤海地区的考古发现与研究》及王锡平：《试论环渤海地区史前文化的关系与文明》，二者载苏秉琦主编：《考古学文化论集》（四），北京：文物出版社，1997年；许明纲：《旅大市长海县新石器时代贝丘遗址调查》，载《考古》1962年第12期；许明纲：《河姆渡遗址第一期发掘报告》，载《考古学报》1978年第1期；许明纲：《河姆渡遗址第二期发掘的主要收获》，载《文物》1980年第5期；林惠祥：《中国东南区新石器文化特征之一：有段石锛》，载《考古学报》1958年第3期；陈炎：《中华民族海洋文化的曙光——河姆渡文化对探索海上丝绸之路起源的意义》，载《中华民族史研究》第1辑，南宁：广西人民出版社，1993年；袁靖：《关于中国大陆沿海地区贝丘遗址研究的几个问题》，载《考古》1995年第12期；宋正海：《东方蓝色文化——中国海洋文化传统》，广州：广东教育出版社，1995年。

利，以教天下"①，注重的主要是对土地的耕作与经营。之后在漫长的岁月流逝中，"耕而食，织而衣"逐渐固化为古代先民的生产和生活模式，形成了自给自足的社会经济结构。历代中原地区的王朝统治者也依此不断强调"以农为本""本固邦宁"，笃守尊崇"三王之祭川也，皆先河而后海"②的礼仪习俗，其风习传承日久而沉淀成"陆主海从""重陆轻海"的观念意识。这种社会生产、生活模式在铸就出以中原大陆传统农业文明为主流文化的同时，也导致了沿海地区"非主流"海洋文明被湮没不彰。

因而，与西方国家一样，陆海兼具的古老中国也拥有自己的海洋文明传统，中华先民对海洋的认识，尤其是随着社会历史发展而日益凸显其重要性的海洋权益思想等，都有着自己的发展路径和发展模式，更有着世界大航海时代到来之后，因东西方不同海洋发展道路的激烈争胜而留给我们的深刻教训。

基于负陆面海的经济地理区域特征，中国作为陆海两栖型大国，面向海洋，开拓海洋原本是国家与民族发展的题中应有之义，但"陆主海从""重陆轻海"的传统意识不仅羁绊着中华民族越海向外，谋求海洋权益，开拓生存发展"第二空间"的脚步，而且使中华民族在世界性海洋时代来临之际，在"海禁""开海"的迷思之间，逐渐沦为西方海外殖民扩张主义者觊觎和侵夺的对象，蒙受了晚清以来百余年"落后挨打"的苦难与屈辱。

一、"历心于山海而国家富"

从有文字记载的历史发展过程来看，中华先民与海洋结下不解之缘，萌发最初的海洋权益思想意识，首先是从"行舟楫之便"与"重鱼盐之利"的基本认识开始的。

古籍记载中华始祖黄帝、尧、舜等"刳木为舟，剡木为楫"，目的是借

---

① 《周易·系辞下传》，见南怀瑾、徐芹庭注译：《周易今注今译》，天津：天津古籍出版社，1987年，第393页。
② 《礼记》，卷6，《学记第十八》，见（元）陈澔：《五经·礼记集说》（下），成都：巴蜀书社，1987年据怡府藏版影印本，第123页。

"舟楫之利以济不通。致远,以利天下"。① 黄帝等人的故事虽然是远古的传说,但中华古先民对海洋之利的初步认识,是由其能"行舟楫之便"的生产、生活体验而形成的,故中国古文献中有伏羲氏作舟、货狄作舟、番禺作舟、伯益作舟等诸种传说存世②,特别是东南沿海地区的百越先民更早就有造舟航海,"水行而山处,以船为车,以楫为马,往若飘风,去则难从"③的海洋实践。

随着社会生产力的提高和社会经济的发展,先民们有关"兴鱼盐之利"的海洋认识也相随而生。《尚书·禹贡》记载夏朝时山东青州沿海一带"厥贡盐绪,海物惟错"④;苏北扬州地区"岛夷卉服。厥篚织贝,厥包桔柚,锡贡。沿于江、海,达于淮、泗"⑤,已依稀反映出其时海洋经济与社会生活的密切关系。⑥

由于广袤的海洋能提供"致远以利天下"的便利条件,人们对陆地与海洋疆界关系的认识也逐步扩大,"方行天下,至于海表,罔有不服"⑦,早期

---

① 《周易·系辞下传》,见南怀瑾、徐芹庭注译:《周易今注今译》,第394页。
② 在我国古代文献中既有先民"刳木为舟,剡木为楫"的记载,也有伏羲氏作舟、货狄作舟、番禺作舟、伯益作舟等诸种传说,这些传说虽不一定符合史实,但可以与考古出土遗存物中的木桨、陶舟和有段石锛等互相印证,尤其浙江河姆渡文化作为越族先民创造的百越文化的典型,从遗存中出土的木桨、陶舟来看,他们能利用舟楫进行原始的航海活动是完全可能的。参见陈炎:《中华民族海洋文化的曙光——河姆渡文化对探索海上丝绸之路起源的意义》,载《中华民族史研究》第1辑,南宁:广西人民出版社,1993年。
③ (东汉)袁康、吴平:《越绝书》(徐儒宗点校),卷8,《越绝外传记(越)地传第十》,杭州:浙江古籍出版社,2013年,第51页。
④ 《尚书·禹贡》,江灏、钱宗武译注:《今古文尚书全译》,贵阳:贵州人民出版社,2009年,第73页。
⑤ 《尚书·禹贡》,江灏、钱宗武译注:《今古文尚书全译》,第76页。
⑥ 1980年,我国考古工作者在河南省偃师县二里头的夏文化遗址中,发现了12枚依海贝式样仿制的骨贝和石贝(参见中华书局编:《中国历史的童年》,北京:中华书局,1982年,第151页),许多学者认为这很可能是夏代通用的货币,也即史籍上所载"夏后以玄贝,周人以紫石,后世或金钱刀布"[(汉)桓宽:《盐铁论·错币第四》,上海:上海人民出版社,1974年,第10页]的古代货币。这些从稀有海贝演化而来的古代货币,包括仿制的骨贝和石贝的出现,说明远古先民最初的商品交换活动,与海洋有着千丝万缕的联系。
⑦ 《尚书·立政》,江灏、钱宗武译注:《今古文尚书全译》,第380页。

国家朦胧的疆域观念也逐渐随之产生。《尚书》记载夏王朝"东渐于海，西被于流沙，朔南暨声教讫于四海"①，其统治疆域有可能已达到东部沿海地区②。而商代作为一个既有文字记载，又有考古实物发掘为证的古王朝，疆域范围号称"殷之地，左东海，右流沙，前交趾，后幽都"③，其统治势力已达到东部沿海地区应是不争的事实。正如有学者指出："商王对东土（按：指山东、江苏和皖北等沿海地区）有效行使政治、经济和军事方面的权力，表明商朝已经不再是局限于千里邦畿的邑土国家，而逐步成为真正意义上拥有一定领土主权的早期国家。"④ 在这个意义上看，中国是一个陆海兼具的大国可谓自古已然。

西周建国后，"周虽旧邦，其命维新"⑤，其东部所属方国为夏商以来的"九夷"诸部，控制范围北起辽东半岛，南至江浙一带，其广阔的疆土中，燕、齐、鲁、莒、吴、越等均为西周的沿海封国。史称："东至海，西至河，南至穆陵，北至无棣，五侯九伯，实得征之。"⑥ 可以想见，周王朝对东部沿海地区的有效控制必然会产生相应的海洋权益意识。

例如，周武王伐纣后为加强周王朝对沿海的控制，封功臣姜尚于原殷商封地的齐之营丘，以平定该地东夷的叛乱。姜尚奉命"夜衣而行，犁（黎）明至国"⑦，迅速稳定当地局势并建立了齐国。

为改变濒海齐地贫瘠落后的原有状况，姜尚敏锐地看到海洋所具有的经

---

① 《尚书·禹贡》，江灏、钱宗武译注：《今古文尚书全译》，第88页。
② 参见李学勤：《中国古代文明研究》，上海：华东师范大学出版社，2005年，第376页。另依《尚书·禹贡》中的"九州"之说，夏代王朝的疆域范围可能已达到今之东部沿海的山东和江苏一带（参见李民等：《夏代域限探讨综述》，载《中国史研究动态》2006年第3期）。
③ （西汉）刘安：《淮南子》，卷20，《泰族训》，见《淮南子校释（下）》（张双棣校释）北京：北京大学出版社，1997年，第2089页。
④ 周书灿：《晚商时期对东方地区的军事经略和主权管辖》，载《东方论坛》2008年第2期。
⑤ 《诗经·大雅·文王》，陈戍国点校：《四书五经》（上），长沙：岳麓书社，2014年，第400页。
⑥ （西汉）司马迁：《史记》，卷32，《齐太公世家》，北京：中华书局，1959年标点本，第1480～1481页。
⑦ （西汉）司马迁：《史记》，卷32，《齐太公世家》，第1480页。

济潜能和优势条件,"(始)修政,因其俗,简其礼,通商工之业,便鱼盐之利"①,吸引了大量的人口归附齐国而使其迅速强大起来。

有关姜尚如何具体实施"便鱼盐之利"的政策,使"人民多归齐,齐为大国"②,史家司马迁在其所著《史记》中没有更多的阐释,但就姜尚本为"东海上人"③,又长期"隐海滨"④的人生经历来说,他对大海蕴藏着丰富的自然经济资源应该有着较为深刻的认识,因此,封国后他要充分开发利用海洋资源以富国也就是十分自然的事了。可以说,姜尚把"通商工之业"的经济活动与"便鱼盐之利"的海洋利益理性地联系在一起,并作为一种基本的富强方针在齐国有效地推行,这实在是古代中国人对开发利用海洋权益认识的一大进步!

齐国姜尚的后世子孙也延续这一治国思路继续发展。春秋时期,齐桓公与其得力大臣管仲曾有一段关于"官山海"的讨论,反映了齐国对海洋经济的认识。管仲对齐桓公说:

> 楚有汝汉之黄金,而齐有渠展之盐,燕有辽东之煮,此阴王之国也。苟有操之不工,用之不善,天下倪而是耳。使夷吾能居楚之黄金,吾能令农毋耕而食,女毋织而衣。今请君煮水为盐,正而积之。⑤

意思是说,当时的强国楚国有丰富的矿藏资源,而沿海的齐国、燕国则拥有海洋"鱼盐之利",若能很好地开发与利用,一定能够使国家迅速强大起来。管子还认为,"煮水为盐",能使之成为国家重要的财政税收来源;通过海洋的开发利用,甚至还可以"令农毋耕而食,女毋织而衣",能够成为与拥有黄金矿藏资源的楚国一样的强国和富国。

对此,《国语·齐语》也记载说:"通齐国之鱼盐于东莱,使关市几而不

---

① (西汉)司马迁:《史记》,卷32,《齐太公世家》,第1480页。
② (西汉)司马迁:《史记》,卷32,《齐太公世家》,第1480页。
③ (西汉)司马迁:《史记》,卷32,《齐太公世家》,第1477页。
④ (西汉)司马迁:《史记》,卷32,《齐太公世家》,第1478页。
⑤ (唐)房玄龄注,(明)刘绩补注,刘晓艺校点:《管子》,卷23,《轻重甲第十八》,上海:上海古籍出版社,2015年,第453~454页。

征，以为诸侯利，诸侯称广焉。"① 即通过国家税收手段，把鱼盐之利与商贸活动联系起来，进一步丰富了海洋经济实践活动的内容。故史称："（齐）桓公既得管仲，与鲍叔、隰朋、高傒修齐国政，连五家之兵，设轻重鱼盐之利，以赡贫穷，禄贤能，齐人皆说（悦）。"②

《管子·禁藏篇》还说："其商人通贾，倍道兼行，夜以续日，千里而不远者，利在前也；渔人之入海，海深万仞，就彼逆流乘危百里，宿夜不出者，利在水也。故利之所在，虽千仞之山，无所不上；深源之下，无所不入焉。"③ 此中反映出"利在前""利在水"的海洋经济意识，也可以从一个侧面佐证自古以来中华先民海洋实践活动的频繁。

我们认为，濒海的齐国君臣，尤其是管仲对海洋富国、强国的认识无疑是相当可贵的。作为治国理政者，他们的思想深处实际上已萌发如何开发利用海洋和管理海洋资源的问题意识，而这正是中国海洋权益思想从一开始便具有东方民族自己独特发展路径的有力证明。

事实上，在春秋战国时期，"设轻重鱼盐之利"的海洋权益意识已为人们所普遍接受。《史记》中对当时濒海的燕、齐、吴、越等诸侯国的海洋经济状况有诸多记载："夫燕亦勃（渤）、碣之间一都会也。南通齐、赵，东北边胡。上谷至辽东，地踔远，人民希（稀），数被寇，大与赵、代俗相类，而民雕捍（刁悍）少虑，有鱼盐枣栗之饶"④；"齐带山海，膏壤千里，宜桑麻，人民多文彩布帛鱼盐"，有士、农、商、工、贾五民之众，具"大国之风"⑤；"越、楚则有三俗。……（西楚之）陈在楚夏之交，通鱼盐之货，其民多贾"⑥；"彭城以东，东海、吴、广陵，此东楚也。……浙江南则越。夫吴自阖庐、春申、王濞三人招致天下之喜游子弟，东有海盐之饶，章山之

---

① 《国语》，卷6，《齐语》，国学基本丛书，上海：商务印书馆1935年初版，1958年重印版，第87页。
② （西汉）司马迁：《史记》，卷32，《齐太公世家》，第1487页。
③ 《管子》，卷17，《禁藏第五十三》，见黎翔凤撰、梁运华整理：《管子校注》，中册，新编诸子集成，北京：中华书局，2004年，第1015页。
④ （西汉）司马迁：《史记》，卷129，《货殖列传》，第3265页。
⑤ （西汉）司马迁：《史记》，卷129，《货殖列传》，第3265页。
⑥ （西汉）司马迁：《史记》，卷129，《货殖列传》，第3267页。

铜,三江、五湖之利,亦江东一都会也"①。

正是在上述"行舟楫之便""致远以利天下""通鱼盐之货",以及"兴鱼盐之利""设轻重鱼盐之利""海盐之饶""利在水"等认识的基础上,战国时期的政论家韩非子充分认识到海洋经济对于国家发展的重要性,强调濒海之国应该大力开发丰富的海洋资源,大兴鱼盐之利,为我所用,才能成为强盛的"海王之国"②。为此,他提出了"太(泰)山不立好恶,故能成其高;江海不择小助,故能成其富。故大人寄形于天地而万物备,历心于山海而国家富"③的著名论断,不仅深刻地揭示了海洋本身所具有的社会经济内涵,而且还彰显和奠定了中华民族有关海洋权益思想的基本发展路向。

可以看出,从古之"行舟楫之便"与"重鱼盐之利"到"历心于山海而国家富",这是中华民族先民们在长期与海洋打交道的过程中逐步深化对海洋社会经济属性的认识,是一个由本能的感性认识向有意识的理性认识变化的微妙而重要的过程④,同时也是以开发和利用海洋为主要特征的中国传统海洋权益思想的发微、发展过程。

二、"履至尊而制六合"

春秋战国时期是中国历史上第一次社会大转型的巨变时代,也是在政治架构上逐渐打破诸侯割据,进入一统天下的开创时代。

公元前221年,秦皇嬴政经过多年激烈的争雄兼并战争,"续六世之余烈,振长策而御宇内,吞二周而亡诸侯,履至尊而制六合"⑤,建立起中国历

---

① (西汉)司马迁:《史记》,卷129,《货殖列传》,第3267页。
② 《史记·平准书》载:"齐桓公用管仲之谋,通轻重之权,徼山海之业,以朝诸侯。用区区之齐,显成霸名",遂有"海王之国"。尹知章注:"海王,言以负海之利而王其业。"即凭借濒海之利(指产盐)而成就王霸之业。《管子校注》认为"王"应读"旺",但注重海洋"鱼盐之利"会使国家富强之意则相同(见前引黎翔凤撰,梁运华整理:《管子校注》,中册,新编诸子集成,第1246页)。
③ 《韩非子·大体第二十九》,见(清)顾广圻识误,姜俊俊标校:《韩非子》,上海:上海古籍出版社,1996年,第119页。
④ 黄顺力:《海洋迷思:中国海洋观的传统与变迁》,第22页。
⑤ (西汉)司马迁:《史记》,卷6,《秦始皇本纪》,第280页。

史上第一个统一的、多民族的、中央集权的王朝国家。

秦王朝国家的疆域"地东至海暨朝鲜，西至临洮、羌中，南至北乡户，北据河为塞，并阴山至辽东"①，即大致东起浩瀚东海，西至西北高原，南抵岭南地区，北达阴山、辽东一带。② 为了有效统治这个前所未有的一统帝国，秦始皇接受廷尉李斯的建议，废除周初分封之制，设立三十六郡县，实行书同文、车同轨、统一货币、统一度量衡等一系列巩固天下统一的政治、经济制度。③

为了尽可能消弭旧诸侯势力赖以割据分裂的隐患，秦始皇还下令修建以帝都咸阳为中心，通往东西南北各统治区域的驰道，构成"东穷燕齐，南极吴楚，江湖之上，濒海之观毕至"④ 的陆上交通体系；同时又下令"堕坏城郭，决通川防，夷去险阻"⑤，并以鸿沟为中心，疏通济、汝、淮、泗等水，并在湘、漓间开凿灵渠，沟通珠江、湘江和长江水系，形成水上交通体系。……这一系列的政治、经济、军事和交通等体制改革的设计与实施，使中国历史上第一个真正意义上的、统一的多民族王朝国家完全得以确立。正是在这一基础上，由春秋战国以来逐步发微、发展的中国海洋权益思想意识开始达到一个新的阶段。这主要体现在以下三个方面：

其一，秦王朝在沿海地区设置郡县，加强对沿海的控制和管理，反映海洋与海疆已经成为陆海兼具型大国重点经略的疆域之一。

秦王朝的统一打破了沿海诸侯分据海疆的局面，燕、齐、吴、越等沿海诸侯国，包括后来纳入秦势力范围的闽、粤、桂等滨海地区成为统一多民族国家的重要组成部分。秦始皇采纳李斯在全国实行郡县制建议时，最初分天下为三十六郡，后来又增至四十余郡。在沿海地区由北到南先后设置了辽东郡、辽西郡、右北平郡、渔阳郡、广阳郡、巨鹿郡、济北郡、临淄郡、胶东

---

① （西汉）司马迁：《史记》，卷6，《秦始皇本纪》，第239页。
② 具体疆域范围可参见马大正：《中国边疆经略史》，郑州：中州古籍出版社，2000年，第30～36页。
③ （西汉）司马迁：《史记》，卷6，《秦始皇本纪》，第239页。
④ （东汉）班固：《汉书》，卷51，《贾邹枚路传第二十一》，北京：中华书局，1962年标点本，第2328页。
⑤ （西汉）司马迁：《史记》，卷6，《秦始皇本纪》，第252页。

郡、琅琊郡、东海郡、会稽郡、闽中郡、南海郡、桂林郡和象郡等十六郡。其中有些郡县名是原有诸侯国的地方旧称，而南方两广的岭南地区和闽地诸郡县则是秦统一中国之后疆土开拓的新建制。①

秦王朝郡县制在全国，尤其是在沿海地区的推广和设置从表面上看只是行政建制的变化②，但"郡县海表"却有着极深远的历史意义，这不仅以大一统国家的行政力量将沿海地区纳入整个体制之内，彰显国家对海疆的重视与关注，而且由中央任命官员对沿海地方进行统一的直接管辖，改变了既往诸侯割据的旧有格局，这无疑对陆海兼具型大国的长远发展有着深远的影响。秦朝虽二世而亡，但"汉承秦制"，汉王朝建立之初因政权统治稳定的需要，一度曾"大封同姓，以填天下"③，但很快就以平定"七国之乱"为契机重新加强了对沿海地区的控制，"齐、赵、梁、楚支郡名山陂海咸纳于汉"④。自此，中国自秦汉以降郡县制的行政建制基本上没有大的变化，从而保证了中华民族大一统国家格局的基本稳定，故毛泽东曾称其为"百代尤行秦法政"，此言可谓中肯！

其二，"东抚东土，……乃临于海"⑤，显示中原王朝对海疆和海洋问题的关注情怀。

为了显示大一统王朝帝国最高统治者的无上权威，秦始皇多次沿驰道出巡，所到之处均刻石"记功"，颂扬秦德。其六处刻石为邹峄山（今山东邹

---

① 秦并六国后开始拓疆岭南、闽越等，于秦始皇三十三年（公元前214年）占领岭南地区（两广与海南），置南海、象郡、桂林三郡。闽地则废去原闽越王号，置闽中郡，仍以当地部族"君长"进行遥制，故史载："闽越王无诸及越东海王摇者，其先皆越王句践之后也，姓驺氏。秦已并天下，皆废为君长，以其地为闽中郡。"［见（西汉）司马迁：《史记》，卷114，《东越列传》，第2979页。］
② 秦国在"战国七雄"中是实行郡县制较早的诸侯国之一，但统一后是否在全国实行郡县制则有一番争论。以丞相王绾为代表主张沿袭周代分封之制，以廷尉李斯为代表则力主推广郡县制，认为"周文武所封子弟同姓甚众，然后属疏远，相攻击如仇雠，诸侯更相诛伐，周天子弗能禁止"。周之分封制已不能适应大一统的新形势，"今海内赖陛下神灵一统，皆为郡县。诸子功臣以公赋税重赏赐之，甚足易制。天下无异意，则安宁之术也。置诸侯不便"。［见（西汉）司马迁：《史记》，卷6，《秦始皇本纪》，第239页。］
③ （东汉）班固：《汉书》，卷38，《高五王传》，第2002页。
④ （西汉）司马迁：《史记》，卷17，《汉兴以来诸侯王年表》，第803页。
⑤ （西汉）司马迁：《史记》，卷6，《秦始皇本纪》，第245页。

城)、泰山（今山东泰安）、芝罘（今山东烟台）、琅邪（今山东青岛）、会稽（今浙江绍兴）和碣石（今河北秦皇岛），均在东部沿海地区。

据《史记》所载，秦始皇统一中国后，出巡中有四次东行巡海，足迹遍及鲁、冀、辽西和江浙沿海等地。第一次在公元前219年，秦始皇先登邹峄山，后东临泰山封禅立碑，颂扬"废分封，立郡县，一统天下"的煌煌秦德。而后又到渤海湾一带巡视，并在琅邪建港，移内地民户3万定居于此，显示其对沿海地区及海疆建设的重视。紧接着，第二年（公元前218年），秦始皇再次巡海，途中在博浪沙（今河南原阳东南）遇刺未中，继续出巡至山东芝罘，刻石立碑。回程时又巡视了琅邪港。

秦始皇第三次东行巡海是在公元前215年，到达渤海北岸的碣石港，并刻石立碑记之。第四次出巡在公元前210年，先南行至九疑（亦称九嶷，今湖南宁远），再浮江东下到钱塘（今浙江杭州），上会稽山祭大禹陵，并刻石立碑，宣称"昭隔内外，靡不清净"[①]，用以表达某种程度的海上防卫意识。后继续沿海北上巡视，"并海上，北至琅邪"[②]。之后至平原津（今山东平原）染病不起，在回程途中病逝于沙丘平台（今河北广宗西北）。[③]

以往人们常常认为，秦始皇四次东行巡海的目的是寻求海上神山和长生不老的仙药[④]，以满足其世代当皇帝的骄纵心态。但实际上，秦始皇这种大规模的巡海活动还有其深刻的政治、经济原因。东行巡海活动实质上体现的是中原王朝君主对所治广袤疆域中海疆和海洋问题的关注情怀[⑤]，具有某种宣示维护大一统国家海洋权益的重要意义。

作为中国历史上第一个统一的多民族国家的最高统治者，秦始皇"亲巡天下，周览远方"[⑥]。为了巩固统一，既必须重视对中原内陆地区的统治，也必须关注沿海海疆地区的稳定。在当时的情势下，沿海的燕、齐、赵三国是

---

① （西汉）司马迁：《史记》，卷6，《秦始皇本纪》，第243页。
② （西汉）司马迁：《史记》，卷6，《秦始皇本纪》，第263页。
③ （西汉）司马迁：《史记》，卷6，《秦始皇本纪》，第264页。
④ 始皇二十八年（公元前219年），秦始皇第一次东巡时曾遣齐人方士徐福等入海求仙。最后一次东巡（公元前210年）亦再次派遣徐福入海，但其求仙问药的背后亦有拓土海外的意识。
⑤ 黄顺力：《海洋迷思：中国海洋观的传统与变迁》，第22~24页。
⑥ （西汉）司马迁：《史记》，卷6，《秦始皇本纪》，第261页。

秦始皇"扫平六合"战争中最后被平服之地，也是秦王朝统治最为薄弱的地区，因此，秦始皇第一次东行巡海即明显带有关注沿海海疆安定之意。他登泰山封禅立碑，而后又在芝罘、琅邪、会稽、碣石等地刻石、建台，歌颂秦德，以及包括下令从内地向琅邪海港移民3万户，实行免征赋税12年的优惠政策等等，都可以说是安定海疆、巩固统一的种种举措。正如琅邪台刻石文中所载：

> （秦皇）东抚东土，以省卒士。事已大毕，乃临于海。……举错（措）必当，莫不如画（划）。皇帝之明，临察四方。尊卑贵贱，不逾次行。……皇帝之德，存定四极。诛乱除害，兴利致福。……六合之内，皇帝之土。西涉流沙，南尽北户。东有东海，北过大夏。人迹所至，无不臣者。（秦）功盖五帝，泽及牛马。莫不受德，各安其宇。[①]

可以明显看出，石刻碑文中既有对秦始皇扫平六合，一统天下的歌功颂德之辞，更有安定海疆，"巡行郡县，以示强，威服海内"[②]之意。秦始皇数次东行巡海，其意图莫不如是。

此外，从春秋战国以来中华先民海洋权益思想意识形成发展的角度来看，秦始皇东行巡海除了希冀天下一统、政治稳定的原因之外，还有追求海洋权益的经济原因。

前述春秋时，齐桓公以管仲为相，实行"官山海"的政策，兴农商、办盐铁，尽得海洋交通、鱼盐之利，成为雄踞北方的沿海强国。齐国的商人"逐鱼盐商贾之利，或连车骑，交守相，……起富数千万"[③]。其他濒海的燕、赵、越等诸侯国也有类似情况。因此，自韩非子提出"历心于山海而国家富"的主张，揭示海洋对富国强国的作用之后，沿海各诸侯国都非常重视利用海洋资源，发展海洋经济。这些情况对于地处中原内陆、原以奖励耕战强国的秦始皇来说也是一种值得借鉴的治国经验。基于此，秦始皇数次东行巡海以及统一后

[①] （西汉）司马迁：《史记》，卷6，《秦始皇本纪》，第245页。
[②] （西汉）司马迁：《史记》，卷6，《秦始皇本纪》，第267页。
[③] （西汉）司马迁：《史记》，卷129，《货殖列传》，第3279页。

即开始进军开拓岭南，都不同程度地显现了向海洋发展的经济动因。

其三，派遣齐国方士徐市（徐福）入海求仙，蕴含有向海外拓展的思想倾向。这种思想的发展有着沿海地区海洋文化传统的继承性。

早在战国时代，濒海的燕、齐各诸侯国就屡有遣人入海寻找海上神山或渔人海中遇仙的传闻：

> 自（齐）威、宣、燕昭使人入海求蓬莱、方丈、瀛洲。此三神山者，其传在勃（渤）海中，去人不远；患且至，则船风引而去。盖尝有至者，诸仙人及不死之药皆在焉。其物禽兽尽白，而黄金银为宫阙。未至，望之如云；及到，三神山反居水下。临之，风辄引去，终莫能至云。世主莫不甘心焉。①

秦始皇统一天下、东行巡海时耳濡目染了这些传闻，对入海求仙一事自然也很关注。史称：

> 及至秦始皇并天下，至海上，则方士言之不可胜数。始皇自以为至海上而恐不及矣，使人乃赍童男女入海求之。船交海中，皆以风为解，曰未能至，望见之焉。其明年，始皇复游海上，至琅邪，过恒山，从上党归。后三年，游碣石，考入海方士，从上郡归。后五年，始皇南至湘山，遂登会稽，并海上，冀遇海中三神山之奇药。不得，还至沙丘崩。②

《史记》所载虽因其神话色彩而不足凭信，但值得我们注意的有两点：

一是神话传说的背后隐显的是燕、齐诸国固有的海洋文化传统。我们知道，神话传说中常常会折射客观现实社会生活的影子，海上"三神山"既然能作为一种民间传闻在诸侯国间广泛流传，说明燕、齐之民与海洋打交道的经历必然由来已久，并形成了先民们对大海变幻莫测现象的初步认识。事实上，海上三神山有可能是大海中虚幻的海市蜃楼景观，但也可能是现实中存

---

① （西汉）司马迁：《史记》，卷28，《封禅书第六》，第1369～1370页。
② （西汉）司马迁：《史记》，卷28，《封禅书第六》，第1370页。

在的日本列岛或朝鲜济州岛。由于时代限制和科学知识的贫乏，燕、齐之民在航海的过程中必然会有种种惊险、传奇的经历，这些经历经过民间的口耳相传，便带上了诸多神秘的色彩。所谓"海上神山""不老仙人""不死之药""其物禽兽尽白，而黄金银为宫阙"等皆是如此。但透过这些扑朔迷离的民间神话传说，我们感受到的是地处沿海的燕、齐等国源远流长的海洋文化传统，显现的是自古以来中华文明中所含有的海洋文明基因。

二是入海求仙活动表达了濒海之民对海外世界的憧憬与向往。"神山""仙人""不死之药""黄金银为宫阙"等传说，会引发人们对"海外有海，海中有陆"的无尽遐想，实际上反映了濒海之民对大海的憧憬向往和探求海外世界的热望。据史料所载，早在公元前4世纪至前3世纪，燕、齐两国已多次派人航海去寻求过三神山，而且据传曾经有人到达过那里（当然不是神话传说中的"三神山"）。这种情况一则说明当时燕、齐等沿海诸侯国海洋活动的频繁；二则表达了时人对海外探险的热切期望。正是这种热望与传说交织在一起，才出现了一批批勇于远航海外的燕齐海上方士。[①] 可以说，秦始皇统一六国后，数次派遣齐国方士徐福以入海寻神山、求仙人为名的东渡活动，进一步说明了这一点。

此外，就徐福入海求仙一事分析，其蕴含中华先民向海外拓展的思想倾向也有脉络可寻。《史记·秦始皇本纪》记载：始皇二十八年（公元前219年），"东行郡县，……南登琅邪，……齐人徐巿（福）等上书，言海中有三神山，名曰蓬莱、方丈、瀛洲，仙人居之。请得斋戒，与童男女求之。于是遣徐巿（福）发童男女数千人，入海求仙人"[②]。这是秦始皇第一次东行巡海时对徐福入海的派遣。始皇三十七年（前210年），秦始皇最后一次东行巡海，"从江乘渡，并海上，北至琅邪。方士徐巿（福）等入海求神药，数岁不得，费多，恐谴，乃诈曰：'蓬莱药可得，然常为大鲛鱼所苦，故不得至，愿请善射与俱，见则以连弩射之'。始皇梦与海神战，如人状。……乃令入海者赍捕巨鱼具，而自以连弩候大鱼出射之。自琅邪北至荣成山，弗见。至之罘（芝罘），见巨

[①] 彭德清主编：《中国航海史（古代航海史）》，北京：人民交通出版社，1988年，第42页。

[②] （西汉）司马迁：《史记》，卷6，《秦始皇本纪》，第242~247页。

鱼，射杀一鱼。遂并海西"①。《史记·淮南衡山列传》亦记载说：

> （始皇）使徐福入海求神异物，还为伪辞曰："臣见海中大神，言曰：'汝西皇之使邪？'臣答曰：'然。''汝何求？'曰：'愿请延年益寿药。'神曰：'汝秦王之礼薄，得观而不得取。'即从臣东南至蓬莱山，见芝成宫阙，有使者铜色而龙形，光上照天。于是臣再拜问曰：'宜何资以献？'海神曰：'以令名男子若振女与百工之事，即得之矣。'"秦皇帝大说（悦），遣振男女三千人，资之五谷种种百工而行。徐福得平原广泽，止王不来。②

从上述史料记载来看，徐福曾先后两次以求神山、问仙药为名，请秦始皇资助并受命率船队出海远航。但他第二次率大规模船队，满载五谷种子和青年男女、诸工百匠数千人东渡，"得平原广泽"，进行海外开发后，就没有再回来。这里所说的"平原广泽"究竟在何处？《史记》中并没有载明，有些学者根据徐福东渡的时间与日本弥生文化生成的历史背景，以及今之在日本各地广泛流传的徐福行踪遗迹等进行综合分析，认为徐福东渡所到达的目的地（平原广泽），即为日本列岛。③ 因此，徐福东渡实际上可以看成是一次有组织的海外拓展行动。

当然，所谓"平原广泽"是否真的就是今之日本列岛，还是别的什么地方④，在这里并不特别重要。重要的是徐福东渡这一事件本身是中国海洋社会发展史上的一件大事。首先，这是中国有文字历史以来明确记载的第一次大规模的航海行动。由于航海时间持续长达数年之久，而且能够去而复返，

---

① （西汉）司马迁：《史记》，卷6，《秦始皇本纪》，第263页。
② （西汉）司马迁：《史记》，卷118，《淮南衡山列传》，第3086页。
③ 彭德清主编：《中国航海史（古代航海史）》，第43～44页。
④ 学界有关"平原广泽"为"亶洲"一说。《三国志·吴主传》曰：黄龙二年（230年）孙权"遣将军卫温、诸葛直将甲士万人浮海求夷洲及亶洲。亶洲在海中，长老传言，秦始皇帝遣方士徐福将童男童女数千人入海，求蓬莱神山及仙药，止此洲不还。世相承有数万家，其上人民，时有至会稽货布。会稽东县人海行，亦有遭风流移至亶洲者。所在绝远，卒不可得至"。[见（西晋）陈寿：《三国志》，卷47，《吴书二·吴主传》，北京：中华书局，1962年标点本，第1136页。]

这至少可以说明当时的造船和航海技术已达到相当高的水平，这是中国人面对海洋、走向海洋所必须具备的物质基础。其次，徐福第二次东渡时明确要求随船带去数千青年男女、诸工百匠和五谷种子，说明已具有向海外移民和向海外发展的思想与要求。因此，虽然徐福东渡带有浓厚的神话迷信色彩，但确实可以称得上是中国人面向海洋、走入海洋、寻求海外发展的先声。①

而在笔者看来，更重要的是，徐福东渡是在秦始皇派遣、授意和支持下的一种国家行为，是一种向海洋世界发展的国家意志的体现。这一做法实际上与千百年之后西欧各国从国家政策层面上鼓励和资助民间各种形式的海外探险活动，在思想和实践层面上并无二致。从这个意义上，说中华民族比西方国家更早拥抱海洋②并不为过。

三、海上丝绸之路

秦王朝虽因暴政"二世而亡"，但秦始皇在位时进军岭南边远之区，"发诸尝逋亡人、赘婿、贾人，略取陆梁地，为桂林、象郡、南海"③ 三郡，却为大一统中原王朝与外部世界的海外交往奠定了基础。

就经济地理的区域优势而言，两广所处的岭南地区无疑是中国与外部海洋世界最早，也是最频繁接触与交流的地区之一。该地区位于珠江流域，区

---

① 参阅倪健民、宋宜昌主编：《海洋中国》（中），北京：中国国际广播出版社，1997年，第55页。

② 徐福东渡后，有关海上神山、仙人的传闻仍然屡见不鲜。汉武帝时，方士李少君进言曰："臣尝游海上，见安期生。安期生食巨枣，大如瓜。安期生仙者，通蓬莱中，合则见人，不合则隐。"因此，汉武帝也多次"遣方士入海求蓬莱安期生之属"［见（西汉）司马迁：《史记》，卷28，《封禅书第六》，第1385页］。当然，秦汉帝王们的入海求仙终不可得，而秦汉以后中国移民取道朝鲜半岛渡海到日本者则络绎不绝。他们带去大量的先进文化和技术，对于开发与建设日本列岛产生了重大的历史作用。日本古籍称："秦汉百济内附之民，各以万计。"［转引自倪健民、宋宜昌主编：《海洋中国》（中），第560页。］就这点意义而言，徐福东渡亦可说是见诸史籍的中国海外移民的最早开端。

③ （西汉）司马迁：《史记》，卷6，《秦始皇本纪》，第253页。

域内河道纵横又直通大海，当地的百越先民"以船为车，以楫为马"①，很早就拥有丰富的航海实践经验。

从20世纪80年代中期出土的南越王墓葬文物看，岭南地区与海外世界的联系在秦汉以前就已相当密切。据南越王墓葬考古报告称："墓中出土的大象牙、象牙器、银器、玻璃器以及玛瑙、水晶、玻璃等多种质料的珠饰，初步可以判断其中一部分应是从中亚或南亚等地输入的。广州与海外贸易通商的时间至迟在南越国时期就存在了。"②而秦始皇发兵进取岭南，其经济目的之一就是取得岭南地区来自海外世界的"越之犀角、象齿、翡翠、珠玑"③等奇珍异宝。可见，秦之前的岭南一带与海外世界早已有一定的贸易往来。④

西汉代秦之后，到汉武帝时国势已相当强盛。汉元鼎六年（公元前111年）汉武帝平定了秦末趁乱划岭而治的南越国，设置了南海、苍梧、郁林、合浦、交趾、九真和日南七郡，使岭南地区的海外交通和海外贸易迅速发展起来，其中南越国原郡治所在"番禺（今广州）亦其一都会也，珠玑、犀、玳瑁、果、布之凑"⑤，汉代由广州通往海外世界的海上丝绸之路因而闻名于世。

《汉书·地理志》曰：

> 自日南障塞、徐闻、合浦船行可五月，有都元国；又船行可四月，有邑卢没国；又船行可二十余日，有谌离国；步行可十余日，有夫甘都

---

① （东汉）袁康、吴平：《越绝书》（徐儒宗点校），卷8，《越绝外传记（越）地传第十》，第51页。
② 参见广州象岗汉墓发掘队：《西汉南越王墓发掘初步报告》，载《考古》1984年第4期。
③ （西汉）刘安：《淮南子》，卷18，《人间训》，见《淮南子校释（下）》（张双棣校释），第1907页。另据《汉书·地理志上》有关"赍黄金杂缯而往""市明珠、璧流离、奇石异物"等史料记载，我们似可推测当时岭南一带用以海外贸易的主要商品除了黄金之外，极可能是各种"杂缯"（即丝绸）。如果这种推断符合逻辑并今后有考古遗物证实的话，那么，我国海上丝绸之路的开辟大抵可上溯到先秦时期，只不过当时还停留在民间海外交通贸易的层次，不为人们所注意，一直到秦皇汉武经略岭南之后才开始因打上官方的烙印而得到彰显。
④ 参阅李金明、廖大珂：《中国古代海外贸易史》，南宁：广西人民出版社，1995年，第1页。
⑤ （西汉）司马迁：《史记》，卷129，《货殖列传》，第3268页。

卢国。自夫甘都卢国船行可二月余,有黄支国,民俗略与珠崖相类。其州广大,户口多,多异物,自武帝以来皆献见。有译长,属黄门,与应募者俱入海市明珠、璧流离、奇石异物,赍黄金杂缯而往。所至国皆禀食为耦,蛮夷贾船,转送致之。亦利交易,剽杀人。又苦逢风波溺死,不者数年来还。大珠至围二寸以下。平帝元始中,王莽辅政,欲耀威德,厚遗黄支王,令遣使献生犀牛。自黄支船行可八月,到皮宗;船行可二月,至日南、象林界云。黄支之南,有已程不国,汉之译使自此还矣。①

史籍记载这条海上丝绸之路所涉及的各个古地名经许多中外学者考证,虽未能取得完全一致的意见,但对海上贸易航行所经过国家与地区的认识却比较一致。也就是说,早在汉武帝时代,中国海船就从当时最南的郡县日南,或今之雷州半岛的徐闻、合浦出发,带了大批的黄金和丝织品(杂缯),经过今之越南、泰国、马来西亚、缅甸等地,远航到印度洋东海岸的黄支国,去换取珍珠、宝石等物产。然后,从斯里兰卡途经新加坡返航。② 这是中国丝绸等作为贸易商品外传到海外国家的最早记录,这条海外贸易航线也就是我们通常所说的海上丝绸之路。③

可以说,秦汉时期海外交通的发展和海上丝绸之路的开辟,既是社会经济政治变动的结果,也是中国人面向海洋、重视海洋的思想观念得到进一步发展的产物。④

---

① (东汉)班固:《汉书》,卷28下,《地理志第八下》,第1671页。
② 陈炎:《略论海上丝绸之路》,载《历史研究》1982年第3期。
③ 除了这条由南海起航的主干线之外,陈炎认为当时还有由东海(今黄海)起航至朝鲜半岛和日本的"海上丝绸之路",以及中国丝绸经越南和缅甸从海路传播到印尼、印度而且也是传播到欧洲的另一条途径(见陈炎:《略论海上丝绸之路》,载《历史研究》1982年第3期)。
④ 黄顺力:《海洋迷思:中国海洋观的传统与变迁》,第32页。西汉王朝建立之后,经过"文景之治",实行轻徭薄赋、与民休息的政策,社会经济逐步得到恢复和发展。到汉武帝时,已呈现一派繁荣景象:"汉兴七十余年之间,国家无事,非遇水旱之灾,民则人给家足,都鄙廪庾皆满,而府库余货财。京师之钱累巨万,贯朽而不可校。太仓之粟陈陈相因,充溢露积于外,至腐败不可食。"[见(西汉)司马迁:《史记》,卷30,《平准书》,第1420页。]

第一章　古代中国海洋意识之发微、发展

　　同时，我们还依此认为，一则由于这条海上丝绸之路航线上的海外诸国"自武帝以来皆献见"，而汉王朝派出的商船上则有隶属中央朝廷九卿之一——少府[①]黄门的"译长"随船进行管理，反映了其时汉王朝与海外交往的频繁，也证明了当时中国人对海外贸易经济利益的认识。这既是国家试图对海洋贸易经济进行有效管理意识的提升，也是古代中国海洋权益意识日益发展的体现。汉、唐之后朝廷对外市舶使的设置与市舶司制度的出现和完善进一步说明了这一点。

　　二则在海上丝绸之路上进行海外贸易的过程中，中国商船"赍黄金杂缯而往"，与海外诸国"市明珠、璧流离、奇石异物"，而"蛮夷贾船，转送致之"，积极予以配合交易，这对于加强古代中国与海上丝绸之路沿线国家与地区人民之间的友好往来和文化交流有着重要的推动作用和深远的历史影响。[②]

　　此外，还值得我们特别注意的是，海外贸易有交易就有利益，有利益就可能产生"剽杀人。又苦逢风波溺死"的海上安全威胁和海洋气候变化风险，故保护海上贸易和航道安全的海洋权益意识自然也应运而生。

　　汉武帝平定岭南之后在原有南海、象郡、桂林三郡的基础上，陆续又增置了苍梧、郁林、合浦、交趾、九真、日南等郡，有学者认为，"红河三角洲是汉帝国在岭南的经济中心，故汉武帝在这一带设置合浦、交趾、九真、日南郡，居岭南郡建置大部分，邻近海区也应纳入所在郡管辖范围"[③]。

　　可以想见，汉王朝在边远海疆地区增置郡县的举措的确蕴含有保护海上贸易和海道安全的海洋权益意识。因为，郡县的设置其意义不仅在于"郡县海表"，将国家的行政区划统一并扩大至边海地区，还在于将国家的统治力量直接延伸到以往"鞭长莫及"的沿海一带。就中国海洋权益意识思想的发展

[①] "少府"一职原为秦朝廷九卿之一，"掌山海池泽之税"。"汉承秦制"，"少府"除主职外，还负责宫廷给养事务。《汉书·百官公卿表》载："少府，秦官，掌山海池泽之税，以给共（供）养，有六丞。"［见（东汉）班固：《汉书》，卷19，《百官公卿表七上》，第731页。］

[②] 历史的经验值得总结与借鉴，联想当今中国提出"一带一路"倡议能得到沿线、沿路众多国家、地区和人民的赞许和支持，有其历史渊源和社会基础。

[③] 司徒尚纪：《海上丝绸之路与我国在南海传统疆域的形成》，载《云南社会科学》2001年第6期。

而言,"郡县海表"与海上丝绸之路的开辟之意义都是相当深远的。

除了经略南方岭南、闽越地区之外,汉武帝时期还在北方的渤海湾沿岸设置辽西、辽东、右北平、玄菟和乐浪五郡①,这些郡县建置的设立有利于西汉王朝对东北海疆地区的管辖,也有利于秦汉以后中国作为陆海兼具型大国海洋权益思想意识的发展。

"社会存在决定社会意识。"中国海洋事业及其思想观念的发展离不开整个社会经济的强劲发展。汉代的农业发展推动了手工业,尤其是丝织业的进步。汉武帝时曾规定国家赋税征收可以丝帛充抵,结果"一岁之中","诸均输帛五百万匹"。②基于此,作为汉王朝海外交往中的贸易往来,丝织品成为汉朝廷主要的对外商品,古籍所载"赍黄金杂缯而往",与海外各国"市明珠、璧流离、奇石异物"③的经贸活动是完全有可能的。

在汉代社会经济发展的条件下,商业贸易日益繁盛,"汉兴,海内为一,开关梁,弛山泽之禁,是以富商大贾周流天下,交易之物莫不通,得其所欲"④。由岭南等沿海地区输入的各种海外奇珍,刺激着人们进行海外贸易发展的欲望,"(与外商)交市于海中,利有十倍。……其王(指中亚、西亚各国)常欲通使于汉,而安息欲以汉缯彩与之交市,故遮阂不得自达"⑤。

再加上汉武帝本人与秦始皇一样以"勤远略"著称,他在位期间,拓土河西,打通连接中亚的陆上丝绸之路;七次巡海,开辟西去南亚、东至日本的海上丝绸之路。这种种锐意进取的做法,既有巩固汉王朝统一,维护边疆、海疆安全的防务需求,也有与海外交往贸易的经济动机。⑥秦汉时期海外交通和海上丝绸之路的开辟就是在这种大一统的社会政治经济背景中兴起的,古代中国人的海洋权益思想意识亦随着海洋实践活动的发展进一步形成、发展起来。

---

① 五郡中玄菟和乐浪两郡在朝鲜半岛北部,其余三郡在渤海湾沿岸。
② (东汉)班固:《汉书》,卷24下,《食货志第四下》,第1175页。
③ (东汉)班固:《汉书》,卷28下,《地理志第八下》,第1671年。
④ (西汉)司马迁:《史记》,卷129,《货殖列传》,第3261页。
⑤ (南朝)范晔:《后汉书》,卷88,《西域传第七十八》,北京:中华书局,2000年标点本,第2919~2920页。
⑥ 王杰:《中国最早的海外贸易管理官员创置于汉代》,载《海交史研究》1991年第2期。

四、唐、宋、元海洋权益意识之发展

从东汉、三国鼎立到隋朝的统一,中国历史经历了一个较长时期"分久必合"的动荡过程,但各朝各代的海洋实践活动仍在继续进行,并在海上航线开辟和航海技术水平上都有较大的发展和提高。

东汉时,南海原有的"海上丝绸之路"已越过印度半岛,与西方的大秦(罗马)通航。史载:"(东汉)桓帝延熹九年(166年),大秦王安敦遣使自日南徼外献象牙、犀角、玳瑁,始乃一通焉。"[1]

三国两晋南北朝是中国社会发展过程中大分裂但又是民族大融合的历史时期,社会动荡、政权嬗替、战乱频仍是此一时期典型的社会特征,但东海(黄海)除原有的经朝鲜半岛南端借日本海左旋环流漂渡的北方中日航线外,又开辟了对马、壹岐至九州福冈、松浦的南方中日航路。地处东南沿海的孙吴政权除了积极经营海疆,发展水军和造船业外,还曾派将军卫温等东出大海[2],将军周贺等北进辽东[3],进行海上经略活动。

在开通西洋航线、发展海洋贸易方面,孙吴政权派使臣出使,与海南诸国交通往来,《南史·夷貊上·海南诸国传》记曰:"(孙吴政权)遣宣化从事朱应、中郎康泰通焉。其所经过及传闻,则有百数十国,因立记传。"[4]

到魏晋南北朝时期,虽因战乱影响,海外诸国"通中国者盖鲜,故不载史官",但"自梁革运,其奉正朔,修贡职,航海岁至,逾于前代矣"[5],仍然保持着与海外诸国的交往与贸易联系。

隋王朝的建立结束了自东汉末年以来400余年的分裂局面,重新建立起

---

[1] (南朝)范晔:《后汉书》,卷88,《西域传第七十八》,第2920页。
[2] 《三国志·吴主传》记:吴主孙权"遣将军卫温、诸葛直将甲士万人,浮海求夷洲及亶洲"。[见(西晋)陈寿:《三国志》,卷47,《吴书二·吴主传》,第1136页。]
[3] 《三国志》亦记:吴主孙权"遣将军周贺、校尉裴潜乘海之辽东"。[见(西晋)陈寿:《三国志》,卷47,《吴书二·吴主传》,第1136页。]
[4] (唐)李延寿:《南史》,卷78,《夷貊上·海南诸国传》,北京:中华书局,1975年标点本,第1947页。宣化从事朱应、中郎康泰通回国后分别撰《扶南异物志》和《吴时外国传》,记述所访海外诸国。
[5] (唐)姚思廉:《梁书》,卷54,《诸夷传》,北京:中华书局,1973年标点本,第783页。

继秦、汉之后又一个大一统的多民族国家。

隋朝统一后,其疆域史称"东西九千三百里,南北万四千八百一十五里,东南皆至于海,西至且末,北至五原"①,即从辽东沿海南下直至今之南海海疆都在隋王朝的管辖之下。隋炀帝为了贯通南北,便利交通,还前后三次下令开凿运河。南北大运河的贯通,把黄河、长江流域南北两大地区的经济实力合为一体,为唐宋元以后中国人的海洋事业与海洋权益思想的发展奠定了良好的基础。

唐朝是秦汉之后我国历史上最为强盛的朝代之一,向以"盛唐"著称。唐太宗李世民即位后以隋亡为鉴,秉持抚民以静,休养生息,睦邻周邦,绥靖怀柔的基本国策,冀望达到"君临区宇,深根固本,人逸兵强,九州殷富,四夷自服"②的统治效果。唐初经过统治者一段时间的励精图治,先后出现了中国历史上著名的"贞观之治"和"开元之治"。唐朝的经济、政治、军事、科技、文化等方面都得到空前的发展,其海洋开放意识和海洋权益意识较之前代也更为增强。

作为一位征战多年并随父兄夺得政权的君主,唐太宗具有一种相对平等的开明心态,他认为,对待传统上所谓的周边及海外"夷狄",应遵循"就申睦好"之道,抱持"但怀之以德,必不讨自来"③的态度;在对外关系上,认为"夷狄亦人,以德治之,可使如一家"④,强调"自古皆贵中华,贱夷、狄,朕独爱之如一"⑤,表现出一种泱泱大国君主应有的风范。史载唐贞观四年(630年),南海林邑国派遣使节前来朝觐。可能是遣词造句的不妥或是中外习俗的不同,据说使节表文中略有不敬之词。当时有人奏请朝廷发兵征伐,但唐太宗对此却不以为然,认为"言语之间,何足介意"⑥,根本不必为

---

① (唐)魏征等:《隋书》,卷29,《地理志上》,北京:中华书局,1973年标点本,第808页。
② (唐)吴兢:《贞观政要》(谢保成点校),卷9,《议安边第三十六》,北京:中华书局,2021年,第328页。
③ (唐)吴兢:《贞观政要》(谢保成点校),卷9,《议征伐第三十五》,第311页。
④ (宋)王溥:《唐会要》,卷94,《北突厥》,北京:中华书局,1955年,第1690页。
⑤ (宋)司马光:《资治通鉴》,卷198,《唐纪十四》,北京:中华书局,1956年点校本,第6247页。
⑥ (唐)吴兢:《贞观政要》(谢保成点校),卷9,《议征伐第三十五》,第312页。

此耿耿于怀，大动干戈。整个盛唐时代的开放和开明风气在其开国之初实已打下一定的基础。

此后，至唐开元初年，又有阿拉伯某国遣使来朝，谒见唐玄宗时不肯行跪拜之礼。有人奏请治其"大不敬"之罪。中书令张说认为，阿拉伯国家与中国习俗不同，他们慕中华之美声远道而来，不可因习俗不同而随意予以治罪。唐玄宗听从了张说的谏议，特敕准免于阿拉伯使节行跪拜之礼。如果我们由此联想到1000余年后，清代的乾隆、嘉庆年间还发生因英国通商使节马戛尔尼和阿美士德不肯行跪拜礼而招惹清统治者大动肝火的外交风波，唐朝统治者的开明意识和开放心态由此可见一斑。正因为如此，唐朝时"四邻夷国""入贡来朝"，呈现一派欣欣向荣的盛唐景象。

当然，就唐代的海洋开放与海洋权益意识而言，此一时期最明显的体现是国家对外商海舶来华贸易的开放、包容和扶持，以及对外发展的"广州通海夷道"的延伸。

早在唐初显庆六年（661年），唐高宗就下诏鼓励实行开放的海外贸易政策，诏令曰："南中有诸国舶……舶到十日内，依数交付价值市了，任百姓交易。其官市物，送少府监，简择进内。"[①] 这就是说，外国商人来华贸易只要按规定交付一定的货税和官市后，即可"任百姓交易"，这种措施显然对海外商人来华贸易的发展有促进的意义。

中唐以后，由于管理海外贸易的一些官员在货税征收额度上随意性较大，引起来华贸易蕃商的不满，唐文宗于太和八年（834年）又下诏重申唐王朝对外舶来华贸易的保护政策："南海蕃舶，本以慕化而来，固在接以恩仁，使其感悦。如闻比年长吏多务征求，嗟怨之声，达于殊俗。况朕方宝勤俭，岂爱遐琛？深虑远人未安，率税尤重，思有矜恤，以示绥怀。其岭南、福建及扬州蕃客，宜委节度、观察使除舶脚收市进奉外，任其来往，自为交易，不得重加率税。"[②]

在唐朝统治者看来，蕃舶来华贸易事关大唐帝国的对外形象，因此，为

---

① （宋）王溥：《唐会要》，卷66，《少府监》，第1156页。
② （宋）王钦若等：《册府元龟》（周勋初等校订），卷170，《帝王部（一百七十）·来远》，南京：凤凰出版社，2006年，第1895～1896页。

了对"慕化而来"的外国舶商表示大唐的"矜恤"和"绥怀"之意,朝廷诏令节度观察使等地方官吏必须了解他们的需求,强调在外国舶商守法经营的前提下,"任其来往,自为交易",并且"不得重加率税",从朝廷政策上体现对海洋贸易的保护和鼓励。

此外,唐王朝在同外商的交易中,还采取一些具体的优惠政策,如以高于民间市价的价格向他们购买宫廷的所需物品(官市),以此表示对外商的优待。阿拉伯商人苏莱曼在其游记中曾写道:"货物之为中国皇帝所买者,都照最高的行市给价,而且立刻开发现钱。中国皇帝对于外商是从来不肯错待的。"① 对于那些遵守相关法令的外国海商,唐朝统治者还设立宴请款待制度,每当"蕃舶泊步,有下碇税,始至有阅货燕(宴)"②。外舶贸易结束离港时相关官员又为之祈风,并大张盛宴为其送行。……所有上述的这些情况表明,唐朝统治者是以一种包容开放的心态去推动外商海舶来华贸易的发展的,这实际上是中华民族对秦汉以来海洋开发利用、海洋经营管理和海洋权益意识的进一步深化。正如时人所说的:"海外诸国,日以通商,齿革羽毛之殷,鱼盐蜃蛤之利,上足以备府库之用,下足以赡江淮之求。"③ 把发展经营海外贸易与国家经济利益的获得紧紧地联系起来,唐代的海外贸易,尤其是岭南广州地区的对外贸易由此得到更加迅速的发展。④

唐代海洋开放与海洋权益意识发展的另一个重要体现是对外发展的"广州通海夷道"的延伸。

前述秦汉时期,尤其是汉武帝时期已开辟从岭南地区的日南,或雷州半岛的徐闻、合浦,至印度洋东海岸的"海上丝绸之路",是中国历史上第一条至印度洋的远洋航海之路,也是当时世界上最长的远洋航路之一。到唐代时这条"海上丝绸之路"有了进一步的延伸和拓展,史称"广州通海夷道"⑤。

---

① 刘半农译:《苏莱曼东游记》,北京:中华书局,1937年,第33~34页。
② (宋)宋祁、欧阳修等:《新唐书》,卷163,《孔戣传》,北京:中华书局,1975年,第5009页。
③ (唐)张九龄:《开大庾岭路记》,罗韬选注:《张九龄诗文选》,第272页。
④ 唐代的广州有许多波斯和阿拉伯的商人来华贸易而定居于此,形成与中国人杂居或自成聚落的"蕃坊",盛时据称达20万人之多。参见穆根来等译:《中国印度见闻录》,北京:中华书局,2001年,第96页。
⑤ (宋)宋祁、欧阳修等:《新唐书》,卷43下,《地理志七下》,第1146页。

唐德宗年间，堪称地理学家的宰相贾耽在其所著《海内华夷图》、《古今郡国县道四夷述》和《皇华四达记》等地理书籍中记载，唐朝时期中国与四邻国家的陆海联系交往一共有 7 条交通路线，其中陆路 5 条，海路 2 条。由于陆上之路或因高原崎岖，或因荒漠难行，再加之战乱等人为阻隔因素，通往西方的"陆上丝绸之路"时通时阻，对外贸易活动实际上很难正常进行，因此，"海上丝绸之路"的地位开始日渐凸显。贾耽在书中所记的"四夷之与中国通者甚众"[①] 的南海航线——"广州通海夷道"，从广州出发，向南航行至珠江口，过海南岛东北的七洲洋，沿海岸经越南、马来半岛、苏门答腊等南海各地，越过印度洋抵斯里兰卡，再沿海岸线远达波斯湾、红海，至东非沿岸直到欧洲，途经 30 多个国家和地区，约 14000 多公里，基本上与 700 年后明代郑和下西洋的航海路线相一致，是 16 世纪以前世界上最长的远洋航线[②]，标志了唐代中国海外贸易的发展，也显示了唐朝时期中国在世界航海贸易上的先进地位。

宋、元两朝统治者的海洋意识因整个社会经济重心的南移，在某种程度上较之于唐代更为开放，也更具有海洋权益意识，可以说是古代中国海洋权益意识发展的基本形成阶段。这主要体现在如下三个方面：

一是海洋经济开始成为国家社会经济的重要组成部分，对海洋重视的力度明显加大。

北宋的统一，结束了五代十国分裂割据的局面，为社会经济的恢复和发展创造了条件。但有宋一代因中原王朝对北方领土的失控，在北方辽、西夏与金等政权屡屡进逼中原的强大压力下，社会经济重心逐步南移，宋王朝从宋太祖开始，一直到偏安一隅的南宋历代皇帝，都较之前代更注重海外贸易的发展，实行鼓励对外开放的贸易政策，其整体向海外用力的趋向也明显加大。

例如，为了推动海外贸易，增加财政收入，宋雍熙四年（987 年），太宗赵光义"遣内侍八人，赍敕书、金帛，分四纲，各往海南诸蕃国，勾招进奉，博买香药、犀牙、真珠、龙脑。每纲赍空名诏书三道，于所至处赐之"[③]，采取积极的姿态，以通达灵变的"空名诏书"之法，广泛招徕海外诸

---

① （宋）宋祁、欧阳修等：《新唐书》，卷 43 下，《地理志七下》，第 1146 页。
② 陈柏坚、黄启臣编著：《广州外贸史》（上），广州：广州出版社，1995 年，第 78 页。
③ （清）徐松辑：《宋会要辑稿》，第 86 册，《职官四四之二》，第 3364 页。

国商人，以刺激海外贸易的发展。

宋金战争后，南宋朝廷偏安江南，中国又重新陷入南北分裂的状态。在这种情况下，南宋统治者为了维持国家庞大的财政支出，必须多方开辟财源以增加财政收入，故高度重视海外贸易所能带来的丰厚收入，史称："（南宋）经费困乏，一切倚办海舶。"①

南宋高宗绍兴六年（1136年）朝廷规定："（凡）能招诱舶舟，抽解物货，累价及五万贯、十万贯者，补官有差。"② 明令对于那些招诱外商来华贸易有成绩，且能增加市舶财税收入的官员和商人给予加官晋爵的奖励。其时，蕃舶纲首蔡景芳因"招诱贩到物货，自建炎元年至绍兴四年收净利钱九十八万余贯"，被补官为"承信郎"。③

值得注意的是，除了"招诱奖励"政策之外，宋朝还制定一些保护来华贸易的海外商人的法律条文。例如关于海外商人在中国贸易期间罹难时对其遗产的处理问题上，唐代旧制规定为"海商死者，官籍其赀。满三月，无妻子诣府，则没入（官）"④。后来由孔戣出任岭南节度使时，对此项遗产法令做了重要修改。掌握地方大权包括海洋事务的孔戣认为："海道以年计往复，何月之拘？苟有验者，悉推与之，无算远近。"⑤ 也就是说，在当时航海技术条件和海洋气候变化的限制下，中外海商从事海洋贸易往返的时间是以年为单位计算的，如以月为时间单位判定遗产的归属显然不妥。唐代孔戣的这一修改使对海外商人遗产继承问题的处理已趋于合理。

而到了宋徽宗政和四年（1114年），朝廷进一步规定："诸国蕃客到中国居住，已经五世，其财产依海行无合承分人及不经遗嘱者，并依户绝，法仍入市舶司拘管。"⑥ 也就是说，海外商人的遗产继承问题不限于时间长短，而在于是否因"绝户"而无人继承。这一做法显然既是对从事海上贸易外商的

---

① （清）顾炎武：《天下郡国利病书》（黄坤、顾宏义校点），《交阯西南夷备录·佛郎机国》，上海：上海古籍出版社，2012年，第3840页。
② （元）脱脱等：《宋史》，卷185，《食货下七·香》，第4537页。
③ （清）徐松辑：《宋会要辑稿》，第86册，《职官四四之一九》，第3373页。
④ （宋）宋祁、欧阳修等：《新唐书》，卷163，《孔戣传》，第5009页。
⑤ （唐）韩愈：《正议大夫尚书左丞孔公墓志铭》，见《韩昌黎集》，卷33，上海：商务印书馆，1930年，第8页。
⑥ （清）徐松辑：《宋会要辑稿》，第86册，《职官四四之九》，第3368页。

保护和鼓励，同时也反映出其时海外来华贸易活动的兴盛。当然，更重要的是，这种保护合法海外贸易的法律规定更能显示出宋代中国海洋权益思想意识已趋近形成。

元代的统一虽然只有90余年的时间，但自矜"我朝马蹄所至，天上天上去，海里海里去"①的元统治者鼓励发展海外贸易的开放心态更加明显，这可能与草原游牧民族在传统经济模式上比较仰赖于物物交换，较为重视商业贸易活动有关。

元王朝灭南宋统一中国后，世祖忽必烈立即着手恢复海外贸易，"每岁招集舶商，于蕃邦博易珠、翠、香货等物"②，还通过海事官员向外宣布："诸蕃国列居东南岛屿者，皆有慕义之心，可因蕃舶诸人宣布朕意，诚能来朝，朕将宠礼之。其往来互市，各从所欲。"③

在元王朝的积极鼓励下，海外贸易得到进一步发展。元人汪大渊在其所著《岛夷志略》中以带有夸张的手笔描绘说："海外岛夷无虑数千国，莫不执玉贡琛，以修民职；梯山航海，以通互市。中国之往复商贩于殊庭异域之中者，如东西州焉。"④这一方面固然是颂扬元王朝声威远播，海外各国纷纷来朝，另一方面也说明了其时海外贸易的兴盛。当时福建的泉州发展为东方的世界贸易大港，中外舶商，尤其波斯和阿拉伯商人每年云集于此，"依例抽解，然后听其货卖"⑤，形成一派繁荣景象。

传统的海外贸易港口城市广州也是中外商贾络绎不绝，有诗称之为："峁峨大舶映日月，贾客千家万家室"⑥，呈现一派繁忙兴旺之景。意大利人鄂多立克在其游记中也说："（广州）是一个比威尼斯大三倍的城市……有数量极其庞大的船舶，以致有人视为不足信。确实，整个意大利都没有这一个

---

① 转引自内蒙古地方志编纂委员会：《内蒙古史志资料选编》（第3辑），内蒙古地方志编纂委员会，1985年编印，第51页。
② （明）宋濂等撰：《元史》，卷94，《志第四十三·食货二·市舶》，北京：中华书局，1976年标点本，第2401页。
③ （明）宋濂等撰：《元史》，卷10，《本纪第十·世祖七》，第204页。
④ （元）汪大渊：《岛夷志略校释》（苏继庼校释），北京：中华书局，1981年，第385页。
⑤ （明）宋濂等撰：《元史》，卷94，《志第四十三·食货二·市舶》，第2401页。
⑥ 光绪《广州府志》，卷15，《舆地略七》，中国方志丛书，台北：成文出版社，1966年影印本，第276页。

城的船只多。"① 元代史籍亦载：

> 广（州）为蕃舶凑集之所，宝货丛聚，实为外府，岛夷诸国，名不可殚。前志所载四十余（国），圣朝奄有四海，尽日月出入之地，无不奉珍效贡，稽颡称臣。故海人山兽之奇、龙珠犀贝之异，莫不充储于内府，畜玩于上林。其来者视昔有加焉。而珍货之盛亦倍于前志之所书者。②

很显然，宋元时期王朝统治者的海洋开放意识和积极的海外贸易政策，促进了这一时期海洋社会经济的发展，也奠定了古代中国海洋权益思想意识的基本路向。

二是设立市舶使与市舶司制度对海外贸易进行有效管理，标志着此一时期海洋管理体系的不断完善，也显现出国家海洋权益思想意识的增强。

由于海外贸易的不断发展，需要有相应的官员和制度予以有效管理，才能达到"上足以备府库之用，下足以赡江淮之求"③的经济目的，这是在国家层面上对开发、利用海洋，以及对海洋资源经济价值认识的深化。"市舶使"一职的设置反映了这一点。

据史载，市舶使的设置最早是在唐代④，《旧唐书·玄宗纪上》记载：唐开元二年（714年），"右威卫中郎将周庆立为安南市舶使，与波斯僧广造奇巧，将以进内。监选使、殿中侍御史柳泽上书谏，上嘉纳之"⑤。《新唐书·柳泽传》亦记曰："开元中，（柳泽）转殿中侍御史，监领南选。时市舶使、右威卫中郎将周庆立造奇器以进。"⑥最初，市舶使一职一般由地

---

① （意）鄂多立克：《海屯行纪·鄂多立克东游录·沙哈鲁遣使中国记》（何高济译），中外关系史名著译丛，北京：中华书局，1981年，第64页。
② （元）陈大震：《大德南海志残本》，卷7，《舶货（诸蕃国附）》，广州：广州市地方志研究所影印本，1986年，第36页。
③ （唐）张九龄：《开大庾岭路记》，罗韬选注：《张九龄诗文选》，第272页。
④ 关于唐代市舶使设置的具体时间，学界有唐高宗时期与唐玄宗时期的不同争议，但至迟应不会晚于唐玄宗开元年间。
⑤ （后晋）刘昫等：《旧唐书》，卷8，《玄宗纪上》，北京：中华书局，1975年点校本，第174页。
⑥ （宋）宋祁、欧阳修等：《新唐书》，卷112，《柳泽传》，第4176页。

方官员兼领，后则由朝廷派员担任，其主要职责即为管理来华蕃商，征收贸易商税。

唐代以降至五代十国时期，市舶使一职虽有押蕃舶使①、监舶使等名称的变化，但"军国之费，务在丰财；关市之征，资于行旅"②，设官管理海外贸易以增加国家财政收入已成为一种制度化的国家行为。至宋元时期自然仍承袭前制，设置市舶司机构，"掌蕃货海舶征榷贸易之事，以来远人，通远物"③，管理海外贸易事务。

可以看出，唐代以后，市舶使和市舶司制度的创设与逐渐完善，既反映了王朝统治者对海外贸易日益倚重的演进历程④，同时也显示了中国人对海洋认识程度的深化过程。如唐代已有所谓"海外诸国，日以通商……上足以备府库之用，下足以赡江淮之求"⑤的提法，到唐末黄巢起义时，由于广州的海外贸易受到战乱冲击⑥，统治者顿有"南海市舶利不赀，贼得益富，而国用屈"⑦之感，说明海外贸易的盛衰与国家财政收入的关系已相当紧密。

而到宋代时，海外贸易经济与国家财政收入的关系更为密切。宋神宗曾对臣下说："东南利国之大，舶商亦居其一焉。昔钱（镠）、刘（䥽）窃据浙、广，内足自富，外足抗中国者，亦由笼海商得术也。"海洋贸易已成为国家富强，或者是沿海地方势力割据称雄的基本经济支柱，因此，他要求臣下"宜创法讲求，不惟岁获厚利，兼使外藩辐辏中国，亦壮观一事也"⑧。之后的宋高宗也屡屡强调"市舶之利最厚，若措置合宜，所得动以百万计，岂

---

① "押蕃舶使"职设应先于"市舶使"，柳宗元在《岭南节度飨军堂记》中说："其外大海多蛮夷，由流求、诃陵，西抵大夏、康居，环水而国以百数，则统于押蕃舶使焉。"（见《柳河东全集》上，北京：北京燕山出版社，1996年，第594页。）此处"押蕃舶使"可能是"市舶使"之先声。
② （宋）王钦若等：《册府元龟》，卷95，《帝王部（九十五）·赦宥第十四》，第1043页。
③ （元）脱脱等：《宋史》，卷167，《志第一百二十·职官七》，第3971页。
④ 黎虎：《唐代的市舶使与市舶管理》，载《历史研究》1998年第3期。
⑤ （唐）张九龄：《开大庾岭路记》，罗韬选注：《张九龄诗文选》，第272页。
⑥ 据称，黄巢起义军攻占广州时，"仅寄居城中经商的伊斯兰教徒、犹太教徒、基督教徒、拜火教徒，就总共有12万人被他杀害了"。（参见穆根来等译：《中国印度见闻录》，第96页。）
⑦ （宋）宋祁、欧阳修等：《新唐书》，卷225下，《黄巢传》，第6454页。
⑧ （清）秦湘业、黄以周等辑：《续资治通鉴长编拾补》，卷5，第83页。

不胜取之于民？朕所以留意于此，庶几可以少宽民力尔"①，从治国恤民的角度表达了对海外贸易经济的重视。

由上可见，充分利用海洋经济资源，保护和发展海外贸易，并把其纳入国家财政管理轨道，已被视为富国、强国的重要途径。② 这种认识正是古代中国海洋权益思想意识得到强化的体现。

此外，唐宋元历代王朝统治者在招诱蕃商来华贸易的同时，也鼓励中国商人出海贸易，这是市舶使、市舶司制度③日渐完善过程中一个值得关注的海洋权益思想的新变化。

我们知道，由于受到以农业为主导的中原农耕文化的影响，中国社会历来有重农抑商、重本抑末的传统观念，即使在对外开放意识甚强的唐代也是如此。但是到了宋元时期，商品经济的活跃和海外贸易的发展，已开始对重农抑商、重本抑末的传统观念形成很大的冲击，一些官僚权贵，尤其是广东、福建、浙江等沿海的地方官吏，在经济利益的驱动下，把耻于经商的传统观念置之脑后，设法以各种方式从事海外贸易，攫取利益。北宋景德年间，官僚邵晔"假官钱八十万市私觌物"④，挪用公帑，进行走私贸易活动。尽管宋王朝曾三令五申："朝廷绥抚远俗，禁止末游，比来食禄之家，不许与民争利"⑤，但官僚权贵经营海外贸易之风仍然屡禁不止。

宋代市舶司对民间私人海商出海贸易实行"公凭制"的规定后，官吏违法贸易和私商海上贸易活动更加兴盛。南宋时，诸多官僚"以公侯之贵，牟

---

① （清）徐松辑：《宋会要辑稿》，第86册，《职官四四之二〇》，第3373页。
② 廖大珂：《试论宋代市舶司制度的演变》，载《历史研究》1998年第3期。
③ 北宋端拱二年（989年）五月朝廷诏令："自今商旅出海外蕃国贩易者，须于两浙市舶司陈牒，请官给券以行，违者没入其宝货。"［见（清）徐松辑：《宋会要辑稿》，第86册，《职官四四之二》，第3364页。］宋元丰三年（1080年）公布《广州市舶条（法）》规定实行"公凭制"，私人海商贸易须到市舶司申请公凭并由市舶司发给公凭方可开航出海贸易［见（清）徐松辑：《宋会要辑稿》，第86册，《职官四四之六》，第3366~3367页］。由此可见，尽管宋王朝对私商贸易仍然采取诸多的限制和约束措施，但在制度层面上以法规条例的形式，允许民间私商出海贸易，这肯定是中国海洋权益思想意识发展的一大进步。
④ （南宋）李焘：《续资治通鉴长编》，卷65，"景德四年正月丁巳"条，北京：中华书局，2004年标点本，第1443页。
⑤ （清）徐松辑：《宋会要辑稿》，第86册，《职官四四之二~四四之三》，第3364~3365页。

商贾之利……甚者发舶舟，招蕃贾，贸易宝货，糜费金钱。……犯法冒禁，专利无厌"①，从事海上贩运以获取高额利润。"中兴名将"张俊曾雇一"能贸易"的老兵从事海外贸易，"飘然浮海去，逾岁而归，珠犀、香药之外，且得骏马，获利数十倍"②。在经济利益的驱动和社会风气的引领下，当时民间商人经营海上贸易活动也相当普遍。朱彧在《萍洲可谈》一书中记载：从事海外贸易的"海舶大者数百人，小者百余人，以巨商为纲首、副纲首、杂事……船舶深阔各数十丈，商人分占贮货，人得数尺许，下以贮物，夜卧其上。货多陶器，大小相套，无少隙地"③。而且，还值得关注的一点是，这时出海贸易的民间商人中，既有沿海商人，也有内地商人④，反映了在官方市舶政策的鼓励下，海外贸易活动由沿海向内地拓展，从而促使更多的中国人去认识海洋，走向海洋。

元朝统治者对海外贸易持开明态度同样推动了社会风气的变化。史载，元至元年间，泉州、庆元、上海、澉浦等沿海市舶司除设法招集海外舶商来华贸易之外，对本国民间商人的海外贸易活动也是以鼓励为主，制定了规范海外贸易，保护海商权益的《（至元）市舶则法二十三条》⑤，后来甚至还规定："诸王、驸马、权豪势要、僧、道、也里可温（基督教徒）、荅失蛮（回教徒）诸色人等，下番博易到物货，并仰依例抽解"⑥，只要依法征税，连官僚权贵、僧、道等从事海外贸易也在准许之列。

由上述可见，宋元时期市舶司制度的不断完善，一方面反映了当时社会商品经济发展的要求，另一方面当然也会对传统重农抑商观念造成巨大的冲

---

① （元）脱脱等：《宋史》，卷388，《陈良佑传》，第11902页。
② （南宋）罗大经：《鹤林玉露·丙编》，卷2，上海：开明书店，出版年份不详，第11～12页。
③ （宋）朱彧：《萍洲可谈》，卷2，海上丝绸之路基本文献丛书，北京：文物出版社，2022年影印本，第43页。
④ 曾敏行的《独醒杂志》卷10生动地描述了一位彭姓的江西庐陵商人，以石蜜、陶瓷、犬、鸡等土特产品，贩运出海贸易，换取珍珠等海外珍异，获取高额利润的情况，说明宋代内地商人也积极参与了海外贸易活动。
⑤ 《元典章》（陈高华、张帆等点校）（二），卷22，《户部八·市舶·（至元）市舶则法二十三条》，北京：中华书局；天津：天津古籍出版社，2011年，第874～884页。
⑥ （元）完颜纳丹等：《通制条格》，卷18，《关市·市舶》，见《通制条格校注》（方龄贵校注），北京：中华书局，2001年，第533～534页。

击,正如时人所称:"数十年来习始变,舟楫极蛮岛,奇货善物往往充上国"①,弃农经商,从事海外贸易的人不断增多,显现出中国人在海洋认识问题上开始用力向外的发展趋势。

因此,就思想意识层面而言,宋元时期市舶使、市舶司制度的不断完善,固然从整体上说明了中原王朝统治者对海外贸易的重视,以及国家财政对海洋经济的日渐倚重,但更重要的是,这一演进变化历程正一步步加深中国人对海洋,乃至整个外部世界的认识。②

三是宋元两朝不仅在海洋经济贸易上积极向外发展,而且在军事上也加大向海洋拓展的力度,显示出中国海洋权益思想中的重要组成部分——国家海上安全的海战、海防意识的初步觉醒。

如同本书"绪论"中一开始就指出的,由于人类的海洋开发活动与其拓展"第二生存空间"的生存需求紧密相关,不论是西方国家,还是东方民族,人类在开发利用海洋的同时,各种争胜海洋的活动,包括相随而至的海洋安全也日渐成为一个国家、民族得以生存发展的重要保障,海洋安全意识亦由此构成国家与民族整体海洋权益思想中极其重要的内容。

就古代中国而言,早在春秋战国时期,沿海地区的吴、越、齐等诸侯强

---

① (元)袁桷:《清容居士集》,卷19,《乐善堂记》,景印文渊阁四库全书,台北:台湾商务印书馆,1986年,第1203册,第27页。
② 随着海外贸易的发展兴盛,古代中国人对海洋,乃至整个外部世界的认识也逐步加深,唐宋元时期有关海洋和航海知识的著作开始不断出现。例如,关于海洋潮汐知识的著作有唐朝窦叔蒙的《海涛志》,这是我国现存最早的有关海洋潮汐的专著,还有李吉甫的《元和郡县图志》、卢肇的《海潮赋》、邱光庭的《海潮论》、北宋燕肃的《海潮图论》、余靖的《海潮图序》、吕昌明的《四时潮候图》等。此外,还有徐兢的《宣和奉使高丽图经》、赵汝适的《诸蕃志》、周去非的《岭外代答》、周达观的《真腊风土记》、汪大渊的《岛夷志略》等有关航道海图的著作,记载了许多国家的地理、航程、经济、文化、风俗、物产等情况,其中也包括了不少海洋知识。这些著作不仅为后来的中国人认识海洋、驾驭海洋、征服海洋提供了弥足珍贵的经验借鉴,而且也扩大了中国人的地理视野,加深了中国人对整个外部世界的认识。见黄顺力:《海洋迷思:中国海洋观的传统与变迁》,第37~38页。

国就已经有运用舟师于海上作战的例子①。两汉时期，海上军事活动较之前代更为频繁。汉武帝时，为了一统东南沿海的东瓯、闽越和南越，建立起强大的"楼船军"浮海南征，史称："内增七校，外有楼船，皆岁时讲肆，修武备云。"②这里的"七校"是指汉军中的中垒、屯骑、步卒等七个兵种，而"外有楼船"即是指七个兵种之外的水军建置。③据学者研究，汉代的水军虽为常备兵种，但无常设的水军统领。"楼船军"平时归地方郡守掌理，战时则随军事活动的需要而临时任命首领。④这种情况说明当时拓疆戍边的海上军事活动仍处于初始阶段，还未真正受到以大陆为中心的中央王朝的应有重视。

三国时，孙吴政权号称以"浮江万艘，带甲百万"⑤之众，经营东南海疆。吴主孙权于黄龙二年（230年）曾派卫温、诸葛直率军渡海经略台湾，"得夷洲（台湾）数千人而还"⑥。后来又遣将北上辽东、南下海南，已具有

---

① 据史书记载：春秋末年，"不能一日而废舟楫之用"[见（清）顾栋高：《春秋大事表·春秋吴楚交兵表》，卷33，《叙》，北京：中华书局，1993年，第2069页]的吴国为了与齐国争夺霸主地位，曾于周敬王三十五年（公元前485年）派水军沿海北上进攻齐国，而齐国也派舟师出海拦截，双方在黄海海域爆发了一场大规模的海战，结果是"齐人败吴，吴王乃引兵归"[见（西汉）司马迁：《史记》，卷31，《吴太伯世家》，第1473页]。三年后，吴国"北会诸侯于黄池，欲霸中国以全周室"[见（西汉）司马迁：《史记》，卷31，《吴太伯世家》，第1473页]，其宿敌越国乘"吴国精兵从王，惟独老弱与太子留守"[见（西汉）司马迁：《史记》，卷41，《越王句践世家》，第1744页]之机，发水陆大军沿海攻淮，"以绝吴路"，打败吴国，成为东南霸主。周贞定王元年（公元前468年），越国发"死士八千人，戈船三百艘"[见（东汉）袁康、吴平：《越绝书》（徐儒宗点校），卷8，第51页]自会稽出发，航海北上攻伐吴国，这也是一次大规模的海上军事行动。故有人评论说："海道出师已作俑于春秋时，并不自唐起也。……春秋之际，惟三国（指吴、越、齐）边于海，而其用兵相战伐，率用舟师，蹈不测之险，攻人不备，入人要害，前此三代未尝有也。"[见（清）顾栋高：《春秋大事表·春秋列国山川表》，卷8下，《春秋时海道论》，第966~967页。]可见，早在春秋时期即有海上军事实践活动，这些活动遂成为后世产生海战与海防思想意识的基础。见黄顺力：《海洋迷思：中国海洋观的传统与变迁》，第47页。
② （东汉）班固：《汉书》，卷23，《刑法志第三》，第1090页。
③ 彭德清主编：《中国航海史（古代航海史）》，第78页。
④ 彭德清主编：《中国航海史（古代航海史）》，第79页。
⑤ （西晋）陈寿：《三国志》，卷47，《吴书二·吴主传》，第1123页。
⑥ （西晋）陈寿：《三国志》，卷47，《吴书二·吴主传》，第1136页。

相当的海上军事力量和航海造船技术，并开始显现某些海外拓殖的色彩，故有学者将孙权称为古代中国"大规模航海的倡导者"①。

隋朝统一后也积极从事海上经略活动。隋炀帝除派兵渡海攻打流求，"虏其男女数千人，载军实而还"②之外，还连续发动三次跨海征讨高句丽（朝鲜）的海上作战行动，虽未达到预期目的，但其征战船队规模之大，号称"舳舻数百里，浮海先进，入自浿水（今大同江）"③。

但总的来说，唐代以前的国家安全问题，主要是来自西北和北方游牧部族对中原王朝的袭扰，即陆地上的威胁要远远大于海上的威胁，故历代王朝运用舟师进行海上经略活动，基本上还属于初始的征讨或平叛性质，其军事威慑意义远大于军事行动本身的实际意义，当时的人们也很少把海上经略活动与保卫国家的海上安全、维护海上航路的畅通联系起来考虑④，因此，其相应产生的海战和海防意识自然也只能是处于一种朴素、朦胧的萌芽状态。

唐代开始情况发生了一些变化。有唐一代基本上可称之为政治安定、经济繁荣，海外贸易也有较大的发展。史称盛唐时期，"天下诸津，舟航所聚，旁通巴、汉，前指闽、越，七泽十薮，三江五湖，控引河洛，兼包淮海。弘舸巨舰，千轴万艘，交贸往还，昧旦永日"⑤。特别是广州作为唐代对外贸易的主要港口，"地当会要，俗号殷繁，交易之徒，素所奔凑"⑥，海外贸易相当繁盛。唐开元初管理海外贸易事务的"市舶使"就是适应这一形势变化的要求而设立的。与此同时，唐代还在广州入海口的屯门（今之香港屯门）设置屯门镇兵，守备海道安全。《唐会要》载："（唐）开元二十四年正月，广州宝安县新置屯门镇，领兵二千人，以防海口。"⑦"市舶使"的职设与屯门驻兵"以防海口"之举均在开元年间，可以明显看出唐王朝统治者加强海外

---

① 参见范文澜：《中国通史简编》（第二编），北京：人民出版社，1958年，第216页。
② （唐）魏徵等：《隋书》，卷81，《东夷·流求国》，第1825页。
③ （宋）司马光：《资治通鉴》，卷181，《隋纪五》，第5654页。
④ 汉武帝时建立"楼船军"一统东瓯、南越、闽越的海上经略活动，的确有些许出于巩固汉王朝统一，维护边疆安全的需求，但体现更多的是征讨和平叛的性质。
⑤ （后晋）刘昫等：《旧唐书》，卷94，《崔融传》，第2998页。
⑥ 陆贽：《翰苑集》，卷18，转引自李金明、廖大珂：《中国古代海外贸易史》，第34～35页。
⑦ （宋）王溥：《唐会要》，卷73，《安南都护府》，第1321页。

贸易管理和保护贸易商道安全的用意，① 这是秦汉以来中国海洋权益思想意识发展的一个重要变化。

此外，有唐一代因东北海疆与高句丽（朝鲜半岛）的冲突，还多次渡海发动征讨高句丽之役，包括与日本的海战②等，已经初步具有中央集权的王朝国家统筹经略海洋的意义。③

在政治格局上，北宋的统一远不如汉、唐时代的大一统，北方的辽、西夏、金等政权先后与宋朝政权形成长期的军事对峙局面，成为有宋一代挥之不去的梦魇。在这一形势逼迫下，宋代社会经济发展的一个突出特点是经济重心的南移，"国家根本，仰给东南"④，沿海地区的战略地位也随之上升。以海洋经济为底色的市舶贸易成为国家的经济命脉所在，即所谓"国用""经费困乏，一切倚办海舶"⑤，故宋代对海洋经济的重要性有了进一步的认识，对海战与海洋安全的重视程度自然较之前代也有所加强。

北宋乾德初年，宋太祖赵匡胤"凿大池于京城之南，引蔡水以注之。造楼船百艘，选精兵，号'水虎捷'，习战池中"⑥。宋真宗大中祥符五年（1012年），"择本军善水战者为上虎翼，六年又选江、淮习水卒于金明池，按试战棹，立为虎翼军。江、浙、淮南诸州，亦准此选置"⑦，建立包括神卫、虎翼、澄海等准水军建置⑧。最初，北宋的水军主要用于江南征讨和江河防卫，但在沿海一带的戍守也明显有海防的意义。例如北宋后期与辽交兵，登州（今山东蓬莱附近）与辽政权隔海相望，"地近北虏，号为极边"。

---

① 《广东海防史》编委会编：《广东海防史》，广州：中山大学出版社，2010年，第77页。
② 唐高宗龙朔三年（663年），唐朝水师在白江大破日本舟师。史称："四战皆捷，焚其舟四百艘，烟炎灼天，海水皆赤。"[见（宋）司马光：《资治通鉴》，卷201，《唐纪十七》，第6337页。]
③ 黄顺力：《海洋迷思：中国海洋观的传统与变迁》，第49页。
④ （元）脱脱等：《宋史》，卷337，《列传第九十六·范镇（范祖禹）传》，第10796页。
⑤ （清）顾炎武：《天下郡国利病书》（黄坤、顾宏义校点），《交阯西南夷备录·佛郎机国》，第3840页。
⑥ （元）马端临：《文献通考》，卷158，《兵考十·舟师水战》，台北：新兴书局，1965年影印本，第1381页。
⑦ （元）脱脱等：《宋史》，卷187，《志第一百四十·兵一》，第4594页。
⑧ 事实上，宋代水军并无独立建制，只是在陆骑兵中发挥一些水军功能罢了。详见（元）脱脱等：《宋史》，卷187，《志第一百四十·兵一》，第4583～4599页。

北宋在此"常屯重兵，教习水战，旦暮传烽，以通警急"①。后来又修筑了水城，拥有"入海战舰数百，教习水战"②，登州便成为北宋与辽对峙的海防前线，担负着防御契丹人由海路南下的重任。

宋朝王室南渡后，于绍兴八年（1138年）定都临安（今浙江杭州），"背海立国"③ 与金隔江、隔海对峙，海防形势较之北宋更为严峻，史称"（南宋）防海道为亟，水军始设。其后元人南下渐逼，海上险隘处益设战舰"④，且"水军之制，则有加于前者"⑤，不仅在沿海正式设立了海防专职机构——沿海制置司，而且还成立了多支水军，建立了相应的警戒和通信系统。同时还依靠巡检、县尉等地方武装力量，在沿海地区建立起严密的防御体系，以保护作为南宋政治、经济、文化重心所在之地的东南沿海地区的安全。⑥ 南宋王室也正是依靠强大的水军，才数次挡住了金人治舟师浮海南下的锋芒⑦，依此偏安于江南百余年。

此外，为保护海外贸易航道的安全畅通，宋代在广州、泉州、明州、扬

---

① （宋）苏轼：《登州召还议水军状》，《明成化本东坡七集》，（十九），国学基本典籍丛刊，北京：国家图书馆出版社，2019年影印本，第115页。
② 《武经总要·前集》，卷16上，《登州附见》，中国兵书集成编委会：《中国兵书集成》第3册，北京：解放军出版社、沈阳：辽沈书社，1988年，第835页。
③ 刘子健：《背海立国与半壁江山的长期稳定》，《两宋史研究汇编》，台北：联经出版事业公司，1987年，第21页。按：南宋定都临海城市杭州的确加重了海防压力，时人曰："东南之地，繁华富贵，甲于天下，金人所知。其航海而可至者，无虑数处，明、苏、秀、楚、海等州是也。东南城壁不修，屯戍单弱，彼若以数千兵奄忽而至，何以御之？"［（南宋）李心传：《建炎以来系年要录》（辛更儒点校），卷9，"建炎元年九月壬辰"条，中国古代史学丛书，上海：上海古籍出版社，2020年，第219页。］"钱塘面瞰浙江，去淮有千里之遥，涉海无半日之顷。江淮固要津，守御既备，仓卒有警，未足为腹心之忧。巨海梯航，快风顺水，自海而入，京畿不信宿而自搊吾腹心所。江淮之师虽列百万，各坚守御，岂能应缓急之援？"［（宋）章如愚：《山堂考索·别集》，卷24，《边防门》，北京：中华书局，1992年，第1429页。］
④ （清）沈翼机、傅玉露修：《浙江通志》（二），卷95，《海防一》，上海：商务印书馆，1934年影印本，第1718页。
⑤ （元）脱脱等：《宋史》，卷187，《志第一百四十·兵一》，第4583页。
⑥ 王青松：《南宋海防初探》，载《中国边疆史地研究》2004年第3期。
⑦ （南宋）李心传：《建炎以来系年要录》，卷96，"绍兴五年戊辰"条，第1644～1645页；（清）徐松辑：《宋会要辑稿》，第186册，《兵二九之九》，第7297页；（元）脱脱等：《宋史》，卷370，《李宝传》，第11499～11501页。

州等主要港口的外围,还"设巡检、县尉,以佐郡邑制奸盗"①,并在沿海水陆要地"控扼要害及地分阔远处,皆置巡检一员。往来接连合相应援处,则置都巡检以总之"②,借以维护海疆区域安全。

南宋时,闽、粤沿海屡屡发生海盗"劫番船以厚其财,掳丁壮、掳舟船以益张其势"③,"劫掠沿海县镇、乡村及外国海船、市舶上供宝货,所得动以巨万计"④ 等海患事件,造成"国家每岁市舶之入数百万,今风信已顺,而舶船不来"⑤ 的困窘局面。为了打击海盗对商船的劫掠和对沿海的袭扰,宋朝一方面在沿海地区设军驻守,"措置战舰,招集水军、水夫(户),常加教阅,令士卒习于风涛之险",⑥ 另一方面加强地方民间海防力量,训练勇武之人"以为防守之兵"⑦,以一种类似于官民联防的方式保护沿海贸易航道的安全。由此可见,宋代已具有比较明显的海战和海防意识。

元代统治时间虽较为短暂,但在中国历史上是一个重要的转折时期,宋、辽、西夏、金、元等多政权长期对峙的分裂状况重新回归于元朝的大一统,民族部落和地域藩篱基本上被打破,多民族统一国家在元王朝的强力控辖下已更具实际意义和实体性质。当然,从中国海洋权益思想的发展趋势而言,"肇其朔漠"的元朝统治者以游牧民族入主中原,其展土拓疆的征战意识更为强烈,其海战与海防意识也发展到一个新的阶段。

元初,元世祖忽必烈在位之时,曾于至元十一年(1274 年)和至元十八年(1281 年)两次大规模渡海东征日本,因台风袭击元军船舰而失败。后又南击占城、爪哇、安南,虽均无功而返,但却扩大了元王朝在海外的影响。此外,元王朝对台湾及澎湖列岛的关注度也较前代更为提高。据学者研究,

---

① (南宋)李焘:《续资治通鉴长编》,卷 147,"庆历四年三月"条,第 3556 页。
② (元)马端临:《文献通考》,卷 59,《职官考十三·巡检》,第 541 页。
③ (南宋)真德秀:《西山真文忠公文集》,卷 15,《申尚书省乞措置搜捕海盗》,上海:商务印书馆,1936 年,第 443 页。
④ (南宋)李纲:《梁谿集》,卷 82,《论福建海寇札子》,景印文渊阁四库全书,第 1126 册,第 135 页。
⑤ (南宋)李心传:《建炎以来系年要录》,卷 88,"绍兴五年夏四月戊午"条,第 1515 页。
⑥ (南宋)李纲:《梁谿集》,卷 82,《论福建海寇札子》,《景印文渊阁四库全书》,第 1126 册,第 135 页。
⑦ (元)脱脱等:《宋史》,卷 190,《志第一百四十三·兵四》,第 4705 页。

元王朝至元二十八年（1291年）曾派遣"海船万户"杨祥为都元帅，率舰到澎湖和台湾，① 后设立"彭（澎）湖巡检司"② 一职，保护台海间"土商兴贩，以广其利"③ 的海疆疆域与海上贸易的安全。次年（1292年），因"日本舟至四明，求互市，舟中甲仗皆具，恐有异图。诏立都元帅府，令哈刺带将之，以防海道"④，以此加强沿海地区海防建设。元大德七年（1303年）在浙江定海设"千户所"，"戍定海，以防岁至倭船"⑤ 等"防倭""备倭"措施。

明人丘浚曾对元代的海外用兵加以评论说：

> 元世祖在位之日，击缅甸、击爪哇、击占城、击日本，殆无虚岁……缅甸接于百夷，占城隔乎交趾，爪哇、日本皆在炎天涨海之外，地势不相接也，兵刃不相及也，而必征之何哉？利其所有耳。盖闻此诸国多珠贝、宝石之类，欲得之耳。⑥

丘浚所言已揭示了元朝统治者对海外用兵的经济动机。当然，我们也要看到，元代的海外用兵固然有展土拓疆、"利其所有"的经济目的，但之后一系列"防倭""备倭"的海防措施，加之同一时期元王朝对海外贸易的重视，如市舶司制度的进一步完善；海岛的经营与开发，如台湾、澎湖设置"巡检司"，海南岛设"海南道宣慰司"以"掌军民之政"⑦；航海造船技术水

---

① 徐晓望：《元代琉求及台湾、彭湖相关史实考》，载《福建师范大学学报（哲学社会科学版）》2011年第4期。
② "彭（澎）湖巡检司"又称"彭（澎）湖寨巡检司"，约元至元末年设置，隶福建泉州路同安县。清人李元春所撰《台湾志略》称："元之末，于澎湖设巡检司以隶同安，中国之建置于是始。"[见（清）李元春：《台湾志略》，卷1，《地志》，台北：台湾银行经济研究室编印，1958年，第1页。]
③ （清）顾祖禹：《读史方舆纪要》（贺次君等点校），卷99，《福建五》，北京：中华书局，2005年，第4517页。
④ （明）宋濂等撰：《元史》，卷17，《本纪第十七·世祖十四》，第367页。
⑤ （明）宋濂等撰：《元史》，卷21，《本纪第二十一·成宗四》，第459页。
⑥ （明）丘浚：《大学衍义补》（蓝田玉、王家忠等校点），卷156，《劫诱穷黩之失》，郑州：中州古籍出版社，1995年，第2001页。
⑦ （明）宋濂等撰：《元史》，卷91，《志第四十一上·百官七》，第2308页。

平的提高①，以及有元一代对兴办漕粮海运、开展沿海屯田、加强海盐管理等海洋经济事务的关注，尤其是置设官守加强对"南粮北运""每岁海道运粮供给大都（北京）"②的安全保护等等，都说明元代对海洋国土安全、海洋航道安全、海洋贸易经济管理，包括整个海洋资源的综合开发利用已经有了新的认识，而这也标志着中国海洋权益思想意识发展到一个新的阶段。

总而言之，宋元以降，随着社会经济的发展和生产力的提高，中国人对海洋的认识也不断加深，传统的展土拓疆意识和单纯的利益驱动已经开始逐步上升为对国家海洋方面安全的一种朦胧思考。正是这种对国家海防方面安全的朦胧思考，启迪了后来明清时期防海、海防意识的觉醒。③

五、中国传统海洋权益思想的特点

人们对海洋权益问题的认识是通过长期的海洋实践活动，包括经济、政治、军事、交通等在内的海洋实践活动所获得的对海洋本质属性的基本认识。对于负陆面海、兼具大陆与海洋特征的古代中国而言，长期的海洋实践所形成的海洋权益思想既是中华先民追求海洋利益的集中体现，也是他们在开发利用海洋过程中维护自身海洋权益意识的自觉觉醒。当然，与西方国家

---

① 宋元时期的航海造船技术已相当发达。据史书所载：宋代造的海船规制宏大，"浮南海而南，舟如巨室，帆若垂天之云，舵长数丈。一舟数百人，中积一年粮，豢豕酿酒其中"[见（宋）周去非：《岭外代答》（屠友祥校注），卷6，《木兰舟》，宋明清小品文集辑注，上海：上海远东出版社，1996年，第121页]。宋代海船"海行不畏深，惟惧浅阁（搁）"[（宋）徐兢：《宣和奉使高丽图经》，卷34，《客舟》，丛书集成初编，北京：中华书局，1985年，第117页]，适合于远洋航海。北宋末年发明了指南针，对海外贸易的发展也起了积极的推动作用。元代的造船和航海技术又有进步。伊本·白图泰（摩洛哥旅行家，旧译：依宾拔都他）在他的游记中说："当时所有印度、中国间之交通，皆操之于中国人之手。中国船舶，共分三等……大船有三帆，以至十二帆。帆皆以竹为横架，织成席状。大船一只可载一千人，内有水手六百人，兵士四百人。另有小艇三只附属之……此类商船皆造于刺桐（泉州）及兴克兰（广州）二埠……每船皆有四层，公私房间极多……无不设备周到。水手在船上植花、草、姜等于木桶中。"[参见张星烺：《中西交通史料汇编》，第3册，民国丛书，北京：京城印书局，1930年，第131页]。
② （明）宋濂等撰：《元史》，卷91，《志第四十一上·百官七》，第2315页。
③ 黄顺力：《海洋迷思：中国海洋观的传统与变迁》，第50~51页。

有所不同的是，有着自己发展路向的中国传统海洋权益思想也有着自己鲜明的特点。通过对中国古代海洋权益思想产生、形成、发展脉络的基本梳理，我们试从以下三个方面简要概述之：

（一）"开发利用"为主流的海洋权益意识

就总体而言，我们认为明清两朝之前的古代中国是以一种较为开放的心态与海洋打交道的。不论是远古时期"（夏）桀曰'国君之有也，吾闻海外有人。'与五百人俱去"的传言①，还是孔子"道不行，乘桴浮于海"②的感慨，抑或是齐国思想家邹衍提出的"大九州"说③，在某种意义上表达的都是一种对广阔开放海洋的向往。秦皇嬴政统一全国后，内陆农业文明更加广泛地接触到沿海地区的海洋文明气息，海洋文化的开放性特征反过来也深刻地影响了内陆农业文化。汉朝建立后，汉武帝西辟陆上丝绸之古道；南开海上丝绸之航路，"汉兴，海内为一，开关梁，弛山泽之禁，是以富商大贾周流天下，交易之物莫不通，得其所欲"④。尤其到唐、宋、元时期，海上丝绸之路的延伸和发展，使人们更加深刻地认识到，浩瀚的海洋虽能从地理空间

---

① （宋）李昉：《太平御览》，卷83，《皇王部八》，《殷帝成汤》，上海：上海古籍出版社，2008年，第787页。

② 《论语·公冶长篇第五》，见杨伯峻译注：《论语译注》，北京：中华书局，1980年，第43页。

③ 邹衍说："儒者所谓中国者，于天下乃八十一分居其一分耳。中国名曰'赤县神州'，赤县神州内自有九州，禹之序九州是也，不得为州数。中国外如赤县神州者九，乃所谓九州也。于是有裨海环之，人民禽兽莫能相通者，如一区中者，乃为一州。如此者九，乃有大瀛海环其外，天地之际焉。"［见（西汉）司马迁：《史记》，卷74，《孟子荀卿列传》，第2344页。］他认为世界很大，中国仅为世界的1/81，而且天外有天，海中有海，世界并非人们所认识的那么小。这种以海洋知识为基础的"大九州"说，是一种值得论者注意的海洋开放型的地球观。（见黄顺力：《海洋迷思：中国海洋观的传统与变迁》，第42页。）但自史家司马迁讥邹衍之言为"闳大不经"之后，其"大九州"学说便被人们视为荒诞不经的海外奇谈而湮没不彰了。近代洋务思想家薛福成曾分析说："昔邹衍谈天……司马子长谓其语闳大不经，桓宽、王充并讥其迂怪虚妄……今则环游地球一周者，不乏其人，其形势方里，皆可核实测算，余始知邹子之说，非尽无稽。或者古人本有此学，邹子从而推阐之，未可知也。"［见（清）薛福成：《出使英、法、意、比四国日记》，卷1，台北：文海出版社，1967年，第20页。］遗憾的是，这种来自实践的深刻反省已是2000年之后的事情了。

④ （西汉）司马迁：《史记》，卷129，《货殖列传》，第3261页。

上把世界各国区隔开,但随着造船技术和航海技能的提高,海洋作为无远不至的通途,已可以达至"海宇混一"①的理想世界。而与此同时,海洋社会经济,尤其海外贸易活动的日益繁盛,又实实在在地给历代统治者带来了巨大的经济利益,因此,唐、宋、元王朝统治者对海外贸易基本上是持开放和鼓励的态度,"听海商贸易,归征其税"②。凡此种种,充分说明明清之前中国人的海洋观念总体呈现日渐开放的趋向,其相伴而来的海洋权益思想意识也以开发利用海洋资源为主流。有基于此,我们可以将之称为"开发利用"为主流的海洋权益思想意识,这是古代中国传统海洋权益思想的第一个特点。

(二)"陆主海从"偏向伸展的海洋权益意识

由于中国的地理环境与"以农立国"的文化大传统及其基本的社会经济结构体系,南方沿海地区虽拥有自己的海洋经济和海洋文化传统,但因社会生产力发展水平的限制,而在与中原大河流域农业文明的交融竞争中常处于劣势的地位,故"陆主海从"实际上是一个客观的历史事实。这正如台湾地区学者李东华先生所指出:"自史前迄秦汉时代,从东西向海洋民族、大陆民族的抗争(夷夏)到南北向海洋民族与大陆民族(汉越)抗争的过程,从而说明海洋文化是中国古代基层文化重要的一支。但因两度抗争都由大陆民族获得决定性的最后胜利,因此形成中国历史传统大陆性格为重的发展。"③这种"历史传统大陆性格"沉积日久很自然地会形成"陆主海从"的海洋思想意识。

事实上,世界古代文明的中心基本上都以大河流域的农业文明发展而成,也都有类似的"陆主海从"现象。这既由自然经济地理环境所决定,更由古代低下的社会生产力发展水平所左右。只有到了社会生产力发展到一定水平,人类基本具备了征服海洋、驾驭海洋的技术能力和物质生产条件之后,"陆主海从"的现象才可能有所改变。马克思说:"外界自然条件在经济

---

① (明)宋濂等撰:《元史》,卷99,《志第四十七·兵二》,第2538页。
② (明)宋濂等撰:《元史》,卷94,《志第四十二·食货二》,第2403页。
③ 李东华:《中国海洋发展关键时地个案研究(古代篇)》,台北:大安出版社,1990年,第32页。

条件上可以分为两大类：生活资料的自然富源，例如土壤的肥力，鱼产丰富的水等等；劳动资料的自然富源，如奔腾的瀑布、可以航行的河流、森林、金属、煤炭等等。在文化初期，第一类自然富源具有决定性的意义；在较高的发展阶段，第二类自然富源具有决定性的意义。"①

很显然，在古代中国，以中原地区为中心，其周边地区为边缘的"第一类自然富源"，构成以大陆农业经济为主体，海洋经济为从属的社会经济结构，并在这一基础上建立起"以农立国"的王朝统治，两者的互相结合与相互作用，逐渐形成"以农立国"的文化大传统，而基本属于"第二类自然富源"的沿海地区海洋文化传统只能属于边缘从属的地位。

故此，"历史传统的大陆性格"导致"陆主海从"偏向伸展的海洋权益意识成为古代中国传统海洋权益思想的第二个特点。

（三）"内敛守护"、以防为主的海洋权益意识

不论是西方国家，还是东方民族，随着社会生产力的提高，人类开发利用海洋资源的步伐不断加快，来自海洋方向的国家民族安全就开始成为一种客观的需求。这种客观需求有可能促使主要从事海上实践活动的国家与民族，在意识到获取海洋经济利益、维护海洋活动安全的重要性之后，采取"积极"进取、用力向外的进攻、控制、征服姿态，西方的海上强国基本上就属于这种情况；当然，也有可能使同样从事海上实践活动的国家和民族，因"以农为本"的社会经济结构和"陆主海从"文化意识观念的羁绊，而采取相对"消极"、用力向内的"内敛守护"、以防为主的姿态。东方民族，尤其是古代中国基本上就属于后面一种情况。但就海洋文化传统而言，不论是前者，还是后者，都是人类历史发展进程中文化类型属性的自然呈现，并无积极、消极或进步、落后之分。

随着世界大航海时代的到来，西方国家积极进行海外殖民扩张，其矛头开始逼近古老中国的海上大门，明清王朝统治者因内外统治压力而采取"海禁""防海"的基本国策，进一步强化了这种"内敛守护"、以防为主的海洋权益意识，从而形成了古代中国传统海洋权益思想的第三个特点。

---

① 马克思：《资本论》第1卷，北京：人民出版社，2004年，第560页。

应该指出的是，中国古代传统海洋权益思想所具有的"开发利用"为主流、"陆主海从"偏向伸展和"内敛守护"、以防为主三个特点是一个相互联系的有机整体，构成了中国自己所拥有的"利用守护型"的海洋文明。在人类历史发展的长河中，"开发利用"为主流的特点本应因其更具积极意义的海洋经济文明内涵而顺向前行，但大航海时代西方海上强国殖民扩张和国内统治政权稳定的双重挑战，迫使明清统治者将注意力逐渐聚焦于国家海洋方向的安全防卫与军事抗争，致使"陆主海从"偏向伸展和"内敛守护"、以防为主的两个特点逆向发展。东西方海洋世界发展的这一新形势，使得中国自唐、宋、元以来在社会经济中日益显现的海洋社会经济发展势头遭到遏制，其海洋权益思想意识也在国家与民族海上安全受到严重威胁的情况下产生了逆转并陷入迷思，从而拉开了明清以后，尤其是晚清中国海防与海权思想衍变的帷幕。

第二章

大航海时代：明清中国的海洋经略意识

清代学者蔡方炳说："海之有防，历代不见于典册。有之，自明代始。而海之严于防，自明之嘉靖始。"[①] 如上所论，古代中国以利用开发海洋为主流的海洋权益思想意识发展到明代，开始向因应时势的海防思想转化，这既是其时世界海洋格局发展变化的结果，也是世界海洋上的激烈竞争导致东西方不同海洋发展路径的主要原因。

我们认为，明清中国海防思想与实践的产生、发展过程，从国内因素的角度看是明初海疆不靖、王朝政权不稳所使然；从全球化大航海时代的历史背景看，则是东西方世界开始发生碰撞、冲突的序曲，也是世界海洋历史发展过程中所谓"中退西进"现象[②]的一个缩影。当然，从思想史研究的角度看，此一历史发展进程实际上还包括了晚清中国思想文化史上，所谓"中西"、"古今"、"传统"与"近代"等等论争的碰撞、冲突与融合，只不过在不同的历史时期所显现的历史面相有所不同而已。

因此，人们常说："社会存在决定社会意识"，明清中国"海防"意识产生并能自此大行其道，实有其存在的时代因素、社会条件和生存的土壤。

[①] （清）蔡方炳：《广舆记·海防篇六》，见王锡祺编：《小方壶斋舆地丛钞》，第9帙，卷43，第12页。

[②] 参阅陈尚胜：《"怀夷"与"抑商"：明代海洋力量兴衰研究》，济南：山东人民出版社，1997年，第70页。

一、世界海洋发展与明初海疆局势

就世界历史发展的时代大格局而言，明朝立国之后的 15 至 17 世纪是世界大航海时代来临，也即全球化海洋时代到来的巨变时期。

最初，西方沿海国家的西班牙与葡萄牙为了寻找相传中蕴藏金银、盛产香料的富饶东方，先后派遣航海探险队"去发现和获取汪洋大海中的岛屿和大陆"[①]。1492 年，西班牙国王派遣意大利籍航海家克利斯托弗·哥伦布横渡大西洋，"意外"地发现了美洲"新大陆"。1497 年，瓦斯科·达·伽马率领四艘葡萄牙海船沿非洲西海岸绕过好望角，横渡印度洋，开辟了东西方之间最短的海上航路。

接下来的 1519 年，西班牙派出的斐迪南·麦哲伦（葡萄牙人）船队经过艰辛的跨洋航海，于 1522 年绕地球航行一周，把新航路开辟和"地理大发现"推向了高潮。

"欧洲人是好斗的侵入者。他们夺取并保持着主动权，直到渐渐地但不可抗拒地上升为世界各地的主人。"[②] 地理大发现所带来的新航路的便利，极大地刺激了西方航海冒险者的贪欲，也由此开启了近代西方海外殖民扩张的先河。1510 年，葡萄牙占领了印度西海岸的果阿（Goa），以该地作为其向远东殖民扩张的主要基地和大本营；次年侵占了东西方海上枢纽满剌加（即马六甲），殖民扩张的锋芒开始逼近中国。明正德十二年（1517 年），葡萄牙国王使者皮来资（Thomas Pirez）率舰船八艘，"铳声如雷，以进贡为名"[③]，直入广州。此后，又有以西蒙·德·安德拉德为首的葡萄牙殖民者擅自占据广东屯门，"设立营寨，大造火铳，为攻战具"，甚至"杀人抢船，势甚猖

[①]（美）斯塔夫里阿诺斯：《全球通史——1500 年以后的世界》（吴象婴、梁赤民译），上海：上海社会科学院出版社，1999 年，第 125 页。

[②]（美）斯塔夫里阿诺斯：《全球通史——1500 年以后的世界》（吴象婴、梁赤民译），第 133 页。

[③]（明）张燮：《东西洋考》，卷 5，《东洋列国考·吕宋》，丛书集成初编，北京：中华书局，1985 年，第 60 页。

獗，志在并吞"。① 后虽被明广东海道副使汪鋐驱逐，却又窜至福建的浯屿、月港，浙江的双屿等沿海一带，"所到之处，硝磺刃铁，子女玉帛，公然搬运。沿海乡村，被其掳夺杀掠，莫敢谁何，至杀伤官兵，上司亦莫敢问"，严重袭扰明王朝海疆的安宁。

在这种世界历史发展的大趋势下，有着辽阔海疆和绵长海岸线的明代中国开始面临来自西方海洋势力的威胁与挑战，构成其萌发"海防"意识的时代历史大背景。

而就明王朝鼎立之初所面临的国内形势来看，明太祖朱元璋以寒微出身加入红巾军，旋与元末各路群雄争战十余年，在率先平定南方大部分地区后，于洪武元年（1368 年）正月初四日在南京登基称帝。与此同时，他又开始进行"驱逐胡虏，恢复中华"的北伐战争，最终结束了元朝的统治。从时序上考察，很显然，朱元璋是在完成中国南方统一的基础上再奠定其入主中原的大明基业的，因此，南方地区的稳定是明代立国之初首先要考虑的重点问题。

---

① 陈伯陶编撰：《东莞县志》，卷 31，中国方志丛书，台北：成文出版社，1967 年影印本，第 971 页。又见《明武宗实录》，卷 194，"正德十五年十二月己丑"条，台北："中央研究院"历史语言研究所校勘本，上海：上海书店，1982 年影印本，第 3630～3631 页。御史何鳌亦言："佛郎机最号凶诈，兵器比诸夷独精。前年驾大舶突进广东省下，铳炮之声震动城郭；留驿者违禁交通，至京者桀骜争长。今听其私舶往来交易，势必至于争斗而杀伤，南方之祸殆无极矣。"另据 19 世纪英国东方学研究学者亨利·玉尔的《东域纪程录丛——古代中国闻见录》一书记载：大约在 1513 年或 1514 年（明正德八年或九年），已有葡萄牙商人航海到达广东海面。虽遭广东当局禁止，未能上岸，"然诸商人皆得售其货，获大利而归"（转引自萧致治、杨卫东编：《鸦片战争前中西关系纪事》，武汉：湖北人民出版社，1986 年，第 8 页）。1522 年，葡萄牙海盗商人被驱逐出屯门后，又在福建的浯屿、月港，浙江的双屿等沿海偏僻小岛上寻找居留点，双屿港一带的走私船舶"双桅三桅，连樯往来"［（明）朱纨：《双屿镇港工完事》，转引自李金明、廖大珂：《中国古代海外贸易史》，第 256 页］，成为当时海上走私活动的主要据点。更重要的是，1553 年（明嘉靖三十二年）葡萄牙人以避风晒货为名，贿通中国地方官，在广东澳门搭棚筑室，赖着不走，从而非法地获得了在中国的第一块居留地。因此，马克思在谈到欧洲殖民者的殖民扩张活动时指出："中国人自古以来就对从海上侵入他们国家的一切外国人抱着反感，而且不是毫无根据地把他们同那些大概经常出没中国沿海的海盗或冒险家相提并论。"（见《马克思恩格斯选集》，第 2 卷，第 9 页。）

在元末群雄逐鹿的攻伐征战中，江浙沿海一带的地方势力集团如方国珍、张士诚等虽已败亡或归顺朱元璋，但其"余党导倭寇出没海上，焚民居，掠货财，北自辽海、山东，南抵闽、浙、东粤，滨海之区，无岁不被其害"①，致使因连年战争而遭到破坏的社会经济一时难以恢复。再加之元末以来沿海"倭寇"骚扰频仍，"从十三世纪初开始，九州和濑户内海沿岸富于冒险的武士和名主携带同伙，一方面到中国和朝鲜（高丽）进行和平贸易，同时也伺机为海盗，掠夺沿岸居民。对方（中国和朝鲜）称此为倭寇，大为恐怖"②。元大德十一年（1307年），倭寇劫掠庆元（宁波），朝野为之震动；至大元年（1308年），"日本商船焚掠庆元，官军不能敌"③，宁波地方的官署、民居几乎被烧光。明王朝鼎立之后，因方国珍、张士诚余党"导倭寇出没海上"，"倭患"渐有愈演愈烈之势。史载明洪武二年（1369年），"（倭）复寇山东，转掠温、台、明州旁海民，遂寇福建沿海郡"④；次年，"掠温州"；"五年（1372年），寇海盐澉浦，又寇福建海上诸郡"⑤等等。

尤其明代中期以后沿海"倭患"更为严重，昔日小股"倭寇"与中国沿海各种"盗寇"势力结合，频繁袭扰东南沿海一带，成为令明王朝头疼不已的心腹大患。

在这种"岛寇倭夷，在在出没"的情况下，"故海防亦重"⑥的国家海防意识即由此萌发。"海严于防，自明之嘉靖始"⑦，有关"防海"认知或"海防"意识的产生和发展正是明王朝所面临的这种内外形势交相呼应的必然结果。

---

① （明）谷应泰：《明史纪事本末》，卷55，《沿海倭乱》，北京：中华书局，1977年标点本，第843页。
② ［日］井上清：《日本历史》（天津市历史研究所译校），天津：天津人民出版社，1974年，第116页。
③ （明）宋濂等：《元史》，卷99，《志第四十七·兵二》，第2548页。
④ （清）张廷玉等：《明史》，卷322，《列传第二百十·外国三·日本》，北京：中华书局，1974年标点本，第8342页。
⑤ （清）张廷玉等：《明史》，卷322，《列传第二百十·外国三·日本》，第8342页。
⑥ （清）张廷玉等：《明史》，卷91，《志第六十七·兵三》，第2243页。
⑦ （清）蔡方炳：《广舆记·海防篇六》，见王锡祺编：《小方壶斋舆地丛钞》，第9帙，卷43，第12页。

二、"防海"：官方的"海禁"迷思

在全球化世界海洋时代来临与国内海疆不靖的大背景下，有明一代朝野上下有关海防应对之策的基本认知，包括其影响明清之后中国海洋历史发展走向问题，我们概括为以下三点进行分析：

（一）以"海禁"为主轴的"防海"思维渐成传统定式

这是自唐、宋、元以来历代王朝秉持相对开放之海洋国策的重大转向[①]，明代"海防"认知意识就此萌发。正是在此基础上，明王朝统治者以"海禁"为主轴的防海思维逐渐成为传统定式，不仅深刻影响了后世国人的海防认知，实际上也成为后来晚清中国屡屡受挫于西方海上挑战的基本缘由。

明王朝有关开国"海禁"政策的颁布，最早见于明太祖洪武四年十二月初七日（1372年1月13日）：

> （太祖）诏吴王左相靖海侯吴祯，借方国珍所部温、台、庆元三府军士及兰秀山无田粮之民，尝充船户者凡十一万一千七百三十人，隶各卫为军。仍禁濒海民不得私出海。[②]

同年十二月十六日，也即此前申明"禁濒海民不得私出海"的海禁政策后9日又有一则史料记载：

> 上谕大都督府臣曰：朕以海道可通外邦，故尝禁其往来。近闻福建兴化卫指挥李兴、李春私遣人出海行贾，则滨海军卫岂无知彼所为者乎？苟不禁戒，则人皆惑利，而陷于刑宪矣。尔其遣人谕之，有犯者论如律。[③]

[①] 黄顺力：《海洋迷思：中国海洋观的传统与变迁》，第60～65页。
[②] 《明太祖实录》，卷70，"洪武四年十二月丙戌"条，台北："中央研究院"历史语言研究所校勘本，上海：上海书店，1982年影印本，第1300页。
[③] 《明太祖实录》，卷70，"洪武四年十二月乙未"条，第1307～1308页。

此后，洪武十四年（1381年）、二十三年（1390年）、二十七年（1394年）和三十年（1397年）又多次重申，"禁濒海民私通海外诸国"①；"申严交通外番之禁"②；"缘海之人……敢有私下诸番互市者，必置之重法"③ 等相关条例，尤其自洪武三十年（1397年）至万历四十年前后还陆续颁布了更为系统的海禁律法和惩罚量刑标准：

> 凡将马牛、军需、铁货、铜钱、段匹、细绢、丝绵，私出外境货卖及下海者，杖一百；挑担驮载之人减一等；物货船车并入官。……若将人口、军器出境及下海者绞，因而走泄事情者斩。其拘该官司及守把之人，通同夹带、或知而故纵者，与犯人同罪。失觉察者，减三等，罪止杖一百，军兵又减一等。
>
> 凡守把海防武职官员，有犯受通番土俗哪哒报水分利、金银物货等项，值银百两以上，名为买港。许令船货私入，串通交易，贻害地方，及引惹番贼海寇出没，戕杀居民，除真犯死罪外，其余俱问受财枉法罪名，发边卫永远充军。
>
> 凡夷人贡船到岸，未曾报官盘验，先行接买番货，及为夷人收买违禁货物者，俱发边卫充军。
>
> 凡沿海去处，下海船只，除有号票、文引，许令出洋外，若奸豪势要及军民人等，擅造二桅以上违式大船，将带违禁货物下海，前往番国买卖，潜通海贼，同谋结聚，及为向导，劫掠良民者，正犯比照谋叛已行律处斩，仍枭首示众，全家发边卫充军。其打造前项海船卖与夷人图利者，比照私将应禁军器下海，因而走泄事情律，为首者处斩，为从者发边卫充军。若止将大船雇与下海之人，分取番货，及虽不曾造有大船，但纠通下海之人接买番货；与探听下海之人，番货物来，私买贩卖苏木、胡椒至一千斤以上者，俱发边卫充军，番货并入官。其小民撑使单桅小船，给有执照，于海边近处捕取鱼虾、采打柴木者，巡捕官旗军

---

① 《明太祖实录》，卷139，"洪武十四年九月己巳"条，第2197页。
② 《明太祖实录》，卷205，"洪武二十三年冬十月乙酉"条，第3067页。
③ 《明太祖实录》，卷231，"洪武二十七年正月甲寅"条，第3374页。

兵不许扰害。

私自贩卖硫黄五十斤、焰硝一百斤以上者问罪。硝黄入官。卖与外夷及边海贼寇者，不拘多寡，比照私将军器出境，因而走泄事情律，为首者处斩，为从者俱发边卫充军。……

凡沿海军民私往倭国贸易，将中国违制犯禁之物，呈献倭王及头目人等，为首者比照谋叛已行律斩，仍枭首，为从者，俱发烟瘴地面充军。

凡奸民希图重利，伙同私造海船，将细绢等项货物擅自下海，船头上假冒势宦牌额，前往倭国贸易者，哨守巡获，船货尽行入官，为首者用一百斤枷，枷号二个月，发烟瘴地面永远充军……

凡豪势之家，出本办货，附奸民下海，身虽不行，坐家分利者，亦发边卫充军，货尽入官。

凡歇家窝顿奸商货物，装运下海者，比照窃盗主问罪，仍枷号二个月。邻里知情，与牙埠通同，不行举首，各问罪枷号一个月发落。

凡关津港口，巡哨官兵不行盘诘，纵放奸民通贩倭国者，各以受财枉法从重究治。

凡福建、浙江海船装运货物往来，俱着沙埕地方更换，如有违者，船货尽行入官，比照越渡沿边关塞律问罪。

（甚至连沿海）普陀进香人船俱要在本籍告引照身，关津验明，方许放行。违者以私渡关津论。巡哨官兵不严行盘诘者，各与同罪。①

仔细分析上引各种史料，值得我们注意之处有三：

其一，根据洪武四年十二月所载"仍禁濒海民不得私出海"中的"仍禁"二字，以及数日之后又再次强调的"朕以海道可通外邦，故尝禁其往来"中的"尝禁"二字可知，海禁之策实际上应在此之前已经颁布过，洪武四年的海禁令乃为重申。② 因此，明王朝开国海禁之举应当为事实。

---

① （明）陈仁锡：《皇明世法录》，卷75，《私出外境及违禁下海》，台北：台湾学生书局，1965年影印本，第2005~2006页。
② 参见曹永和：《试论明太祖的海洋交通政策》，载《中国海洋发展史论文集》（一），台北："中央研究院"三民主义研究所编，1984年，第42页。

其二，明王朝实施开国海禁之策明显有"防寇"、"防倭"、防止濒海之民勾结海外势力危及其统治安全的考虑。其时，沿海地区方国珍所属旧部温、台、庆元三府军士及兰秀山无田粮之民因称兵构乱，被籍编为军，分隶于各卫，人数多达11万余人。而自元末明初以来"大为恐怖"的日本武士、名主及其同伙，既从事海上贸易，也伺机为海盗抢掠[1]，致使沿海"倭患"四起。如果方国珍旧部之滨海"莠民"与掠夺成性的"倭寇"勾结在一起，势将成为明王朝统治的一大隐患，故明太祖朱元璋实施开国海禁之策是因为"以海道可通外邦"，"海禁"的目的就是防止内部"莠民"与外邦"倭寇"等内外勾结危害立足未稳的新兴政权。

其三，实施开国海禁之策表面上是禁止私人擅自出海贸易，究其实质则是"禁濒海民私通海外诸国"，以杜绝"引惹番贼海寇出没、戕杀居民""潜通海贼，同谋结聚"等危害王朝海疆安宁的隐患，说到底"开国海禁"之策是"为了保卫国家海洋方向的安全利益、发展利益而采取的防御措施"，其"防御的对象是外来的威胁，是国家防御事务的一部分"[2]。正是在这个意义上，明王朝建立后国家海洋方向存在的安全问题，以及明代中叶以后西方殖民者梯航东来带来日益加重的"海防"事务，致使开国海禁的"海防"认知意识愈发凸显，"海之有防……自明代始。而海严于防，自明之嘉靖始"[3] 也就顺理成章了。

值得重视的是，明初的开国"海禁"之"海防"作为既定国策确定下来之后，朱元璋的子孙们谨遵"祖宗旧制"，基本上都是以"海禁"为主要手段来应对日益活跃起来的海内外世界[4]。这种情况虽然到隆庆以后有所改变[5]，但也只不过是在张弛交替之间的变化而已，在防止海疆不靖的国家安

---

[1] ［日］井上清：《日本历史》（天津市历史研究所译校），第116页。
[2] 见本书绪论。
[3] 见本书绪论。
[4] 笔者认为，明代以后的社会巨变不仅反映于大航海时代到来之后变化了的海外世界，也体现于商品经济发展起来后的国内社会。
[5] 明隆庆、万历以后海禁政策有所松弛，史称："隆庆改元，福建巡抚都御史涂泽民请开海禁，准贩东西二洋。"［参见（明）张燮：《东西洋考》，卷7，《饷税考》，丛书集成初编，第89页。］但这里的"开海禁"主要是对海外贸易而言，而对可能造成海疆不靖的统治安全则始终以"海禁"为基本国策。

全问题上，以"海禁"为主轴的"防海"思维已逐渐成为后世国人海防认知的一种传统定式。

（二）"重防其入"成为有明一代最主要的"防海方略"

从海洋防御的军事方略角度考虑，有明一代，尤其是明中期以后的海防方略虽有"御海洋""固海岸""扼海口""守内陆"等不同主张，但以海洋天堑为依托，实施"重防其入"[1]的指导方略则始终贯彻其中。这种视大海为无形之"万里长城"的防海方略认知对后世的海防建设同样造成了不可忽视的深远影响。

一些学者曾对明代中期的海防思想做过细致的分析，认为明代中期朝野因应"倭患"频仍的海防战略可以划分为：主决战外海的"御海洋"派，主防守海岸的"御海岸"派和主张御海上、固海岸、守内陆的"综合防御"派。[2] 此一分析归纳颇具启发意义，但笔者认为因明代所处时空条件的限制，以及身膺海疆安宁重责的官员应对"海患"能力的不同，其对海防的认知虽然存在差异，但若将其时出现的一些较为积极的海上防卫主张归结为"主决战外海的'御海洋'"论说，并依此认为其时国人"从海洋意识的层面已经认识到了制海权的重要性"，则还需进一步深入探讨。

所谓"决战外海的'御海洋'"方略是指明代中期以胡宗宪、杨博、王忬、唐枢等海疆官员为代表的"御敌于海洋"的"防倭"主张，其要点可概括为两点：一是"防海之制，谓之海防，则必宜防之于海，犹江防者，必防之于江，此定论也"[3]，或是"平倭长策，盖不欲鏖战于海上，直欲邀击于海中，比之制御北虏，守大边而不守次边者，事体相同，诚得先则（发）制人之义"[4]。

---

[1] 参见王宏斌：《清代前期海防：思想与制度》，北京：社会科学文献出版社，2002年，第7页。

[2] 有关明代防海或海防战略问题，笔者更愿意用"方略"一词表述，而不是今之通常所用的"战略"，因为明清史料文献记载基本都用"方略"一词，"战略"一词是近现代以来的说法。

[3] （明）郑若曾：《筹海图编》（李致忠点校），卷12上，《御海洋·总督尚书胡宗宪云》，第763页。

[4] （明）杨博：《复督察军务侍郎赵文华条陈海防疏》，（明）陈子龙等：《明经世文编》，卷275，北京：中华书局，1962年影印本，第2909~2910页。

二是"哨贼于远洋，而不常阙居；击贼于近洋，而勿使近岸"①。他们主张恢复和加强明初实行的"国家防海之制"，即加强沿海卫所建设和"更番出洋"的"巡海会哨"制度②，力主"立水寨，置巡船，制寇于海洋山沙，策之上也"③。

毋庸置疑，"御海洋"方略相对于单纯强调"固海岸""御海口""守内陆"等主张来说，的确更具有积极防御的意义。但我们认为，不论是"防之于海"，抑或是"邀击于海中"，均很难将其理解为"决战于外海"，且"从海洋意识的层面已经认识到了制海权的重要性"。因为，胡宗宪强调"防之于海，犹江防者，必防之于江"，实际上是以内陆的"江防"思维运用于海洋的"海防"思维，其重点在于"防"，即防止"江盗""海盗"登岸作乱；而杨博主张"邀击于海中"，也是将海防"比之制御北虏，守大边而不守次边者事体相同"，即"御虏之要，固守为上"④，落脚点在于"守"，即守御边防、海防"事体相同"，以守御手段防止外敌入犯。胡、杨二氏的主张固然均有些许"拒敌于国门之外"的积极意义，但究其实质都是以"防"和"守"的陆防思维来应对国家海洋方向的安全问题。

值得注意的是，胡宗宪所言"防海之制谓之海防"的"制"，实际上正是明初以来"开国海禁"基本国策的制度性强化。在15、16世纪世界大航海时代来临的大背景下，将重点在"防"和"守"的"防海之制"转化为关乎国家海洋方向安全和发展利益的"海防"，名词虽然变了，但侧重于"防"的这一思维定式却由此基本固定了下来。

至于"哨贼于远洋"或"立水寨，置巡船，制寇于海洋山沙"等主张，也主要是以遵循"祖宗之旧制"的"增置卫所"和"巡海会哨"来加强海洋、海疆的防卫，因此，不论是强调"防之于海"，"邀击于海中"也好，抑或是主张"哨贼于远洋""立水寨，置巡船，制寇于海洋山沙"也罢，有明一代朝野的"海防"认知总是难以跳脱传统"防海之制"中"防"与"守"

---

① （明）郑若曾：《倭寇论》，（明）陈子龙等：《明经世文编》，卷270，第2858页。
② （明）杨博：《复督察军务侍郎赵文华条陈海防疏》，（明）陈子龙等：《明经世文编》，卷275，第2910页。
③ （明）胡宗宪：《山东预备论》，（明）陈子龙等：《明经世文编》，卷267，第2829页。
④ （明）杨博：《陈时弊度虏情以保万世治安疏》，（明）陈子龙等：《明经世文编》，卷275，第2900页。

的思维窠臼。

当然更为重要的是，由于大海茫茫，凶险莫测，对明王朝统治者及身膺防海重责的海疆官员来说，难以逾越的海洋天堑犹如一道天然的海上"万里长城"，只要严防死守，"重防其入"，采取陆战、陆守手段防御外敌入犯，就能基本保证王朝国土的安全和统治的稳定，这一认知事实上已成为有明一代海防观念的思维定式。

其时主张"御敌于海洋，不如御敌于陆上"的抗倭名将、海道副使谭纶的一段论说就相当典型：

> 今之谈海事者，往往谓御之于陆，不若御之于海。其实大海茫茫，却从何处御起！自有海患以来，未有水兵能尽歼之于海者，亦未有能逆之使复回者。不登于此，必登于彼。即十得其一二，彼亦视为不幸而遇风者耳。侥幸之心，固自在也。若陆战，一胜即可尽歼，贼乃兴惧，不复犯我。此水战陆战功用相殊。而将官则力主海战为是者，以海战易于躲闪，陆战则瞬息生死，势不两立，且万目共睹，不能作弊。当事者宜坐照之，勿坠将官术中，自失长算，可也。①

谭纶还从海上风潮顺逆影响海战效果的角度，强调说：

> 大海茫茫，剿贼甚难，盖贼之来也必乘风潮之顺，吾往迎之必逆风逆潮，不甚难乎？贼之去也，亦必乘风潮之顺，吾伺其顺而追之，愈追愈远，能必其相及乎？即使及矣，逆风逆潮不难归乎？况贼见我舟能必其不远避乎？运舵之间咫尺千里，我能必攻之乎？故海将专以风潮借口，实躲闪焉。……陆战则不然。瞬息生死，势不两立，非彼即己，将士不能作弊。况海中杀贼，纵能灭其几舟，在彼犹不幸而失风耳。其所全者，众常怀侥幸之心。陆地之战，彼将全军覆没，能无惧乎？故讲海

---

① （明）郑若曾：《筹海图编》（李致忠点校），卷12上，《经略三·御海洋》，第770页。

战不如讲陆战。①

曾任兵部主事且负海疆之责的唐顺之也有类似的看法：

> 御海洋，照得御倭上策。自来无人不言御之于海，而竟罕有能御之于海者，何也？文臣无下海者，则将领避潮险，不肯出洋。将领不肯出洋，而责之小校水卒，则亦躲泊近港，不肯远哨。是以贼惟不来，来则登岸，残破地方。②

在唐顺之看来，由于造成沿海水师官兵不肯出洋、畏葸避战的根源是大海凶险，变化莫测，故必须"固海岸，照得贼至不能御之于海，则海岸之守为紧关第二义"，欲求得海疆安宁，"人知谨于海岸之守，不敢幸贼空过以觊免，（遂）门户常，堂奥自安矣"③，故实以"固海岸"的"防"与"守"为海防正道。

在浙江沿海为官的严中对此说得更加明白：

> 海中无风之时绝少，一有风色，天色即昏，面对不相见矣。须十分晴朗，方能瞭远。岁在己未，飓风大作，四百战船一齐覆没。厉害如此，将军出哨岂敢远泛大洋？……若迎风而上，（哨船）遇敌归报，贼使顺风顺息数百里报至，贼也至矣。若顺风而去遇敌归报，甚难甚难！况遇贼被杀，将官无知此常事也。故谓：海战为可恃者，必其未尝亲至海洋者也。若见海洋自知此说之难行，而以固海岸为不易之定策矣。④

---

① （明）王鸣鹤：《登坛必究》，卷39，《奏疏三》，续修四库全书，第961册，上海：上海古籍出版社，2002年，第704页。
② （明）唐顺之：《条陈海防经略事疏》，（明）陈子龙等：《明经世文编》，卷260，第2745页。
③ （明）唐顺之：《条陈海防经略事疏》，（明）陈子龙等：《明经世文编》，卷260，第2746页。
④ （明）唐顺之：《条陈海防经略事疏》，（明）陈子龙等：《明经世文编》，卷260，第2746页。

以编纂《筹海图编》名世的军事思想家郑若曾虽然赞同巡抚都御史翁大立的主张,认为"今日海防之要,惟有三策。出海会哨,毋使入港者,得上策;循塘据守,毋使登岸者,得中策;出水列阵,毋使近城者,得下策;不得已而至守城,则无策矣"①,但这里所指上、中、下三策的立足点说到底都在于"重防其人",而且由于海洋作战"离内地太远,声援不及,接济不便。风潮有顺逆,碇舶有便否。(且)蛟龙之惊,触礁之险,设伏击刺之难,将官之命危于磊卵,无惑其争执为难行"②,故他强调"沿海设备,固为上策……守浦(黄浦险要)乃所以守门户,犹有愈于守城也"③。郑若曾主张"防海"的侧重点主要还是"以固海岸为不易之定策"④。

此外,即使是在抗倭斗争中立下赫赫战功的戚继光、俞大猷等海防名将也基本上致力于"陆战""陆守",强调"水陆兼司,陆战尤切"⑤"人知海船攻倭,我得上策,而每战必克,抑不知内地之战,整搠河船以攻之,亦策之上者也"⑥。

由上述种种可知,不论是胡宗宪等主张"防之于海""邀击于海中",还是谭纶、戚继光等强调"御海岸""守海口""御敌于陆上",抑或是朱纨、俞大猷、郑若曾等力持"革渡船,严保甲,搜捕奸民(以绝盗源)"⑦"固海岸(以防敌入)""水兵星罗于其外,陆兵云布于其内"⑧的"水陆综合防

---

① (明)郑若曾:《筹海图编》(李致忠点校),卷6,《直隶事宜》,第425页。
② (明)郑若曾:《筹海图编》(李致忠点校),卷12上,《经略三·御海洋》,第772页。
③ (明)郑若曾:《筹海图编》(李致忠点校),卷6,《直隶事宜》,第422页。
④ (明)郑若曾:《筹海图编》(李致忠点校),卷12上,《经略三·御海洋》,第770页。
⑤ (明)戚继光:《纪效新书·总叙》,丛书集成初编,北京:中华书局,1991年影印本,第13页。按:戚继光认为"水陆之兵,险易不同;战斗之间,利害尤别。其水战固为不易,至于陆战锋刃既合,身手相接,彼死则此生,势不俱存"(见该书第15页),故极为重视陆战。
⑥ (明)俞大猷:《正气堂集》,卷7,《论宜整搠河船》,四库未收书辑刊,第五辑,第20册,北京:北京出版社,2000年,第186页。另外,其时还有张萱者亦主张以多层次防守"御倭",即"以守外海为上,守内海次之;水战为上,陆战次之;以贼不登岸为上,登岸战胜者次之"[参见张萱:《西园闻见录》,卷58,《兵部七·海防后》,台北:文海出版社,1930年,哈佛燕京学社影印本,第4491页]。虽以守外海、水战为上策,然其侧重点和落脚点仍在"防"和"守"上。
⑦ (清)张廷玉等:《明史》,卷205,《列传第九十三·朱纨》,第5404页。
⑧ (明)郑若曾:《筹海图编》(李致忠点校),卷12上,《经略三·固海岸》,第774页。

御",都是以海洋天堑为防御性的"万里长城",其侧重点和落脚点始终在"防"与"守"。

正是在这个意义上,有明一代朝野上下潜意识形成的这种以大海为无形之"万里长城"的防海方略认知,虽然有其所处时代和军事技术限制的合理性,但此种思维认知定式对后世国人,尤其晚清中国的海防、海军建设都造成了不可忽视的深远影响。

我们认为,有明一代正处于世界大航海时代方兴未艾之际,西方海上殖民扩张开始形成"西力东侵"的历史潮流,而负陆面海的古老中国却因海上安全的考量,以开国"海禁"的"防"与"守"予以应对,不自觉地但又是主动地从海洋上退却,[①] 这虽然有当时社会现实的合理性,但却蕴含了海洋时代世界历史发展的某种悲剧性。美国学者博克塞曾说:"要感谢中国皇帝孤立的海禁政策所造成刻意的缺席,使得葡萄牙人能在毫无东方海权的抗衡下,以惊人的速度成为印度洋上的主宰者。"[②] 这一意味深长之语值得我们海防问题研究者深省!

(三) 以"防"与"守"为基调的海防思想开始形成

大致而言,有明一代海防部署的具体举措是以沿海卫所为依托,筑城列寨,添造战船,加强戍兵防卫力量。同时,初步建立明王朝的水师"巡洋"制度,以水师巡洋会哨为机动,"严会哨以靖海氛"[③],目的是有事分路出击,"无事则海上巡徼,以备不虞"[④];并以沿海地方"保甲之法"为海防辅助措施,达到"乡村有盗,守望相助"[⑤] 的目的,形成相对完整的沿海防务体系。

正如前已述及,明王朝刚建立之时,威胁其新生政权安全的首先来自东南沿海反明势力与海外倭寇相纠集的海上方向,对此,明初的海防方略决策

[①] 明永乐年间的郑和船队的确早于西方驶向海洋,但这一航海壮举却在宣德初年戛然而止,此中的原因及影响可参阅黄顺力:《海洋迷思:中国海洋观的传统与变迁》,第106~158页。
[②] 转引自陈尚胜:《"怀夷"与"抑商":明代海洋力量兴衰研究》,第70页。
[③] (明) 王忬:《条处海防事宜仰祈速赐施行疏》,(明) 陈子龙等:《明经世文编》,卷283,第2995页。
[④] (清) 谷应泰:《明史纪事本末》,卷55,《沿海倭乱》,第840页。
[⑤] (明) 吕坤:《摘陈边计民艰疏》,(明) 陈子龙等:《明经世文编》,卷416,第4509页。

从一开始就以防守和防范为主导。这既体现在严厉的开国海禁政策上，又体现在加强水军、增置卫所、建立水师"巡洋会哨"制度，沿海要地设立巡检司及报警烽堠，民间则实行"保甲之法"等建设沿海防务体系的具体措施上。

明洪武元年（1368年），太祖朱元璋总结历代军制的经验教训，吸取唐代府兵制寓兵于农的经验，"革元旧制，自京师达于郡县，皆立卫所"①。从洪武三年（1370年）开始，在沿海地区置水军等二十四卫，规定"每卫船五十艘，军士三百五十人缮理，遇征调则益军操之"②。后来又籍编归附的方国珍余部及浙东沿海"无田粮之民"十余万人，分隶各卫为军，戍守海疆。

同时，朱元璋还下令浙江、福建等沿海省份，"造海舟防倭"，"命广洋、江阴、横海、水军四卫增置多橹快船，无事则巡徼，遇寇以大船薄战，快船逐之"，还任命靖海侯吴祯"充总兵官，领四卫兵，京卫及沿海诸卫军悉听节制。每春以舟师出海，分路防倭，迄秋乃还"③。初步建立起水师"巡洋会哨"制度，其指导思想就是"有事分路出击"，"无事则海上巡徼，以备不虞"④。

洪武二十年（1387年），明王朝开始在福建等各省沿海要地设立巡检司，"专一盘诘往来奸细及贩卖私盐犯人、逃军、逃囚、无引面生可疑之人"⑤，用以加强沿海防御。

据史载，至洪武二十六年（1393年），明廷已"定天下都司卫所，共计都司十有七，留守司一，内外卫三百二十九，守御千户所六十五"⑥。在延绵万余里的"沿海之地，自广东乐会接安南界，五千里抵闽，又二千里抵浙，又二千里抵南直隶，又千八百里抵山东，又千二百里逾宝坻、卢龙抵辽东，又千三百余里抵鸭绿江"⑦的海岸线上，"度要害地，系一郡者设所，连郡者设卫"⑧，

---

① （清）张廷玉等：《明史》卷89，《志第六十五·兵一》，第2175页。
② 《明太祖实录》卷54，"洪武三年秋七月壬辰"条，第1061页。
③ （清）张廷玉等：《明史》，卷91，《志第六十七·兵三》，第2243页。
④ （清）谷应泰：《明史纪事本末》，卷55，《沿海倭乱》，第840页。
⑤ 《明会典》，卷139，《兵部二十二·新添长官司》，上海：商务印书馆，1936年，第2885页。
⑥ （清）张廷玉等：《明史》，卷90，《志第六十六·兵二》，第2196页。
⑦ （清）张廷玉等：《明史》，卷91，《志第六十七·兵三》，第2243页。
⑧ （清）张廷玉等：《明史》，卷90，《志第六十六·兵二》，第2193页。

并依据诸海口"倭患"态势缓急,"移置卫所于要害处,筑城十六"①。各沿海边地或"设兵戍守",或"造海舟防倭",或抽丁"为沿海戍兵",②尤其在"(倭患)闽浙为最冲"的东南沿海一带,更是筑城增兵,"量地远近置卫所,陆聚步兵,水具战舰",使"倭不得入,入亦不得傅岸"③,史称"筑海上十六城,籍民为兵,以防倭寇"④。

除了增设沿海卫所防御、水师"巡洋会哨"及巡检司陆上设卡盘诘之外,明初还在民间推行"保甲之法"为海洋防御的辅助手段,史称:"国初设保甲之法,每十家为甲,甲有长;十甲为保,保有正。凡属甲内人民,各置兵器一件。甲长置锣一面,保正置鼓一面,或铳一竿。此非以作虚器扰民生也,诚虑夫除戎器用戒不虞,有武备可以无患"⑤,达到"寇至,甲则户相策应,保则甲相策应,邑则保相策应,而有司第以游兵犄角其间"⑥ 的军民联防守御目的。

明王朝通过上述各种措施逐步形成了比较完整的沿海防御体系,同时也表明有明一代以"防"和"守"为基调的海防思想亦基本形成。⑦

基此,从"海防"认知的角度,有下列四个思想面向的发展趋势值得我们加以注意:

第一,明王朝"开国海禁"基本国策的确立,为其逐渐完善起来的"海防"思想认知确立了主要基调。

---

① (清)张廷玉等:《明史》,卷91,《志第六十七·兵三》,第2243页。
② (清)张廷玉等:《明史》,卷91,《志第六十七·兵三》,第2243页。
③ (清)夏燮:《明通鉴》,卷9,《纪九·太祖洪武十九年十二月》,北京:中华书局1959年标点本,第449页。
④ (清)谷应泰:《明史纪事本末》,卷55,《沿海倭乱》,第841页。
⑤ (明)吕坤:《摘陈边计民艰疏》,(明)陈子龙等:《明经世文编》,卷416,第4509页。
⑥ (明)许国:《条上弭盗方略》,(明)陈子龙等:《明经世文编》,卷392,第4240页。
⑦ 据有关研究粗略统计,仅洪武一朝在沿海各地(包括长江中下游)共设立49卫85所,300处左右的巡检司和900处左右的烽堠(参见杨金森、范中义:《中国海防史》,北京:海洋出版社,2005年,第91页)。另据《中国战争发展史》一书所载:"(明初)中国沿海共有卫55个,所99个,巡司353个,烽堠997个,堡190个,墩313个,台48个,驻屯机步兵的营23个,驻泊机动水师的水寨58个,驻有指挥机构及预备队城池7个,负责侦察和传递军情、文书的塘铺24个。"(参见中国人民军事博物馆编著:《中国战争发展史》,北京:人民出版社,2001年,第403页。)具体数字虽无法精确,但明代确立以防守为基调的海防军事方略,以及以卫所为依托的沿海防御体系基本建立则当为事实。

有明一代各种海疆防御措施的建立与完善均"专以防海为务"①，且侧重点在于"重防其入"，将海洋天堑作为天然的海上万里长城来防范海上之敌的骚扰和入侵。在当时的历史条件下，"专以防海为务"基调的确立完全可以理解，但也可以想见，在这一基调上形成的"防海"思维定式，将很难引领中原王朝统治者能在全球化海洋时代到来之际，从海洋意识的层面去认识制海权的重要性，从而主动产生或具有越洋作战的控海眼光和制海作为，因而，由种种日益严密的"防海"举措而形成的"海防"认知，将逐渐固化为"防海岸""守海口""以守为战"的"陆防"思维也就难以避免，这一影响为之后第一次中英鸦片战争的海防失败埋下了伏笔。

第二，毋庸置疑，有明一代建立起相对完整的沿海防务体系是明王朝对传统海防建设的一大贡献。在明代中叶"倭患"猖獗、海疆不靖时期，各种防海举措和沿海防务体系均发挥了应有的作用，应当予以充分肯定，但同时需要特别指出的是，以"防"与"守"为基调的海防建设也有其消极的负面作用，如水师巡洋会哨制度的建立本是一件大好之事，但因始终秉持水师"有事分路出击""无事则海上巡徼"②的指导思想，实际上还是侧重于"防"和"守"，此种消极应对的水师海防方略对晚清新式海军的建设和发展战略也有着不可忽视的深层影响。

第三，明王朝的"海防"认知与各种"防海"主张，均能在日后"清承明制"的历史传承与衍变中找到它的影子。例如，从维持国家海上安全的海防角度看问题，明太祖朱元璋有一段关于处理海外国家关系和维持海疆安宁的"祖宗之训"就非常典型：

> 海外蛮夷之国有为患于中国者，不可不讨；不为中国患者，不可辄自兴兵。古人有言："地广非久安之计，民劳乃易乱之源。"如隋炀帝妄兴师旅，征讨琉球……得其地不足以供给，得其民不足以使令，徒慕虚名，自弊中土，载诸史册，为后世讥。朕以诸蛮夷小国阻山越海，僻在一隅，彼不为中国患者，朕决不伐之。惟西北胡戎世为中国患，不可不

---

① （清）张廷玉等：《明史》，卷322，《列传第二百十·外国三·日本》，第8344页。
② （清）谷应泰：《明史纪事本末》，卷55，《沿海倭乱》，第841页。

谨备之耳。卿等当记所言，知朕此意。①

明太祖朱元璋的这一"祖训"不仅对其朱姓子孙，而且对改朝换代后的爱新觉罗统治者也有潜在的影响。清康熙二十二年（1683年），施琅跨海东征将台湾正式纳入大清版图后，清廷朝野上下产生台湾应弃应留的争议，许多官员认为台湾乃"海外丸泥，不足为中国加广；裸体文身之番，不足与共守；月费天府金钱于无益，不若徙其人而空其地"②。堪称一代英主的康熙帝也存有"（台湾）仅弹丸之地，得之无所加，不得无所损"③的粗浅认识，这与明太祖朱元璋"得其地不足以供给，得其民不足以使令"的说法基本一脉相承。而晚清时期清廷朝野上下，以重西北"塞防"之论诘难于东南"海防"之说也基本属于同一思维模式。可以说，明清两朝的"海防"认知正是在这一难以跳脱的基调上蹒跚前行。

第四，明王朝的"海禁"政策在观念上视民间社会的海洋发展为非法行为，在实际效果上则是"逼商为寇"④，这一认知导向从当时世界海洋发展格

---

① 《明太祖实录》，卷68，"洪武四年九月辛未"条，第1277～1278页。
② （清）郁永河：《裨海记游》，卷下，见《昭代丛书》，戊集，卷28，世楷堂藏版，第16页。
③ 《清圣祖实录》，卷112，"康熙二十二年十月初十日"条，《清实录》，第5册，北京：中华书局，1985年影印版，第155页。
④ 由于明王朝厉行海禁，严厉打击违禁出海的民间海外贸易活动，结果迫使一些民间海商组成武装走私集团，以对抗官府的追捕和残杀，因而也就成为时人所谓的"海寇"。当时了解海防情事的唐枢曾说："嘉靖初市舶罢，流臣严其私请，商市渐阻。……而盗愈不已，何也？寇与商同是人也。市通，则寇转而为商；市禁，则商转而为寇。始之禁禁商；后之禁禁寇。"［（明）郑若曾：《筹海图编》（李致忠点校），卷11上，《叙寇原》，第673页。］也就是说，当时被人们称之为"海寇"的那些人中，有许多是因"通番互市"未能得到官府允准而沦为"海寇"，或者干脆就是"市通则寇转而为商，市禁则商转而为寇"。御史屠仲律也认为："夫海贼称乱，起于负海奸民通番互市，夷人十一，流人十二，宁、绍十五，漳、泉、福人十九。虽既称倭夷，其实多编户之齐民也"。［见（明）屠仲律：《屠侍御奏疏》，（明）陈子龙等：《明经世文编》，卷282，第2979页。］可见，在严厉的"海禁"政策下，"以海为生"的东南滨海之民和民间海商被逼为"寇"是一种较为普遍的现象（有关明代"海寇"的组成成分比较复杂，大体有海商因"海禁"被逼为寇者，也有受官府欺压，冤抑难申，愤而下海为寇者，还有功名未成，失志而沦为寇者……但就总体而言，因走私犯禁而被视之为"海寇"的民间海商当不在少数。关于此问题可参阅林仁川《明末清初私人海上贸易》（上海：华东师范大学出版社，1987年）和王守稼《封建末世的积淀和萌芽》（上海：上海人民出版社，1990年）等。

局的形成和中国海洋发展的趋势来看,其消极意义无论如何加以抨击似乎都不为过。

我们知道,古代中国自宋、元以降,沿海一带活跃的民间海商已东至高丽、日本,西达满剌加、印度、波斯等地,甚至还沿海岸线进入中亚地区的一些内陆商业城市。据记载,宋代时"中国商船常至印度巴罗赫、印度斯河口、亚丁及幼发拉底河口诸处。自中国贩来铁、刀剑、鲛革、丝绸、天鹅绒以及各种植物纺织品"①。到元代时,民间海外贸易更加勃发,除了从东方大港泉州、广州出海贸易的中国民间海商之外,浙江庆元(今宁波)的当地民间贸易船只已多达7900艘,其中能进行海外贸易活动的大中型海船就有近千艘之多②,时称"城外千帆海舶风"③。到元末时,繁盛的海外贸易使得经庆元市舶司"检收抽解的舶货多达220多种,比南宋时的160多种多了60种"④。

可以想见,如果宋元以降,民间海商的海外贸易活动能够得以顺势正常发展,不仅中国开发、利用,乃至掌控海洋的能力能够不断提高,中国在海洋上的领先优势将得以维持,其后整个世界海洋时代的发展格局也将重新改写。但不幸的是,明代的"海禁"国策从法律上严厉禁止民间海外贸易活动,私人海商只要擅造违式大船,或"前往番国买卖",就可以定为"谋叛"罪而被处以极刑,全家发边卫充军。⑤ 如此一来,民间从事海外贸易就成了非法的走私行为,而不像宋元时期那样受到国家的鼓励(尽管是有限度的鼓励或睁一眼闭一眼的放任自流),因此,明代"海禁"政策的厉行不仅对宋元以来蓬勃发展的民间海外贸易是一个重大打击,而且也严重扭曲了原来基本正常变化发展的海洋认知。

一言以蔽之,民间海外贸易既然被官府定性为非法活动,那么原本从事海外贸易所得到的正当之利,也就成了"嗜利忘禁"的非法所得。尽管仍然有民间海商或为牟利、或为谋生,不顾"海禁"律法而出海贩易,但毕竟是

---

① 张星烺:《中西交通史料汇编》,第3册,第173页。
② 曹凛:《元朝市舶司与海船勘验》,载《中国船检》2010年第9期。
③ (北宋)邵必:《题钱公辅众乐亭 其二》,(南宋)张津等:《乾道〈四明图经〉》,卷8,https://elib.nblib.cn,宁波网络图书馆/中国数字方志库,2019年2月发布。
④ 曹凛:《元朝市舶司与海船勘验》,载《中国船检》2010年第9期。
⑤ (明)陈仁锡:《皇明世法录》,卷75,《私出外境及违禁下海》,第2005~2006页。

一种偷偷摸摸的走私行径，社会舆论对此的褒贬臧否也就可想而知了，而这种状况显然不利于大航海时代潮流下本应积极主动向海洋发展的社会风气的形成。

而对比同一时期，由于西方殖民航海贸易被确定为国家基本的海洋政策，哥伦布、达·伽马、麦哲伦等人的航海冒险活动得到各自国家政府与民间的全力支持和肯定，他们航海归来成为人们心目中的"英雄"，海洋冒险活动与社会风气的相互激荡推动了整个世界大航海时代的到来。

可见，在这场世界性海洋较量的开端之时，"西进"与"中退"的发展趋势，已经不知不觉地为中国落后于他人的后果埋下伏笔了。美国学者斯塔夫里阿诺斯就此评论说："因为中国商人缺乏西方商人所拥有的政治权力和社会地位，正是制度结构上和向外推动力方面的根本差别，在世界历史的这一重要转折关头，使中国的力量转向内部，将全世界海洋留给了西方的冒险事业。难以置信但却不可避免的结局是，西方贵族在几个世纪里使伟大的'天朝'黯然失色。"[1] 国内亦有学者明确指出，明代时期民间商人的出海贸易失去合法性，"不仅仅是中国海商这一阶层的悲剧，同时也是中国社会正常发展的悲剧"[2]。

三、"泛海"：民间海上力量的崛起

当然，历史的发展，尤其是有如中国这样的陆海兼具型大国历史的发展从来都不是单一的、线性的。与明代官方从海洋退守的情况相反，明中叶以后，社会经济向商品经济倾斜发展，东南沿海地区私人海外贸易没有因官府的"海禁"政策而销声匿迹，反而在夹缝中艰难发展并日益活跃。中国的海寇海商与葡萄牙、荷兰等老牌殖民国家的海盗商人竞争角逐于东西洋上，成为一支不可忽视的民间海上力量，并在这一过程日益增长中西交流冲突中的海洋权益意识。

---

[1] ［美］斯塔夫里阿诺斯：《全球通史：1500年以前的世界》（吴象婴、梁赤民译），上海：上海社会科学院出版社，1999年，第445页。
[2] 陈尚胜：《"怀夷"与"抑商"：明代海洋力量兴衰研究》，第39页。

例如，素有"贾人遍天下"之称的徽州商人在民间海外贸易活动中具有重要的影响力，其中王直、徐海等成为江浙沿海一带势力最大的海寇商人集团①。

东南地区福建的地理位置背山面海，有着自己相对独立的海洋经济区域，自古海上贸易活动频繁，史称"福建一路，多以海商为业"②。明代以后，随着社会经济的恢复和发展，沿海商民"往往交通外番，私易货物"③，以贩海为生。至明代中叶也相继出现规模较大的洪迪珍、谢和、吴平等海寇商人集团④。

此外，广东海寇商人集团的首领，如许栋、许朝光父子（饶平人），张琏（饶平人），林道乾（惠来人），林凤（饶平人）等早年几乎都从事海外经商贸易，活跃于东南亚及日本一带，但在官方厉行的"海禁"政策下，许多人"失其生理，于是转而为寇"，走上了"亦商亦寇"的道路⑤。

对东南沿海地区这种"商寇合一"的情况，熟悉海洋事务的福建巡抚许孚远曾评论说：

> 东南滨海之地，以贩海为生，其来已久，而闽为甚。闽之福、兴、泉、漳，襟山带海，田不足耕，非市舶无以助衣食。其民恬波涛而轻生死，亦其习使然，而漳为甚。先是海禁未通，民业私贩。吴越之豪，渊薮卵翼，横行诸夷。积有岁月，海波渐动。当事者尝为厉禁。然急之而盗兴，盗兴而倭入。嘉靖之季，其祸蔓延，攻略诸省，荼毒生灵，致烦文武大帅，殚耗财力，日寻干戈，历十有余年。⑥

---

① 有关"海寇商人"的提法，可参阅李金明、廖大珂：《中国古代海外贸易史》，第276页。明代中叶以徽州商人为代表的"海寇商人"与福建"海寇商人"李光头（李贵，亦称李七）等合时分，既"寇掠闽浙地方"，又"载货往日本贸易"，从事海上贸易活动，是典型的海寇商人集团。

② （宋）苏轼：《东坡奏议》，卷6，《论高丽进奉状》，《明成化本东坡七集》（二一），国学基本典籍丛刊，第20页。

③ 《明太祖实录》，卷205，"洪武二十三年冬十月乙酉"条，第3067页。

④ 郑广南：《中国海盗史》，上海：华东理工大学出版社，1998年，第204、219页。

⑤ 郑广南：《中国海盗史》，第212～238页。

⑥ （明）许孚远：《疏通海禁疏》，（明）陈子龙等：《明经世文编》，卷400，第4333页。

许孚远在这里说的虽是福建一地的情况，但事实上却是沿海各地民间海商因受"海禁"政策压制而转化为海寇的一种普遍现象。到了嘉靖年间，沿海"倭患"日烈，"海寇"势力蔓延，更从另一个侧面反映了民间海上势力的崛起，且其在一定程度上已足以与明王朝做正面的武装对抗。

至嘉靖末年，持续长达 15 年之久的"倭患"虽基本被平定下去，但"倭寇中国，掳掠男女，劫夺货财，费靡刑伤不可胜计"[1]的惨痛教训，迫使明王朝统治者对"海禁"政策做出必要的调整。

嘉靖四十三年（1564 年），福建巡抚谭纶奏请明廷说：

> 闽人滨海而居者，不知其凡几也，大抵非为生于海，则不得食。海上之国方千里者，不知其凡几也，无中国绫绵丝帛之物，则不可以为国。禁之愈严，则其值愈厚，而趋之愈众。私通不得，即攘夺随之。昔人谓：弊源如鼠穴，也须留一个；若还都塞了，好处俱穿破。意正如此。[2]

他建议明王朝要部分开放海禁，以消弭"海禁愈严，贼伙愈盛"的恶果。

隆庆元年（1567 年）继任福建巡抚的涂泽民也奏请开放海禁，准许沿海商民前往东、西二洋贸易互市[3]，得到明朝廷的允准。不久，福建地方官府在漳州月港设立督饷馆，建立"税引"制度，有条件地允许中外商船实行报税贸易。一时间，"汪洋巨浸之区，商舶百货之所丛集。昔志称其风回航转，宝贿填舟，水犀火浣之珍，虎魄（琥珀）龙涎之异，香尘载道，玉屑盈衢"[4]，月港迅速成为东南海上贸易活动的中心。

---

[1] 郑舜功：《日本一鉴》（下），卷 6，《穷河话海》，海上丝绸之路基本文献丛书，北京：文物出版社，2022 年，第 30～31 页。
[2] （明）谭纶：《谭襄敏公奏议》，卷 2，《条陈善后未尽事宜以备远略以图治安疏》，原国立北平图书馆甲库善本丛本，第 221 册，北京：国家图书馆出版社，2013 年影印本，第 913 页。
[3] （明）张燮：《东西洋考》，卷 7，《饷税考》，丛书集成初编，第 89 页。
[4] 乾隆《海澄县志》，《癸酉志旧序》，中国海疆旧方志，香港：蝠池书院出版有限公司，2006 年，第 33 页。

尽管月港部分开放海禁，仅是开放东、西二洋贸易互市，对日本的贸易仍然在"禁绝"之列①，但毕竟打破了自明初以来的"开国海禁"政策，为明代后期私人海上贸易争取到了部分合法的地位，民间海上力量得以迅速发展，并形成其时东南沿海势力最盛的郑芝龙、郑成功父子海商武装集团。

四、"通洋之利"：郑氏父子的海洋权益意识

明崇祯元年（1628年），郑芝龙接受明王朝招抚，被授予海防游击一职，借此，他以官府剿平海寇为旗号，不断壮大自己的海上势力，史称"时海盗蜂起，洋泊（舶）非郑氏令，不行，上自吴淞，下至闽广，富民报水如故。……据重兵专制滨海"②，取得了东南沿海的制海权。当时，东南沿海一带的海上贸易权由郑氏集团牢牢掌控：

> 海舶不得郑氏令旗，不能往来。每一舶列（例）三千金，岁入千万计，芝龙以此富（可）敌国。自筑城于安平，海梢直通卧内，可泊船径达海。其守城兵自给饷，不取于官。旗帜鲜明，戈甲坚利。凡贼遁入海者，檄付芝龙，取之如寄，故八闽以郑氏为长城。③

清兵入关南下后，郑芝龙降清，其子郑成功奉南明政权为正朔继续抗清。1661年，郑成功跨海收复台湾，"东西洋饷，我所自生自殖者也；进战退守，绰绰余裕"④；"凡中国各货，海外人皆仰资郑氏，于是通洋之利，唯

---

① 禁止日本贸易除了有倭寇犯海的历史原因之外，还由于明万历二十一年（1593年），日本丰臣秀吉发动侵朝战争危及沿海安全，使明王朝对日本始终保持戒备之心，故"终明之世，通倭之禁甚严"［见（清）张廷玉等：《明史》，卷322，《列传第二百十·外国三·日本》，第8358页］。
② 厦门市地方志编纂委员会办公室整理：道光《厦门志》，卷16，《旧事志·纪兵》，福建省地方志丛刊，厦门：鹭江出版社，1996年，第529页。
③ 林时对：《荷闸丛谈》，卷4，《郑芝龙父子祖孙三代据海岛》，台湾文献丛刊，第153种，下册，台北：台湾银行，1962年，第156页。
④ （清）杨英撰：《先王实录》（陈碧笙校注），八闽文献丛刊，福州：福建人民出版社，1981年，第63页。

郑氏独操之，财用益饶"，且"以海外弹丸之地，养兵十余万，甲胄戈矢罔不坚利，战舰以数千计，又交通内地，遍买人心，而财用不匮者，以有通洋之利也"，① 俨然已具有海上政权的雏形②。

值得我们重视的是，明代后期私人海上贸易的迅速发展和民间海上势力的崛起，能够从三个层面反映其时海洋权益意识观念的变化。

一是民间社会层面。

明代后期私人海上贸易在"惟利是视，走死地如鹜"③的刺激下迅猛发展。如"亦商亦盗"的王直"素有沉机勇略，人多服之。……（海商海监）俱请'五峰'旗号，方敢行使（驶）。'五峰'之势于此益张"④；李旦集团"商贩日本，致累巨万……富甲八闽"⑤；郑芝龙、郑成功父子海商集团，"岁入以千万计，以此富敌国"⑥。

---

① （清）郁永河：《海上纪略·郑氏逸事》，见《裨海纪游·附五种》，台湾丛书，台北：台湾省政府印刷厂，1984年，第45页。
② （清）彭孙贻：《靖海志》卷1记载：郑氏家族"一门声势，赫奕东南"，特别是郑芝龙"位益尊，权益重，全闽兵马钱粮皆领于芝龙兄弟，是芝龙以虚名奉召，而君以全闽予芝龙也"。另外，根据西方学者麦尼尔《竞逐富强——西方军事现代化历程》一书有关"军事—商业复合体"的观点，似乎可以把郑氏海商武装集团称之为"海商—军事复合体"政权。国内有学者指出："如果从麦尼尔关于资本主义形成的这些要素对照中国历史，那么首先我们发现郑成功海商—军事集团是中国古代最典型的'军事—商业复合体'。……郑氏集团最初由海盗性质的武装商船发展而来，最终割据台湾，并在所控制区域行使政府职能，在这一过程中，政治、经济、军事三者之间相互支撑、扩张，形成反馈回路，同欧洲13世纪开始发生的情况性质是一样的。"此外，"经济上主要是与远距离的东南亚进行贸易，用巨额商业利润来支撑政治军事的运作。在政治上，北方女真族的崛起，使明廷被迫放弃强硬措施，允许其自然发展……"等等，其"军事—商业复合体"出现的历史背景与欧洲也非常相似。[见倪乐雄：《郑成功海商集团与麦尼尔"军事—商业复合体"理论》，《政协通讯》（福建泉州），1998年第3期。]
③ （清）顾炎武：《天下郡国利病书》（黄坤、顾宏义校点），《福建备录·上南抚台暨巡海公祖请建彭湖城堡置将屯兵永为重镇书》，第2996页。
④ （明）万表：《玩鹿亭稿》卷5，《海寇议》，原国立北平图书馆甲库善本丛书，第759册，北京：国家图书馆出版社，2013年影印本，第141~142页。
⑤ （清）沈云：《台湾郑氏始末校释》（黄胡群校释），台北：台湾书房出版有限公司，2007年，第64页。
⑥ 连横：《台湾通史》，卷29，《列传一·颜思齐、郑芝龙》，北京：商务印书馆，2010年，下册，第548页。

海上贸易致富的行为开始在沿海地区形成一种"海中以富为尊"①的社会风气，"饶心计与健有力者往往就海波为阡陌，倚帆樯为耒耜。……盖富家以赀，贫人以佣，输中华之产，骋彼远国，易其方物以归，利可十倍"②。

时人对此风气的改变评论说：

> 异时贩西洋，类恶少无赖不事生业，今虽富家子及良民靡不奔走。异时维漳缘海居民，习好阑出物，虽往仅什二三得返，犹几幸少利；今虽山居谷汲，闻风争至，农亩之夫，辍耒不耕，斋贷子母钱往市者，握筹而算，可坐致富也。③

原本被人们视为非法、不务正业的"贩海"行径，变成了"富家子及良民靡不奔走"的谋利活动，甚至连"农亩之夫"也"辍耒不耕"，争相下海兴贩以致富。更值得注意的是，这种社会风气的转变还孕育了某种海权思想的萌芽。明嘉靖年间，福建诏安人吴朴所编的《渡海方程》一书，提出国家要以江苏太仓刘家河（亦为郑和下西洋的起点）为起点，南至忽鲁谟斯国，北至朵颜三卫鸭绿江的尽处，在此八万余里的沿海航线上择要地设立都护府以控制海上交通，保护海上贸易活动。他还主张在灵山、成山（今越南）等处设立市舶司以管理海上贸易，并把这种做法看成是维护国家利益的手段。④

---

① （清）彭孙贻：《靖海志》，卷1，台湾文献丛刊，台湾银行研究室编印，台北：台湾银行印刷所，1959年，第2页。
② 崇祯《海澄县志》，卷11，《风土志》，中共龙海市委党史和地方志研究室整理，香港：华夏文化出版社，2019年影印本，第134页。
③ （明）洪朝选：《洪芳洲先生摘稿》，卷4，《瓶台潭侯平寇碑》，《洪芳洲公文集》（非卖品），台北：台北优文印刷厂，1989年，第54页。
④ 吴朴所编《渡海方程》原书已失传，据董毅的《碧里杂存》所载："余于癸丑岁见有《渡海方程》，嘉靖十六年福建漳州府诏安县人吴朴著也。其书上卷述海中诸国道里之数，南自太仓刘家河，开洋至某山若干里，皆以山为标准。海中山甚多，皆名，并图其形，山下可泊舟，或不可泊，皆详备。每至一国，则云：此国与中国某地方相对，可于此置都护府以制之。直至云南之外，忽鲁谟斯国而止，凡四万余里。……北亦从刘家河开洋，亦以山纪之，所对之国亦设都护府以制之，直至朵颜三卫鸭绿江尽处而止，亦四万余里云。下卷言二事：其一言蛮夷之情，与之交则喜悦，拒之严反怨怒。请于灵山、成山二处，各开市舶司以通有无，中国之利也。……其言如此，虽未知可用与否，亦有志之士也。"

吴朴的主张虽然粗浅,但在民间社会层面已可谓一种了不起的远见卓识。

二是地方官府层面。

民间私人海外贸易的繁盛,对沿海地方官员的观念意识也有所冲击。如福建巡抚谭纶认为:"滨海而居者,不知其凡几也,大抵非为生于海则不得食。"而海禁之策使民生无所依托,必致"相率而引为盗也"。故不如开放近海通商,"即使为贼者半,为商者半;或为商者十之七,为贼者十之三,则彼之分数既减,而我之致力亦易,不尤愈于相率而共为盗乎"①。

明万历年间因日本侵略朝鲜,致使东南沿海形势紧张,海禁之议再起。时任闽抚的许孚远细察民情,上奏说:

> 据海澄县番商李福等连名呈称:本县僻处海滨,田受咸水,多荒少熟,民业全在舟贩,赋役俯仰是资。往年海禁严绝,人民倡乱,幸蒙院道题请建县通商。数十年来,饷足民安。近因倭寇朝鲜,庙堂防闲奸人接济硝黄,通行各省禁绝商贩,贻祸澄商,引船百余只,货物亿万计。生路阻塞,商者倾家荡产;佣者束手断飧,阖地呻嗟,坐以待毙……防一日本,而并弃诸国,绝商贾之利,启寇盗之端,臣窃以为计之过矣。②

此外,两广总督张瀚、给事中傅元初等人也主张开海贸易,既利民生,又弭寇患,亦有裨益于国家的财政税收。

一些沿海官员还认为开海通商有利于了解海外情况,有益于国家的海疆防御。闽抚陈子贞指出:"洋船往来,习闻动静,可为吾侦探之助。舳舻柁梢,风涛惯熟,可供我调遣之役。额饷二万,计岁取盈,又可充吾军实之需。是其利不独在民,而且在官也。"③ 许孚远则以海商陈申等通报日本侵略朝鲜为例,认为通商贸易能及早了解海外情况,有利于海防。徐光启也认为

---

① (明)谭纶:《谭襄敏公奏议》,卷2,《条陈善后未尽事宜以备远略以图治安疏》,原国立北平图书馆甲库善本丛书,第221册,第913页。
② (明)许孚远:《疏通海禁疏》,(明)陈子龙等:《明经世文编》,卷400,第4332~4334页。
③ 《明神宗实录》,卷262,"万历二十一年七月乙亥"条,台北:"中央研究院"历史语言研究所校勘本,上海:上海书店出版社,1982年影印本,第4865页。

通商贸易，使"交市通而往来者多，(海外)一举一动，纤悉具知"，故强调"惟市而后可以靖倭，惟市而后可以知倭，惟市而后可以制倭，惟市而后可以谋倭"[①]。这种通过海外贸易往来，及时了解敌国夷情以制敌的思想主张，对后世有着积极的启迪作用。

应当说，地方官府层面观念意识的变化不是一种偶然的现象，它是明代中后期商品经济发展、私人海上贸易活跃的产物，对传统海洋观念所产生的深远影响。

三是郑氏海商集团层面。

在东南沿海一带相继出现的众多海商集团中，以郑氏海商集团最为著名，其海洋贸易之利"岁入以千万计"，资本雄厚，富可敌国。[②] 之后，郑成功又以台湾为反清复明的根据地，建立起雄踞一方的明郑海上政权。与传统"以农为本"的立国思想有所不同，郑成功早在南明隆武二年（1646年）就向隆武帝奏陈"据险控扼，拣将进取，航船合攻，通洋裕国"之策[③]，主张发展海外贸易，充实军饷，凭借沿海险要之地，抵抗清军进攻。清军入闽后，郑芝龙决意降清，郑成功苦心规劝其父说："吾父总握重权，未可轻为转念。以儿细度，闽粤之地，不比北方得任意驰驱，若凭高恃险，设伏以御，虽有百万，恐一旦亦难飞过。收拾人心，以固其本；大开海道，兴贩各港，以足其饷。然后选将练兵，号召天下，进取不难矣。"[④] 这种"大开海道，兴贩各港"的治国、立国思想，其海洋意识是相当明显的。

1650年，郑成功占领金门、厦门后，委派郑泰、洪旭专管海外贸易，一方面积极建造航海大船，通贩日本、吕宋、暹罗、交趾等国，另一方面分"山海两路，各设五大商"，向内地秘密收购商品，转贩外洋，获取高额利润，使之成为军需粮饷的主要来源。

尤其值得重视的是，由于郑氏海商集团控制了东、西二洋海上通商权，

---

① （明）徐光启：《海防迂说·制倭》，（明）陈子龙等：《明经世文编》，卷491，第5443～5444页。
② 连横：《台湾通史》，卷29，《列传一·颜思齐、郑芝龙》，下册，第548页。
③ （清）江日昇：《台湾外记》（陈碧笙校），卷2，闽台史料丛刊，福州：福建人民出版社，1983年，第68页。
④ （清）江日昇：《台湾外记》（陈碧笙校），卷2，闽台史料丛刊，第75页。

因此对侵犯其经济利益的荷兰殖民者也敢于进行针锋相对的斗争。荷兰窃据台湾时，因多方刁难郑氏海船到台湾贸易，郑成功"遂刻示传令各港澳并东西夷国州府，不准到台湾通商。由是禁绝两年，船只不通，物货涌贵，夷多病疫，至是令廷斌求通"①。之后，郑成功又于1662年初，渡海东征，把窃据台湾达三十八年之久的荷兰殖民者驱逐出去，完成了收复台湾的壮举。

郑氏海商集团"通洋裕国"思想的提出和实践，符合明代中后期东南沿海地区商品经济发展的趋势。可以看出，以发展海外贸易作为国家富强的重要途径之一，已反映出我们这个陆海兼具型国家思想观念的时代变化，但遗憾的是，因郑氏海上势力在与中原王朝政权的抗争中败北，郑成功的"通洋裕国"思想只能留待历史予以评说了。

五、清承明制的"防海"观念

1644年，清军八旗破关入主中原，长达二百六十七年的清王朝统治就此建立。弘光、隆武、永历三个南明残余政权先后败亡，农民起义军李自成的大顺政权和张献忠的大西政权也被逐个击破，虽然郑成功集合海上力量在东南沿海一带抗击清军达十余年之久，但已无法扭转满清贵族君临天下的局势。

与中国历史上其他的封建王朝类似，清王朝入主中原后"清承明制"。为了尽快平定东南沿海一带的反清势力，建立并稳定其统治秩序，清朝统治者在万里海疆上的防卫方略虽较之前代稍有不同，但基本上承袭了明朝的海防传统和基本思路。总体而言，尽管清初随"重西北而轻东南"的形势变化②而由明代的"重防其入"转变为"重防其出"③，但整个"防海"思维则基本不变。

最初，清代"海禁"并不如明代开国海禁时那么严厉，不仅对拥有武力的郑芝龙、郑成功海商武装集团主要采取招抚的政策，以稳定东南海疆局

---

① （清）杨英：《先王实录》（陈碧笙校注），八闽文献丛刊，第87页。
② 黄顺力：《海洋迷思：中国海洋观的传统与变迁》，第153～158页。
③ 王宏斌：《清代前期海防：思想与制度》，第7页。

势，还曾颁布过准许民间私人海商出海贸易的敕令："凡商贾有挟重资愿航海市铜者，官给符为信，听其出洋，往市于东南、日本诸夷。舟回，司关者按时值收之，以供官用。"①

但随着郑氏集团海上抗清力量的壮大②，清统治者开始沿袭明代"海禁"政策的做法，采取大规模的"海禁"和"迁界"措施来封锁郑氏海上政权的经济来源，将其称之为"断乳饿杀"之计。

清顺治十二年（1655年），浙闽总督屯泰奏请以"重防其出"，切断陆海联系的"海禁"手段对付负海抵抗的郑氏海上政权："沿海省份，应立严禁，无许片帆入海，违者立置重典"③，得到清廷的允准。

次年，清廷正式颁布《申严海禁敕谕》，声称"郑成功等窜伏海隅，至今未剿灭，必有奸人暗通线索，贪图厚利，贸易往来，资以粮饷，若不立法严禁，海氛何由廓清？"故敕谕沿海地方文武官员"严禁商民船只，私自出海。（若）有将一切粮食、货物等项与逆贼（指郑氏海上政权）贸易者……即将贸易之人，不论官民俱行奏闻处斩，货物入官。本犯家产，净给告发之人"。并仿照明代民间"防海"保甲之法："地方保甲，通同容隐，不行举首，皆论死。"④ 对于负责执行"海禁"政策不力的文武官员也一并从重治罪。

很显然，清王朝实施"海禁"的目的是希图通过切断陆海联系，断绝海上贸易往来，阻塞大陆货物的出海通道，"断乳饿杀"以"通洋之利"为依托的郑氏海上政权。⑤ 清初"海禁"的具体做法与明代有所不同的是重在"禁出"，既严禁民人私自出海贸易，也查禁有人私下出海与郑氏政权"暗通线索"，以大海为防的目的性更为明确。

但东南沿海海岸线曲折漫长，实际上很难处处设防禁人出海，况且明清

---

① （清）张寿镛辑：《皇朝掌故汇编》，卷19，《户政十一·钱法一》，光绪二十八年（1902年）求实书社铅印本。
② 南明隆武二年（1646年）郑芝龙降清后，其子郑成功坚持反清复明，势力逐渐壮大，成为清王朝东南海疆不靖的心头大患。
③ 《清世祖实录》，卷92，"顺治十二年六月壬申"条，《清实录》，第3册，第724页。
④ 《清世祖实录》，卷102，"顺治十三年六月癸巳"条，《清实录》，第3册，第789页。
⑤ 有关郑氏海上政权依托"通洋之利"与清王朝分庭抗礼及其"通洋裕国"主张的论述，可参阅黄顺力：《海洋迷思：中国海洋观的传统与变迁》，第60～65页。

以来海洋商品贸易经济的发展，致使沿海之民往往为利所趋，不仅私出外洋进行海外贸易，而且"潜运麻、油、钉、铁等项，以助郑孽"，甚至"用逆贼（洪）旭运印记，购买造船巨木……公然放木下海，直到琅琦贼所，打造战船。……铤险罔利，已非一日"。其时"（违禁下海者）结党联综，更番出没，或装载番货，如胡椒、苏木、铜、锡、象牙、鱼皮、海味、药材等项有数百担，神偷鬼运，贸迁有无，甘为寇盗之资"。[①] 更有甚者，"沿海一带每有倚冒势焰，故立墟场，有如鳞次。但知抽税肥家，不顾通海犯逆。或遇一六、二七、三八等墟期，则米、谷、麻、篾、柴、油等物无不毕集，有发无发，浑迹贸易，扬帆而去。此接济（郑氏）之尤者，而有司不敢问，官兵不敢动也"。[②]

清王朝企望通过"海禁"断绝大陆与海洋之间的经济贸易联系，困死郑氏海上政权的措施实际难以收到预期的成效。在这种情况下，清廷在实施"海禁"的同时，又实行更为严厉的"迁界"措施。顺治十一年（1654年），曾任清漳州知府的房星烨[③]、房星焕兄弟向清朝廷建议：

> （郑氏政权）海舶所用钉、铁、麻、油，神器所用焰硝，以及粟、帛之属，岛上所少。皆我濒海之民阑出贸易，交通接济。今若尽迁其民入内地，斥为空壤，画地为界，仍厉其禁，犯者坐死；彼岛上穷寇内援既断，来无所掠，如婴儿绝乳，立可饿毙矣。[④]

郑成功的叛将黄梧也向清廷提出"灭贼五策"："一屯沿海以堵登岸；二造小舟以图中左（厦门）；三清叛产以裕招徕；四锄奸商以绝接济；五划伪坟以泄众愤"，其中有关"迁界"之议：

[①] 《郑成功等史料文件》，102297号，北京图书馆藏。转引自韩振华：《一六五〇—一六六二年郑成功时代的海外贸易和海外贸易商的性质》，载《厦门大学学报》1962年第1期。

[②] （清）蔡竹馨：《清除弊害以图治安七条》，《皇清奏议》，卷13，续修四库全书（史部·诏令奏议），上海：上海古籍出版社，2002年，第130页。

[③] 萧一山所著《清代通史》和（清）王胜时所著《漫游纪略》记为"方星焕"，阮旻锡的《海上见闻录》将"房星焕"记作"房星曜"。

[④] （清）王胜时：《漫游纪略》，卷3，《粤游》，上海：进步书局，出版时间不详，第6页。

> 金、厦两岛弹丸之区，得延至今日而抗拒者，实由沿海人民走险，粮饷、油、铁、桅船之物，靡不接济。若从山东、江、浙、闽、粤沿海居民尽徙入内地，设立边界，布置防守，（则）不攻自灭也。
>
> （且）将所有沿海船只悉行烧毁，寸板不许下水。凡溪河，竖桩栅，货物不许越界，时刻了望，违者死无赦。如此半载，海贼船只无可修葺，自然朽烂；贼众许多，粮草不继，自然瓦解。此所谓不用战而坐看其死也。①

黄梧为福建漳州平和人，原为郑成功的部将，镇守海澄，后降清。他了解郑氏海上政权存续的弱点及其握有海上贸易之利的优势，故其建议受到清廷的高度重视，史称"严海禁，绝接济，移兵分驻海滨，阻成功兵登岸。增战舰，习水战，皆用梧议也"②。很明显，黄梧的"剿寇五策"着重点在"防"、在"堵"；"迁界"之议则在"重防其出"，"寸板不许下水""货物不许越界"。黄梧的建议能得到清廷的首肯，其应对思维显然沿袭了过往明王朝"防海"的基本做法。

顺治十八年（1661年），清廷正式颁布"迁界"令，"迁沿海居民，以垣为界，三十里以外悉墟其地"③。此后，在康熙三年（1664年）、十七年（1678年）、十八年（1679年）连续进行三次大规模的迁界移民，范围遍及山东、江苏、浙江、福建、广东五省沿海，而以福建、广东推行迁界令最为严厉。④

根据清朝统治者的设想，厉行"海禁""迁界"措施，是要在沿海与内陆之间形成一个无人区，对内防止沿海边民私自出海贸易，对外防备郑氏

---

① （清）江日昇：《台湾外记》（陈碧笙校），卷5，闽台史料丛刊，第164~165页。
② 赵尔巽等撰：《清史稿》，卷261，《列传四十八》，北京：中华书局，1977年，第783页。
③ 道光《重纂福建通志·海防》，台湾文献丛刊，第84种，台北：成文出版社，1983年，第380页。
④ 如康熙十七年（1678年）上谕："海寇盘踞厦门诸处，勾连山贼，煽惑地方，皆由闽地濒海居民为之藉也。应如顺治十八年立界之例，将界外百姓迁移内地，仍申严海禁，绝其交通。"（见《清圣祖实录》，卷72，"康熙十七年闰三月丙辰"条，《清实录》第4册，第928页。）

"海贼"登岸袭扰,"严海禁,绝接济",以此杜绝陆海之间的往来,彻底隔断占据台湾的郑氏政权与大陆的经济联系。

但是这种严厉的"海禁""迁界"政策仍然收效甚微。

一是郑成功收复台湾后,郑氏海上政权拥有一块较为稳固的抗清基地,海外贸易活动也更加发展。史载:康熙三年(1664年)郑成功之子郑经下令以优惠条件招徕东西洋各国商贾,推动海外贸易的发展。五年(1666年),郑氏政权又"遣商船前往各港,多价购船料,载到台湾,兴造洋艘、鸟船,装白糖、鹿皮等物,上通日本;制造铜熕、倭刀、盔甲,并铸永历钱,下贩暹逻、交趾、东京各处以富国。从此台湾日盛,田畴市肆不让内地"。[①] 如此一来,清王朝在东南沿海要地设界防守,片板不许下水,粒货不许越疆,不但没能扼杀郑氏海上政权所从事的海外贸易,反而使其独得东西洋海外贸易之利。史称:

> 方是时,欧洲各国之在东海者,葡萄牙有澳门,西班牙有吕宋,荷兰虽失台湾,尚有爪哇,而(荷兰)东印度公司之势未艾也。是诸国者,皆与台湾贸易,岁率数十万金。[②]

清人郁永河对此说得更为明白:"凡中国货物,海外人皆仰资郑氏,于是通洋之利,惟郑氏独操之,财用益饶。"[③]

二是尽管清王朝实行海禁和迁界,但实际上无法以军事手段完全切断郑氏海上政权与大陆间的经济联系。康熙即位后,在重申"严禁通海敕令"中承认:

> 郑成功盘踞海徼有年,以波涛为巢穴,无田土物力可以资生,一切需用粮米铁木物料,皆系陆地所产,若无奸民交通商贩,潜为资助,则逆贼坐困可待。向因滨海各处奸民商贩,暗与交通,互相贸易,将内地各项物

[①] (清)江日昇:《台湾外记》(陈碧笙校),卷6,闽台史料丛刊,第192页。
[②] 连横:《台湾通史》,卷25,《商务志》,下册,第477页。
[③] (清)郁永河:《郑氏逸事》,见《昭代丛书》,戊集,卷28,世楷堂藏版,第16页。

料，供送逆贼。……近闻海逆郑成功（部）下洪姓贼徒，身附逆贼，于福建沙城（埕）等处滨海地方，立有贸易生理。内地商民，作奸射利，与为互市，凡杉桅、桐油、铁器、硝黄、湖丝、绸绫、粮米一切应用之物，俱恣行贩卖，供送海逆。海逆郑成功贼党于滨海各地方，私通商贩，如此类者，实繁有徒。又闻滨海居民商贾任意乘船与贼通同狎昵贸易。①

事实也是这样，在郑氏政权治理台湾期间，福建、广东等沿海内地的货物仍然通过郑氏海外贸易渠道源源输出，"当是时，闽、粤逐利之氓，辐辏而至，岁率数万人。……彼往此来，以博贸易之利，而台湾物价大平"②。而且，由于清王朝实行以海禁、迁界为手段的消极防御政策，还正好给郑氏政权以立足发展的可乘之机。有时人曾讥评"海禁""迁界"之策说：

（清廷）以界外为大荒，人迹阻绝，寇指日饿死。而寇窃笑于岛屿曰："是畀我以田园矣，与我以薮泽矣。"于是，群浮游于其间，架阁瓯脱，渐通奸民为越贩之利。物之竹木，食之五谷，器用之油铁，以及布帛麻枲之属，昼伏宵行，络绎成市。③

当然，从海防认知的角度看问题，更加值得注意的是，清王朝的海禁、迁界措施不仅对郑氏海上政权没有达到预期的"不攻自灭"的目的，而且这种退守防御的"防海"封锁，还进一步固化了自明代以来海防认知的一个堪称消极被动的思维定式——海禁、迁界，即海洋海疆防线向内收缩：不但忽视从海上掌握积极主动姿态的制海权，而且还主动放弃近海岛屿及濒海地区，把海防的重点退缩至海岸与内陆。这一颇具指导性的海防方略虽然到康

---

① 《明清史料》，丁编，第3本，《严禁通海敕谕》，北京：中华书局，1987年，据中央研究院历史语言研究所1948年校勘本影印，第257页。
② 连横：《台湾通史》，卷29，《列传一·陈永华》，下册，第564～565页。
③ 《长乐福清复界图记》，转引自任力：《康熙统一台湾始末》，北京：解放军出版社，1996年，第68页。

熙二十二年（1683年）清王朝统一台湾之后才有所松动①，但其深层的消极影响却无法因一纸禁令的暂时废止而去除。

此后，在康、雍、乾三朝"盛世"年间虽仍然有过几次时间长短不一的"海禁"或"开海"，但万里海疆稍微不甚安宁，清王朝统治者首先想到的主要法宝就是防御性的"海禁"，其潜意识中无形的"海上长城"始终横亘于心。而且这种情况基本上一直延续到鸦片战争的爆发，清朝统治者对"海防"的认知就在这种时而"海禁"、时而"开海"的困惑中被动地接受来自西方海上强敌的严峻挑战。这种深层次的迷思和困惑在晚清海防、海军建设的艰难历程中还依然能够不断地反映出来。

六、台湾归附与弃留之争

应予以肯定的是，康熙二十二年（1683年），施琅率军跨海东征郑氏海上政权是有清一代海防认知发展的一个新起点，显示清王朝以"海禁"为基本国策的海防眼光似乎已有所突破和拓展，但遗憾的是，随着台湾纳入大清版图，东南海疆暂得一时安宁之后，其海防认知又基本回归原状，并且在"康乾盛世"的光环下一直延续到第一次中英鸦片战争的爆发。

对清王朝统治者来说，"海禁""迁界"的经济封锁具有典型的"防海"军事性质，而据守台湾隔海对峙的郑氏反清海上政权始终是其海疆不靖的一块心病，因此，清廷最初欲袭明代故技以招抚的办法对郑氏政权加以利诱劝降，消除海疆隐患，但以"通洋之利"坐大的郑氏政权却不为所动。② 这种僵持的局面一直延续到清廷平定"三藩之乱"的后期，清廷才腾出手来，打算用武力解决台湾问题，以靖海疆。

---

① 康熙二十二年（1683年）清王朝统一台湾之后，当年十月宣布废除"迁界"令，次年十一月废除海禁法令，但"重在防出"的各种"防海"措施，如禁止南洋贸易、限制海外移民等仍然相当严厉。
② 在此期间清廷与郑氏海上政权有过数次马拉松式的艰难谈判，但因"归顺"条件问题而作罢。此段史实研究成果甚多，最新成果亦可参阅王政尧：《试论清郑谈判》、陈世月：《郑清和议的政治谈判分析》等文，载中国社会科学院台湾史研究中心主编：《清代台湾史研究的新进展——纪念康熙统一台湾330周年国际学术讨论会论文集》，北京：九州出版社，2015年，第145~174页。

康熙二十年（1681年）正月，郑经病逝，郑氏政权集团发生内讧。六月，康熙帝谕令：

> 郑锦（经）既伏冥诛，贼中必乖离扰乱，宜乘机规定澎湖、台湾。总督姚启圣，巡抚吴兴祚，提督诺迈、万正色等，其（期）与将军喇哈达、侍郎吴努春，同心合志，将绿旗舟师分领前进，务期剿抚并用，底定海疆，毋误事机。①

这一谕令显示出清廷将越海作战，发兵台湾的积极意愿。可以说，这是有清一代海防认知发展的一个新起点，显现明清以来以"海禁"为基调的防海眼光开始有所突破和拓展。但仍应予以指出的是，其时清王朝下决心越海作战，东征台湾郑氏政权，主要目的在于"平寇"，而不在于"拓土"。这一既定方略意图鲜明地体现在施琅率大军将台湾正式纳入大清版图后，朝野上下所发生的那场所谓"台湾弃留"问题的争论上。

在此问题上，对驻兵留守台湾态度最为明朗的是时任福建总督的姚启圣，但他主要是因袭传统"平寇""靖海"的"防海"思维而主张留守台湾。据史料记载，施琅克复台湾不久，清廷兵部下文要求前敌海疆官员就台湾善后问题提出处理意见。姚启圣即上奏清廷，认为郑氏政权据守台湾是东南海疆不宁的根源，需驻兵留守，以靖乱源：

> 今幸克取台湾矣，若弃而不守，势必仍作贼巢。旷日持久之后，万一蔓延再如郑贼者，不又大费天心乎？故臣以为台湾若未窃作贼巢，则剿亦不应剿，守亦不必守，此自然之理也。②

也就是说，台湾的善后主要关系到海上"贼寇"可能复萌的问题，因此，从消弭"寇患"根源的角度，必须派兵留守台湾。

---

① 《清圣祖实录》，卷96，"康熙二十年六月初七日"条，《清实录》，第4册，第1213页。
② （清）姚启圣：《题为舆图既广请立洪远规模事本》（康熙二十二年八月十七日），载厦门大学台湾研究所、中国第一历史档案馆编辑部编：《康熙统一台湾档案史料选辑》，福州：福建人民出版社，1983年，第301页。

为此，姚启圣还进一步将台湾岛与沿海的海南岛、崇明岛等做比较："查粤东之琼州、江南之崇明，均系孤悬海外，今俱入版图者，追思前人，亦不过为消弭后患之计耳。"此外，姚启圣认为，台湾岛地方富庶，户口众多，派兵留守台湾可以在当地解决军队粮饷问题，不会加重朝廷的财政负担。他说：

> 但自今为之，则似创似异，若至相沿之久，不过如琼（海南）如崇（崇明），亦极平常之事矣。况台湾广土众民，户口十数万，岁出钱粮似乎足资一镇一县之用，亦不必多费国帑，此天之所以为皇上广舆图而大一统也，似未敢轻言弃置也。①

姚启圣还建议清廷可以仿照明代之制，将台湾与澎湖列岛连在一起考虑海疆的防御问题，"查澎湖系泉州府晋江县所属地方，明季提标每年委游击一员，带兵一千六百名，轮班防守。今亦应踵而行之，以成唇齿辅车之势。容臣亲赴台湾、澎湖，与提臣施（琅）会商调度，另疏题报"②，依稀显示了他对台湾海防的整体战略眼光。但应该指出的是，姚启圣对其时存在荷兰海外殖民者觊觎台湾的"外患"危险③却没有提及。由此我们可以认为，姚启圣主张驻兵留守台湾，主要是出于海疆"平寇"，消弭"海患"根源的考虑，而不完全是对台湾的海防战略地位有了新的认知。

与姚启圣不同的是，当时，清廷内部官员中有些人或认为台湾"孤悬海

---

① （清）姚启圣：《题为舆图既广请立洪远规模事本》（康熙二十二年八月十七日），厦门大学台湾研究所、中国第一历史档案馆编辑部编：《康熙统一台湾档案史料选辑》，第301页。
② （清）姚启圣：《题为舆图既广请立洪远规模事本》（康熙二十二年八月十七日），厦门大学台湾研究所、中国第一历史档案馆编辑部编：《康熙统一台湾档案史料选辑》，第301页。
③ 有关史料可参阅（明）徐学聚：《初报红毛番疏》，（明）陈子龙等：《明经世文编》，卷433，第4726页；（明）李光缙：《却西番记》，（明）沈有容：《闽海赠言》，卷2，台湾文献丛刊，台北：台湾银行经济研究室，1959年，第35~39页。有关新近研究论文可参阅朱亚非：《明末闽台沿海局势与中荷关系》，载中国社会科学院台湾史研究中心主编：《清代台湾史研究的新进展——纪念康熙统一台湾330周年国际学术讨论会论文集》，第3~12页。

外，易薮贼，欲弃之，专守澎湖"①；或将台湾视为"海外丸泥，不足为中国加广；裸体文身之番，不足与共守；月费天府金钱于无益，不若徙其人而空其地"②，基本上"持议者莫不曰：'此一块荒壤无用之地耳，去之可也'"③，甚至连积极支持并保荐施琅出任水师提督渡海征台的李光地也认为："台湾隔在大洋之外，声息皆不通。小有事，则不相救，使人冒不测之险。为其地之官，亦殊不情。……（故）应弃（台湾）……空其地，任夷人居之，而纳款通贡。即（使）为贺兰（荷兰）所有，亦听之。"④ 其对台湾所处的海防战略地位亦无清醒的认识。

康熙帝对台湾的善后弃留问题最初也拿不定主意："台湾应弃应守，俟郑克塽等率众登岸，令侍郎苏拜与该督抚、提督会同酌议具奏。"⑤ 实际上也存有视台湾为化外，"（其）仅弹丸之地，得之无所加，不得无所损"⑥ 的心理。

而在台湾善后弃留问题上态度坚决，思路清晰，且眼光堪称高远的应属率大军跨海征台的福建水师提督施琅。

康熙二十二年（1683年）七月，施琅在攻克澎湖后即上疏清廷："（台湾归附后）将民人土地悉入版图，其伪官兵遵制削发，移入内地，悉听朝廷安辑。"提议："第查台湾土地千余里，户口数十万。地在复海之表，或去或留，伪官兵户口繁多，当作何安辑？事关重大，所当亟请皇上迅赐睿裁。"⑦

清军舟师刚一抵台，施琅又再次奏请清廷对台湾善后问题尽快做出决定："（台湾）土地肥沃，出产五谷，沃野千里，人民土番杂处，甚为稠密，

---

① 参见（清）魏源：《圣武记》，卷8，《国初东南靖海纪》，北京：中华书局，1984年，第641页。
② （清）郁永河：《裨海记游》，卷下，见《昭代丛书》戊集，卷28，世楷堂藏版，第16页。
③ （清）施琅：《靖海纪事》（王铎全校注），卷下，《恭陈台湾弃留疏》（康熙二十二年十二月二十二日），福州：福建人民出版社，1983年，第124页。
④ （清）李光地：《榕村语录·榕村续语录》（陈祖武点校），下册，卷11，《本朝时事》，北京：中华书局，1995年，第709页。
⑤ 《清圣祖实录》，卷111，"康熙二十二年八月十五日"条，《清实录》，第5册，第139～140页。
⑥ 《清圣祖实录》，卷112，"康熙二十二年十月初十日"条，《清实录》，第5册，第155页。
⑦ （清）施琅：《靖海纪事》（王铎全校注），卷下，《台湾就抚疏》（康熙二十二年七月二十四日），第101～102页。

应去应留，臣经具疏题请，未奉敕旨，仰冀迅赐睿夺，俾得钦遵奉行。"①

可以看出，其时施琅虽未对台湾的去留问题向清廷表明态度，但他极力强调台湾"土地肥沃""沃野千里""户口繁密"等，其将台湾纳入版图后需驻军留守的言下之意应该说是明确的。②

当然，更为重要的是，施琅率军入台后，经过数月实地勘察筹划，遂力排众议，从加强东南海防的角度明确反对放弃台湾之论，"决意主留"③。

施琅主张留守台湾的理由主要有三条：

一是台湾"乃江、浙、闽、粤四省之左护"，其守御大清海疆、海防门户的战略地位十分重要。施琅认为，明末"郑芝龙为海寇时，以（台湾）为巢穴"，之后郑芝龙就抚，荷兰人趁机入据而"渐作边患"。郑成功攻破台湾后又将其作为威胁清廷统治的反清根据地，随时可以"荼毒海疆，窥视南北，侵犯江、浙"，因此就大清王朝的国家安全而言，"盖筹天下之形势，必求万全。台湾一地，虽属多岛，实关四省之要害"，④故留守台湾即是守御东南万里海疆的海防门户。

二是台湾岛"野沃土膏，物产利溥……一切日用之需无所不有"，即使岛上"向之所少"的布帛，也因当地"木棉盛出"而"经织不乏"。况且台湾为东南海中大岛，"舟帆四达，丝缕踵至"，海上贸易历来十分发达。郑氏海上政权就是凭借繁盛的东西洋海上贸易，"通洋裕国"，致使清廷经年实施海禁迁界、坚壁清野、"断乳饿杀"等封锁遏制措施均难以奏效。现今能将台湾纳入大清版图，"此诚天以未辟之方舆，资皇上东南之保障，永绝边海

---

① （清）施琅：《靖海纪事》（王铎全校注），卷下，《舟师抵台湾疏》（康熙二十二年八月十九日），第110～111页。
② 据《台湾外记》载："（康熙二十二年八月）二十三日，（施）琅率吴英、国轩等踏勘南北二路，见其山川峭峻，土地膏腴，茂林修竹，人烟辐辏，且番民杂处耕种，实海外之雄镇。若弃而不守，则将来不但宵小窃据，亦必为红毛所聚；其贻害地方，又不仅吾闽一省。自当请留，以作边海屏藩。"［见（清）江日昇：《台湾外记》（陈碧笙校），卷10，闽台史料丛刊，第363页。］
③ （清）江日昇：《台湾外记》（陈碧笙校），卷10，闽台史料丛刊，第364页。按：施琅上《恭陈台湾弃留疏》时间为康熙二十二年十二月二十二日，距八月复台已四月有余。
④ （清）施琅：《靖海纪事》（王铎全校注），卷下，《恭陈台湾弃留疏》（康熙二十二年十二月二十二日），第120～123页。

之祸患"①。不论是从沃野物产的经济角度,还是从靖海宁疆、防患边海的军事角度都不能轻言放弃台湾。

三是当时的西方国家,如荷兰、英国等海上殖民者"夹板船只,精壮坚大,从来乃海外所不敌",而台湾曾被荷兰人盘踞数十年,"无时不在涎贪,亦必乘隙而图"。此时不敢轻举妄动,是因其"未有土地可以托足,尚无伎俩"可恃;如果清廷轻易放弃这一海防战略重地,荷兰乘隙复踞,"以此既得数千里之膏腴复付依泊,必合党伙窃窥边场,迫近门庭。此乃种祸后来,沿海诸省,断难晏然无虞"。到那时,欲再兴师动众,跨海征讨,"恐未易再建成效"②。

很显然,施琅的海防眼光已开始超出消弭传统"海患"和单纯"平寇"的认知,而是看到了西方海上殖民者侵逼的"外患"威胁,正是在这个意义上,我们认为施琅力主留守台湾之议是对传统海防思维认知的一种可贵突破。

此外,针对一些官员主守澎湖而弃留台湾的言论,施琅也明确指出:"如仅守澎湖而弃台湾,则澎湖孤悬汪洋之中,土地单薄,界于台湾,远隔金(门)、厦(门),岂不受制于彼而能一朝居哉?是守台湾则所以固澎湖。台湾、澎湖,一守兼之。沿边水师,讯防严密,各相犄角,声气关通,应援易及,可以宁息。"因此,他主张必须将台湾、澎湖作为一个海防整体加以布防建设,"在在官兵,星罗棋布,风期顺利,片帆可至,虽有奸萌,不敢复发"③。

基于上述理由,施琅向清廷强调台湾"断断乎其不可弃","弃之必酿成大祸,留之诚永固边圉"④,并随疏附上台湾地图一张,奏请康熙帝"御览"定夺。

---

① (清)施琅:《靖海纪事》(王铎全校注),卷下,《恭陈台湾弃留疏》(康熙二十二年十二月二十二日),第121页。
② (清)施琅:《靖海纪事》(王铎全校注),卷下,《恭陈台湾弃留疏》(康熙二十二年十二月二十二日),第121~122页。
③ (清)施琅:《靖海纪事》(王铎全校注),卷下,《恭陈台湾弃留疏》(康熙二十二年十二月二十二日),第122页。
④ (清)施琅:《靖海纪事》(王铎全校注),卷下,《恭陈台湾弃留疏》(康熙二十二年十二月二十二日),第123页。

可以说，就那个时代而言，施琅对台湾海防战略地位的认识已无出其右者，过往秉持传统防海思维的王朝统治者对海洋上的异己势力总是采取或海禁或迁界，或重防入或重禁出的海岸、海口防御封锁政策，但这种"狃于目前苟安为计，画迁五省边地以避寇患"① 的消极防范，从海洋退守内陆，反而达不到靖海宁疆的目的。故此，从施琅跨海东征到坚决主张留守台湾，以此加强东南海疆的海防建设虽然只是军事防御举措的改变，但是从思想层面上看，他力主派兵留守台湾的数条理由，重点还在于试图改变明清以来王朝统治者陈旧的、陆防式的传统海防思维，也就是开始以"用力向外"的海洋视野，将台湾及所属澎湖列岛岛屿链作为国家海洋疆域的屏障，以此维护国家东南沿海江、浙、闽、粤数省的海防安宁。

施琅这种将东南沿海的防线扩展到台湾及其附属岛屿的眼光，实际上已蕴含了以外海作为内陆屏障，把国家防线从陆路推向海洋②的思想认识。这对于传统"用力向内"的防海思维，将海洋仅看成为天然"海上万里长城"，消极地防范来自海上的各种"海氛""海患"的传统防海观念，无疑是一个极为可贵的进步。

除了坚主留守台湾之外，施琅通过征台一役，认为沿海各省水师，貌似"布设周密"，但只能"区守汛口"，"若使之出海征剿"则无法胜任。③ 他希望能借台湾克复之机，建设一支"船坚兵练""原为航海捣巢之用"④ 的强大水师，"蔽长天之巨艘，扬旌旆之悠悠"⑤，以达致海波不扬，"民生得宁，边疆永安"⑥ 的海上安全防御目的。

---

① （清）施琅：《靖海纪事》（王铎全校注），卷下，《恭陈台湾弃留疏》（康熙二十二年十二月二十二日），第123页。
② 冯尔康：《施琅外海边防观念的提出和实践》，载施伟青主编：《施琅与台湾》，北京：社会科学文献出版社，2004年，第60页。按：冯尔康先生敏锐地看出施琅以台湾为边防重地，是将外海作为内地的屏障，把防线从陆路推向海洋。笔者认为施琅的主张的确蕴含着这样一种思想认识。
③ （清）施琅：《靖海纪事》（王铎全校注），卷上，《尽陈所见疏》（康熙七年四月），第53页。
④ （清）施琅：《靖海纪事》（王铎全校注），卷上，《决计进剿疏》（康熙二十一年七月十三日），第62、67页。
⑤ （清）施琅：《靖海纪事》（王铎全校注），卷下，《祭台湾山川后土文》（康熙二十二年九月初三日），第115页。
⑥ （清）施琅：《靖海纪事》（王铎全校注），卷上，《边患宜靖疏》（康熙六年十一月二十四日），第51页。

尽管在当时的历史条件下,施琅希图建设强大海洋水师的设想未能实现,但其设官驻兵留守台湾,将台湾正式纳入大清版图的奏请最终得到康熙帝的同意[①],从而使台湾及澎湖列岛作为中国东南海疆海防门户的战略地位得以基本确立,有清一代的海防认知也基此有所突破和拓展。以此言之,施琅之功实莫大于焉![②]

七、清前期海防体系的衍变

从康熙复台到乾隆大一统,历经三朝盛世,可谓承平日久,"内忧"业已消弭、"外患"暂时未至,清王朝统治者的海防认知又开始安于现状,这从"稍变成法"的清前期海防军事部署可见一斑。

从史料记载来看,明代卫所制在明中期以后的海防体系中已开始呈现衰退之象,以福建沿海为例:"自洪武初命江夏侯周德兴经略海澨,备倭卫所、巡检司,筑城数十,防其内侵,又于外洋设立水寨,初惟烽火门、南日山、浯屿,至景泰间,增置小埕、铜山,共五寨。"[③] 但因海岛驻防条件艰苦,且

---

① 据《康熙起居注》载:康熙二十三年正月二十一日,"上御乾清门听政……大学士、学士以折本请旨,福建提督施琅请于台湾设总兵官一员、副将一员、参将二员、兵八千;澎湖设副将一员、兵二千,镇守其地。议政王、贝勒、大臣、九卿、詹事、科道会议准行。上顾汉大学士等曰:'尔等之意若何?'李霨、王熙奏曰:'据施琅奏内称,台湾有地数千里,人民十万,则其地甚要,弃之必为外国所踞,奸宄之徒窜匿其中,亦未可料。臣等以为守之便。'上曰:'台湾弃取所关甚大,镇守之官三年一易,亦非至当之策。若徙其人民,又恐致失所;弃而不守,尤为不可。尔等可会同议政王、贝勒、大臣、九卿、詹事、科道,再行确议具奏。'"[见中国第一历史档案馆整理:《康熙起居注》,第2册,北京:中华书局,1984年,第1127页。]同年四月十四日,清廷决议在台湾设一府三县,正式将台湾纳入版图。[见《清圣祖实录》卷115,"康熙二十三年四月戊申"条,《清实录》,第5册,第191~192页。]
② 有关施琅复台、留台的历史功绩学界多有共识,但亦有异见,主要质疑其力主留台的动机问题。相关研究可参见石万寿:《台湾弃留议新探》,载《台湾文献》第53卷第4期;林登顺:《施琅弃留台湾议探索》,载(台湾)《南师学报》第38卷第1期;李祖基:《论施琅〈台湾弃留利弊疏〉的背景与动机——兼谈清初台湾的官庄及武职占垦问题》、邓孔昭:《施琅其人二三事》,载中国社会科学院台湾史研究中心主编:《清代台湾史研究的新进展——纪念康熙统一台湾330周年国际学术讨论会论文集》,第84~114页。
③ (清)顾炎武:《天下郡国利病书》(黄坤、顾宏义校点),《福建备录·海防》,第3006页。

卫所将官日渐腐败，克扣兵士粮饷，致使军屯制度遭到破坏而出现军士逃亡等现象，原设于海岛上的烽火、南日、浯屿三水寨被迫陆续迁入内陆，史载："正统初年，侍郎焦宏以其孤悬海中，乃徙烽火于松山（位今福建霞浦东南沿岸），南日于吉了（亦称'吉瞭'，位今福建莆田东南忠门镇），浯屿于嘉禾（位今之厦门），各仍以旧称"①。

事实上，这种将海岛水寨内迁的做法相当于将海防防线主动内缩，不仅原有的军事卫所被废弃不用，失去海防功能，而且日久之后还往往成为外来"海盗"的巢穴，藏身于此的"盗寇"随时都可能登岸袭扰，沿海海防的压力反而更为吃重。时人郑若曾在《筹海图编》中就指出：

> 浯屿水寨，原设于海边旧浯屿山（岛），外有以控大、小岨（担）屿之险，内可以绝海门、月港之奸，诚要区也。后建议迁入夏（厦）门地方，旧浯屿弃而不守，遂使番舶南来，据为巢穴，是自失一险也。……
>
> 南日水寨：原设于海中南日山下，北可以遏南茭、湖井之冲，南可以阻湄洲、岱坠之陬，亦要区也。景泰以来，乃奏移莆田县吉了地方，仍以南日为名。旧南日弃而不守，遂使番舶北向泊以寄潮，是又失一险也。……②

而且，即使迁入内陆的各水寨将士也因承平日久，不习操练，临阵分合，号令无序，"以旌旗为摆队之具，金鼓为饮宴之文。至有大将名胄而亦乌合纵横"③。更有甚者还内外勾结，参与海上走私活动，"沿海诸卫所官旗多克扣军粮入己，以致军士艰难，或相聚为盗，或兴贩私盐"④，造成以卫所为依托的海防体制名存实亡。在这种情况下，清朝入关后的海防军事部署遂逐渐转为以水师、炮台为依托，调遣"客兵"为机动的沿海防御体系。

---

① （明）卜大同：《备倭记》，卷上，《置制》，四库全书存目丛书，济南：齐鲁书社，1995年。
② （明）郑若曾：《筹海图编》（李致忠点校），卷4，《福建事宜》，第275～276页。
③ （明）戚继光：《纪效新书》，卷16，《旌旗金鼓图说篇第十六》，丛书集成初编，第507页。
④ 《明英宗实录》，卷126，"正统十年二月辛亥"条，台北："中央研究院"历史语言研究所校勘本，上海：上海书店，1982年影印本，第2515页。

清王朝入主中原，原本无真正意义上的水师①，定鼎中原后的海疆隐患主要是来自郑氏海上反清政权的威胁，故最初清朝水师的设立与部署重点也在闽、浙、粤沿海一带。②

康熙二十二年（1683年）平定台湾后，清廷虽一度对海防建设有所重视，认为"现今海防为要，不可不留心"，忧心沿海地区"通海口子甚多，此时无碍，若千百年后，中国必受其害矣"，③但随着海患平定，海疆靖宁，其根除海患之法在陆不在海的传统海防认知又复归原状。康熙帝在晚年时对沿海督抚的训谕中就说：

> 大洋内并无海贼之巢穴，海贼即是陆贼。冬月必要上岸，地方官留心在陆路即可以，（此）防海之要论。④

康熙的继任者雍正帝在海洋防御问题上倒是很坦诚，他说：

> 朕实不达海洋情形，所以总无主见。有人条奏，朕观之皆似有理，

---

① 史载："满人于未入关前，在建州卫时本不善造船，太祖时最初所用的是独木船，是于天命元年七月九日，命每一名牛彔各派三人，共计六百人，前往兀尔简河源的窝集，砍伐树木造船，始能造独木船二百艘。"（中国第一历史档案馆、中国社会科学院历史研究所译注：《满文老档》，上册，北京：中华书局，1990年，第47页。）
② 清代军制初以八旗为主，"有清以武功定天下。太祖高皇帝崛起东方，初定旗兵制，八旗子弟人尽为兵，不啻举国皆兵焉。太宗征藩部，世祖定中原，八旗兵力最强"。后建立绿营兵为辅，"圣祖平南服，世宗征青海，高宗定西疆，以旗兵为主，而辅之以绿营"。至清代后期，八旗、绿营作战能力因承平日久而消退，又出现防军、乡兵、练勇（湘军、淮军）等，"仁宗剿教匪，宣宗御外寇，兼用防军，而以乡兵助之。文宗、穆宗先后平粤、捻，湘军初起，淮军继之，而练勇之功始著，至是兵制盖数变矣"。（参见赵尔巽等撰：《清史稿》，卷130，《志一〇五·兵一》，第3859页。）从康熙元年起，清廷在福建、浙江开始设置水师提督，统领两省水师以对付郑氏海上政权，绿营水师为其时海防的主要力量。（参见《清圣祖实录》，卷6，"康熙元年六月乙丑"条，《清实录》，第4册，第115页。）
③ 章开沅主编：《清通鉴》，第1册，长沙：岳麓书社，2000年，第1238~1239页。
④ 中国第一历史档案馆编：《康熙朝汉文朱批奏折汇编》，第4册，北京：档案出版社，1984年，第313页。

所以摇惑而不能定。①

雍正帝所言一如其"守成"的为政风格一样，其对海防的认知的确还不如乃父。

乾隆皇帝在西北陆疆的开拓和守护上颇有气魄，对东南海疆安宁问题也很重视，强调"国家兵制，水师与陆路并重"②。但他对海防的认知也仍然难以跳出传统思维窠臼，甚至当西方国家的海上叩关已开始清晰可闻的时候，他还以"战船不堪用而虚费"③"此皆虚费于无用之地"④ 为名，多次发起节省战船修造经费开支的"撙节"运动⑤。这一"撙节"思维固然有国家财政负担沉重和战船修造过程中的贪污腐败严重⑥等客观原因，但因海疆多年"宁靖"，他在主观认知上产生对海防事务的忽视也是重要因素。其结果是，

---

① 中国第一历史档案馆编：《雍正朝汉文朱批奏折汇编》，第4册，南京：江苏古籍出版社，1991年，第525页。
② 《大清十朝圣训》，《清高宗圣训》，卷53，《武功十三·武备附》，台北：文海出版社，1965年影印本，第782页。
③ （台北）故宫博物院：《宫中档乾隆朝奏折》，第29辑，台北：台北福美印刷文具行，1982年，第24页。
④ （台北）故宫博物院：《宫中档乾隆朝奏折》，第29辑，第188页。
⑤ 清乾隆三十二年（1767年）十一月，东阁大学士陈宏谋奏请裁撤各省水师战船，以节糜费，乾隆帝发交军机处议奏。旋海防事务最重的福建"裁船三十九只，改船十一只"，海防建设受到直接冲击。（见《傅恒奏为议奏陈宏谋条奏裁汰战船事》，乾隆三十三年，中国第一历史档案馆藏录副奏折，档案号：03-1082-053。）乾隆六十年（1795年），清廷又下令"通饬各督抚，届（战船）修造之年，俱仿商船之式改造，以所节浮费，为外洋缉捕之用"。（见赵尔巽等撰：《清史稿》，卷135，《志一一〇·兵六·水师》，第3986页。）
⑥ 清代战船修造过程中官员贪污腐败行为屡见不鲜，康熙五十八年（1719年）曾谕令："水师修造战船，如有不肖营员，希图射利包修者，将承修官与该营将官皆革职，督修官照徇庇例，降三级调用，督、抚降一级调用。"［见《钦定大清会典则例》，卷23，《吏部·考功清吏司·军政》，景印文渊阁四库全书，第620册，台北：台湾商务印书馆，1986年，第439页。］

因海防建设的松弛又造成了乾隆末年及嘉庆年间所谓"洋盗"盛行的局面。①

大体而言，从康熙二十二年（1683年）将台湾纳入大清帝国版图至道光二十年（1840年）第一次中英鸦片战争爆发之前的百余年间，清王朝所面临的海上安全问题除了嘉庆年间的蔡牵"海盗"袭扰之外，可以说基本上是洋面肃清、海疆安宁。清廷对海防问题虽有所关注，但注意力主要在防范沿海地区的"海盗"复萌，故其应对措施始终以防守方略为主导。在此海防认知下，清代由前明卫所制度没落而转以水师、炮台为依托，调遣"客兵"为机动的海防体系，又因承平日久而有日渐废弛之势。

道光十二年（1832年），御史周彦就沿海水师情形上奏说：

> 各省设立水师，原以巡历洋面为重，将备、卒伍等，平日操防果能得力，自可远涉波涛，认真巡哨，何至有外夷船只乘风驶入内洋之事？……各省（水师）提镇，性耽安逸，并不亲身赴洋，以至本年英吉利夷船顺风扬帆，毫无阻隔，水师废弛，已可概见。②

不仅水师官兵"性耽安逸"，玩忽懈怠，而且武器装备也陈旧不堪，尤其在"撙节"的名目下，最为重要的水师战船也因"船身迟笨，驾驶未能得宜"的理由，或被奏"请全行裁汰"③，或一纸著令"俱商船式样一律改造"④。如此一来，清军水师战船不仅越改越小，还须按民用商船式样加以改造，若对付沿海小股"贼匪"，其战力或许还差强人意，但却不可能以此去

---

① 乾隆末年安南（今越南）动乱，其亡命之徒在广东沿海纠集为武装海盗劫掠商船，号称"洋盗"。《清通鉴》记载："（时）安南阮光平父子以力窃国，兹因财匮，乃招濒海亡命，资以兵船，诱以官爵，令劫内洋商舶以济国用。自是'洋盗'出没，踪迹飘忽，大为患粤地。"[见章开沅主编：《清通鉴》，第3册，第4页。]此后，"洋盗"又与内地"土盗"勾结，蔓延至福建、浙江，危害甚大。嘉庆年间以蔡牵为首的福建"海盗"在闽、粤、浙海域与清军周旋十余年，直至嘉庆十五年六月才基本平息。
② 《清宣宗实录》，卷219，"道光十二年九月丁未"条，《清实录》，第36册，北京：中华书局，1986年影印版，第257页。
③ 《清宣宗实录》，卷68，"道光四年五月乙丑"条，《清实录》，第34册，第78页。
④ 赵尔巽等撰：《清史稿》，卷135，《志一一〇·兵六·水师》，第3986页。

应对即将到来的西方"船坚炮利"的海上挑战。

其时的岸上海防炮台建设也存在类似状况。康熙皇帝曾认为:"沿海炮台,足资防守,明代即有之,应令各地方设立。"① 之后沿海各省分别择"极冲""次冲"之地,陆续修建过不少的海防炮台②,但因年久失修,除了壮壮防御声势之外,并不能真正起到应有的作用。

有鉴于此,有地方海疆官员提议"旧设炮台多不得力,与其以有用之兵施于无用之地,不如撤去炮台、士兵,多备船只",转以加强水师建设。但如前所述,海疆承平日久后,清廷在以应付"海贼"为主的海防认知指导下,越改越小的水师战船"在外洋不能得力,只可留于内洋守御"③,总体上已很难适应世界海洋时代到来的发展需要了。

清朝嘉庆、道光年间,以英国为代表的新兴海外殖民者挟"工业革命"所带来的强盛国力,从海上实施西力东侵的历史趋势已迫在眉睫,而担任国家海防重责的清朝水师建设却日渐废弛,古老中国国门被迫洞开自然也是早晚之事了。

---

① 《清圣祖实录》,卷270,"康熙五十五年十月壬子"条,《清实录》,第6册,第650页。
② 清代海防炮台数量虽无具体数字,但据台湾学者李其霖的研究,以兴建炮台数量最多的广东为例,第一次鸦片战争爆发前已兴建各式炮台132处(参见李其霖:《清代前期沿海的水师与战船》,台北:五南图书出版股份有限公司,2014年,第303页),海防事务吃重的福建、浙江等省炮台的兴建应也不在少数。
③ 《清仁宗实录》,卷177,"嘉庆十二年四月癸未"条,《清实录》,第30册,第330页。

第三章

"千古奇变":从"防海"到海防

明清两朝统治者为了维护统治的稳定和海疆的安宁,或致力于"开国海禁",或关注于"海禁""迁界",都是以一种内敛防守的传统心态来应对东南海疆上所发生的"海患"事件。但随着世界性海洋时代的到来,西方国家在资本原始积累的驱动下,到处寻找海外市场,积极进行殖民扩张,古老中国的万里海疆开始增添了新的、前所未有的"海患"。从16世纪到19世纪中叶的三四百年间,明清王朝统治者一以贯之地在"海禁"与"开海"之间加强闭关自守的防御功能①,而西方新老海上殖民者则屡屡试图用商品经济

---

① 学界对清代前期是否实行闭关锁国政策有些不同的意见。持"闭关锁国"论者一般以清初海禁迁界、禁止南洋贸易、拒绝英国通商、改四口(广州、厦门、宁波、上海)通商为一口通商(广州)等为例,说明清代前期基本采取闭关锁国政策,造成清代后期西方殖民者的破关入侵。持否定意见者则认为,清王朝自1644年立国,至1911年灭亡,历时267年,其中仅顺治朝后期(1655年)到康熙朝前期(1684年),以及康熙末(1717年)到雍正五年(1727年)实施海禁政策,共计39年,而从清朝立国到鸦片战争爆发(1644—1840年)历时196年,绝大部分时间实施开海贸易。第一次鸦片战争后,中国国门洞开,清朝已无海禁可言,故不能笼统称清王朝实行"闭关锁国"政策。"闭关锁国"这一贬词,是西方侵略者强加在清王朝头上的[参见彭德清主编:《中国航海史(古代航海史)》,第320~322页],但就大历史的发展趋势而言,笔者认为,明清以降的整体发展态势虽并非完全的"闭关锁国"或"闭关自守",但在海洋发展问题,尤其是海洋防御的政策和举措上"闭关自守",乃至"闭关锁国"的趋向则非常明显。当西方国家挟"工业革命"之威在海洋上积极进取时,中国的明清统治者为自保统治政权的稳定而在海洋上消极防守,奉行"海禁宁严毋宽"的国家海洋政策,东西方海洋发展的不同路径导致了世界历史发展格局也发生了巨变,此中的历史经验教训值得识者殷鉴和汲取。

这一"重炮",甚至不惜用鸦片毒品来"轰开"中国的大门。当商品和鸦片都未能很快奏效时,就干脆赤裸裸地诉诸"坚船利炮"的血腥武力。这是东西方经济发展、思想观念、文化差异,包括海洋权益价值取向的对立和碰撞。

清朝嘉庆、道光以后,沿海"海患"与海防都出现了新的情况,中国人的海洋认知经历了一个由传统向近代转型的过程,也即一个由过往单纯"重海防"向逐渐萌发全方位"要海权"的思想衍变过程,尽管这一思想认知的转型对于近代中国来说显得相当崎岖与曲折,步履也是艰难而蹒跚,但却是自明清之后我们这个陆海兼具型古老大国面对海洋、重返海洋的开端。

一、"海国时代"与西力东侵

与葡萄牙、西班牙等早期即奉行海外殖民扩张政策的西方国家相比,英国、法国等是殖民扩张者行列中的后起之秀,尤其是 18 世纪 60 年代以后,西方资本主义国家先后开始"工业革命",极大地增强了它们进行海外殖民扩张的综合实力。工业革命所带来的社会生产力的飞速发展和综合实力的提高,也更加刺激了西方国家开辟殖民地、扩大海外市场的贪欲。"展现在一切海洋国家面前的殖民事业的时代,也就是建立庞大的海军来保护刚刚开辟的殖民地以及殖民地的贸易时代,从此便开始了一个海战比以往任何时代更加频繁、海军武器的发展比任何时候更有效的时期。"[①]

从资本的原始积累过程看资本主义的发展历程,完全可以说,近代西方资本主义国家的崛起就是从向海外的殖民扩张开始的[②]。以西方国家为主导的大航海时代在"用血和火的文字载入人类编年史"[③] 的同时,也开始将世界所有的国家与民族联系在一起,并在这一过程中建立起有利于西方国家发展的近代世界历史新格局。这一状况正如列宁所精辟指出的:"资本主义如果不经常扩大其统治范围,如果不开发新的地方并把非资本主义的古老国家

---

① 《马克思恩格斯全集》,第 14 卷,北京:人民出版社,1964 年,第 383~384 页。
② 马克思在《资本论》中说:"资本来到世间,从头到脚,每个毛孔都滴着血和肮脏的东西。"(《马克思恩格斯全集》,第 23 卷,第 829 页。)进行海外殖民扩张和掠夺正是资本原始积累的一个极为重要的途径。
③ 《马克思恩格斯全集》,第 23 卷,第 819 页。

卷入世界经济的漩涡，它就不能存在与发展。"① 而且，由于世界大航海时代的帷幕拉开之后，西方国家的这种资本原始积累式的"存在与发展"，都是以"庞大的海军"力量为其后盾的，因而必然会对世界各国，尤其是对所有的濒海国家，包括陆海兼具型的古老中国构成不同以往的海上安全威胁。

而反观处于同一历史发展阶段的中国，有清一代康、雍、乾三朝史称"康乾盛世"，出现了诸多繁荣的景象，包括农业生产技术的提高，自然水力的运用，以及商品经济的发展促进了手工业、手工作坊中资本主义因素的萌发等等，但就生产力发展的总体水平而言，西方的"工业革命"开始着手解决困扰人类数千年发展的动力问题——以机器动力生产取代传统的人力与畜力生产，从而创造了空前巨大的社会生产力；而清代中国则仍然停留在"人力—畜力"的生产阶段，这种依然十分低下的、有着时代差距的生产力水平必将在"世界经济漩涡"的中西碰撞中处于劣势的地位，因此，当西方资本主义国家的发展要求不断地为自身开辟市场，不断地加速"世界经济漩涡"的转动，把殖民海外扩张的侵略触角伸向古老中国的时候，清代中国所面对的已不再是往日"番夷"骚扰、"倭患"犯海的海上形势，而是面临着"数千年未有之大变局"的近代世界格局了。

然而令人感慨的是，有着"防海"固化思维的清王朝统治者对世界发展的大势并不了解，对来自西方的海上威胁也缺乏应有的认识。康熙二十二年（1683 年），清廷在平定明郑海上势力后，虽然于次年十月下令废止"海禁""迁界"政策，"直隶、山东、江南、浙江、福建、广东各省先定海禁处分之例，应尽行停止"②，但其秉持以海为防的传统"防海"思维并没有实质性的改变。

堪称一代英主的康熙皇帝在其晚年虽然始终对海防问题有所警惕，曾屡屡告诫臣下说：

> 天下事未有不由小而至大，小者犹不可忽，大者益宜留心。尔等在衙门，或能办理事务，或以清白自持，亦止为身计耳。其关系封疆大事，未必深思远虑也。即如海防乃今之要务，朕时加访问，故具知原

---

① 《列宁全集》（第 2 版），第 3 卷，北京：人民出版社，1990 年，第 547 页。
② 《清圣祖实录》，卷 117，"康熙二十三年十月丁巳"条，《清实录》，第 5 册，第 224 页。

委，地方督抚、提镇，亦未能尽悉也。①

康熙帝把"海防"作为"今之要务"，说明了他对海疆安宁和海防问题的重视。另外，康熙帝对西方国家可能存在的海上威胁也有所忧虑，认为："海外如西洋等国，千百年后，中国恐受其累。"② 但把"西洋"的海上威胁推迟到"千百年"之后，则反映出他对"海防"的重视及思考的重点依然是顾虑旧时"海氛"给清王朝统治所造成的麻烦，而不是对即将到来的西方威胁已有清醒的认识。

我们认为，造成这种思想认知的原因除了清朝统治者不甚了解西方世界的发展，以及太平"盛世"景象所带来的王朝自信之外，他们在海洋问题上主要担心的：一是"海禁"条例解除后，"来去无踪"的沿海商民日渐增多，有些商民出海后还居留海外不归可能引起的社会不安，即"噶喇吧乃红毛国泊船之所；吕宋乃西洋泊船之所，彼处藏匿盗贼甚多内地之民……不可不预为措置"③，因此，让康熙皇帝忧心的不仅是茫茫大海乃"盗贼渊薮"，能为不法之徒提供藏匿之所，更重要的是这些"盗贼"中还多为出海不归的"内地之民"。故此，他屡屡强调"预为措置"的海防重点始终在于"防内"，而不是"防外"，只要海疆稍有不靖，以海为防的"海禁"之策随时就可以派上用场。

二是清廷颁令"开海"后，来华的外国传教士也呈现增多趋势，西方教会的影响逐渐增大，信教者"不止于村野平民，即学士、大夫，以及宗室王侯，其人不少。各省多建圣堂，于是多明我会之修士传教于浙江、江西；方济各会传教于湖广、山西；法国新会传教之士传教于四川各省"④。这种情况的出现也令统治者感到不安。由于担心漂泊不定的沿海"莠民"与海外势力勾结，威胁海疆安宁和政权稳定是明清两朝统治者的惯性思维，康熙帝在这一涉及统治政权安危的问题上自然概莫能外，"海禁"防海之策遂随时可能故技重施。这一认知连素有海洋开放意识的施琅也难以跳脱。平台后受封为

---

① （清）章梫纂：《康熙政要》（诸家伟、郑天一等校注），北京：中共中央党校出版社，1994年，第435页。
② （清）章梫纂：《康熙政要》（诸家伟、郑天一等校注），第436页。
③ 《清圣祖实录》，卷270，"康熙五十五年十月辛亥"条，《清实录》，第6册，第649页。
④ （法）田内斯撰：《圣教通考》（林准译），卷2，同治十二年刻本，第55页。

"靖海侯"的施琅曾反对"海禁""迁界"，力主"开海"，以纾民困，但他在清廷"开海"令颁布后不久也认为："（沿海商民）乘此开海，公行出入，恐至海外，诱结党类，蓄毒酿祸"，① 明确表达了对"开海"的担忧。可以想见，在海洋认知问题上，康熙君臣上下这种传统以海为防、以禁为防思想的立足点始终在于"防内"，还没能因应世界海洋时代的变化而转向"防外"。

三是"开海"贸易虽为"至财之源"②，于沿海"民生有益"③，但相比于海疆安靖而言，清朝统治者更重视的显然是后者，并且在应对思路和举措上基本沿袭了传统的"海禁"防海思维。康熙五十六年（1717年）正月，清廷颁布"南洋禁航令"，禁止内地商船前往南洋吕宋、噶喇吧等处贸易，并在实施的过程中对民间造船、出海、船只买卖等涉海事务进行严格的管控："嗣后洋船初造时报明海关监督，地方官亲验印烙，取船户甘结，并将船只丈尺、客商姓名、货物往某处贸易填给船单，令沿海口岸文武官照单严查。"④

康熙帝晚年的"南洋禁航令"对沿海地区，尤其对福建、广东一带海洋社会经济发展的消极影响很大，"南洋未禁之先，闽广家给人足。游手无赖，亦为欲富所趋，尽入番岛，鲜有在家饥寒、窃劫为非之患。既禁之后，百货不通，民生日蹙"⑤。尽管社会民生问题严重，但在希图海疆安靖的海禁思维指导下，"南洋禁航令"从康熙五十六年（1717年）颁布到雍正五年（1727年）解禁，还依然延续了十年之久。

需要指出的是，有研究者认为康熙末年"南洋禁航令"的颁布主要是为了加强对海外贸易的管理，因而只是清朝海洋政策的一个短暂"逆转"。但我们认为，有清一代以海为防、以禁为防的"海禁"思维是一以贯之的，与前明朱姓子孙"谨遵祖宗之制"，以"海禁"应对海疆不靖的基本国策并没有本质上的不同，甚至在贸易手段的运用上也并无二致，只不过在有清一

---

① （清）贺长龄、魏源编：《清经世文编》，卷83，《兵政》，北京：中华书局，1992年，第2045页。
② （清）贺长龄、魏源编：《清经世文编》，卷26，《户政》，第9页。
③ 《清圣祖实录》，卷116，"康熙二十九年九月甲子"条，《清实录》，第5册，第212页。
④ 《清朝文献通考》，第一册，卷33，《市籴二·市舶互市》，上海：商务印书馆，1936年影印本，第5158页。
⑤ （清）蓝鼎元：《鹿洲全集》，厦门：厦门大学出版社，1995年，第55页。

代，康熙时期"南洋禁航令"禁的是国内商民前往南洋贸易，而后之道光时期，希图以"全行封舱""断绝贸易"为控驭手段，禁的是梯航而来的西方"千古蛮夷"罢了。

如此一来，既然以海为防、以禁为防的"海禁"思维是传统的、一以贯之的，甚至连辅助的防范手段也难以有新的变化，那么，由此衍生的海防认知、思想、观念，包括海防方略及其军事防御举措等等也难以挣脱传统的束缚。

传统思维就是传统海防的行为指导。清廷平台后，被视为"心腹之患"的郑氏海上政权已除，"海防"的重要性业已开始转向，因对付郑氏海上政权而一度受到重视的清军水师的衰弱成了必然的发展趋势：

其一，从水师官员的设置来看，清代前期只在东南沿海的浙江、福建、广东三省设置水师提督一职，且是根据军情的需要时设时撤。[①] 清军水师这一涉水兵种直到第一次鸦片战争爆发时，一直附属于八旗和绿营，[②] 这实际上反映了清王朝统治者对清军水师建设重视与否的基本态度。

《清史稿》记曰："沿海各省水师，仅为防守海口、缉捕海盗之用，辖境虽在海疆，官制同于内地。"[③] 此一记载讲的虽为清初水师官员的设置情况，但以"防守海口、缉捕海盗"为主要职责的清军水师地位长期没能提升，得不到应有的重视，则是在传统防海思维指导下显见的事实。

其二，就清军水师建设本身而言，康熙平台后，清廷"海防"压力减轻，清军水师建设也随之松懈。乾隆六十年（1795年），清廷下令："沿海各督抚将见（现）有官船照依商船式样一律改造，以为外洋缉捕之需。"[④] 这里所说的"外洋缉捕"并非对付西洋夷船，而是为了安靖沿海"海氛"。水师战船依商船式样改造就是为了因应近岸浅海驾驶灵捷、便于"追匪捕盗"的需要。

嘉庆皇帝即位后仍然沿袭这一思路，史称：

---

① 清康熙元年（1662年）设置浙江与福建水师提督，浙江水师提督于康熙十八年（1679年）裁撤后即不再设置；福建水师提督一职则以与郑氏政权对峙的军情轻重而时撤时设；广东水师提督于康熙三年（1664年）设置，康熙六年（1667年）裁撤后，一直至嘉庆十五年（1810年）才复设。
② 杨国宇主编：《近代中国海军》，北京：海潮出版社，1994年，第36页。
③ 赵尔巽等撰：《清史稿》，卷135，《志一一〇·兵六·水师》，第3981页。
④ （清）刘锦藻：《清朝续文献通考》，卷232，《兵考三一·船政·水师船》，杭州：浙江古籍出版社，2000年影印本，第9773页。

嘉庆二年（1797年），浙江战船俱仿民船改造，山东战船亦仿浙省行之，其余沿海战船，于应行拆造之年，一律改小，仿民船改造，以利操防。①

很明显，清廷诏令水师战船越改越小的理由是"以利操防"，其实质则凸显出水师的主要任务始终是抓捕海盗的"防内"，而不是要应对即将面临西洋海上威胁的"防外"。

不仅水师战船越改越小，配备的火炮也既小又陈旧，其作战性能甚至还不如装备精良的海盗船。嘉庆年间有与海盗周旋经验的地方官员程含章对此深有体会：海盗船装备的大炮重者达四五千斤，而"我师之炮大者不过二三千斤，势不如贼"；"贼船火罐受药五六斤，喷筒大径四寸余，长八九尺。我师火罐受药不过二三斤，喷筒不过径寸，长不过二三尺，何以胜贼？"②更不用说不久之后将要以此落后的传统水师去对付拥有"坚船利炮"的西方海上列强了。

鸦片战争前参与筹备沿海海防事务的黄爵滋对清军水师的现状痛心疾首，他借御史杜彦士、袁玉麟等人之言揭露说：

近来水师营务废弛，额设战船，视为无用，风干日炙，敝坏居多，或柁折桅倾，或蓬夢缆断，间有稍加修理者，不过涂饰颜色，以彩画为工，其实皆损坏堪虞，难供驾驶。③

沿海水师率皆老弱无用。军器率多残缺，并不修整。又战船率用薄板旧钉，遇击即破，并不计及夷器之凶利坚固，作何抵御？似此废弛，何以肃边威远？④

---

① 赵尔巽等撰：《清史稿》，卷135，《志一一〇·兵六·水师》，第3986页。
② （清）程含章：《岭南集·江右集》，卷5，《上百制军等办海匪书》，转引自王宏斌：《清代前期海防：思想与制度》，第138页。
③ （清）黄爵滋：《黄少司寇奏疏》，卷12，《查验战船草率等议赶紧修造疏》，中国史学会编：《鸦片战争》（一），中国近代史资料丛刊，上海：上海人民出版社，2000年，第471页。
④ （清）黄爵滋：《黄少司寇奏疏》，卷5，《敬陈六事疏》，中国史学会编：《鸦片战争》（一），中国近代史资料丛刊，第462页。

第三章 "千古奇变"：从"防海"到海防

国家设立水师原以巡哨洋面捍卫海疆，乃近来各省渐形废弛，以致在洋被劫之案层见叠出，而各处缉获者甚属寥寥。①

林则徐到广东禁烟后也发现清军水师"军器亦多废铁造成，年久并未修理整新"②，难以为战。"（水师）弁兵于操驾事宜，全不练习。遇放洋之时，雇佣（民间）柁工，名为舟师，不谙水务。"③ 已是徒"有水师之名，无水师之实，积弊相沿，废弛已极"④。

而与此同一时期的西方世界，18 世纪末 19 世纪初是西方近代海军蓬勃发展时期，"到此时为止，'中船时代'正走向终结，而处在酝酿中的一场战舰结构的革命即将迎来'钢铁时代'。导致这场革命有三个因素在起作用。这三个因素是蒸汽机的发展、火炮的改进以及随之而来用装甲保护战舰，日趋显得必要"⑤。从 1807 年美国人富尔敦首先制成第一艘蒸汽动力轮船之后，英国、法国等相继把蒸汽动力用于作战船舰，极大地提高了海军的作战能力，同时在船舰铁甲、火炮技术方面也取得长足的进步。

当清王朝的水师在以海为防、以禁为防的传统"海禁"思维指导下日渐走向衰落之际，西方世界的海军建设却在迅速发展，并借助海军力量大肆进行海外殖民扩张。第一次中英鸦片战争爆发前，西方新教传教士郭士立（Charles Gutzlaff）于 1831、1832、1833 年连续三年沿中国海岸航行，了解并记录了清军水师及沿海海防情况，认为清军水师的战斗力已远远落后于同一时期的西方海上列强。⑥ 而在广州从事鸦片走私贸易的鸦片贩子林德绥（Lindsay H. H.）更是狂言："全中国的一千只师船，不堪一只（欧洲）兵

---

① 《大清十朝圣训》（四），《清宣宗圣训》，卷 103，《海防》，第 4 页，总第 1795 页。
② （清）林则徐辑：《华事夷言》，中国史学会编：《鸦片战争》（二），中国近代史资料丛刊，第 543 页。
③ （清）刘锦藻：《清朝续文献通考》，卷 224，《兵考二三·水师·外海》，第 9705 页。
④ （清）刘锦藻：《清朝续文献通考》，卷 224，《兵考二三·水师·外海》，第 9706 页。
⑤ ［德］H. 帕姆塞尔：《世界海战简史》（屠苏等译），北京：海洋出版社，1986 年，第 144 页。
⑥ ［德］郭士立：《中国沿海三次航行记》，转引自姚薇元：《鸦片战争史实考——魏源〈道光洋艘征抚记〉考订》，北京：人民出版社，1984 年，第 50 页。

舰的一击。"① 林德绥的妄言固然包藏其鼓动西方列强侵华的野心，但其时中西之间的海军舰船性能、续航能力、武器装备、作战技术，包括海战、海防思想观念等，的确已拉开了相当大的差距，这一严酷的事实最终导致古老的中国成为众多西方殖民列强觊觎的对象。晚清中国出现前所未有的严重的海防危机已经成为时代发展的必然。

二、"防海""海防"的思想碰撞

"国初海防，仅备海盗而已。"②《清史稿》的这一表述与前明所谓"海之有防，历代不见于典册。有之，自明代始。而海严于防，自明之嘉靖始"③的基本性质是一样的，清代前期的"海防"实质上还是传统的"防海"。清王朝统治者致力于以海为防、以禁为防，主要是防备袭扰沿海的"海寇""海匪""海盗"。那些外来的"倭患""洋夷"亦等同于固有的"海氛""海患"，并不在其特别关注的视野之中，因而在应对海疆不靖时，清王朝继续以固有的"防海"思维，实施"仅备海盗而已"的海防方略。

但清嘉庆、道光年间世事巨变，西方国家早期的海外冒险已被资本主义经济全球化的殖民扩张所全面取代。1840 年第一次鸦片战争爆发，以英国为代表的西方殖民扩张主义者挟工业革命之余威，用"坚船利炮"轰开中国的大门，海防事务开始成为晚清朝野上下对付外来"千古蛮夷"所关注的热点，故"自道光中海禁大开，形势一变，海防益重"④。

很显然，当因世事巨变而为人们推出新的时代课题时，此时的"海防"尽管仍然受到传统思维的羁绊，但已不再是往昔只顾"用力向内"的"防海"之议，而一定会萌发包含有近代意义的、睁眼向外的"海防"内容和举措，开始有了逐步融入近代海洋世界的眼光与探索。

---

① （清）林则徐辑：《华事夷言》，中国史学会编：《鸦片战争》（二），中国近代史资料丛刊，第 543 页。
② 赵尔巽等撰：《清史稿》，卷 138，《志一百十三·兵九》，第 4095 页。
③ （清）蔡方炳：《广舆记·海防篇六》，见王锡祺编：《小方壶斋舆地丛钞》，第 9 帙，卷 43，第 12 页。
④ 赵尔巽等撰：《清史稿》，卷 138，《志一百十三·兵九》，第 4095 页。

对此，我们认为，晚清中国"海禁大开，形势一变，海防益重"的思想衍变实际上是按"一体两面"的思想脉络向前发展的："一体"指的是整个中国海洋观的传统与变迁过程；"两面"的一面是传统"防海"认知[①]向近代海防意识的转型，另一面是近代海防思想意识向近代海权思想意识的交织衍变，也即由传统的单纯"重海防"向逐渐萌发全方位"要海权"的思想衍变。尽管这"一体两面"的思想转型历程充满着艰难与崎岖、曲折与蹒跚，但的的确确是晚清中国面对海洋、重返海洋之路的新开端。

1840年爆发的中英战争因鸦片问题而起，中国近代史上习惯称之为"第一次鸦片战争"，但若从"海国时代"的大背景看问题，或许我们还可以称之为近代中国历史上第一次真正意义上的"对外海防战争"[②]。

海防战争既是海防思想的具体实践，也是检验海防思想正确与否的试金石。晚清中国在这场对外的、具有近代意义的海防战争中失败有着诸多的原因，包括政治体制僵化、经济实力薄弱、军事技术落后、武器装备陈旧等等，但我们常说："思路决定出路"，自明代以来传统的"防海"思维定式对国人的思想束缚，严重影响了当时清廷统治者去正确认识已发生了巨变的世界，去尽可能客观地判断"鼓浪而来"的对手，这显然也是这场"对外海防战争"失败的重要原因之一。

我们可以就此反思传统"防海"思维定式对这场第一次对外海防战争失败所产生的负面效应：

首先是总体思想上的"重陆守而轻海战"。

以弓马骑射得天下的清王朝，能以游牧民族的剽悍驰骋于陆地疆场，但他们对波涛汹涌的海洋水战则远不谙习，因此，清初统治者对东南沿海的各种"海患""海氛"，特别是占据海岛、海战能力较强的明郑海上武装力量，采取的主要是"防海""海禁""迁界""杜绝接济""坚壁清野""断乳饿杀"等陆岸防守措施。清代前中期这种重点致力于"防"与"守"的陆上防御措施，在传统海防体系的建设上较之前明固然有一定的可取和完善之处，如

[①] 此时在语义上虽已为"海防"，但其实质上仍为"防海"。
[②] 为史实与问题结合探讨论述的方便，后文我们将依具体情况使用"第一次鸦片战争"或"第一次对外海防战争"加以叙述，特此说明。

岛、岸一体防御体系的构建[①]，水师巡洋会哨制度的建立以及沿海地区保甲、澳甲的官民、军民联保体制的完善等等，但这种将海疆防御重点主动收缩于陆岸、内陆的决策指导，实质上是有意或无意地放弃了陆海兼具型大国本来应有的争胜海洋的努力，这一指导思想在世界"海国时代"全面到来之际，很显然是不明智且落后于历史发展潮流的。历史也证明了清廷统治者将为此一而再，再而三地吞下自己种下的苦果。

其次是传统观念上的"重农抑商"与"重陆轻海"。

"重农抑商""重陆轻海"是历代中原王朝统治者的惯性思维，清朝统治者入主中原后基本也沿袭这一传统思路。[②] 康熙年间，清王朝将台湾正式收入大清版图后，开始部分开放海禁，但基于"防海"的考虑，又严格限制民间造船出海，规定各省渔船只许用单桅，"如有造双桅五百石以上违式大船，在洋行走者，照旧例酌减，改为发边卫充军。"[③] 这一禁令后来虽有所改变，但对于出洋船只仍然严厉规定："凡沿海去处下海船只，除有号票文引许令出洋外，若奸豪势要及军民人等，擅造二桅以上违式大船，将带违禁货物下海，前往番国买卖，潜通海贼，同谋结聚，及为向导劫掠良民者，正犯比照谋叛已行律处斩，仍枭首示众，全家发边卫充军。其打造前项海船，卖于外国图利者，比照私将应禁军器下海因而走泄事情律，为首者处斩，为从者发边卫充军。"[④]

康熙后期规定沿海地方造船须先报官府备案，完工后由官府验收，甚至连出海船只每船所带船员的粮食也有严格的限量规定。到康熙五十六年（1717年），清廷干脆颁布一纸"南洋禁航令"，以此加强对所有民间涉海事

[①] 明代中后期原有的卫所体系、水寨防御设施废弃后，实际上已完全弃海岛而专守岸陆，明嘉靖年间"倭患"的最终平息也在于致力于陆守、陆战所产生的效用，因而也再度强化了王朝统治者的"陆守"思维。清代前中期虽然逐步重建起岛、岸一体防御体系，但只能对付传统的"海贼""海氛"，难以对付即将挟"工业革命"之威而来的西方海上强敌。

[②] 黄顺力：《海洋迷思：中国海洋观的传统与变迁》，第51～57、153～158页。

[③] 《大清会典（康熙朝）》（关志国、刘宸缨点校），卷99，《兵部十九·海禁》，南京：凤凰出版社，2021年，第1350页。

[④] 《钦定大清会典事例（光绪朝）》（陈颐点校）上册，卷776，《刑部五十四》，北京：法律出版社，2022年，第464～465页。

务的管控。清王朝对民间社会海洋事业的种种限制，从表面上看，似乎只是加强对民间海外贸易活动的管理，但其思想根源实际上在于传统重农抑商、重陆轻海的观念意识。有学者曾指出：

> 一个国家海上武装力量的大小与它的海上经济利益和海洋社会基础成正比例关系。当一个国家制订政策法规，不是培植与鼓励，而是千方百计地压制、摧残其海洋社会的成长和海洋经济的发展，这个国家的海上武装力量的成长必定会遇到严重挫折。[①]

是为确论！因为历史的发展告诉我们的事实就是这样，在清朝统治者看来，开放海禁，虽能增加财源，缓和因海禁所造成的社会矛盾，但"商船一出外洋，任其所之"的情况总令人不放心，更何况"数省内地，积年贫穷，游手奸宄，实繁有徒，乘此开海，公行出入，恐至海外诱结党类，蓄毒酿祸"[②]，很可能会形成新的反清海上势力，因此，对清廷统治者而言，最稳妥的办法还是立足于农本，以农立国，统治天下。

当海疆相对安宁时期，清廷统治者可以有限度地"开海"以体恤民艰；而一旦海疆不靖，首选的不二"法宝"即为"海禁"，把大海当成御敌于国门之外的天然"万里长城"，故以海为防、以禁为防，将"防海"军事的重点置于岸守、陆守，这些只是他们思考防御时的顺理成章之事。但当世界海洋大势已发生巨变，而清朝统治者仍固守传统的"防海"认知，自然就要为这场不同以往的"对外海防战争"的失败付出惨痛的代价。

再次是笃守"以守为战""以逸待劳"方略。

"以守为战""以逸待劳"这一传统"防海"方略可以说在相当程度上直接影响了晚清中国第一场"对外海防战争"的战事进程。

在战争初起阶段，面对英国殖民者的海上挑战，负责前敌军务的林则徐曾提出过一个"弃大洋，守内河，以守为战，以逸待劳，诱敌登岸，聚而歼

---

① 王宏斌：《清代前期海防：思想与制度》，第141页。
② （清）施琅：《论开海禁疏》，（清）贺长龄、魏源编：《清经世文编》，卷83，北京：中华书局，1992年影印本，第2045页。

之"的海防总体方略①，并得到最高统治者道光皇帝的首肯②而成为清王朝所采取的基本战略指导方针。

应该说，在当时清军海上力量不如英军的情况下，采取"以守为主"的防御方略，避开强敌对手大洋作战的军事优势，的确有其合理性，也符合当时中英间海上武装力量对比的实际情况。但问题在于，这一"弃大洋，守内河，以守为战，以逸待劳"海防方略的立足点，并不是建立在对"海国时代"的发展大势，或是对跨海而来的"千古蛮夷"有所认识的基础之上，而是囿于传统"防海"思维困扰的产物。这主要体现在：

一是对工业革命后崛起的英国这一海上强敌缺乏应有的认识，因而也就难以制订相对正确客观的海防方略。因为，尽管清朝统治者早在乾嘉年间已与英国打过数次交道，也稍微知悉其为西洋中"强国"的情况，③但直至中

---

① 黄顺力：《鸦片战争时期传统海防观的影响与扬弃》，载《厦门大学学报》1992年第2期。

② 林则徐在上清廷的奏折中，对即将到来的对外海防战争曾一度充满着传统的自信："若令师船整队而出，远赴外洋，并力严驱，非不足以操胜算，第洪涛巨浪，风信靡常，即使将夷船尽数击沉，亦只寻常之事。而师船既经远涉，不能顷刻收回，设有一二疏虞，转为不值，仍不如以守为战，以逸待劳之百无一失也。"道光皇帝对林则徐这种"以守为战"的海防战略极表赞赏。他在林折上原批曰："所见甚是。"直至英军已北上天津，他还依此晓谕沿海督抚疆吏：英夷"傥有桀骜情形，断不准在海洋与之接仗。盖该夷所长在船炮，至舍舟登陆，则一无所能，正不妨偃旗息鼓，诱之登岸，督率弁兵，奋击痛剿，使聚而歼旃，乃为上策"。[参见（清）文庆等纂：《筹办夷务始末（道光朝）》（齐思和等整理）（1），北京：中华书局，1964年，卷10，第277～278页；卷13，第412页。]

③ 清乾隆五十八年（1793年）和嘉庆二十一年（1816年）英国两次派专使马戛尔尼和阿美士德来华交涉通商事宜，均未得到清廷的允诺。据孙玉庭所著《延厘堂集》载，嘉庆皇帝曾恼于英人喋喋不休的通商要求和咄咄逼人的姿态，与其有过一段关于英国情况的对话。嘉庆皇帝问："英国是否富强？"孙玉庭答："彼国大于西洋诸国，故强。但强由于富，富则由于中国。"嘉庆皇帝问其故，孙玉庭答曰："彼国贸易至广东，其货物易换茶叶回时，转卖于附近西洋各小国，故富，因而能强。西洋诸国之需茶叶，亦犹北边外之需大黄，我若禁茶出洋，则彼穷且病，又安能强？"听了孙玉庭的回答，嘉庆皇帝满意地笑了。[见（清）孙玉庭：《延厘堂集·附·孙玉庭自记年谱》，《清代诗文集汇编》第438册，《延厘堂集》，上海：上海古籍出版社，2010年，第219～220页。]上述记载说明清廷对英国在西洋各国中相对较强的国力、地位大致有些许认识，但没有将其看是自己潜在的、强劲的对手则也是事实。

英战争即将爆发时，还在自行揣度英国"万不敢以侵凌他国之术窥伺中华"①，以为"即使果有其事，而夷兵涉远而来，粮饷军火安能持久？"② 主观上始终将其视之为传统的"海氛蛮夷"。这种认知实际上是对即将到来的、大规模的近代海防战争没有足够的重视，也缺乏应有的心理准备。毋庸讳言，堪称睿智的林则徐尚且如此，深居皇宫的道光帝更是可想而知。

二是"以守为战""以逸待劳"在相当程度上投射出传统以"陆防"为基本原则的"防海"思想的深层影响。

林则徐初到广东主持禁烟，筹办海防事务时，由于囿于传统观念对"蛮荒岛夷"的轻视，一度也以为"夷兵除枪炮之外，击刺步伐，俱非所娴，而其腿足缠束紧密，屈伸皆所不便。若至岸上，更无能为"，轻信英军"兵船笨重，吃水深至数丈，只能取胜外洋，破浪乘风，是其长技"，清军避其长而击其短，不与它"在洋接仗，其技即无所施"，只要设法诱敌登岸，便可以很容易地制敌于死地。③ 这与前明时期沿海官员对当时"倭患"的认识基本相同，抗倭名将戚继光在"平倭"战争中力主"水陆兼施，陆战尤切"④，主要立足于在陆上歼敌，而且在明嘉靖年间平定"倭乱"的过程中也的确取得很好的效果。

但至第一次中英鸦片战争时期，星移斗转，光阴流逝，早已是世事变幻，物是人非，此时依然相信只要"诱敌登岸"、陆上歼敌，就能在这场"数千年未有之奇变"的对外海防战争中胜券在握、百无一失，那已是一种对时代发展认识的滞后，其消极影响是显而易见的。

鸦片战争爆发后，英军凭借"坚船利炮"横行于海陆战场，虽遭到中国守军的顽强抵抗，但战争双方呈现的优劣之势已相当明显，众多清军将领愕然惊觉"（英军）陆路凶悍情形，与在洋面横行无异，向来所谓该逆登陆即

---

① 中山大学历史系中国近现代史教研组、研究室编：《林则徐集·奏稿》，北京：中华书局，1965年，第677页。
② 中山大学历史系中国近现代史教研组、研究室编：《林则徐集·公牍》，北京：中华书局，1963年，第188页。
③ （清）文庆等纂：《筹办夷务始末（道光朝）》（齐思和等整理）（1），卷8，《林则徐等又奏英人非不可制请严谕查禁鸦片片》，第216～217页。
④ （明）戚继光：《纪效新书·总叙》，丛书集成初编，第13页。

无能为者，殊非笃论"①。但可悲的是，这种惊诧之声却使一些败军之将很快转化为对海上入侵者的畏惧之心，昔日的"天朝上国"已打算举起白旗，与"千古蛮夷"签订城下之盟了。

完全可以说，清廷统治者这一传统"防海"思维及其"以守为战""以逸待劳"海防方略所造成的消极影响和缺憾，正是晚清中国一而再，再而三地败于众多"蕞尔岛夷"的重要原因之一。

当然，必须更加深刻认识到的是，以"弃大洋，守内河，以守为战，以逸待劳，诱敌登岸，聚而歼之"的防海方略去应对"海国时代"的海防形势只能说是理想化的一厢情愿。

因为，面对咄咄逼人的西方海上强敌，笃守"弃大洋，守内河"的战略指导相当于完全放弃了海上防御，从而也就放弃了近代对外海防战争中最具重要战略意义的制海权，使得英军基本上在整个鸦片战争期间，完全掌握了选择作战时间、作战地点的主动权。而中国在从南到北连绵万里的海岸线上，清军分兵把守，处处设防，不但无法集中优势兵力，而且还疲于奔命，陷入被动挨打的困局之中。其结果是不仅"内河"守不住，"以守为战"变成了"以守待攻"；"以逸待劳"则变成了"以劳待逸"，辽阔的中国海疆也变成英国海上侵略者肆意横行的战场，这就是传统"防海"思维，固守守土防御决策对付近代海上强敌的结局！这种局面的造成固然与清朝君臣决策者的本意并不相符，但却是这场近代对外海防战争中所展现的惨痛事实。②

还应该指出的是，在第一次中英鸦片战争初期，不仅身负干城之责的林

---

① （清）文庆等纂：《筹办夷务始末（道光朝）》（齐思和等整理）（3），卷34，《奇明保等奏定海失守乍浦吃重请调兵防守折》，第1250页。
② 以上具体分析可参见黄顺力：《传统海防观与林则徐海防思想刍议》（载《中国国情国力》，2001年第11～12期）。需要指出的是，指出传统海防观的深层影响并非不顾客观历史条件要求清军出大洋与英军接仗，在当时清代中国经济基础薄弱、军事技术手段落后的情况下，出洋与英军作战是不可能也无法做到的。但问题在于我们在总结历史的经验教训时，应该对传统观念的潜在影响具有正确的认识。一个古老的民族第一次在与近代化的西方强敌交手中失败，可能是历史的必然，但失败之后如果不能努力挣脱传统的枷锁，长时期都不能摆脱"落后挨打"的困境，那么，留给后人引以为鉴的只有悲情式的不断反思，而这显然是远远不够的。

则徐深受传统"防海"思维的困扰,而且以究心经世致用之学著称的魏源①、夏燮等沿海有识见的官绅,也一时难以跳出传统防海思维的窠臼。

魏源在总结鸦片战争失败的教训时说:

> 自夷变以来,帷幄所擘划,疆场所经营,非战即款,非款即战,未有专主守者,未有善言主守者。不能守,何以战?不能守,何以款?以守为战,而外夷服我调度,是谓以夷攻夷;以守为款,而后外夷范我驰驱,是谓以夷款夷。②

也即是说,在对付海上来犯之敌时,只要能守、善守,就可以稳操胜券。至于如何才算能守、善守,魏源的主张是"守外洋不如守海口,守海口不如守内河"。他认为,扼守海口内河,可以"乘风潮,选水勇,或驾火舟,首尾以攻之"。然后设法诱敌登岸,依靠"兵炮地雷,水陆埋伏,如设罟以待虎,设网以待鱼,必能制其死命"③。这种近乎理想化的"诱敌登岸""如设罟以待虎,设网以待鱼",固然言之凿凿,似乎有着充分的道理,但却鲜明地反映了传统防海思维模式的深层影响。

对西方情事有所了解的夏燮也说:

> 中国水师与之争锋海上,即使招募夷工,仿其制作,而茫茫大海无从把握,亦望洋而叹耳!……大洋之外犹平原也,今与寇战于平原,必引而致之狭隘之地。……故御夷者,善战不如善堵。堵则船欲小而不欲大,水勇贵少而不贵多,炮务近而不务远。④

---

① 魏源虽为湖南邵阳人氏,但曾先后做过江苏布政使贺长龄和两江总督陶澍、伊里布的幕僚,鸦片战争期间曾在浙江军营待过数月,对海疆事务颇为用心,其受林则徐嘱托编撰的巨著《海国图志》对近代中国的海防事业有深远的影响。
② (清)魏源:《魏源全集》,第四册,《海国图志》,卷3,《筹海篇三·议守上》,第1页。
③ (清)魏源:《魏源全集》,第四册,《海国图志》,卷3,《筹海篇三·议守上》,第2页。
④ (清)夏燮:《中西纪事》(欧阳跃峰点校),卷23,《管蠡一得·防御内河》,清代史料笔记丛刊,北京:中华书局,2020年,第361~362页。

他同样也强调"防"与"堵",强调"茫茫大海,无从把握",而致力于"诱敌登岸",以陆守歼敌。

可以说,传统防海思维定式的内向性、保守性,并没有在一场国人还未充分意识到的近代对外海防战争中得以有效的克服和扭转,事实上它从鸦片战争时期起一直影响到后来洋务自强新政时期整个近代海防、海军的建设,晚清中国曾为此付出了相当沉重的代价。

三、有识之士海防认知的近代转向

如同人类社会所有思想的发展与衍变一样,中国海防思想也有其传承和发展衍变过程,这正如马克思、恩格斯所言:

> 人们自己创造自己的历史,但是他们并不是随心所欲地创造,并不是在他们自己选定的条件下创造,而是在直接碰到的、既定的、从过去承继下来的条件下创造。①

因此,虽然我们指出第一次鸦片战争爆发初期,由林则徐提出并得到道光皇帝首肯的海防方略,受到传统"防海"思维的深层影响,但这并非刻意对道光君臣,包括林则徐、魏源等的苛求,要求他们"随心所欲"地去"创造自己的历史"。因为在当时的历史条件下,第一次鸦片战争初期道光君臣们对"弃大洋,守内河,以守为战,以逸待劳,诱敌登岸,聚而歼之"海防方略的自信,只不过是明清以来王朝统治者传统防海思维的惯性传承和自然流露罢了。

正是在这个意义上,我们说,世界上任何事物都有其双重性,对社会历史发展而言,传统思维的惯性既是一种惰性力,又是一种推动力,如果固守陈旧的传统不放,凡事"谨遵祖宗之制",思想僵化,那么传统的惯性呈现的是"一种巨大的阻力,是历史的惰性力"②;反之,若是能"在直接碰到

---

① 《马克思恩格斯选集》,第 1 卷,第 603 页。
② 《马克思恩格斯选集》,第 3 卷,第 402 页。

的、既定的、从过去承继下来的条件下"进行"创造性"的转化,则传统的惯性也可以转化成为历史的推动力。

伟大的中华民族有着数千年从未间断过的优良文明传统,中华儿女在波涛汹涌、跌宕起伏的历史长河中凝练了"自强不息"的韧劲,在艰难困苦、玉汝于成的世事变迁中锻造出"穷则思变"的精神,尤其是当面临"数千年未有之奇变"的时代转型之际,一代代有识见、有担当、有理想的仁人志士更是积极努力地进行这样的"创造性"转化,以"穷则变,变则通"的经世精神,把传统的惰性力转化为历史的推动力。

第一次鸦片战争时期的"千古奇变"与"创造性转化"也是这样。随着这场具有近代意义的对外海防战争的战事推展,作为一个有远见的政治军事战略家,林则徐敏锐地觉察到与西方海上强敌交手而一味"专于陆守"的弊端,他开始认识到:

> 若海面更无船炮水军,是逆夷到一城邑,可取则取,即不可取,亦不过扬帆舍去,又顾之他。在彼无有得失,何所忌惮,而我则千疮百孔,何处可以解严?①
>
> (故)侧闻议军务者,皆曰不可攻其所长,故不与水战,而专于陆守。此说在前一二年犹可,今则岸兵之溃,更甚于水,又安所得其短而攻之?……(英军)朝南暮北,惟水军始能尾追,岸兵能顷刻移动否?②

由此,他认为要战胜英国这样的海上强敌,必须建设一支可以与之相抗衡的"船炮水军"(近代海军),"往来海上追奔逐北,彼能往者,我亦能往",积极与海上之敌进行水上交锋,才能改变近代对外海防战争中"水中无剿御之人、战胜之具"的落后状况。③

我们认为,林则徐的这一新的海防认识代表的正是一种对传统防海思维的"创造性"转化,是在世事巨变、强敌当前之际,以"自强不息"的韧劲

---

① 杨国桢编:《林则徐书简》,福州:福建人民出版社,1981年,第132页。
② 杨国桢编:《林则徐书简》,第193页。
③ 中山大学历史系中国近现代史教研组、研究室编:《林则徐集·奏稿》,第885页。

和"穷则变,变则通"的经世精神,将传统的惰性力转化为历史发展推动力的可贵探索,是他们那个时代先进的中国人由传统向近代转型的共同努力!在这一过程中,除林则徐之外,包括魏源、梁章钜、徐继畲、梁廷枏等沿海官绅,以及与英军接战过的裕谦、伊里布、奕山、刘韵珂等海疆将领在反思海防战争失败的经验教训时,其传统防海认知都在不同程度上开始向近代海防思想观念转变,这主要体现在以下四个方面:

(一)"船炮、水军之不可缺一"

第一次对外海防战争中英军的"坚船利炮"与清军的土炮鸟铳、梭船米艇接战,其实力悬殊、战法优劣很快就以清军在海陆战场上接二连三的失利显现出来,而尤其是海战军事技术的落差,直接促进了传统防海思维的近代转型。

林则徐被革职留粤听候查办期间,曾冷静地检讨过战争初期笃信"以守为战"方略的失误,他在给友人戴絅孙的信中说:

> 逆(英)船倏南倏北,来去自如,我则枝枝节节而防之。濒海大小门口不啻累万,防之可胜防乎?果能亟筹船炮,速募水军,得敢死之士而用之,彼北亦北,彼南亦南,其费虽若甚繁,实比陆路分屯、远途征调所省为多。若誓不与之水上交锋,是彼进可战,而退并不必守,诚有得无失者矣。①

对于中英双方在这场不同以往的对外海防战争中所处的基本态势,林则徐还形象地加以比喻说,若一味强调"以守为战"的陆守原则,"譬如两人对弈,让人行两步,而我只行一步,其胜负尚待问乎"②?他认为,以传统僵化的以海为防、以守为战的防海手段去对付机动性强的海上之敌,相当于清军只能被动地"以有定攻无定,(英军)舟一躲闪,则炮子落水矣";而灵活机动,随处可至的英军舰船则"以无定攻有定,便无一炮虚发",处于守势

---

① 杨国桢编:《林则徐书简》,第177页。
② 杨国桢编:《林则徐书简》,第182页。

的清军只能被动挨打。如果不尽快改变整个已经过时的防海指导，"即远调百万貔貅，只恐供临敌之一哄"①，战争结局即可想而知。

为了改变这种被动的局面，掌握与强敌进行海上竞逐的主动权，林则徐明确提出：

> 有船有炮，水军主之，往来海中追奔逐北，彼所能往者，我亦能往，岸上军尽可十撤其九。以视此时之枝枝节节，防不胜防。远省征兵，徒累无益者，其所得失固已较然，即军储亦彼费而此省。果有大船百只，中小船半之，大小炮千位，水军五千，舵工水手一千，南北洋无不可径驶者。逆夷以舟为巢穴，有大帮水军追逐于巨浸之中，彼敢舍舟而扰陆路，占之城垣，吾不信也！②

可以看出，林则徐已深刻认识到，要保卫国家的陆疆安全，必须要有强大的海上武装力量——"船炮水军"为依托，"彼所能往者，我亦能往"，不论是海防，还是陆防才有真正的保障。在这里，林则徐虽仍然流露某种一时难以断舍离的传统自信，但发出"有大帮水军追逐于巨浸之中"的呼吁，亟望"船炮水军"在南北洋的万里海疆上"无不可径驶者"，已显示出某种凭借海军力量"制海"思想的雏形，有着朦胧的与西方海上强敌抗衡的近代海权意识了。

基此，林则徐还强调说："船炮、水军断非可已之事，即使逆夷逃归海外，此事亦不可不亟为筹划，以为海疆久远之谋。"他指出在时势、强敌已经发生变化的情况下，若仍然希图"剿夷而不谋船炮水军，是自取败也"③，故"目前驱鳄屏鲸，舍此曷济"的结论就是"船炮、水军之不可缺一"④！

---

① 杨国桢编：《林则徐书简》，第193页。
② 杨国桢编：《林则徐书简》，第179页。
③ 杨国桢编：《林则徐书简》，第193页。
④ 杨国桢编：《林则徐书简》，第196页。另外，1840年4月，林则徐以"协办夷务"之名，向靖逆将军奕山提出"外海战船，宜分别筹办也。查洋面水战，系英夷长技，如夷船逃出虎门外，自非单薄之船所能追剿，应另制坚厚战船，以资战胜"［见杨国桢编：《林则徐书简》，第173页］，已开始把"外海战船"的筹划作为与英国进行海上交锋的战略考虑。

不仅林则徐有制炮造船，创建外洋水军的认识，而且一些在对外海防战争中打了败仗的沿海前敌将帅，如奕山、裕谦、伊里布、杨芳、刘韵珂等人也开始意识到外洋"船炮水军"的重要性。钦差大臣奕山在广东吃了败仗之后，认识到清军之败在于"无抵御之具"，"逆夷恃其船坚炮利，因我师船不能远涉外洋与之交战，是以肆行无忌"，故急需仿造外国船舰，才能与外敌抗衡。①

原本极为笃信"陆守"的两江总督裕谦认为："逆夷船坚炮大，驰逐于汪洋大海之中，是其所长。我兵承平日久，水务废弛，船只又不甚坚大合用，不值与之海洋接仗。然止可为一时权宜之计，一俟夷务平定，必应简练水师，讲求船械，以为久安长治之图。"②

继任两江总督的伊里布则提出："制胜之谋，固在陆战，然止击之于陆而不击之于水，尚难全胜。盖该夷性最狡猾，明知陆战非其所长，故其船只只紧傍县城之外，不敢远离。我若仅从陆路攻剿，彼必蚁附登舟，开炮轰击，我兵即难免吃亏，纵能克城，亦难守御。故水陆两路，必须同时并举，使其首尾不能相顾，方可得手。"③ 反对完全放弃水战，主张水陆两路同时并举，其中也蕴含了必须尽快制炮造船，创建外洋水军的近代海防意识。

闽浙总督颜伯焘在与英军交手的过程中感到单纯陆守存在诸多弊端，他提出："用守而不用攻，则贼逸我劳，贼省我费"，因此必须造船募兵，建立外海水师，以便能"出洋驰逐"④，与敌争战于海上。

此外，果勇侯杨芳根据英军的情况，认为"水战之具彼有我无"，以陆守防海攻，"我有定所，彼无定形，远近趋避之间"，难有制胜把握。⑤ 负责浙江海防事务的巡抚刘韵珂也说："（海洋）水战尤为该逆之所习，我欲制其死命，必当筹海洋制胜之策。若仅攻之于陆路，无论现在师徒挠败，未能取

---

① （清）文庆等纂：《筹办夷务始末（道光朝）》（齐思和等整理）（5），卷61，《奕山等奏现筹制造战船情形将式样绘图贴说进呈折》，第2396页。
② 参见中国史学会编：《鸦片战争》（三），中国近代史资料丛刊，第486~487页。
③ 张晓生主编：《中国近代战策辑要》，北京：军事科学出版社，1993年，第47页。
④ 《魏源集》，上册，《道光洋艘征抚记》，北京：中华书局，1983年，第189页。
⑤ 杨芳：《奏陈攻夷之难拟暂予羁縻准其贸易片》，载《史料旬刊》第35期，第305页，转引自王宏斌：《晚清海防：思想与制度研究》，北京：商务印书馆，2005年，第15页。

胜，即使日后幸获胜仗，而该夷登舟遁去，我既无精练之水师，又无坚大之战舰，只能望洋而叹。"①

虽然杨芳、刘韵珂二人主要强调的是对英作战的困难，但其潜台词也主张要建设实力相当的"精练之水师"与"坚大之战舰"，才能抵御英军从海上发动的进攻。

毫无疑问，在新的"防海"形势下，林则徐等身处海防前线将帅们的这种思考，不仅在海防认知上开始从陆守向水战、从守内河向争外洋转变，而且还把建设近代化新式海军的设想也提上国人的议事日程，这的确是一个了不起的进步！

当然，这里还值得一提的是，林则徐在被充军伊犁的途中，"身虽放逐，安能逯诸不闻不见"②，还念念不忘关系国家防卫安全的海防大事，这如同此前他受命赴广东禁烟时向师友所表达的坦荡胸襟："祸福死生，早已度外置之"③一样，明知前路崎岖难行而依然奋力勇往直前，这是他作为一位伟大的爱国者特别值得后人尊敬之处。但同时我们也要看到，从近代海防思想的发展和个人的心路历程来看，林则徐上述这种可贵的思想认识转变，是在他被革职查办并充军新疆伊犁过程中经过认真思考才逐渐得以完成的。在封建君主专制政治的严厉管控之下，戴罪之臣，行事如履薄冰。林则徐此时纵然有诸多远见卓识，但"他已无法也不敢贸然向最高决策者直抒己见，而只能与几位志趣相合的好友倾吐自己'爱注之深'的想法。而且，即使这样的私下书信往来，林则徐也忘不了再三叮嘱'惟祈密之，切勿为外人道也'。林则徐对传统海防观的扬弃，本是近代军事思想史上的一个可贵突破，但条件的限制却使他失去了亲手实现海防战略转变的机会，近代海防与海军建设仍然在传统海防观的困扰下跌跌撞撞地挪动，这真是一个历史的大悲剧"④。而奕山、杨芳、刘韵珂等清军前敌将帅则在领教过"千古蛮夷"的厉害之后，很快就由认清了对手的实力而转变为对对手的畏惧，"逆夷凶猛，迥出寻常

---

① （清）文庆等纂：《筹办夷务始末（道光朝）》（齐思和等整理）（4），卷44，《刘韵珂奏大兵在慈溪失利事势深可危虑折》，第1680页。
② 杨国桢编：《林则徐书简》，第193页。
③ 杨国桢编：《林则徐书简》，第192页。
④ 黄顺力：《海洋迷思：中国海洋观的传统与变迁》，第198页。

意料之外"①。这同样也是历史的悲剧!

(二)"内守既固,乃御外攻"

与林则徐的思想转变相类似,作为林则徐好友的魏源是一个注重实务的经世思想家,其可贵之处也在于他能够根据战争的发展态势和实际情况,不断地修正和完善自己的海防认知,并不断地摆脱固守传统"以守为战"防海思维的影响。魏源在《筹海篇·议守》中曾强调"守外洋不如守海口,守海口不如守内河"②。这是因为他考虑到英军擅长海上作战,以清军水师的实力不足以与英军在海上争锋,也不可能守住外洋。倘若能将其引入内河,"沉舟塞筏以断其归路";诱其上岸,而"备火攻,设奇伏",四面围攻,定可将英舰、英军"聚而歼之"。③ 但战事过程证明这只能是囿于中古战争条件下一厢情愿式的设想,在近代对外海防战争的实践中是不可能奏效的。因此,我们认为魏源的"议守"设想受传统防海思维定式的影响是显而易见的。

但值得我们注意的是,魏源在《筹海篇·议战》中提出"内守既固,乃御外攻"④的主张,也就是说,在总结海防战争失败的经验教训时,魏源开始认识到,仅强调"守外洋不如守海口,守海口不如守内河"和"以守为战",已不能适应战争形势的发展变化。由于近代海防战争敌情多变,军力有差,专守海口内河,虽然可以发挥我之所长,但他意识到:"夷性诡而多疑,使我岸兵有备而彼不登岸,则若之何?内河有备而彼不入内河,则若之何?"况且,"使夷知内河有备,练水勇备火舟如广东初年之事,(夷)岂肯深入死地哉?⋯⋯即使歼其内河诸艇,而奇功不可屡邀,狡夷亦不肯再误"⑤。因此,"以守为战",专守内河、海口,固守陆岸的海防方略也要适时相应改变,即"内守既固,乃御外攻"。他认为:"夷贪恋中国市埠之利,亦断不肯即如安南、日本之绝交不往,此后则非海战不可矣。鸦片趸船仍泊外

---

① (清)文庆等纂:《筹办夷务始末(道光朝)》(齐思和等整理)(4),卷50,《牛鉴奏英船窜入吴淞提督陈化成阵亡宝山失守折》,第1917页。
② (清)魏源:《魏源全集》,第四册,《海国图志》,卷3,《筹海篇三·议守上》,第1页。
③ (清)魏源:《魏源全集》,第四册,《海国图志》,卷3,《筹海篇三·议守上》,第2页。
④ 《魏源集》,下册,《筹海篇三·议战》,第865页。
⑤ 《魏源集》,下册,《补录·筹海篇三》,第875页。

洋，无兵舰何以攻之？又非海战不可矣。"①

在此基础上，与林则徐一样，魏源明确提出要筹建新式海军，以便能够"驶楼船于海外""战洋夷于海中"，②掌握与敌争胜海洋的主动权。他在《议战篇》中深入分析说：

> 夫海战全争上风，无战舰则有上风而不能乘。即有战舰而使两客交哄于海中，则互争上风，尚有不能操券之势。若战舰战器相当，而又以主待客，则风潮不顺时，我舰可藏于内港，贼不能攻。一俟风潮皆顺，我即出攻，贼不能避，我可乘贼，贼不能乘我，是主之胜客者一。
>
> 无战舰则不能断贼接济。今有战舰，则贼之接济路穷，而我以饱待饥，是主之胜客者二。
>
> 无战舰则贼敢登岸，无人攻其后。若有战舰，则贼登岸之后，舶上人少，我兵得袭其虚，与陆兵夹击，是主之胜客者三。
>
> 无战舰则贼得以数舟分封数省之港，得以旬日遍扰各省之地。有战舰则贼舟敢聚不敢散，我兵所至，可与邻省之舰夹击，是主之胜客者四。③

总而言之，在新的海防形势下，魏源主张必须制炮造船，创设新式海军，"合新修之火轮、战舰，与新练水犀之士，……以创中国千年水师未有之盛"④，才能有效地应付来自海上强敌的挑战。

可以说，从以守为战，防御内河、海口转变到制炮造船，创建"新练水犀之士"的近代海军，借以"驶楼船于海外""战洋夷于海中"，魏源这一认识与林则徐同样反映出其海防思想的转变。

此外，熟悉沿海事务，关心鸦片战争进程的广东士绅梁廷枏对"以守为战"方略的反思也值得一提。

梁廷枏自小生活在广东沿海，熟悉海防事务，战争爆发前被两广总督卢

---

① 《魏源集》，下册，《补录·筹海篇三》，第877~878页。
② 《魏源集》，下册，《补录·筹海篇三》，第870页。
③ 《魏源集》，下册，《补录·筹海篇三》，第875~876页。
④ 《魏源集》，上册，《道光洋艘征抚记》，第186页。

坤聘入广东海防书局编撰《广东海防汇览》《粤海关志》等，对西方国家的海上威胁有较深刻的认识。

梁廷枏认为，东南海疆的防御除了传统的"防盗"之外，更要注意"防夷"，而"防夷"则应加强外海水师建设，"兵可百年不用，不可一日不备"；"苟不讲求于平日，何以收效于一时？"① 他以广东海防为例，主张应重视外海、内河与陆地连成一体的整体防御，即"外海以捍边陲，次内河以存根本，终之以海埏陆地为心腹之用，故见唇齿之相依"②，强调不能因"以守为战"而只顾陆守，放弃外海防御。

鸦片战争后，梁廷枏更明确指出，加强外海防御就必须建设足以保卫国家海疆安全的海上武装力量，因为"夷舶在洋，如履平地。各省虽有战舰，从未闻有驾兵（舰）出洋攻剿之事。故其驶行数省洋道，如入无人之境"，鸦片战争中英国军舰之所以能在中国洋面上"锐意直进，毫无顾忌，屡胜之故，端在于斯"③。因此，他提出：

> 今宜创造坚大战舰百艘，艘各佩（配）以弁兵百人。于广东、福建、浙江、江南四省外海水师营分，各选精锐二千五百人。……西界越南洋夷，北抵盛京，无论内外诸洋，咸责巡哨。④

可以看出，梁廷枏这种"创造坚大战舰百艘"，进行"四省统巡"外海水师的设想已具有建立近代海军联合舰队雏形的意义，这与林则徐、魏源等人相类似，同样是因大敌当前的危机所迫，先进中国人在海防思想观念上进行"创造性转化"的结果。

应该说，林则徐、魏源、梁廷枏等人由过往强调以守为战、内河海口防守转向主张以"新练水犀之士"与海上强敌在外洋争锋，这虽然只是一种海防举措上的认知变化，但折射出的却是自明清以来，整个以海为防、以禁为

---

① （清）梁廷枏总纂：《粤海关志》（袁忠仁校注），广州：广东人民出版社，2002年，第395页。
② （清）梁廷枏总纂：《粤海关志》（袁忠仁校注），第394页。
③ （清）梁廷枏：《夷氛闻记》（邵循正校注），北京：中华书局，1997年，第143页。
④ （清）梁廷枏：《夷氛闻记》（邵循正校注），第143页。

防的防海思维由传统向近代衍变转型的发展迹象，是"彼所能往者，我亦能往"制海思想意识的萌芽，尽管这一衍变转型还是一个相当崎岖而漫长的过程，但毕竟已初见端倪。

（三）探访夷情，以定控制之方

中国兵家有句名言："知己知彼，百战不殆。"作为注重时务的经世官员，林则徐到广东主持禁烟、筹办海防时，认识到面对英国这样不同于传统"海贼""海盗"的海上"蛮夷"，必须"时常探访夷情，知其虚实，始可以定控制之方"[1]。因此，"探访夷情，知其虚实"既是林则徐对英国"坚船利炮"的认识过程，也是其海防思想能依强敌对手和时局发展而转变的主要动因。

鸦片战争爆发前，《澳门月报》《澳门新闻纸》等曾多方报道说："中国官府，全不知外国之政事，又不询问考求，故至今中国仍不知西洋"[2]，而且"又少有人告知外国事务，故中国官府之才智诚为可疑。中国至今仍旧不知西边……在广东省城，有许多大人（物）握大权，（但）不知英吉利人并米利坚人之事情……此是骄傲自足，明明轻慢各种蛮夷，不去考究"[3]。

其时，清朝"沿海文武员弁不谙夷情，震于英吉利之名，而实不知其来历"[4]的大有人在。为了改变这种情况，林则徐认为："澳门地方，华夷杂处，各国夷人所聚，闻见最多，尤须密派精干稳实之人，暗中坐探，则夷情虚实，自可先得。"[5]遂积极组织人员搜集和翻译《澳门新闻纸》、《澳门月报》、《世界地理大全》（时译为《四洲志》）、《华事夷言》、《华达尔各国律例》等西文报刊和书籍，对海外各国的情况都有所涉及，但重点探究明清以来与中国打过各种交道的英、法、美、俄、荷兰、葡萄牙、西班牙等海上强

---

[1] 中山大学历史系中国近现代史教研组、研究室编：《林则徐集·奏稿》，第765页。
[2] 中国史学会编：《鸦片战争》（二），中国近代史资料丛刊，第526页。
[3] 中国史学会编：《鸦片战争》（二），中国近代史资料丛刊，第411~412页。
[4] 中山大学历史系中国近现代史教研组、研究室编：《林则徐集·奏稿》，第649页。
[5] 杨国桢编：《林则徐书简（增订本）》，福州：福建人民出版社，1985年，第173~174页。

国的情况，希望通过了解"夷情虚实"，以定"制驭准备之方"①，作为研究和制定海疆防御方略的决策依据。

此外，与林则徐过从甚密的广东士绅梁廷枏也强调只有"知夷"才能"制夷"，"夷情叵测，宜周密探报也"②，主张可以通过查阅西方报纸、书籍，以及与外人交谈等途径了解"夷情"。

在"探访夷情"的实践中，林则徐初步了解到英国因拥有强大的海上武装力量而成为西洋强国。要对付这样的海上强敌也必须有相应的实力"利器"，为此，他在主持广东海防军务期间从美国旗昌洋行先行购买了一艘排水量约为1060吨的商船"甘美力治"号③（Cambridge，又译"剑桥"号），将之改造成用以训练清军水师演练攻击英舰的训练舰。④之后，随着海防形势紧迫，又将其改装为拥有34门英制船炮和轻武器的战舰，并雇用了一批熟悉外国船舰的广东籍水手和菲律宾、印度等外国水手服役。"甘美力治"号作为晚清中国最早的进口军舰之一⑤，受到多方的关注。

除了"甘美力治"号外，林则徐还设法购买了两艘排水量为25吨的纵帆船和一艘小火轮，而且还自己捐资仿造了两艘"底用铜包，蓬如洋式"⑥的欧式战船，并精心搜集绘制了八种西洋战船图式，如《花旗船图》《安南国大师船图》等，以备研制新式战船的参考。

---

① （清）林则徐：《答奕将军防御粤省六条》，又见（清）梁廷枏：《夷氛闻记》（邵循正校注），第44页。
② （清）梁廷枏：《夷氛闻记》（邵循正校注），第68页。
③ "甘美力治"号商船原为英国商船，后为美商旗昌洋行所购。其排水量说法不一，有900吨、1060吨、1200吨、1400吨等不同记载［参见兴河：《天朝师夷录——中国近代对世界军事技术的引进（1840—1860）》，北京：解放军出版社，2014年，第170页］，此处以通常说法1060吨记之。
④ 林则徐购买"甘美力治"号商船将之改造为训练舰，供水师"兵士演习分攻首尾及跃登中舱之法"。（参见《魏源集》，上册，《道光洋艘征抚记》，第174页。）
⑤ 鸦片战争前，广东十三行商人曾帮助广东地方官府购买一艘排水量为108吨的英国双桅帆船"伊丽莎白"号，用于加强清军水师，主要目的是"保商靖盗"，对付沿海"盗贼"与"海寇"。参见［美］H.B.马士：《东印度公司对华贸易编年史（1635—1834年）》（区宗华译，林树惠校，章文钦校并注），第3卷，广州：中山大学出版社，第114页。
⑥ 中山大学历史系中国近现代史教研组、研究室编：《林则徐集·奏稿》，第690页。

尽管林则徐所做的这些努力，因主客观的各种原因在这场前所未有的对外海防战争中没有发挥出应有的作用[1]，但我们认为，"甘美力治"号作为晚清中国最早引进并加以改装的西洋战舰仍然有其独特的历史意义——即在大变局时代，对西方海洋情事的关注、了解和学习是一种"创造性转化"的基本前提和思想基础。林则徐等有识之士"探访夷情，以定控制之方"的海防实践，在开启晚清中国"睁眼看世界"，向西方学习大门的同时，也拉开了中国海防思想由传统向近代转型的序幕。林则徐对"甘美力治"号的引进与改装在某种意义上成为后来洋务自强新政中购买、仿制西洋船炮，创建新式海军的开端。

（四）"师夷长技以制夷"

晚清中国第一次对外海防战争，最值得我们关注并促使传统"防海"思维转向的是林则徐、魏源提出的"师夷长技以制夷"思想。[2]

如果说，林则徐提出"探访夷情，以定控制之方"是在"知己知彼，百战不殆"的思想基础上，亟望通过"知夷"来达成"制夷"的目的，那么，在海防战争的具体实践过程中，他由"知夷"而萌发"师夷"以"制夷"这一堪称睿智的先进思想，则由其挚友魏源所提"师夷长技以制夷"的主张而集中体现出来。

清道光二十一年（1841年）七月，林则徐因禁烟获咎调往浙江效力，在京口（今江苏镇江）与魏源会面时，将自己在广东搜集、编译的《四洲志》资料交托他整理出版。魏源有诗二首记曰：

---

[1] 笔者认为，改装成战舰的"甘美力治"号未能发挥应有的海战作用，而是被碇泊在广州内河的乌涌炮台上游的木排之上，变成一座固定的"防卫"炮台而成为英国军舰轰击的目标，其原因之一固然是"甘美力治"号虽为清军水师当时最大型的战船之一，但比起英军战舰来仍然显小，其载炮数量还不够英国海军护卫舰的标准［参见兴河：《天朝师夷录——中国近代对世界军事技术的引进（1840—1860）》，第171、213页注9］，在火力上无法与英军巨舰抗衡，但更重要的原因是当时清廷笃守"以守为战，以逸待劳"防海方略，在传统防海思维影响下，晚清中国"睁眼看世界"，重返海洋的道路依然漫长而遥远。

[2] 林则徐与魏源二人，一为封疆大吏，一为贤达学者，但二人识见一致，志趣相投。魏源提出的"师夷长技以制夷"思想实由林则徐"知夷""师夷"而"制夷"的海防认知与实践而来，故"师夷长技以制夷"为林、魏二人共同之思想主张。

万感苍茫日，相逢一语无。

风雷憎蠖屈，岁月笑龙屠。

方术三年艾，河山两戒图。

乘槎天上事，商略到鸥凫。

（时林公属撰《海国图志》）

聚散凭今夕，欢愁并一身。

与君宵对榻，三度雨翻蘋。

去国桃千树，忧时突再薪。

不辞京口月，肝胆醉轮囷。[①]

诗中所谓"乘槎天上事，商略到鸥凫"，即指林、魏二人彻夜商谈以《四洲志》为基础，将其扩编为《海国图志》一事。[②]

魏源在《海国图志》的"叙"中说明编撰的目的："是书何以作？曰：为以夷攻夷而作，为以夷款夷而作，为师夷长技以制夷而作。"[③] 与林则徐一样，魏源也认为"欲制外夷者，必先悉夷情始；欲悉夷情者，必先立译馆、翻夷书始"，并反复强调："筹夷事必知夷情，知夷情必知夷形（势）"，"同一御敌，而知其形与不知其形，利害相百焉；同一款敌，而知其情与不知其

[①] 《魏源集》，下册，《京口晤林少穆制府二首》，第781页。

[②] 有关《海国图志》一书最早的编撰者究竟是魏源，还是林则徐，学界曾有不同说法。笔者倾向于魏源为宜，但他是在林则徐《四洲志》的基础上整理、扩编而成巨著《海国图志》。正如魏源自己在《海国图志叙》所言："《海国图志》六十卷，何所据？一据前两广总督林尚书所译西夷之《四洲志》，再据历代史志及明以来岛志并近日夷图、夷语。钩稽贯串，创榛辟莽，前驱先路。大都东南洋、西南洋增于原书者十之八，大、小西洋，北洋，外大西洋增于原书者十之六。又图以经之，表以纬之，博参众议以发挥之。"［《魏源集》，下册，《海国图志叙》，第852页。］林则徐、魏源二人思想志趣，包括对新时期海防战争的看法与应对之方均基本相同，而魏源对林则徐之思想明显多有继承和发展之处，故治史者常以"林、魏二人"并称是适当的。

[③] （清）魏源：《魏源全集》，第四册，《海国图志·原叙》，第1页。

情，利害相百焉"①。由于"攻夷""款夷"的目的都是"制夷"，即"善师四夷者，能制四夷；不善师四夷者，外夷制之"，②故"师夷长技以制夷"为当务之急。

在第一次对外海防战争炮火的实践检验下，魏源提出，"夷之长技三：一战舰；二火器；三养兵、练兵之法"③。他认为，英国在战争中主要凭借"坚船利炮"轰开中国的海疆大门，故西洋长技首推战舰与火器。英国海军不仅恃之以攻城略地，横行无忌，而且"遇有可乘隙，即用大炮兵舶占据海口"④，掌握海上霸权。为了应对这一严峻挑战，中国也必须设厂制造船炮，"并延西洋柁师司教行船演炮之法……尽得西洋之长技为中国之长技"，才能"使中国水师可以驶楼船于海外，可以战洋夷于海中"⑤。

魏源这一主张与林则徐"船炮乃不可不造之件"⑥"船炮水军之不可缺一"⑦"有船有炮，水军主之，往来海中追奔逐北，彼所能往者，我亦能往"⑧的海防思想是完全一致的。

美国近代海军战略思想家马汉在《海权论》一书中指出：

> 海权的历史乃是关于国家之间的竞争、相互间的敌意以及那种频繁地在战争过程中达到顶峰的暴力的一种叙述。……（这种叙述）在其方式和本质上，已经根据是否控制海洋而得到了脱胎换骨式的改变。因此，海上力量的历史，在很大程度上就是一部军事史。在其广阔的画卷中蕴涵着使得一个濒临于海洋或借助于海洋的民族成为伟大民族的秘密

---

① （清）魏源：《魏源全集》，第四册，《海国图志》，卷3，《筹海篇三·议战》，第27、25页。
② （清）魏源：《魏源全集》，第六册，《海国图志》，卷37，《大西洋欧罗巴洲各国总叙》，第1078页。
③ （清）魏源：《魏源全集》，第四册，《海国图志》，卷3，《筹海篇三·议战》，第27页。
④ （清）魏源：《魏源全集》，第六册，《海国图志》，卷52，《大西洋·英吉利国广述中》，第1414页。
⑤ （清）魏源：《魏源全集》，第四册，《海国图志》，卷3，《筹海篇三·议战》，第28页。
⑥ 杨国桢编：《林则徐书简（增订本）》，第132页。
⑦ 杨国桢编：《林则徐书简（增订本）》，第196页。
⑧ 杨国桢编：《林则徐书简（增订本）》，第186页。

和根据。①

可以说，林则徐、魏源这种创建船炮水军，"驶楼船于海外""战洋夷于海中"的主张，力求在"海国"竞争时代能够控制海洋，掌握海上主动权的思想，已颇具"脱胎换骨式改变"的意义，初步显示出近代争胜海洋、控制海洋的制海权意识了。②

值得注意的是，魏源在反思对外海防战争失败的经验教训时，对清代前期水师战船越改越小、武器装备不精、水师训练松懈的弊端也有深刻反省。他认为："水战莫急于舟，舟战莫急于兵，水兵莫急于器"，"大海相逢，斗船力而不斗人力，此以知大之胜小矣"，故海战关键要靠"大胜小，坚胜脆"。③而反观西洋各国，"夷炮、夷船，但求精良，皆不惜工本"，"火轮逆驾之舟，为四夷哨探报信之利器"④，均为中国"沿海数万里必当师之技"。

由于制造西洋船炮需要其本国"专门工匠"的技术支持，在"即修之而不得其法，断未易于创造"的情况下，魏源赞同林则徐在广东主持海防军务时所采取的战时性措施，主张先行购买外洋船炮，"造炮不如购炮，造舟不如购舟"，⑤以应时需。将来则通过建火器局、设造船厂，"我有铸造之局，则人习其技巧"，"工匠习其制造，精兵习其驾驶、攻击"，且造且购，最终达到不依赖外人"即可自行改造"的目的。⑥

除了学习西方战舰与火器之外，魏源还看出西洋的养兵、练兵之法也是中国应该学习的"夷"之长技：

> 人但知船炮为西夷之长技，而不知西夷之所长不徒船炮也。……澳门夷兵仅二百余，而刀械则昼夜不离，训练则风雨无阻；英夷攻海口之

---

① ［美］A. T. 马汉：《海权论》（萧伟中、梅然译），第2～3页。
② 台湾地区学者王家俭先生认为，魏源曾早于马汉数十年前提出过类似马汉海权论的主张。具体内容见王家俭：《魏默深的海权思想》，《清史研究论薮》，台北：文史哲出版社，1994年，第235～255页。
③ （清）魏源：《圣武记》，卷14，《附录》，第536页。
④ （清）魏源：《圣武记》，卷14，《附录》，第545页。
⑤ （清）魏源：《圣武记》，卷14，《附录》，第544～545页。
⑥ （清）魏源：《魏源全集》，第四册，《海国图志》，卷3，《筹海篇三·议战》，第28～30页。

兵，以小舟渡至平地，辄去其舟，以绝反顾。登岸后则鱼贯肩随，行列严整，岂专恃船坚炮利哉？①

他认为，水军若"无其节制，即仅有其船械，犹无有也；无其养赡，而欲效其选练，亦不能也"②。因此，中国水师也必须学习西洋养兵、练兵之法，裁冗留精，勤加训练。当海疆不靖之时，即可"以精兵驾坚舰，昼夜千里，朝发夕至"③，把国家海疆的制海权牢牢地掌握在自己的手中。

此外，魏源还设想造船厂、火器局的设立，不仅可以制造新式船炮作为海防之具，而且还可以生产量天尺、千里镜、火轮机、火轮车等民用产品以利民生，以利航海商贸活动，即"盖船厂非徒造战舰也。战舰已就，则闽广商艘之泛南洋者，必争先效尤；宁波、上海之贩辽东、贩粤洋者，亦必群就购造，而内地商舟皆可不畏风飓之险矣"。况且，作为海防之具的"战舰有尽，而出鬻之船（商船）无尽，此船厂之可推广者一。……此外，量天尺、千里镜、龙尾车、风锯、水锯、火轮机、火轮舟、自来火、自转碓、千斤秤之属，凡有益于民用者，皆可于此造之。是造炮有数，而出鬻器械无数，此火器局之可推广二"④。

通过对西方国家情事的了解，魏源还认识到，拥有发达的民间社会海洋经济基础，有助于国家海洋事业的发展和强大，"西洋货船与兵船坚固同、大小同，但以军器之有无为区别。货船亦有炮眼，去其铁板，即可安炮。内地平时剿贼，尚动雇闽广商艘，况日后商艘尽同洋舶，有事立雇，何难佐战舰之用？"因而，他主张要改变国家对民间社会造船业进行严格限制的传统做法，"沿海商民有自愿仿设厂局以造船械，或自用，或出售者，听之"⑤，建议对民间海洋事业的发展采取乐观其成的积极开放态度。

可以看出，魏源的这一思想主张的确堪称相当进步⑥，因为，一个国家

---

① （清）魏源：《魏源全集》，第四册，《海国图志》，卷3，《筹海篇三·议战》，第32页。
② 《魏源集》，下册，《补录·筹海篇三》，第875～876页。
③ 《魏源集》，下册，《补录·筹海篇三》，第875页。
④ （清）魏源：《魏源全集》，第四册，《海国图志》，卷3，《筹海篇三·议战》，第31页。
⑤ （清）魏源：《魏源全集》，第四册，《海国图志》，卷3，《筹海篇三·议战》，第33页。
⑥ 王宏斌：《晚清海防：思想与制度研究》，第30页。

的海洋事业，不论是关注于海上安全的海防建设，还是致力于海上拓展的海军实力，都需要以雄厚、强大的综合国力作为永续发展的基础和后盾，即所谓"足国（用）才能足兵""富国（用）才能强兵"，而能否"足国（用）""富国（用）"的关键在很大程度上就取决于国家对社会经济总体发展的认知和决策，这自然也包括对发展国家海洋社会经济的认识和决策。

马汉曾详细分析过"海权"的六大要素，即进行海洋商业、军事活动所处的"地理位置"；便于海洋活动的海岸轮廓和港口的"自然形态"；利于发展海洋事业的海岸规模及港湾资源的"领土范围"；拥有从事与海洋事业相关的庞大"人口数量"；具有追求商业利益而进行航海冒险，意图称雄于世界的"民众特征"或称"国民性格"；以及海权国家本身具有的"政府特征"。其中，海权国家的"政府特征"指的就是国家对海洋是否具有鲜明的价值取向，能否以其孜孜不倦的意志力，运用国家政策以激励和铸就其航海冒险精神的民族性格，促进全社会海洋事业的发展去谋求海上权力。马汉认为，海权国家的"政府特征"是六大要素中的关键，它能够指导和充分发挥其他要素的作用，从而导致一个国家历史的兴衰成败。①

事实也的确是这样，大航海时代以来，西方"海洋国家"发展的历史充分证明了这种"政府特征"价值取向的能动作用，证明了海洋社会经济发展与国家海洋事业进步的相辅与相成。而基本上处于同一历史发展时期的明清中国在海洋上的"中退西进"趋势也明显地反证了这一点！在此意义上正如魏源所指出的，促进海洋社会经济的发展能够造就一种"争先效尤""群就购造"的社会效果，更有助于整个国家、民族海洋观念的改变，提升"海国时代"应有的海洋意识。魏源对发展民间海洋社会经济的认识充分体现了这一点，而"师夷长技以制夷"思想的时代意义也正在于此。

故基于上述，我们有理由认为，从海防与海权的思想层面上看，林则徐、魏源他们提出的"师夷长技以制夷"主张，尽管还处于朦胧的萌芽状态，但的确已开始显示出传统防海思维向近代海防认知转型与单纯的、内敛防卫式"海防"向全方位要"海权"的思想变化的趋势。

---

① ［美］A. T. 马汉：《海权论》（萧伟中、梅然译），第25～92页。

四、关注《国际法》所体现的海洋主权意识

第一次对外海防战争时期传统防海思维开始向近代海防认知转型，以及逐渐由原来单纯的、内敛防卫式的"海防"向全方位要"海权"的思想衍变过程中，林则徐等人对《国际法》的关注与运用也是一个值得我们重视的研究面向。

我们知道，近代国际法是17世纪欧洲一些国家摆脱神圣罗马帝国的统治，取得独立地位和国家主权之后发展起来的，是西方资本主义社会发展的产物。[1] 西方资本主义列强在全世界进行海外扩张时，为了"使'野蛮的半开化的'国度，屈服于'文明的'国度，使农民的民族，屈服于资产阶级的民族，使东方屈服于西方"[2]，在法律和道义上凭借的往往就是所谓的《国际法》准则。但实际上当时这些"国际法准则"的权利只能由其自称为"文明的"西方国家所解释、所享有，而对世界其他国家和地区，包括当时中国在内的"落后的"东方国家等则难以享有或不享有这些权利。这里就存在着诸多"落后的"国家如何认识、理解、运用国际法准则来维护自己国家主权的问题。

林则徐到广东后，其"探访夷情"，编译、翻译西文报刊和书籍的一个重要内容是对"诸国禁令禀件及沿海要隘"[3] 资料的搜集和整理。所谓"诸国禁令禀件"即为海外各国遵守的法律条文等，其中林则徐组织人员特别选译了瑞士法学家瓦特尔（Emerich de Vattel）的名著《国际法》（即通常所称《万国公法》，旧译为《滑达尔各国律例》、《华达尔各国律例》或《得·发泰尔国际法》）。

瓦特尔的《国际法》又称《适用于各国和主权者的行为和事务的自然法

---

[1] 一般认为，1643—1648年威斯特伐利亚公会及其所订立的《威斯特伐利亚公约》是近代国际法确立的开端，其主要原则是国家主权平等、领土主权不可侵犯等。[参见王铁崖主编：《国际法》，北京：法律出版社，1981年，第12页。]
[2] 《马克思恩格斯文选》（两卷本），第1卷，北京：人民出版社，1962年，第13页。
[3] 参见（清）梁廷枏：《夷氛闻记》（邵循正校注），第11页。

原则》，出版于1758年，在欧洲国家风行一时，影响很大。① 林则徐选择瓦特尔《国际法》的部分内容进行翻译，目的是"详考禁令，访悉近来情事及夷商轻藐的由来"②，其在禁烟斗争中的实用针对性是很强的，并由此萌生出近代海洋主权意识。这主要集中在三个方面：

一是禁止鸦片烟毒走私进口的"律例"依据问题。

瓦特尔的《国际法》规定：

> 根据国际惯例，各国都有宣布某些外国货物为违禁品的权力，有关外商不得因此而鸣冤叫屈。如果外商违背所在国禁令，所在国即可对其依法惩办而不予宽宥。如果外商鸣冤叫屈，只能说明他要谋取暴利，所在国宣布禁令是行使国家主权，不能为了完善要谋取厚利而取消自己的禁令。
>
> 所在国宣布某项禁令以后，如果仍有外国船只私自转载违禁货物出口，或者偷税漏税，就应该把船上的货物按官价出售后充公。
>
> 每个国家都有权宣布某些外国货物为违禁品而不准其进口，外国商人如因所携货物与所在国法律相抵触而不得进口，并因此而心怀不满，则有背（悖）于经商的起码道德，是极为可笑的事。
>
> 所在国如作出规定，某些货物不得私自出口或进口，但却有人把违禁货物夹带在非违禁货物之内，并有偷税漏税行为，对于此类不法商人，即应将其船只和货物入官充公。③

林则徐通过《国际法》有关条文的编译了解到了这一法律的基本精神，即："各国有禁止外国货物不准进口的道理（权力）"④ 或是"各国皆有当禁

---

① 参见[英]J. G. 斯塔克：《国际法导论》（赵维田译），北京：法律出版社，1984年，第14～15页。
② （清）梁廷枬：《夷氛闻记》（邵循正校注），第18页。
③ 瓦特尔：《国际法》（张劲草译），载《中外关系史译丛》，第236～238页，转引自张劲草、邱在珏、张敏：《林则徐与国际法》，福州：福建教育出版社，1990年，第38页。
④ （清）魏源：《魏源全集》，第七册，《海国图志》，卷83，《各国律例（袁德辉译）·夷情备采三》，第1981页。

外国货物之例"[1]，而且"（各国）所立例禁，即如走私出口、入口，有违禁物，并例准货物，偷漏不上税饷情事。有违犯者，将船并货入官充公"[2]。对这一国际法基本精神的领悟极大地坚定了林则徐进行禁烟斗争的决心。

值得注意的是，针对外国鸦片贩子不法的走私活动，林则徐特意在这一国际法条文中批注说："如外国带鸦片往省，流（涉）毒射利，该本国不准他进口"；"但有人买卖违禁之货物，货与人正法照办"[3]。这说明林则徐不仅理解了国际法条例的基本含义，而且还立即将其结合到当时的禁烟斗争实践中，从而促使其在收缴鸦片烟毒时采取坚决而严厉的禁烟措施。

根据这一国际法基本精神，林则徐向英国商务代表义律据理宣布：

> 弼教明刑，古今通义。譬如别国人到英国贸易，尚须遵英国法度，况天朝乎？今定华民之例，卖鸦片者死，食者亦死，试思夷人若无鸦片带来，则华民何由转卖，何由吸食？是奸夷实陷华民于死，岂能独予以生？彼害人一命者，尚须以命抵之，况鸦片之害人，岂止一命已乎？故新例于带鸦片来内地之夷人，定以斩绞之罪。[4]
>
> 凡在一年六个月之内，误带鸦片，但能自首全缴者，免其治罪。若过此限期，仍有带来，则是明知故犯，即行正法，断不宽宥！[5]
>
> 责令众夷人将（鸦片）趸船所有烟土尽行缴官。……嗣后不许再将鸦片带来内地，犯者照天朝新例治罪，货物没官。[6]

为此，林则徐反复强调"夷商至内地"，就必须遵守所在国（天朝）的

---

[1] （清）魏源：《魏源全集》，第七册，《海国图志》，卷83，《滑达尔各国律例（伯驾译）·夷情备采三》，第1979页。
[2] （清）魏源：《魏源全集》，第七册，《海国图志》，卷83，《各国律例（袁德辉译）·夷情备采三》，第1981页。
[3] （清）魏源：《魏源全集》，第七册，《海国图志》，卷83，《各国律例（袁德辉译）·夷情备采三》，第1980页。
[4] 《林文忠公政书》，乙集，《使粤奏稿》，卷4，近代中国史料丛刊，台北：文海出版社，1968年影印本，第19页。
[5] 《林文忠公政书》，乙集，《使粤奏稿》，卷4，近代中国史料丛刊，第20页。
[6] 中山大学历史系中国近现代史教研组、研究室编：《林则徐集·奏稿》，第628页。

法度，这既是"天朝新例"，也符合各国通例精神，"该国夷商欲图长久贸易，必当懔遵宪典"①。也就是说，要求外国来华通商者遵守中国的法度（法律），如果违反中国的法度就必须受到制裁，这就是国家主权的意志表达，是一种完全正当的国家主权行为。

过去学界有一种说法，认为林则徐要求外商遵守的是《大清律例》，是一种"封建大法"，因而引起与英国的冲突。但实则不然，林则徐在其所组织编译的《澳门新闻纸》中写有一则按语："现在被吾人所缴之烟，乃系中国国家拿去，所以依法律不知可能原谅否？"② 这里所说的"法律"显然不是指《大清律例》，而是指外国通例的法律（《国际法》），反映出林则徐考虑过缴烟行动与国际法精神能否相吻合，因此，他在阅看了瓦特尔的《国际法》后即明确指出："近日访闻，乃知此等奸夷，并未领照经商，而敢偷渡越窜，若被该国查出，在夷法亦必处以重刑。"③ 这些都说明林则徐在禁烟斗争实践中已注意到中外法律的契合性问题，即"弼教明刑，古今通义"，因而根据国际法基本精神，林则徐认为在鸦片问题上，《大清律例》不但适用于"华民"，而且同样适用于来华经商贸易的"外夷"，"化外人有犯，并依律科断之"，且"与华民同照新例一体治罪"④。

事实上，当时的国际舆论对中国禁止鸦片烟毒问题也多有持平之论，《澳门新闻纸》有评论说："（鸦片走私）有犯中国之法律，此事人所共知"；"（中国禁烟）皆是公正合理"；"钦差（林则徐）之法度……并无有一条道理可以驳之，说其不善……"⑤ 而且，即使到了英国已经准备对中国发动侵略战争的前夕，英国斯坦厄普勋爵还上书女王说：

> 不管中国政府禁烟的动机是不是道德的、政治的、财政的或者是任性而行的……（但是）每一个住在别国的侨民对住在国中的法令都有责任无条件地绝对遵守。无论鸦片的被禁止进口，其动机是否因为它败坏

---

① 《林文忠公政书》，乙集，《使粤奏稿》，卷4，近代中国史料丛刊，第21页。
② 中国史学会编：《鸦片战争》（二），中国近代史资料丛刊，第488页。
③ 《林文忠公政书》，乙集，《使粤奏稿》，卷3，近代中国史料丛刊，第12页。
④ 《林文忠公政书》，乙集，《使粤奏稿》，卷2，近代中国史料丛刊，第11页。
⑤ 参见中国史学会编：《鸦片战争》（二），中国近代史资料丛刊，第372～373、412页。

了中国人的智力和品格，或由于它引起了作为中国通货白银的外流，我们同样也要尊重他们的法令。

（进行鸦片走私的）那些商人是没有理由可以申诉委屈的，因为如果按照中国法律，他们私运进的鸦片不只要没收，人还应该受处决。即使按照英国法律处理，他们也要被课以被没收私货的价值三倍的罚款。①

此外，一些美国商人对英国宣称中国禁烟影响英女王的"荣誉尊严"和英"臣民利益"也加以评论说："若我等在一国做贸易，即必要遵该国之律例"；外国人到英国犯了英国法律，肯定要"按英国法律治罪"，何以在中国犯罪，"按中国法律治罪，即以为系有辱本国之尊贵"②？

综上所述，林则徐在禁止鸦片烟毒走私进口的"律例"依据问题上，将国内法（《大清律例》）与国际法（《各国律例》）结合起来作为禁烟斗争的法律武器，尽管其言谈和思想意识中还存留有诸多的传统成分，却是近代中国以"《国际公法》之输入中国及应用于对外交涉"为"嚆矢"③的第一人！

二是在传统"封关海禁"问题上的国际法思考。

如前文已述及，明清以降，王朝统治者为了维护统治政权的稳定和海疆的安宁，或致力于"开国海禁"，或关注于"海禁""迁界"，都是以一种内敛防守的传统心态来应对东南海疆上所发生的各种"海患"的，体现在对待海外通商贸易的态度上也是这样。在王朝统治者看来，来华贸易的"夷商"若能"恭顺"向化，"天朝"可以"加恩体恤"，"俾得（外夷）日用有资，并沾余润"④；倘若蛮夷"桀骜不驯""不遵法度"，则"天朝定制"将"封关海禁"，断绝贸易，以示惩戒。因此，"封关海禁"，断绝贸易，虽只是一种贸易经济制裁手段，实际体现的却是王朝统治者一以贯之的传统防海思维。⑤

---

① 参见广东文史馆译：《中国丛报》，第9卷，第5期（1840年9月）。
② 参见中国史学会编：《鸦片战争》（二），中国近代史资料丛刊，第514～515页。
③ 李抱宏：《中美外交关系》，上海：商务印书馆，1946年，第30页。
④ 《清高宗实录》，第1435卷，"乾隆五十八年八月下乙卯"条，《清实录》，第27册，第185页。
⑤ 清廷一贯认为"防海之道，惟宜'严'字一字耳。这主意一点那移活动不得"。故不论是军事措施的"防海"之道，还是经济手段的对外贸易，都必须"遵守定例，不可更张"。[中国第一历史档案馆编：《雍正朝汉文朱批奏折汇编》，第5册，《闽浙总督满保奏陈严禁商船出洋折》，第298页。]嘉道以后，英国屡屡有扩大与中国贸易的要求和举动，清廷认为其违反"天朝定制"，往往"一律封舱""照例封舱"，断绝贸易加以应对。

林则徐奉命赴广东查禁鸦片时，其好友龚自珍向他建言献策说：不但要对鸦片"绝其源"，而且还要"杜绝（外国）呢羽毛之至"，"又凡钟表、玻璃、燕窝之属……皆至不急之物，宜皆杜之"①，意即采取对"外夷"封关绝市、断绝贸易的办法来杜绝鸦片烟毒的流入。林则徐刚到广东时也有类似的想法，认为"鸦片贻害中华，久已势成积重，若非筹拨本塞源之道，断难收一劳永逸之功"②，明确宣布"此次特遣查办，务在永杜（鸦片）来源"③，并依照若"外夷"违抗即行封舱的惯例，"将各夷住泊黄埔之货船暂行封舱，停其贸易"④。

但接触到《国际法》的有关条文后，林则徐一方面坚持明令禁烟，表达禁绝鸦片的决心："若鸦片一日未绝，本大臣一日不回，势与此事相始终，断无中止之理！"⑤另一方面把鸦片列为"天朝"违禁品，以此作为区别来华贸易之"良夷"与"奸夷"的原则，"此后照常贸易，既不失为良夷，且正经买卖尽可获利致富，岂不体面？"而"夷馆中惯贩鸦片之奸夷，本大臣早已备记其名"，必须"出具夷字汉字合同甘结，声明'嗣后来船永不敢夹带鸦片，如有带来，一经查出，货尽没官，人即正法，情甘服罪'字样"，采取区别对待，"奉法者来之，抗法者去之"，"正经贸易者加以优待，倘有带烟者（一经）发觉，立即刑诛"⑥的具体政策。

毫无疑问，作为一个主权国家，身膺禁烟重责的林则徐坚持这一严正立场和政策是合法而又合理的。这正如前述瓦特尔《国际法》关于禁止外国违禁品进口的相关条例所言：

> 根据国际惯例，各国都有宣布某些外国货物为违禁品的权力。……所在国宣布禁令是行使国家主权，不能为了完善要谋取厚利而取消自己

---

① 《龚自珍全集》，《送钦差大臣侯官林公序》，上海：上海人民出版社，1975年，第169~170页。
② 中山大学历史系中国近现代史教研组、研究室编：《林则徐集·奏稿》，第637页。
③ 中山大学历史系中国近现代史教研组、研究室编：《林则徐集·奏稿》，第628页。
④ 中山大学历史系中国近现代史教研组、研究室编：《林则徐集·奏稿》，第629页。
⑤ 中山大学历史系中国近现代史教研组、研究室编：《林则徐集·公牍》，第58页。
⑥ 中山大学历史系中国近现代史教研组、研究室编：《林则徐集·公牍》，第58页。

的禁令。

（若）有人把违禁货物夹带在非违禁货物之内……对于此类不法商人，即应将其船只和货物入官充公。①

依此律例精神，林则徐把鸦片列为违禁品，以是否走私贩卖鸦片烟毒作为"良夷"或"奸夷"的区别，实行"奉法者来之，抗法者去之"的政策是完全符合《国际法》法义的。

再者，瓦特尔《国际法》第172条还规定："外国人经批准入境后，必须服从所在国法律管辖。"②（《国际法》的译文为"外国人一入其地即该凛然遵顺"。）很显然，这一基本精神即使到现在也仍然为国际法通例，外国人如违反所在国法令，根据国际法属地主义原则，所在国完全有对其加以惩治的权力，更何况是鸦片烟毒！任何贩运、走私毒品活动都是国际公认的犯罪行为。诸如今之新加坡等仍然实行严厉的禁毒法令，为何当年林则徐依据主权国家所赋予的权利，要求"奸夷"缴烟、具结就成了"辱英官、强英商"的"不端""不义"③之举了呢?!

还值得一提的是，林则徐在严禁鸦片烟毒的同时，也想方设法维持和保护合法的海外贸易，这在当时的封疆大吏中也是难能可贵的见识！

我们知道，清嘉庆、道光年间，在禁烟问题上，普遍的社会舆论都倾向于以"封关绝市"的做法来杜绝鸦片的来源。早在嘉庆二十五年（1820年），经世学者包世臣就建议：

鸦片之禁已严，而愈禁愈盛，以中其毒者则难以自止，而司禁之人无不早中其毒，又复得受肥规，却再加严法，终成具文。此物内地无种……但绝夷舶，即拔本塞源。一切洋货皆非内地所必须，不过裁撤各

---

① 瓦特尔：《国际法》（张劲草译），载《中外关系史译丛》，第236~238页，转引自张劲草、邱在珏、张敏：《林则徐与国际法》，第38页。
② 瓦特尔：《国际法》（张劲草译），载《中外关系史译丛》，第236~238页，转引自张劲草、邱在珏、张敏：《林则徐与国际法》，第40页。
③ 参见［日］佐佐木正哉编：《鸦片战争の研究》，"资料篇"，近代中国史料丛刊·续编，第95辑（941），台北：文海出版社，1983年影印本，第158页。

海关，少收税银二百余万两而已。①

也就是说，包括鸦片这种害人之物在内的外国洋货均非中国所需，而鸦片烟毒则因"夷舶"来华贸易而流入中国，于今之计只要断绝一切中外贸易，"绝夷舶"来华，就断绝了鸦片的来源，如此"拔本塞源"即可万事大吉。断绝贸易对中国而言只不过是少收一点海关税银罢了。很显然，包世臣的主张既反映了"天朝物产丰盈，无所不有，原不借外夷货物以通有无"的传统自信，又鲜明体现了"封关海禁"、断绝贸易，"以伸国法而靖海疆"②的传统防海思维。

此外，工科掌印给事中邵正笏等也认为白银外流、烟毒泛滥，是因为"汉夷交易"所致，故"惟有闭关不纳，绝其贸迁，是为上策"③。另一厉行禁烟的封疆大吏琦善也认为"不准通商，则鸦片无自而来"④，同样主张以"封关绝市"，断绝中外贸易来达到禁烟的目的。顺天府尹曾望颜在广东禁烟开始后，奏请朝廷"封关海禁"，断绝所有的对外贸易，"若听他国夷船互市，安知其不将载来烟土寄顿英吉利船内，如从前伶仃洋寄顿趸船之故习"，故"制夷要策首在封关，无论何国夷船概不准其互市"，并且他提出在"封关"的同时，还要再严"海禁"，"除口内往来船只不禁外，其余大小民船，概令不准出海，即素以捕鱼为生者，亦止（只）许在附近海内捕取"⑤。曾望颜的这种主张等于重施清初"海禁"故技，可见传统以禁为防、以海为防的防海思维定式对国人的影响之深！

在这种普遍的社会舆论和施政氛围下，林则徐坚持认为"不宜概断各国贸易"，而应以各国外商是否遵守禁烟法令为衡量的依据。他先是在上道光帝的奏折中说：

---

① （清）包世臣：《包世臣全集》，合肥：黄山书社，1997年，第213页。
② 章开沅主编：《清通鉴》，第3册，第235页。
③ 中国第一历史档案馆编：《鸦片战争档案史料》（第一册），上海：上海人民出版社，1987年，第74页。
④ 中国史学会编：《鸦片战争》（一），中国近代史资料丛刊，第518页。
⑤ 中国第一历史档案馆编：《鸦片战争档案史料》（第一册），第768~769页。

至贸易一事，该国（指英国）之国计民生皆系于此，断不肯决然舍去。若果英夷惮于甘结，竟皆歇业不来，正咪利坚等国之人所祷祠而求，冀得多收此利者。与其开门揖盗，何如去莠安良，而良莠之所以分，即以生死甘结为断。臣等现又传谕诸夷，以天朝法纪森严，奉法者来之，抗法者去之，实至公无私之义。凡外夷来粤者，无不以此为衡，并非独为英吉利而设。此时他国货船遵式具结者，固许进埔，即英国货船，亦不因其违抗于前，而并阻其自新于后。……臣等谕令地方印委各员，谆切开导，以伊独知遵式具结，查明并无鸦片，洵属良夷，不惟保护安全，且必倍加优待。①

之后又在《复奏曾望颜条陈封关禁海事宜折》中表明自己反对不加区别概断各国贸易的做法：

且封关云者，为断鸦片也。若鸦片果因封关而断，亦何惮而不为？惟是大海茫茫，四通八达，鸦片断与不断，转不在乎关之封与不封。……

专断一国贸易与概断各国贸易，揆理度势，迥不相同。……今若忽立新章，将现未犯法之各国夷船与英吉利一同拒绝，是抗违者摈之，恭顺者亦摈之，未免不分良莠，事出无名。……

总之，驭夷宜刚柔互用，不必视之太重，亦未便视之太轻。与其泾渭不分，转致无所忌惮，曷若薰莸有别，俾皆就我范围。而且用诸国以并拒英夷，则有如踣鹿；若因英夷而并绝诸国，则不啻驱鱼。此际机宜，不敢不慎。②

由上引两份奏折可知，林则徐认识到：西方国家以"贸易"为其国计民生之本，随意断绝其贸易往来既不可能，也不可取，而且"专断一国贸易，与概断各国贸易，揆理度势，迥不相同"。《各国律例》有曰："若不分别违禁

---

① 中山大学历史系中国近现代史教研组、研究室编：《林则徐集·奏稿》，第705页。
② 中山大学历史系中国近现代史教研组、研究室编：《林则徐集·奏稿》，第793～797页。

与不违禁,以及将本求利,均不准进口,(外人)可以含(喊)冤。……已无遗碍,而又无实在明白说出其不准之理,(而)立此等例禁,令人难以推测,算是与人(各国)隔别,断绝来往也。"①

林则徐为此特别奏明说:自收缴鸦片后,"别国货船,莫不遵具切结,层层查验,并无夹带鸦片,乃准进口开舱。惟英吉利货船,聚泊尖沙嘴,不遵法度,是以将其驱逐,不准通商";如果"今若忽立新章",概断各国贸易,"未免不分良莠,事出无名"②。其言下之意已相当明显,即认为这种做法有违国际法精神,况且"与人隔绝,断绝来往"相当于国之断交的表示,后果将不可预测,故"此际机宜,不敢不慎"③。

此外,"鸦片断与不断,不在乎关之封与不封"④,即鸦片烟毒泛滥有多种原因,鸦片虽由"夷船"贩运来华,但能走私进口却因有不法的内地奸商与受贿的缉私官员的配合,"所有各路兴贩鸦片,多在洋面舟次与夷人交易,盘运过船。即或在口内议买,亦须赴口外运货",因此,封关绝市并不能堵住鸦片走私进口,"大海茫茫,四通八达,鸦片断与不断,转不在乎关之封与不封。即如上冬以来,已不准英夷贸易,而臣等今春查访外洋信息,知其将货物载回夷埠,转将烟土换至粤洋。并闻奸夷口出狂言,谓关以内法度虽严,关以外汪洋无际,通商则受管束而不能违禁,不通商则不受管束而正好卖烟"⑤。

故此,禁烟的关键在于立法有据,执法要严,诚如瓦特尔《各国律例》所言:"国家抚有天下,治理亿兆,而律例亦不止此。自法制一定,普天之下莫不遵守。故外国有犯者,即各按各犯事国中律例治罪"⑥,因此,"往别国遵该国禁例,不可违犯。如违犯,必有罚以该国例也"⑦。各国商人到中国

---

① (清)魏源:《魏源全集》,第七册,《海国图志》,卷83,《各国律例(袁德辉译)·夷情备采三》,第1981页。
② 中山大学历史系中国近现代史教研组、研究室编:《林则徐集·奏稿》,第794页。
③ 中山大学历史系中国近现代史教研组、研究室编:《林则徐集·奏稿》,第796页。
④ 中山大学历史系中国近现代史教研组、研究室编:《林则徐集·奏稿》,第795页。
⑤ 中山大学历史系中国近现代史教研组、研究室编:《林则徐集·奏稿》,第665、795页。
⑥ (清)魏源:《魏源全集》,第七册,《海国图志》,卷83,《各国律例(袁德辉译)·夷情备采三》,第1981页。
⑦ (清)魏源:《魏源全集》,第七册,《海国图志》,卷83,《滑达尔各国律例(伯驾译)·夷情备采三》,第1980页。

贸易就必须遵守中国法度，这与"别国人到英国贸易，尚须遵英国法度"①是一个道理。

由上述观之，可以说林则徐较之同时代的其他人是以比较冷静理智的态度，去处理这一极为棘手的中外贸易问题的，充分反映了他对国际法的认识、关注和领悟程度。

三是对国际通行之"海难救助"的认识与实践。

"海难救助"在陆海兼具的中国可以说是自古以来一直遵循的人道主义传统，如历代有琉球船民因台风或船破而漂流到东南沿海一带，均能受到地方官府或沿海百姓的救助与安置。林则徐在阅读《各国律例》的相关译文时，做了如下一条批注：

> 如琉球人往别国，忽遇大风打烂船只，失水往中华去。此琉球人并无钱财，亦不能糊口，不能回国，则要禀明此县，或日后方可回国，此是人情之职。②

这说明林则徐在"探析夷情"的过程中也注意到了国际法中有关"海难救助"的问题，并在具体事件中予以实践。其日记所载：

> （道光二十九年）十一月，癸卯。晴。英吉利有一货船在洋遭风，飘至琼州之文昌县，淹毙密化神等十七名，尚有十五名凫水登岸，递送至省。今拟传其谕语，是日早晨赴邓制军（邓廷桢）处，中丞权使俱在座，即同饭。饭罢赴天后宫，传难夷加力臣等十五人面谕约逾一时之久，并赏食物，各（难夷）免冠谢。……（后）遣员弁具舟解往虎门归其舟。③

---

① 《林文忠公政书》，乙集，《使粤奏稿》，卷4，近代中国史料丛刊，第19页。
② （清）魏源：《魏源全集》，第七册，《海国图志》，卷83，《各国律例（袁德辉译）·夷情备采三》，第1979页。
③ 中山大学历史系中国近现代史教研组、研究室编：《林则徐集·日记》，北京：中华书局，1962年，第362页。

道光十九年十一月（1839年12月）正是中英两国间因禁烟问题而连续爆发九龙、穿鼻洋、官涌山等多次军事冲突时期，林则徐能以友善态度对待敌国海难船员，体现了他的确是将从事正当贸易的英国商人与从事鸦片走私的不法英商进行区别的国际胸怀，也说明了他对国际法中关于"海难救助"的律例有了初步认识与实践。

此外，林则徐还尝试以国际法精神维护中国司法主权，如对"林维喜事件"的处理，强调各国间"向有定例"，"往别国遵该国禁例，不可违犯，如违反必罚以该国例也"，"犯罪若在伊国地方，自听伊国办理，而在天朝地方，岂得不交官宪审办"[①]；出于维护国家司法主权和领海安全的本能意识，他对外声明"有应战，有不应战者。若情有可原，固无论人人皆欲战，岂不欲自保其身，自护其地，而于当战之日而竟不战乎？……应不战者，皆以合义为贵，非可苟焉而已"[②]，"凡保护自身及保全自己道理，自然可以有用武之道理"[③]。他还严词谴责"义律等叠次率众逞强入澳，旁若无人，而华伦兵船亦竟敢驶抵加思兰炮台之前，不惟天朝法度在所难容，即按尔之西洋夷例，亦从来所未有"[④]，并且在近代中国最早以"照会"形式与英国交涉鸦片纠纷问题，即"欲与外国人争论，先报告对头之王或有大权之官"[⑤]等等，这些认识和做法都说明林则徐在这场对外海防战争中对国际法的关注和运用。

尽管作为转型时代的清朝封疆大吏，林则徐在广东禁烟过程中也时时流露出"天朝上国"的心态，潜意识中仍然存有视海外国家为"化外之邦"与海外之民为"化外蛮夷"的传统偏见，但毫无疑问，在这"千古奇变"的社会大转型之际，林则徐自觉关注并极力运用国际法知识与西方海外殖民强敌相抗争，本能地维护了国家司法主权和领海安全，这种思想观念上的"创造性转化"，其划时代的意义是显而易见的，因此，不论是誉他为近代中国

[①] 中山大学历史系中国近现代史教研组、研究室编：《林则徐集·公牍》，第129～130页。
[②] （清）魏源：《魏源全集》，第七册，《海国图志》，卷83，《滑达尔各国律例（伯驾译）·夷情备采三》，第1979页。
[③] （清）魏源：《魏源全集》，第七册，《海国图志》，卷83，《各国律例（袁德辉译）·夷情备采三》，第1981页。
[④] 中山大学历史系中国近现代史教研组、研究室编：《林则徐集·公牍》，第188页。
[⑤] （清）魏源：《魏源全集》，第七册，《海国图志》，卷83，《各国律例（袁德辉译）·夷情备采三》，第1982页。

"睁眼看世界"第一人,还是称其为"《国际法》之输入中国及应用于对外交涉"之"嚆矢"①,都可以说是实至名归,名副其实。

五、晚清中国海防思潮的初现②

晚清中国第一次对外海防战争的失败在中国人的心灵深处可谓创巨痛深,一贯以"天朝上国"自居的清朝统治者,竟然被不知来历的"蕞尔岛夷"打得晕头转向,屈辱地签订了"城下之盟"。这种"数千年未有之奇变"的结局,一方面促使有识之士痛定思痛,努力思考战争失败的因由,另一方面也逼使他们面对现实,放下"天朝上国"的架子,去探索以往"六合之外,圣人存而不论"的外部世界。鸦片战争后,魏源的《海国图志》、姚莹的《康輶纪行》、徐继畬的《瀛环志略》、夏燮的《中西纪事》、梁廷枏的《海国四说》《夷氛闻记》、林福祥③的《平海心筹》,以及《防海纪略》(芍唐居士)、《洋防辑要》(严如熤)、《海防新编》(李光建)、《防海事宜序》(徐金镜)……等等有关世界舆情史地和海防问题的著作,在数年间如雨后春笋,争相问世,由此形成了晚清中国第一波以海防为中心议题的"开眼看世界"社会思潮,并为之后第二波洋务自强新政海防思潮的兴起准备了条件。

第一次中英鸦片战争后涌现的"开眼看世界"社会思潮,在相当程度上就是以"海防"为中心展开的。著名晚清海军史研究专家戚其章教授指出:

> 林则徐是中国近代开眼看世界的第一人。他最早提出学习西方的"长技","制炮必求极利,造船必求极坚",不令外国人专擅,才可做到"防夷"和"制夷"。在当时来说,这是林则徐的海防思想所能达到的最高境界。他的这一思想的提出,开一代风气之渐,从而导致了海防运动在中国的兴起。他的创建近代海军的建议虽然遭到冷落,但在他的倡导下,却有一些有识之士起而应之。于是,中国东南沿海各省、特别是广

---

① 李抱宏:《中美外交关系》,第30页。
② 此节的主要内容原发表于拙著《海洋迷思:中国海洋观的传统与变迁》(第168~177页),此处在原基础上修改充实而成。特予以说明。
③ 林福祥为广东香山士绅,鸦片战争时期曾组织地方义勇抗英。

东省纷纷开始成造新船,形成了一次以造船热潮为特点的海防运动。由于造船一时蔚为风尚,究心海防大势者渐多,有关海防的著作如雨后春笋般出现,如魏源的《海国图志》、梁廷枏的《海国四说》《夷氛闻记》、姚莹的《康輶纪行》、徐继畬的《瀛环志略》等为其中之佼佼者,从而把应时而兴的海防思潮推向发展的巅峰。①

那么,这股应时而兴的海防思潮对晚清中国海防与海权思想的发展衍变产生了什么影响呢?我们认为,至少在以下四个方面值得研究者注意:

首先是对传统"防海"思想意识的反省。

前已述及,清廷在第一次对外海防战争的决策指导主要是以"防海"为核心的陆岸防守,也即明清两朝遵循以禁为防、以海为防基本政策的延续,这种"防海"方略意识我们也可以称之为传统海防观。

不论是明初的"开国海禁",抑或是清初的"海禁""迁界",包括后来张弛交替的"开海"和"封关海禁"等等,都是王朝统治者在传统"防海"思想指导下,为维护海疆的安宁、统治政权的稳定,以及"天朝上国"的体面与尊严而运用的防卫手段,国家的海防建设也始终围绕着海疆的安靖与否而展开。一直到鸦片战争爆发,明清两朝的海防建设虽然延续了三百余年,但其内敛型的"防海"决策思维始终未变——海防兵力主要运用于缉私捕盗,立足于沿海陆上口岸的防守,因此,沿海海防及水师建设的增强或削弱,也必定会随着海疆军情的张弛不一而发生明显变化。

例如,乾隆二十二年(1757年),清廷为保证海疆安宁而关闭其他口岸,只留广州一口通商后,沿海防御的重点即随之南移广东,其他地方的海防建设则日益废弛。时人有言:沿海水师"率皆老弱无用。军器率多残缺,并不修整,又战船率用薄板旧钉,遇击即破,并不计及夷器之凶利坚固,作何抵御?似此废弛,何以肃边威远?"②况且,即使是仅剩一口通商的广东海防建设也不尽如人意,史载有些水师将领日久生玩、懈怠职守,以致"弁兵于操

---

① 戚其章:《中国近代思潮史》,济南:山东教育出版社,1994年,第91~92页。
② (清)黄爵滋:《敬陈六事疏》,见中国史学会编:《鸦片战争》(一),中国近代史资料丛刊,第462页。

驾事宜，全不练习。遇放洋之时，雇用柁工，名为舟师，不谙水务"①。广东水师副将韩肇庆等甚至公然参与猖獗的鸦片走私活动，"专以护私渔利，与洋船相约，每万箱许送数百箱，与水师报功。甚或以师船代运进口"②，连水师基本的缉私捕盗功能也荡然无存。第一次鸦片战争爆发前，道光皇帝实际上已隐隐约约地意识到这一点，故着急要求沿海各省加强清军水师的整顿，上谕曰：

> 国家设立水师原以巡哨洋面，捍卫海疆。乃近来各省渐形废弛，以致在洋被劫之案层见叠出，而各处缉获者甚属寥寥。水师营务积弊，各海洋静谧，专阃大员竞尚浮华，需索包庇，习为固然，甚至冒粮扣饷均所不免。……是有水师之名，无水师之实，积弊相沿，废弛已极，不可不严行查禁。
>
> 着通饬各该省督抚提镇详加稽核，其有将备索扣之弊，即着该督抚严密访查，从重参办。如有不习水性，畏惧风涛之弁兵，立即甄汰。其呈改召募，着一并认真试验办理，不得稍存瞻徇，并转饬各员弁修验战船，各宜认真，以资实用。经此次训谕之后，凡有水师营务积弊，务须一力湔除，认真操练，倘有不知悛改，阳奉阴违，将来别经发觉，朕惟该督抚提镇是问！懔之！③

但道光皇帝的一纸谕令并不能改变清军水师的衰败现象，传统的"防海"思维定式也仍然继续予以沿袭。鸦片战争爆发后，英军恃其坚船利炮，横行海上，清廷的应对之策是"以守为战"，"各守要隘，认真防范。如有该夷船只经过，或停泊外洋，不必开放枪炮，但以守御为重，勿以攻击为先"④，并屡屡强调："遇有夷船驶至，不值在海洋接仗，倘敢进口登岸，即

---

① （清）刘锦藻：《清朝续文献通考》，卷224，《兵考二十三·水师·外海》，第9706页。
② 《魏源集》，上册，《道光洋艘征抚记》，第169页。
③ 《大清十朝圣训》（四），《宣宗圣训》，卷103，《海防》，总第1796页。
④ （清）文庆等纂：《筹办夷务始末（道光朝）》（齐思和等整理）（1），卷14，《廷寄二》，第467页。

着合击痛剿"①,"该夷所恃全在船坚炮利,一经登岸,其技立穷。……总当镇静持重,不可在海洋与之接仗,如敢登岸,即行痛剿"②,体现了其一以贯之的以"守土防御"为基调的传统海防观的思想特色。

然而,鸦片战争失败的惨痛事实对传统海防观可以说是一个有力的否定。随着战争进程的发展,林则徐对单纯"以守为战""守土防御"的传统海防观已有所扬弃。那些在鸦片战争中身负守城之责的各省封疆大吏也逐步意识到传统海防观的不足,"我兵承平日久,水务废弛,船只又不甚坚大合用,不值与之海洋接仗。然止可为一时权宜之计,一俟夷务平定,必应简练水师,讲求船械,以为久安长治之图"③。海战"用守而不用攻,则贼逸我劳,贼省我费"④,且"逆夷恃其船坚炮利,因我师船不能远涉外洋与之交战,是以肆行无忌"⑤,因此,要想在对外海防战争中制胜于外敌,"必当筹海洋制胜之策。若仅攻之于陆路,无论现在师徒挠败,未能取胜,即使日后幸获胜仗,而该夷登舟遁去,我既无精炼之水师,又无坚大之战舰,只能望洋而叹!"⑥

值得一提的是,到鸦片战争后期,清廷最高统治者道光皇帝对专于陆上防御的不足也有所省悟。中英《南京条约》签订之前,他在上谕中说,"逆夷犯顺以来,恃其船坚炮利,横行海上,荼毒生灵,总因内地师船,小大悬殊,不能相敌,是以朕屡降谕旨,饬令将军督抚,但为陆守之计,勿与海上交锋。两载以来,迄无成效,推原其故,由于无巨舰水师与之接战,其来不可拒,而其去不能追,故一切夹攻埋伏,抄前袭后之法,皆不能用",痛感

---

① (清)文庆等纂:《筹办夷务始末(道光朝)》(齐思和等整理)(1),卷13,《廷寄:答邓廷桢折》,第407页。
② 《大清十朝圣训》(四),《宣宗圣训》,卷103,《海防》,总第1805页。
③ 中国史学会编:《鸦片战争》(三),中国近代史资料丛刊,第486~487页。
④ 《魏源集》,上册,《道光洋艘征抚记》,第189页。
⑤ (清)文庆等纂:《筹办夷务始末(道光朝)》(齐思和等整理)(5),卷61,《奕山等奏现筹制造战船情形将式样绘图贴说进呈折》,第2396页。
⑥ (清)文庆等纂:《筹办夷务始末(道光朝)》(齐思和等整理)(4),卷44,《刘韵珂奏大兵在慈溪失利事势深可危虑折》,第1680页。

"中国战船不能远涉外洋与之交战，是以肆行无忌"。①

由此看来，道光君臣从最初笃信"以守为战""守土防御"即能克敌制胜，转到"推原其故"以寻求"海洋制胜之策"，对问题症结的所在似乎已有些认识，传统防海方略及海防观的弊端经过第一次对外海防战争血与火的实践，似乎也暂时被基本否定，但令人遗憾的是，道光君臣中绝大多数人的认识也就仅此而已。

道光二十二年七月二十四日（1842年8月29日）中英《南京条约》一签订，清廷统治者即认为和局已定，万事大吉。道光皇帝本拟忍痛咬牙花费一些金钱，改造一下旧式师船②，但很快又诏令新式舰船"毋庸雇觅夷匠制造，亦毋庸购买"③。晚清中国的海防、海军建设这稍一延误，又是20多年转瞬即逝，刚刚勃兴的海防思潮对传统海防观的反省在相当长一段时间内并没有收到应有的实际成效。

当然，一旦一代风气已开，社会影响总在。第一次对外海防战争失败的惨痛教训促使清廷上下充分认识到西方"船坚炮利"的威力，体会到传统"防海"思想的局限，从而在新的"海国时代"开启之后为晚清中国如何面对海洋、重返海洋准备了思想条件。

第一次对外海防战争结束20多年后，洋务大吏左宗棠在论及此一影响时以魏源之《海国图志》为例说：

> 书成而魏子殁，廿余载，事局如故，然同、光间，福建设局造船，陇中用华匠制枪炮，其长亦差与西人等。艺事末也，有迹可寻，有数可推，因者易于创也。器之精光，淬厉愈出；人之心思，专一则灵，久者

---

① （清）文庆等纂：《筹办夷务始末（道光朝）》（齐思和等整理）（4），卷54，《廷寄：谕福建浙江广东督抚制造战船》，第2092页。
② 鸦片战争后，道光皇帝在回复广东有关试造西洋战船奏报的谕令中说："朕思防海事宜，总以造船制炮为要。各省修造战船，竟同具文，以致临时不能适用，深堪愤恨！此次所造各船，自不至拘守旧日式样，有名无实。据奏停造例修师船，改造战船，所办甚合朕意，均着照议办理。"［（清）文庆等纂：《筹办夷务始末（道光朝）》（齐思和等整理）（5），卷61，《廷寄：答奕山等折》，第2397页。］
③ （清）文庆等纂：《筹办夷务始末（道光朝）》（齐思和等整理）（5），卷63，《廷寄：答奕山等折》，第2470～2471页。

进于渐也。此魏子所谓"师其长技以制之"也。①

可以说，晚清中国面对海洋、重返海洋的历程正是从扬弃传统海防观，学习西方，"师其长技以制之"而开其端的。

其次是"开眼看世界"的海防视角。

晚清中国"开眼看世界"社会思潮因"海防"问题而起，其时大多数国人也是从"海防"的视角看待这个"千古奇变"的时代的。第一次鸦片战争前，一些有见识的中国人，尤其沿海一带的海疆官员和士人对海外世界已有一定的认识，并留有诸多有关海外舆情的论著，如清雍正年间曾官至浙江水师提督的陈伦炯所著的《海国闻见录》，乾隆年间广东海商谢清高口述、杨炳南笔录而成的《海录》，约为乾隆时期浙江士人郁永河所记《裨海记游》、王大海所撰《海岛逸志》，以及嘉道年间的何大庚、俞正燮、萧令裕、叶钟进、颜斯综等等，他们应该都可以称之为"开眼看世界"的先行者②，但毕竟他们对外部世界的认识还是初步的、零星的，甚至是肤浅的，且夹带着些许海外奇谈的传统成分。然而，任何思想的发展都"必须首先从已有的思想材料出发"③。"自道光中海禁大开，形势一变，海防益重"，鸦片战争后从近代海防的角度"开眼看世界"的社会思潮正是在前人的思想变化基础上发展起来的。

例如，魏源在战后总结的"调夷之仇国以攻夷"，即源自鸦片战争前江苏士人、经世学者萧令裕提出的"以夷伐夷"主张。萧令裕与魏源、包世臣等交友，曾为两广总督阮元的幕僚，兼办粤海关事务。他在《记英吉利》一文中写道：

(英国)国俗急功尚利，以海贾为生，凡海口埠头有利之地，咸欲争之。于是精修船炮，所向加兵。其极西之墨利加边地，与佛兰西争战

---

① 《左宗棠全集》(杨书霖编)(文集十七)，卷1，《海国图志序》，上海：上海书店，1986年影印本(据光绪十六年刊本)，第11页，总第14640页。以下除特别注明者外，均引自该版本。

② 参见黄顺力：《略论清代前期沿海地区士人对世界的认识——以闽、粤、浙为例》，载《中国社会经济史研究》1998年第1期。

③ 《马克思恩格斯选集》第3卷，第56页。

屡年始得。又若西南洋之印度及南洋濒海诸市埠与南海中岛屿，向为西洋各国所据者，英夷皆以兵争之，而分其利。①

他不仅对其时西方各国的海外扩张和相互争战的情况已有所认识，而且对海上强敌日渐逼近的威胁深以为虑，"英吉利恃其船炮，渐横海上，识者每以为忧"，②担心"十年之后，患必及于江浙，恐前明倭患，复见于今日"③。这就从海防的角度为人们了解海外世界撬开了一道难能可贵的缝隙。

萧令裕还认为，由于西方海外各国因争利而存在矛盾，中国即可加以利用，"使相攻击，以夷伐夷，正可抚为我用"④。事实上，萧令裕这种"以夷伐夷"的思想主张对林则徐也有深刻影响，他在禁烟斗争中反对"封关海禁"，概断各国贸易时就明确主张：

> 查英吉利在外国最称强悍，诸夷中惟咪利坚及佛兰西尚足与之抗衡，然亦忌且惮之。其他若荷兰、大小吕宋、连国、瑞国、单鹰、双鹰、甚波立等国到粤贸易者，多仰英夷鼻息。自英夷贸易断后，他国颇皆欣欣向荣，盖逐利者喜彼绌而此赢，怀愆者谓此荣而彼辱，此中控驭之法，似可以夷治夷，使其相间相暌，以彼此之离心，各输忱而内向。若概与之绝，则觖望之后，转易联成一气，勾结图私。⑤

魏源的《海国图志》辑录了萧令裕《记英吉利》这篇文章，即来自林则徐所编的《四洲志》。可见，林则徐的"以夷治夷"、魏源的"调夷之仇国以攻夷"可以说就是萧令裕"以夷伐夷"说的继承和发展。

---

① （清）魏源：《魏源全集》，第六册，《海国图志》，卷53，《大西洋·英吉利国广述下》，第1429页。
② （清）魏源：《魏源全集》，第六册，《海国图志》，卷53，《大西洋·英吉利国广述下》，第1432页。
③ （清）包世臣：《安吴四种》，卷35，《答萧枚生（令裕）书》，近代中国史料丛刊（第30辑），台北：文海出版社，1968年，第2441页。
④ （清）萧令裕：《粤东市舶论》，中国海疆文献续编（海运交通三），北京：线装书局，2012年影印本，第115页。
⑤ 中山大学历史系中国近现代史教研组、研究室编：《林则徐集·奏稿》，第795页。

此外，颇具对外海防眼光的清军将领姚莹[①]呼吁人们一定要关注西方海外强国"夷情"：

> 夫海夷之技，未有大胜于中国也，其情形地势，且犯兵家大忌。然而，所至望风披靡者，何也？正由中国书生狃于不勤远略，海外事势夷情，平日置之不讲，故一旦海舶猝来，惊若鬼神，畏若雷霆，夫是以偾败至此耳。

他认为：

> 自古兵法先审敌情，未有知己知彼而不胜，聩聩从事而不败者。英吉利、佛兰西、米利坚，皆在西洋之极，去中国五万里，中国地利人事，彼日夕探习者已数十年，无不知之。而吾中国，曾无一人焉留心海外事者，不待兵革之交，而胜负之数已较然矣。澳门夷人至于著书，笑中国无人留心海外，宜其轻中国而敢肆猖獗也。莹实痛心，故自嘉庆年间购求异域之书，究其情事，近岁始得其全，于海外诸洋有名大国，与夫天主教、回教、佛教，一一考其事实，作为图说，著之于书，正告天下。欲吾中国童叟皆习见习闻，知彼虚实，然后徐筹制夷之策。是诚喋血饮恨而为此书，冀雪中国之耻，重边海之防，免胥沦于鬼域，岂得已哉！[②]

---

① 姚莹（1785—1853），字石甫，号明叔，晚号展如，因以十幸名斋，又自号幸翁，安徽桐城人，为清代著名学者姚鼐的侄孙。在晚清中国对外海防战争中，姚莹是很值得研究的一位海防人物，其在福建、台湾等地任海疆官员的经历，使他对来自西方国家的海上安全威胁有着较同时代人更深的体验和认知。鸦片战争中，他曾积极率军抗击英军。后遭诬陷，被革职下狱。后署两使西藏，补山东蓬州知州。咸丰初为湖北盐法道，未行，后授广西按察使，署湖南，以疾卒。姚莹所留著作由其子姚濬昌编撰为《中复堂全集》98卷，集内计有《东溟文集》6卷、《外集》4卷、《文后集》14卷、《文外集》2卷，《后湘诗集》9卷、《二集》5卷、《续集》7卷、《东溟奏稿》4卷、《识小录》8卷、《东槎纪略》5卷、《寸阴丛录》4卷、《康輶纪行》16卷、《姚氏先德传》6卷、《中复堂遗稿》5卷、《续编》2卷，并附录姚濬昌所编《中复堂年谱》1卷。《中复堂全集》有道光中刊本，另有同治六年（1867）安福县署重刊本。
② （清）姚莹：《中复堂全集》，《东溟文后集》，卷8，《复光律原书》，近代中国史料丛刊续编，台北：文海出版社，1974年，第10~11页。

第三章 "千古奇变"：从"防海"到海防

可以看出，姚莹的"开眼看世界"就是从"重边海之防"开始的。鸦片战争后，姚莹因遭诬陷被贬官西南边陲，他便用数年时间，"往返万里冰山雪窖中，崎岖备至……所至于地方道里远近，山川风俗，详考博证，而于西洋各国情事及诸教源流尤详致意"①，深入探索和实地调查，写成了介绍我国西藏地区，进而论及印度、尼泊尔以及英、法、美、俄等国情况的15卷本《康輶纪行》。他在该书自序中说："外番异域之事，学者罕习，心窃疑之。虽历代外夷史皆有志，而今昔不同，要当随时咨访，以求抚驭之宜，非徒广见闻而已。"②

姚莹在给友人的一封信中也明确阐述自己写作此书的目的：

《康輶纪行》一书，以所亲历考证所闻，为天下明切言之。……盖时至今日，海外诸夷侵凌中国甚矣。沿海数省既遭蹂躏，大将数出，失地丧师，卒以千万取和。至今海疆大吏受其侮辱而不敢较，天主邪教明禁已久，一旦为所挟而复开，其他可骇可耻之事，书契以来所未有也。忠义之士莫不痛心疾首，日夕愤恨，思殄灭丑虏，捍我王疆，以正人心，以清污秽，岂可以身幸不在海隅，遂苟且目前，为一身之私计已乎?!③

可以想见，姚莹虽被贬官西南，但他心系国家海疆安全，"随时咨访，以求抚驭"的海防眼光真是可佩可叹！

再次是国人从关注边疆形势向关注海疆及海外舆情的视点转移。

应该说，有着悠久历史文明传统的中华民族是一个相当善于从传统思想中吸取养料为我所用的伟大民族。就思想层面而言，第一次鸦片战争前，经世思想家龚自珍开一代新风，以"何敢自矜医国手，药方只贩古时丹"④ 为

---

① （清）姚莹：《中复堂全集》，附姚濬昌编《中复堂（姚莹）年谱》一卷，近代中国史料丛刊续编，第23页。
② （清）姚莹：《中复堂全集》，《康輶纪行·自叙》，近代中国史料丛刊续编，第1页。
③ （清）姚莹：《中复堂全集》，《东溟文后集》，卷8，《复光律原书》，近代中国史料丛刊续编，第10页。
④ 《龚自珍全集》，第513页。

己任，慷慨论天下事，把士人的眼光从乾嘉汉学的故纸堆中拉回到社会现实上来。他的"经世致用"思想除了猛烈抨击封建政治的各种弊病，揭露各种社会矛盾之外，最为身体力行的要数他对边疆地理形势的关注之情。1820年，龚自珍著述《西域置行省议》一文，针对西北边疆的实际情况，提出新疆防务理论与移民实边的具体措施。他还抄录了许多有关边疆史事、地理山川的记载，如《最录平定罗刹方略》《最录西藏志》；撰写《蒙古水地志序》《青海志序》《乌梁海表序》等文章，希望这种研究能服务于边疆的国家防务建设，以达到"防乱于极微，积福于无形"[①]的目的。

龚自珍对边疆史地的研究曾在士人中逐渐形成一种关注边疆情事的学术思潮。但鸦片战争爆发后，这种对边疆形势的关注很快就转到对海疆形势和海外舆情的关注上。

例如前述林则徐在广东禁烟时，积极组织人员编撰《四洲志》，选译《澳门月报》《澳门新闻纸》《华事夷言》《各国律例》等西文报刊和书籍，表达了对海疆形势和海外舆情的关注之情。后来，魏源在《四洲志》的基础上增补辑录，编辑成著名的《海国图志》一书，对世界史地舆情及海疆形势的介绍和研究更加详尽深入。左宗棠在为重刻百卷本《海国图志》作序时说：

> 百余年来，中国承平，水陆战备少弛。适泰西火轮车舟有成。英吉利遂蹈我之瑕，构兵思逞，并联与国竞互市之利，海上遂以多故。……魏子忧之，于是搜辑海谈旁摭、西人著录，附以己意所欲见诸施行者，俟之异日。呜呼！其发愤而有作也！[②]

第一次鸦片战争时期中国思想界、学术界这种研究关注点的转移一方面鲜明地体现了海防思潮勃兴的时代特征，另一方面在"海防"这一时代命题下，又催发了第二次鸦片战争（即英法联军侵华战争）之后以"师夷智以造炮制船"为导向的洋务自强——海防思潮的兴起。

还有一个相当值得重视的研究转变是有识之士对"夷情"的介绍从传统的海外奇谈转向经世务实的海外舆情。

---

① 《龚自珍全集》，第312页。
② 《左宗棠全集》（杨书霖编）（文集十七），卷1，《海国图志序》，第11页，总第14640页。

第三章 "千古奇变"：从"防海"到海防

从当时沿海一些官绅士子的涉海论著来看，鸦片战争前陈伦炯的《海国闻见录》，谢清高口述、杨柄南笔录的《海录》，王大海的《海岛逸志》，郁永河的《裨海纪游》，以及俞正燮的《俄罗斯事辑》《澳门纪略跋》，萧令裕的《记英吉利》，叶钟进的《英吉利夷情记略》、颜斯综的《海防余论》等都介绍过外国的一些地理山川和风土人情等，反映了东南沿海一带官绅士人对海外世界的认识①，但就整体而言，这些著述所涉及的范围较窄，也比较粗浅零散，有些内容夹杂了许多海外奇谈的成分。

但经由鸦片战争的洗礼，通过对西书、西报的翻译和介绍，以及亲自向外国人询问了解西方情况等各种途径，林则徐的《四洲志》介绍外国情况的范围已扩大到世界五大洲三十多个国家和地区，在内容上也基本剔除了传统"蕃夷史志"中常见的荒诞传说和猎奇描写，以经世致用的务实态度和时人所能达到的认知水平，描述了过去不为人们所知的外部世界，故《四洲志》被后人称之为"新地志之嚆矢"②。

当然，此时的《四洲志》只是林则徐等人"探访夷情"的"内部"产物，其社会影响则要待魏源将之辑录扩充为《海国图志》问世后才得以显现，而当时另一部有重要影响的海外舆情著作则属徐继畬的《瀛环志略》。

鸦片战争前，徐继畬在福建任过延建邵道和汀漳龙道的官职，对沿海情势及鸦片烟毒的泛滥有所认识。鸦片战争爆发后，清军在海陆战场的接连失败对他的刺激很深，故在战后任福建巡抚留驻厦门时，利用公务闲暇之机，与外国传教士、商人、医生等广泛接触，其中从美国传教士雅裨理处得到一本绘制精详的世界地图册，引起他对海外史地舆情的注意。之后，徐继畬"每晤泰西人，辄披册子考证之，于域外诸国地形时势，稍稍得其涯略，乃依图立说，采诸书之可信者，衍之为篇，久之，积成卷帙。每得一书，或有新闻，辄窜改增补，稿凡数十易"③。

从全书内容看，徐继畬的《瀛环志略》介绍了世界近八十个国家和地区

---

① 黄顺力：《鸦片战争时期中国思想界认识世界的变化趋势》，载《福建论坛》1985年第4期。
② 梁启超：《中国近三百年学术史》，上海：上海三联书店，2006年，第284页。
③ 《徐继畬集》（白清才、刘贯文主编）（一），《瀛环志略》，卷首，《自序》，太原：山西高校联合出版社，1995年，第1页。

的概况，作者自叙曰："方今圣泽覃敷，海外诸国鳞集仰流，帆樯岸集。其疆土之广狭，道里之远近，任远事者，势难已□□。此说虽略，聊以为嚆矢之尔。"① 说明其著述的目的在于了解海外舆情，以作"知己知彼"之备，其注重海防的目的性也很明确。

其他如梁廷枏的《海国四说》《夷氛闻记》、夏燮的《中西纪事》、姚莹的《康𫐉纪行》等等，对西方海上强国及周边各国舆情，也都做了较为详细而务实的记叙，这些著作的出版和发行，加深了其时国人对海外世界的了解和认识。

值得我们注意的是，由于鸦片战后对海外世界、海疆形势的关注是在西方殖民者海上叩关的刺激下勃兴的，知己知彼，才能百战不殆，"不悉敌势，不可以行军；不悉夷情，不可以筹远"，② 因此，对"夷情"的重视和介绍最初主要集中于西方军事技术、武器装备等"坚船利炮"的军事情报方面，即所谓"夷之长技有三：一战舰，二火器，三养兵练兵之法"③。但随着鸦片战争所带来的"数千年未有之奇变"，促使许多有识之士切望更多地了解外部世界，因此，在他们的著作中也出现了许多有关西方国家政治制度、经济状况、行政管理、文化教育、社会习俗等情况的介绍，致使原为史地著作的内容远超过了史地的范围，从而大大开阔了人们的眼界。

例如《海国图志》除了详细介绍西洋的船炮、地雷、水雷、望远镜等军事武器装备外，还以三分之二以上的篇幅介绍了世界各国的政治、经济、文化等情况。如介绍英国的议会制度时说：

> 国中有大事，王及官民俱至巴利满（Parliament，议会）衙门，公议乃行。大事则三年始一会议，设有用兵和战之事，虽国王裁夺，亦必由巴利满议允。……凡新政条例，新设官职，增减税饷及行楮币，皆王颁巴利满，转行甘文好司（Gov. House，内阁）而分布之。
>
> 国主若欲征税纳饷，则必绅士允从；倘绅士不允，即不得令国民纳钱

---

① （清）徐继畬：《瀛环考略》，《序》，转引自刘贯文：《从〈舆地考略〉到〈瀛环志略〉》，载《徐继畬论考》，太原：山西高校联合出版社，1995年，第66页。
② （清）魏源：《魏源全集》，第六册，《海国图志》，卷58，《外大西洋墨利加洲总叙》，第1585～1586页。
③ （清）魏源：《魏源全集》，第四册，《海国图志》，卷3，《筹海篇三·议战》，第27页。

粮。若绅士执私见，则暂散其会而别择贤士。如有按时变通之事，则庶民择其要者，敬禀五爵、乡绅之会，大众可，则可之，大众否，则否之。①

可以看出，魏源对英国议会制度的描述和理解基本上是正确的。

在介绍美国的总统制时，魏源大段引述林则徐所编的《四洲志》：

（弥利坚）设勃列西领（President，总统）一人，综理全国兵刑赋税，官吏黜陟。然军国重事，关系外邦和战者，必与西业（Sir，议长）会议而后行，设所见不同，则三占从二。……勃列西领以四年为一任，期满更代……总无世袭终身之事。②

并引述了林则徐在编译时所加的评论：

（美国联邦）二十七部酋分东西二路，而公举一大酋（总统）总摄之。匪惟不世及，且不四载即受代，一变古今官家之局，而人心翕然，可不谓公乎！议事听讼，选官举贤，皆自下始，众可可之，众否否之，众好好之，众恶恶之，三占从二，舍独徇同，即在下预议之人亦先由公举，可不谓周乎？③

这实际上是婉转地表达了一种对美国民主政体的赞羡之意。

徐继畬在《瀛环志略》中对美国的政治体制则可以说是明显予以赞佩，称其"幅员万里，不设王侯之号，不循世及之规。公器付之公论，创古今未有之局，一何奇也"。特别对美国第一任总统华盛顿给予很高的评价：

---

① （清）魏源：《魏源全集》，第六册，《海国图志》，卷51，《大西洋英吉利国广述上》，第1386页。
② （清）魏源：《魏源全集》，第六册，《海国图志》，卷60，《外大西洋弥利坚总记中》，第1625页。
③ （清）魏源：《魏源全集》，第六册，《海国图志》，卷58，《外大西洋墨利加洲总叙》，第1585页。

华盛顿，异人也。起事勇于（陈）胜、（吴）广，割据雄于曹（操）、刘（备），既已提三尺剑，开疆万里，乃不僭位号，不传子孙，而创为推举之法，几于天下为公，骎骎乎三代之遗意。其治国崇让善俗，不尚武功，亦迥与诸国异。余尝见其画像，气貌雄毅绝伦。呜呼，可不谓人杰矣哉！①

泰西古今人物，能不以华盛顿为称首哉！②

徐继畬对美国民主政治的认识在他所在的那个时代可谓弥足珍贵且有胆识。③ 有清一代是中国历史上最后一个封建君主专制统治的王朝时代，帝位世袭罔替，君王乾纲独断；王侯将相，等级森严，不可逾越。徐继畬虽以"骎骎乎三代之遗意""泰西古今人物，能不以华盛顿为称首哉"的限制性口吻推崇其"不僭位号，不传子孙"的公心，及其"创为推举之法""公器付之公论"的公正，但他对这种民主政治的赞羡之情却明显地溢于言表。

梁廷枏也称羡美国的民主政体和法治，尤其公推总统乃"创一开辟未有之局"，他说：

予盖观于米利坚之合众为国，行之久而不变，然后知古者'可畏非民'之未为虚语也。彼自立国以来，凡一国之赏罚、禁令，咸于民定其议，而后择人以守之。未有统领，先有国法。法也者，民心之公也。统领限年而易，殆如中国之命吏，虽有善者，终未尝以人变法。既不能据而不退，又不能举以自代。其举其退，一公之民。……盖取所谓视听自民之茫无可据者，至是乃彰明较著而行之，实事求是而证之。为统领者，既知党非我树，私非我济，则亦惟有力守其法，于瞬息四年中，殚

---

① 《徐继畬集》（白清才、刘贯文主编）（一），《瀛环志略》，卷9，《北亚墨利加米利坚合众国》，第267页。
② 《徐继畬集》（白清才、刘贯文主编）（一），《瀛环志略》，卷9，《北亚墨利加米利坚合众国》，第285页。
③ 据载，咸丰三年（1853）六月，浙江宁波府辑录徐继畬《瀛环志略》书中有关介绍美国和赞美华盛顿的文字，镌刻赠送美国，被砌于美国首都华盛顿纪念塔第十级的内壁之上。

精竭神，求足以生去后之思，而无使复当前之悚斯已耳。又安有贪侈凶暴，以必不可固之位，必不可再之时，而徒贻其民以口实者哉？……①

此外，《海国图志》《海国四说》②等著作还介绍了西方文化艺术、社会习俗、婚姻制度等等，包括西方国家那些"男女平等"之类的道德准则，这对于长期接受封建传统礼教熏陶的中国人来说，无疑是新奇新鲜之事。还有那些西方先进的科学技术："火轮船航河驶海，不待风水"；陆运"用火车往来，一时可行百有八十里"；"机房织造，不用手足"；"农器便利，不用耒耜，灌水皆以机关，有如骤雨"③等等，更使人们惊叹为"非天下之至神，其孰能与于斯？"④

魏源、徐继畬、梁廷枏等人对英美政治制度的介绍虽然还比较肤浅，但由关注海防、关注海疆形势所带来的对海外"夷情"的认识，由原本为酒后茶余的海外奇谈转向关注时局的经世务实，由单纯的军事情报转向对海外舆情的全面介绍，等等，这些迥异于传统的新思想、新观念、新知识的输入，必将会在"人明抵制之术，而日怀奋励之思"⑤的基础上引起人们进一步的重视和深思。

第一次对外海防战争后，中国传统的海上藩篱已不复存在，来自国家海

---

① （清）梁廷枏：《合省国说》，清代史料笔记丛刊，北京：中华书局，1993年，第50页。
② 梁廷枏的《海国四说》由《耶稣教难入中国说》《合省国说》《兰仑偶说》《粤道贡国说》组成，其中的《合省国说》《兰仑偶说》介绍了美国和英国的社会文化、宗教信仰、恋爱婚姻、风气习俗等情况，对西方文化总体上持否定态度，谓之"夫西国之风气，唯利是图，君民每聚赀合财，计较锱铢之末。跋涉数万里，累月经年，曾不惮其险远。来市虽众，率贸易工技者流，习狃夷风，方自以税重货多，日持市道之见，与为窥测。盖其人生长荒裔，去中国远，不睹圣帝明王修、齐、治、平之道；不闻诗书、礼乐、淑身、范世之理"［《海国四说·序》（骆驿、刘骁校点），清代史料笔记丛刊，北京：中华书局，1993年，第2页］，但他对西方国家相对详细而客观的介绍，也可以从另一个侧面让国人了解一些原来知之甚少的海外世界。
③ （清）魏源：《魏源全集》，第六册，《海国图志》，卷51，《大西洋英吉利国广述上》，第1386、1385、1397页。
④ （清）阙名：《贸易通志三》，见（清）王锡祺编：《小方壶斋舆地丛钞·补编·再补编》，第12帙，据清光绪十七（1891）、二十（1894）、二十三（1897）年上海著易堂印本影印，杭州：杭州古籍书店影印，1985年。
⑤ （清）贾桢等纂：《筹办夷务始末（咸丰朝）》（中华书局编辑部标点）（3），卷28，《王茂荫奏治法治人之本在明德养气折》，北京：中华书局，1979年，第1049页。

洋方向的安全威胁开始为清朝统治阶级内部的一些有见识的疆臣大吏所深切体认。在第一波海防思潮的激荡下，从"天朝上国"迷梦中惊醒的中国人，包括在清廷中央以奕䜣、文祥等人为核心，在地方以曾国藩、左宗棠、李鸿章等人为代表的识时务者，上下呼应，把林则徐、魏源倡导的"师夷长技以制夷"，落实为"师夷智以造炮制船"，① 在海防层面才真正开始了晚清中国面对海洋、重返海洋的曲折历程。

最后是"惟有师海权国家之长，才足以制驭海权之国"。

台湾地区学者王家俭先生曾撰有《魏默深的海权思想》一文，对魏源的海权思想做过颇具创见的分析。② 的确如此，作为经世学者和启蒙思想家，魏源与林则徐等人一样是最早睁眼看世界的先进中国人之一。对于"千古奇变"之"海国时代"的到来，魏源朦胧地意识到，惟有师海权国家之长，以我之海权对付彼之海权，才足以制驭来犯的海权国家，也即"塞其害、师其长，彼且为我富强；舍其长、甘其害，我乌制彼胜败？……善师四夷者，能制四夷；不善师四夷者，外夷制之"。③ 魏源的海权思想的确值得进一步发掘和研究。

我们认为，魏源"惟有师海权国家之长，才足以制驭海权之国"的海权

---

① 《曾文正公全集·奏稿》，卷12，《复陈洋人助剿及采米运津折》，上海：中华图书馆，1924年；《曾国藩全集》（奏稿二），《遵旨复奏借俄兵助剿发逆并代运南漕折》（咸丰十年十一月初八日），长沙：岳麓书社，1987—1995年，第1272页。

② 王家俭先生认为，海权（Sea Power）这一观念虽然是西方历史的产物，可以从古代的世界史溯其渊源，但以崭新的近代海权面貌出现，并引起世界各国广泛的重视，则要首推19世纪末美国海军战略理论家马汉（A. T. Mahan, 1840—1914）所提的"海权论"。马汉于1890年发表著名的《海权对历史的影响》(The Influence of Sea Power Upon History, 1660—1783)是第一部有关海权问题的经典之作。继此之后，1892年马汉又出版了《海权对于法国革命与帝国之影响》(The Influence of Sea Power Upon the French Revolution and Empire, 1793—1812)；1905年出版了《海军与1812年战争之关系》(Sea Power in the Relation to the War of 1812)；1911年出版了《海军战略论》(Naval Strategy)等划时代的著作，对当时及后世都产生了深远影响。但王家俭先生指出，中国人对于海权问题也并非完全无人关怀，他认为湖南学者魏源曾早于马汉数十年便提出过类似马汉海权论的主张，其海权思想的内涵主要包括了新式海军之创设、发展工业与航运、经营南洋作为藩镇和倡导海洋风气转移国民观念等四个方面。[王家俭：《魏默深的海权思想》，载《清史研究论薮》，第235～255页。]

③ （清）魏源：《魏源全集》，第六册，《海国图志》，卷37，《大西洋欧罗巴洲各国总叙》，第1078页。

思想，除了王家俭先生所概括的"新式海军之创设""发展工业与航运""经营南洋作为藩镇""倡导海洋风气转移国民观念"等四个方面之外，他对"海国时代"形势变化的判断、中国对此的应对之方，以及海防建设的通盘设想也应纳入其中。因为，晚清"海防"与"海权"认知之所以能在此一时期开始由传统向近代转型，正是建立在先进国人对世界大势判断的基础之上，而且这并不是魏源一个人的"战斗"，而是包括林则徐、徐继畬等有识之士及其后来者在那个剧变时代的共同思考。

例如，在认识世界大势变化及中国应对之方的思考上，魏源敏锐地向人们揭示了一个前所未有的"海国时代"的到来，即：

> 人知鸦烟流毒，为中国三千年未有之祸，而不知水战火器为沿海数万里必当师之技。①

也就是说，刚刚结束的中英战争表面上是因鸦片问题而起，但实际上是海外"蛮夷"凭借其先进的"水战火器"从海上发动的入侵战争。就"海国"竞争时代的世界格局来看，"西力东侵"已成为"天地气运自西北而东南"② 的必然趋势，日渐激烈的"海上争战"才真正是中国"三千年未有之祸"！

对此，魏源进一步指出，西方国家争夺海权，主要是"恃其船大帆巧，横行海外，轻视诸国，所至侵夺"③。它们跨海东来，四处扩张，"遇岸争岸，遇洲据洲，立城埠，设兵防，凡南洋之要津，已尽为西洋之都会"④。特别是日渐成为海上霸主的"英吉利尤炽，不务行教而专行贾，且佐行贾以行兵，兵贾相资，遂雄岛夷"⑤。而且自英国占据海上要冲新加坡之后，就开始将扩张的矛头指向中国，"盖欲扼此东西要津，独擅中华之利，而制诸国之咽喉。

---

① （清）魏源：《魏源全集》，第六册，《海国图志》，卷37，《大西洋欧罗巴各国总叙》，第1078页。
② （清）魏源：《魏源全集》，第四册，《海国图志·后叙》，第7页。
③ （清）魏源：《魏源全集》，第四册，《海国图志》，卷5，《东南洋一·越南一》，第354页。
④ （清）魏源：《魏源全集》，第四册，《海国图志》，卷5，《叙东南洋》，第342页。
⑤ （清）魏源：《魏源全集》，第六册，《海国图志》，卷37，《大西洋欧罗巴各国总叙》，第1077~1078页。

古今以兵力行商贾,未有如英夷之甚者!"①

面临这种严重的海上侵略威胁,魏源认为,中国应对之方的关键在于"塞其害,师其长"②,要积极学习"外夷"的"水战火器",以其人之道还治其人之身,师海权国家之长,以制驭海权之国,才能摆脱濒海大国"沿海数万里"处处挨打的困境。

徐继畬对此也有深刻的认识,他指出,由于中国负陆面海的自然和经济地理形势,历来都是:

> 西北为背,东南为腹,自古边患,皆在西北。东南海滨一带,土地膏腴,财赋所出。名都大邑及商贾萃集之码头,大半近逼海滨。从前仅有海贼,别无外患。

但现在所面对的海疆形势与过去已大不相同:

> 英吉利以西海岛夷,为强售鸦片之故,突而称兵。在粤则扰我虎门,在闽则扰我厦门,在浙则扰我定海、镇海、宁波、乍浦,在江苏则扰我上海、镇江,且阑入长江,直逼江宁,截我运道,逆恶滔天,凡有血气之伦俦,无不怀食肉寝皮之恨!③

徐继畬认为,中国传统的海上安全威胁只是零星"倭寇"与内地"海贼"勾结扰民,然"事平之后,其患亦息";即使如清初郑氏海上政权的隔海对峙,一经"我朝定鼎,勘定台湾之后,海疆宴然者垂二百年"。但如今的海国时代,西方海上列强凭借"坚船利炮"跨海而来,"得志而骄,贪求无厌",所引发的海疆不靖形势已远非传统的"海氛"可比,"二百年全胜之国威,乃为七万里

---

① (清)魏源:《魏源全集》,第四册,《海国图志》,卷9,《东南洋四·暹罗东南属国沿革三》,第434页。
② (清)魏源:《魏源全集》,第六册,《海国图志》,卷37,《大西洋欧罗巴各国总叙》,第1078页。
③ (清)徐继畬:《揣度夷情密陈管见疏》,转引自丁守和等主编:《中国历代奏议大典》(4),哈尔滨:哈尔滨出版社,1994年,第423页。

外逆夷所困,致使文武将帅接踵死绥,而曾不能挫以之毫末"①。因此,必须积极了解世界大势、了解西方国家的实际情况,才能找到战败的原因和制胜的机会。

在徐继畬看来,现今西方诸国中,英国势力最强,法国、俄罗斯、奥地利等分列其后②,该国拥有"兵船大小六百余只,火轮船百余只";"兵船极大者安炮一百二十门,次一百,……;中等者安炮四十四,次三十六,……;小者安炮二十,次十,……;……炮位少者一层,多者两层至三层。上一层在船面,下两层于船旁开炮洞,人在船腹。其船行大洋中,不畏风浪";"火轮船……船之行也,轮激水如飞,瞬息不见,一昼夜约千余里"③;"其兵水师衣青,陆路衣红,重水师而轻陆路。专恃枪炮,不工技击,刀剑之外无别械"④,是典型的海权国家。

法国虽稍逊于英国,但"国有额兵三十万,战船大小二百九十只,水兵五万。船之大者,载炮七十二门至一百二十门。亦有火轮船数十只,巡驶地中海"⑤,且"其俗,人人喜武功,军兴,则意气激扬,面有矜色。临阵跳荡直前,议(义)不返顾。前队横尸杂沓,后队仍继进不已。获胜则举国欢呼,虽伤亡千万(人)不恤,但以崇国威、全国体为幸",故"欧罗巴用武之国,以佛兰西为最。争先处强,不居人下"⑥。

俄罗斯与英、法相比,其"都城临海,亦有巨舰数十。然水战究非所长,故不能在大海中与诸国角胜",且"舟楫之利,火器之精,心计之密,又远逊于诸国",但俄罗斯注重向海洋发展,其国王彼得大帝还曾"变姓名,

---

① (清)徐继畬:《致赵盘文明经、谢石珊孝廉书》,《松龛先生全集·文集》,卷3,台北:文海出版社,1977年影印本,第6页。
② 《徐继畬集》(白清才、刘贯文主编)(一),《瀛环志略》,卷5,《欧罗巴奥地利亚国》,第137页。
③ 《徐继畬集》(白清才、刘贯文主编)(一),《瀛环志略》,卷7,《欧罗巴英吉利国》,第232~233页。
④ 《徐继畬集》(白清才、刘贯文主编)(一),《瀛环志略》,卷7,《欧罗巴英吉利国》,第232页。
⑤ 《徐继畬集》(白清才、刘贯文主编)(一),《瀛环志略》,卷7,《欧罗巴佛郎西国》,第202页。
⑥ 《徐继畬集》(白清才、刘贯文主编)(一),《瀛环志略》,卷7,《欧罗巴佛郎西国》,第203页。

走荷兰，投舟师为弟子"，努力学习航海知识，"尽得其术乃归"①，以致后来能与其他海洋国家"逐鹿海隅，往往瞠乎其后。特因其疆土之广，究系海内大国，故诸国亦未敢轻视之"②。

应该说，徐继畬对当时的世界大势及主要海外强国的观察基本正确，而且堪称细致入微，正是在这一基础上，他归纳出西方海洋国家自明代以来之所以日益强大的根由：

一是以海立国、以商立国，进行殖民扩张，抢占海港码头，以武力夺得海洋利权，如早期的西班牙、葡萄牙、荷兰等"欧罗巴诸国，皆好航海立埔头。……彼以商贾为本计，得一埔头，则擅其利权而归我"③；近年来则以英国为首的海上殖民者取代西班牙、葡萄牙、荷兰等海上对手，"以巨舰涉海巡行，西辟亚墨利加全土，东得印度、南洋诸岛国，声势遂纵横四海"，④ 成为目前势力最强的海洋霸主。

二是科技发达，精于造船制炮，"其人性情缜密善于运思，长于制器，金木之工，精巧不可思议。……造舟尤极奥妙，篷索器具，无一不精。测量海道，处处志其浅深，不失尺寸"。故西方各国虽然地方狭小，但"皆善权子母，以商贾为本计。关有税，而田无赋。航海贸迁，不辞险远。四海之内，遍设埔头。固由其善于操舟，亦因国计全在于此，不得不尽心力而为之也"。⑤

三是殖民掠夺，四处扩张，争抢海洋利权，此为西方国家之所以富强的最大"秘密"。实际上，徐继畬已基本认识到，不论是早期的西班牙、葡萄牙、荷兰等老牌海上强国，还是英国、法国等新兴的"千古蛮夷"，它们都是凭借其"坚船利炮"，攻城略地，四处扩张，争夺海洋利权才得以致本国富强的。

---

① 《徐继畬集》（白清才、刘贯文主编）（一），《瀛环志略》，卷4，《欧罗巴峨罗斯国》，第114页。
② 《徐继畬集》（白清才、刘贯文主编）（一），《瀛环志略》，卷4，《欧罗巴峨罗斯国》，第124页。
③ 《徐继畬集》（白清才、刘贯文主编）（一），《瀛环志略》，卷6，《欧罗巴荷兰国》，第190页。
④ 《徐继畬集》（白清才、刘贯文主编）（一），《瀛环志略》，卷4，《欧罗巴》，第104页。
⑤ 《徐继畬集》（白清才、刘贯文主编）（一），《瀛环志略》，卷4，《欧罗巴》，第112页。

第三章 "千古奇变":从"防海"到海防

他以亚洲古大国印度沦为西方国家殖民地的历史遭遇为显例,分析说:

> 明宏(弘)治八年(1495年),欧罗巴之葡萄牙,航海至印度西南界之孟买,开凿海港,建立城邑,市舶通行,以此致富。荷兰忌之,以兵船相攻,亦攘其地立埔头,设公班衙,擅印度海之利权者数十年。迨英吉利东来,驱除两国,而有其地。佛郎西亦于南印度之东界立埔头。康熙七年(1668年),英吉利在东印度之孟加拉,买地建馆,筑炮台,造屋七十所。帆樯云集,百货流通,埔头日益富盛。乾隆十七年(1752年),孟加拉酋长毁其居,囚其人,英人以大兵攻之,遂灭孟加拉,乘胜兼(并)南中诸部。诸部合纵御之,(然)心力不齐,纷纷溃败。有为英所灭者,有听其置吏,仅拥空名者,有受役属为藩国者。由是五印度全土,归英辖者十之七,仅余西北数部尚未服也。①
>
> 英人既得五印度,渐拓而东南。印度海之东岸,遍置埔头。阿喀剌、达歪,取之缅甸;麻喇甲、息力(即新奇坡)易之荷兰。小西洋(即印度海)利权归(英国)掌握者八九矣。②

因此,时下英国将扩张矛头对准中国,乃海权国家"四海之内,其帆樯无所不到"③ 的必然结果,"英吉利复然三岛,不过西海一卷石。揆其幅员,与闽广之台湾、琼州相若。即使尽为沃土,而地力之产,能有几何?其骤致富强,纵横于数万里(之)外者,由于西得亚墨利加,东得印度诸部也"④。现其处心积虑,梯航东来,"越七万里而通于中土,非偶然也"。

对此,徐继畬还指出,自明代以降,"欧罗巴诸国之东来,先由大西洋而至小西洋,建置埔头,渐及于南洋诸岛。然后内向,而聚于粤东。萌芽于

---

① 《徐继畬集》(白清才、刘贯文主编)(一),《瀛环志略》,卷3,《亚细亚五印度》,第62页。
② 《徐继畬集》(白清才、刘贯文主编)(一),《瀛环志略》,卷7,《欧罗巴英吉利国》,第231页。
③ 《徐继畬集》(白清才、刘贯文主编)(一),《瀛环志略》,卷7,《欧罗巴英吉利国》,第232页。
④ 《徐继畬集》(白清才、刘贯文主编)(一),《瀛环志略》,卷7,《欧罗巴英吉利国》,第231页。

明中，滥觞于明季，至今日而往来七万里，遂如一苇之航。天地之气，由西北而通于东南，倘亦运会使然耶？"① 他与魏源等有识之士一样已俨然体察到海国时代来临后，各国海洋争战将愈加激烈的历史发展趋势。

19、20世纪之交，西方近代海权理论的鼻祖A. T. 马汉竭力为以控制海洋而得到了脱胎换骨式改变的西方海外殖民扩张主义者唱赞歌，称颂和炫耀海上力量的历史，是"在其广阔的画卷中蕴涵着使得一个濒临于海洋或借助于海洋的民族成为伟大民族的秘密和根据"②。两相比较，在马汉之前半个世纪的徐继畬对西方海外殖民侵略扩张的揭露已经相当深刻。对此，我们认为，尽管西方殖民国家"借助于"海外扩张和掠夺并没有使其真正成为所谓的"伟大民族"，而是"用血和火的文字"被钉在历史的耻辱柱上，但上述徐继畬对西方海权国家致富"秘密"的观察、发现和揭露，对汲取历史经验教训，促进晚清中国海防与海权思想的发展，都有着划时代的深远意义。

简言之，与魏源的《海国图志》相似，徐继畬所撰《瀛环志略》虽是一部精心考证海外国家史地舆情的名著，但其显现的海洋意识却有着近代海权思想的发展趋向。正如海洋史研究专家杨国桢教授所指出的：

> 徐继畬的舆地考证从西北到东南、从陆地到海洋的转向，是他尝试贯通中外历史地理、介绍海外新知识的连结点。利用中国海洋图书与雅裨理的口述相对接，以中国海洋经验验证西方知识，是《瀛环志略》取得成功的重要因素。重新"发现"中国海洋史，含有冀望中国在海洋突围再起的深意。借鉴历史，反思对策，反映了徐继畬海洋意识的感悟与觉醒。③

遗憾的是，由于第一次中英鸦片战争前后中国社会正处于由传统向近代转型的萌起阶段，其根植于中国传统土壤上的经济、政治、思想、文化，包括海洋观念等，都带有浓厚的传统色彩，而且对先进的中国人，包括对林则

---

① 《徐继畬集》（白清才、刘贯文主编）（一），《瀛环志略》，卷4，《欧罗巴》，第109页。
② ［美］A. T. 马汉：《海权论》（萧伟中、梅然译），第2～3页。
③ 杨国桢教授为博士生上课讨论时所言，据笔者课堂笔记整理（1995年10月24日，星期二）。

徐、魏源、徐继畬这样的睿智有识之士,也都有着某种深层的、难以摆脱的影响。他们先进的思想主张一时还未能引起社会的广泛反响,而清朝统治者则随着对外海防战争硝烟的散去,依然文恬武嬉,"海疆之事,转喉触忌,绝口不提"[①]。林则徐、魏源、徐继畬等有识之士的海防意识衍变还未能有力促使晚清整个海防思想的适时转型。

---

① 不著撰人:《软尘私议》,见中国史学会编:《鸦片战争》(五),中国近代史资料丛刊,第529页。

第四章

"借法自强"：近代海防思想之滥觞

据清王朝统治者一厢情愿的理解和认知，缔结中英《南京条约》及后续的《五口通商章程》和《五口通商附善后条款》，以及中美《望厦条约》和中法《黄埔条约》已是"万年和约"，幻想着条约签订后即能"罢兵议款，互市通商，海宇晏安，相习无事"。而对于英国等西方海上列强来说，强迫清王朝签订不平等条约的殖民野心业已暂时得到满足，因而也在签约后偃旗息鼓，乘胜而归。对于这样一种战争结局，以"天朝上国"自居的清廷统治者很知足地以"怀柔远人"的传统心态和"从古制夷之道，不外羁縻"的传统思维来安慰自己，因而第一次对外海防战争失败所引起的阵痛，很快就随着海上硝烟的散去而渐被淡忘，"和议之后，都门仍复恬嬉，大有雨过忘雷之意。海疆之事，转喉触讳，绝口不提，即茶坊酒肆之中，亦大书'免谈时事'四字，俨有诗书偶语之禁"①。

如此一来，因对外海防战争失败所最应加强的海防水师建设又重新停滞不前，"自英夷就抚而后几及十年，而水师之懦弱，绿营之懈弛如故。……此其弊固非一言所能尽"②。清廷当政者继续在"深以言西事为讳，徒事粉

---

① 不著撰人：《软尘私议》，见中国史学会主编：《鸦片战争》（五），中国近代史资料丛刊，第529页。
② （清）吕贤基：《吕文节公奏疏》，卷1，《海防疏》，见中国史学会主编：《鸦片战争》（四），中国近代史资料丛刊，第573页。

饰，弥缝苟且于目前"①中虚度时世已日新月异变化着的宝贵光阴。

然而，世界性海洋时代的发展并不以清王朝统治者的主观意志为转移。西方列强进行海外殖民扩张是对经济利益的追求，一旦这种追求的欲望得不到满足，它们就要再次动用武力来为自己夺取更多的经济利益。

《南京条约》签订后，英国以为就此可以向中国倾销各种商品以获取暴利，尤其是当时最为兴盛的纺织业主欣喜若狂地认为"鸦片战争已经打开了一个新的世界，这个世界是这样的广阔，倾兰开夏全部工厂的生产也不够供给她（中国）一省的衣料"，继而还乐观地设想："只消中国人每人每年需用一顶棉织睡帽，不必更多，那英格兰现有的工厂就已经供应不上了"，"一想到和三万万或四万万人开放贸易，大家好像发了疯似的"②。

但事实远非如其所愿，由于中国自给自足的封建自然经济的本能抗拒，英国资产阶级企望的这个"新市场的美景"并没有出现。鸦片战争后，他们曾一度把大量的棉纺织品，甚至餐具刀叉和钢琴等西洋商品运进中国，结果堆积在港口难以销售。在这种情况下，英国等海上列强国家认为必须动用武力进一步扩大侵华特权，以攫取它们所企望得到的各种利益。1856年，英国与法国联合发动了第二次鸦片战争，史称英法联军战争，再次以海上武力挑战的方式，逼迫清王朝于1860年10月签订了屈辱的《天津条约》、《北京条约》及《通商章程善后条约：海关税则》，致使中国的独立主权，包括海疆海防安全又一次受到严重的损害。

至此，中国传统的海上"万里长城"已完全不复存在，来自国家海洋方向的安全威胁开始为清朝统治阶级内部的一些有见识的疆臣大吏所深切体认。其时在清廷中央以奕䜣、文祥、桂良等人为核心，在地方以曾国藩、左宗棠、李鸿章、丁日昌等人为代表，上下呼应，把林则徐、魏源先前倡导的"师夷长技以制夷"思想主张，落实为"师夷智以造炮制船"③的洋务自强实

---

① （清）王韬：《弢园文录外编》，卷9，《瀛寰志略·序》，近代文献丛刊，上海：上海书店出版社，2002年，第226页。
② 香港《中国邮报》，1847年12月2日社论，转引自严中平：《英国资产阶级纺织利益集团与两次鸦片战争的史料》，载《经济研究》1955年第2期。
③ 《曾国藩全集》（奏稿二），《遵旨复奏借俄兵助剿发逆并代运南漕折》（咸丰十年十一月初八日），第1272页。

践，真正开启了晚清中国面对海洋、重返海洋的曲折历程。

一、海防思潮的崛起

严格来说，第一次对外海防战争的失败促使一些有识之士认真反思战败的原因，主要侧重在较为急功近利的"知夷"、"悉夷"和"制夷"方法的探索上，林则徐、魏源人等提出"师夷长技以制夷"的主张，带有些许特立独行、意识超前的色彩，因而也难以得到清廷朝野上下的广泛反响，甚至"师夷"之说还被指责为有失天朝体制，不足以称道，其时包括开明如梁廷枏、夏燮等堪称有见识之士都对"师夷制夷"主张不以为然。梁廷枏说：

> 今天下非无讲求胜夷之法也，不曰以夷攻夷，即曰师夷长技。姑无论西夷同一气类，虽曰为蛮触争，而万不肯为中国用也。……天朝全盛之日，既资其力，又师其能，延其人而受其学，失体孰甚！①

在他看来，身为"天朝上国"而屈尊"师夷"不仅丢了面子，而且有失国体。况且，他认为西方的火炮舰船技术原本来源于中国，是他们向我们学习之后再加以推广的结果，故根本没有向"西夷"学习的必要。他说：

> 彼之火炮始自明初，大率因中国地雷飞炮之旧而推广之。夹板舟亦郑和所图而予之者。即其算学所称东来之借根法，亦得诸中国。但能实事求是，先为不可胜，夷将如我何。不然而反求胜夷之道于夷，古今无是理也。②

夏燮则更是坚信一贯的传统战法，"帝王之道必出于万全，则避其所长而攻其所短。大洋之外犹平原也，今与寇战于平原，必引而致之狭隘之地。……故御夷者，善战不如善堵。堵则船欲小而不欲大，水勇贵少而不贵

---

① （清）梁廷枏：《夷氛闻记》（邵循正校注），第172页。
② （清）梁廷枏：《夷氛闻记》（邵循正校注），第172页。

多，炮务近而不务远"，① 因此，也不必向西方学习什么"坚船利炮"之法，轻便的小船小炮就是中国水师之长，"以我水师之所长，攻其水师之所短"，坚守海口内河，即可胜券在握。况且"中国水师与之争锋海上，即使招募夷工，仿其制作，而茫茫大海无从把握，亦望洋而叹耳！然则欲以御夷，将何道之从？"②

颇具声名的经世学者包世臣也对"师夷长技"一说持反对态度：

> 夷人以铜炮胜我，我必宜求制炮之术。今效之铸铜炮，即精善亦是其徒，徒岂能胜师乎？③

即使多年后因英法联军战争爆发，严重的海防危机再次降临之际，"师夷"之说仍然不被人们所认可，魏源的好友兵部左侍郎王茂荫曾设法将《海国图志》一书呈奉咸丰皇帝以资圣鉴，但奏荐时只是肯定魏源"于守之法，战之法，款之法，无不特详。……果能如法以守各口，英夷似不敢近"④，而对其"师夷制夷"之说则讳莫如深，只字未提。

可见，在第一次鸦片战争时期及之后的相当长一段时间内，林则徐、魏源倡导的"师夷长技以制夷"主张并没能形成一种普遍的社会共识，因此，如果说晚清中国是因探索"知夷""悉夷""制夷"之方而激发出第一波海防思潮，那么，以"师夷智以造炮制船"为中心议题的第二波海防思潮，则是在英法联军战争引发更为严重的海防危机之际，由清廷朝野上下呼吁"借法自强"的基本共识中予以催生的。

英法联军战争中，不论海战或陆战，清军依然是"一战而蹶者十之二

---

① （清）夏燮：《中西纪事》（欧阳跃峰点校），卷23，《管蠡一得·防御内河》，清代史料笔记丛刊，第361~362页。
② （清）夏燮：《中西纪事》（欧阳跃峰点校），卷23，《管蠡一得·防御内河》，清代史料笔记丛刊，第364、361页。
③ （清）包世臣：《安吴四种》，卷35，《答傅卧云书》，近代中国史料丛刊（第30辑），第2468~2469页。
④ （清）贾桢等纂：《筹办夷务始末（咸丰朝）》（中华书局编辑部标点）(3)，卷28，《王茂荫奏治法治人之本在明德养气折》，第1049页。

三，不战而溃者十之六七"①。虽然钦差大臣科尔沁亲王僧格林沁利用英法联军的轻敌②，率领清军在第二次大沽口战役中取得开战以来难得的胜利，但他同样也因骄傲轻敌，以为"夷情叵测，而所恃究在舰坚炮利。若使舍舟登陆，弃其所长，用其所短，或当较为易制"③，笃信清军铁骑驰骋疆场的威力而又惨遭败绩。④ 战败的结果是，咸丰皇帝"北狩"承德热河，英法侵略者直捣京师，火烧圆明园，逼迫清王朝签订了不平等的《北京条约》。

其时，除了英法海上强敌兵临城下，多方要挟之外，令清廷统治者伤透脑筋的还有太平天国农民起义的猛烈冲击，亦即"方今夷人强横，粤匪扰乱，是天下两大乱也！"⑤

面对"外忧内患，至今已极"，"夷情猖獗，凡有血气者无不同声忿恨"⑥的严重局势，清总理衙门恭亲王奕䜣、大学士桂良和户部左侍郎文祥等联合上奏"通筹夷务全局折"，率先在清廷中央层面提出"练兵自强"的主张：

> 窃臣等酌议大局章程六条，其要在于审敌防边，以弭后患。然治其标而未探其源也，探源之策，在于自强，自强之术，必先练兵。现在抚议虽成，而国威未振，亟宜力图振兴，使该夷顺则可以相安，逆则可以

---

① （清）夏燮：《中西纪事》（欧阳跃峰点校），卷15，《庚申换约之役》，第252页。
② 僧格林沁在为天津筹防事致军机处王大臣的密函中说："该夷（英法联军）此次之败，率因骄满欺敌。其意以为炮台营垒，垂手可得，水战失利，继之步卒。是该夷不信中国敢于一战。"［见中国史学会主编：《第二次鸦片战争》（四），《钦差大臣僧格林沁为天津筹防事致军机处王大臣函》，中国近代史资料丛刊，上海：上海人民出版社，1978年，第260页。］
③ （清）贾桢等纂：《筹办夷务始末（咸丰朝）》（中华书局编辑部标点）（1），卷8，《僧格林沁等奏筹防陆路及运河宣泄事宜折》，第970页。
④ 僧格林沁在第三次大沽口之战前奏报清廷："夷船驶入北塘，不防（妨）听其停泊，一经上岸，即曾马队各兵，前往堵截，以防袭我后路。该夷既失船炮之险，我军又可施驰骋之力，较之北塘设防，更有把握。"［见中国史学会主编：《第二次鸦片战争》（四），《钦差大臣僧格林沁等奏数日与英军相持情形并酌保打仗出力人员折》，第111页。］结果，英法联军直接从北塘登陆，清军马队根本无力阻挡英法联军的进攻。
⑤ （清）段光清：《镜湖自撰年谱》，清代史料笔记丛刊，北京：中华书局，2009年，第144页。
⑥ 中国史学会主编：《洋务运动》（一），《咸丰十年十二月初三日恭亲王奕䜣等奏》，中国近代史资料丛刊，上海：上海人民出版社，2000年，第5页。

有备，以期经久无患。①

值得注意的是，总理衙门这一奏折的重点在于"审敌防边，以弭后患"，即以海防和海军建设作为"练兵自强"的主要内容，其中包括了"师夷智以造炮制船""奏请开设天文算学馆，以为制造轮船、各机器张本"等建议，已含有"借法自强"之意。

而在清廷各省地方疆臣大吏层面，曾国藩、左宗棠、李鸿章等地方大员更是深感"夷祸之烈"和中国之"创巨痛深"，"敌国外患，纷至迭乘，实不知所以善其后"②，遂大力倡导"师夷长技"以求"自强"，主张"欲求自强之道，总以修政事、求贤才为急务，以学作炸炮、学造轮船等具为下手功夫。但使彼之所长，我皆有之，顺则报德有其具，逆则报怨亦有其具"，③ 从而成为"借法自强"洋务新政的具体实践者。

其时有经世改革倾向的冯桂芬、王韬等儒生士子也大声疾呼："有天地开辟以来未有之奇愤，凡有心知血气莫不冲冠发上指者，则今日之以广运万里地球中第一大国而受制于小夷也"，如不"稍变成法"，发愤图强，"我中华且将为天下万国所鱼肉，何以堪之"④。如王韬所说：

> 夫中国非小弱也，乃至今日，狡焉逞者，何国蔑有，时挟其所长以凌侮我而恫喝我，跋扈飞扬，已非一日。……有志者于此，蒿目时艰，眷怀大局，未尝不痛哭流涕长太息，而卧薪尝胆之不暇。是惟有奋发有为，亟图自强计。稽古在昔，国以无难弱，亦以多难强，惟在一洗颓靡之习而已。⑤

---

① （清）贾桢等纂：《筹办夷务始末（咸丰朝）》（中华书局编辑部标点）(8)，卷72，《奕䜣等又奏请八旗禁军训练枪炮片》，第2700页。
② 《曾国藩全集》（日记一），"咸丰十一年八月初十日"，第650页。
③ 《曾国藩全集》（日记二），"同治元年五月初七日"，第748页。
④ （清）冯桂芬：《校邠庐抗议》（陈正青点校），近代文献丛刊，上海：上海书店出版社，2002年，第70、74页。
⑤ （清）王韬：《弢园文录外编》，卷6，《琉事不足辨》，近代文献丛刊，第130页。

王韬还明确提出:"整顿海防,制造军舰,演练水师,此治于外者也;延揽人才,简选牧令,登崇俊良,此治于内者也。外治则兵力强,内治则民心固。二者既尽其在我,何向无不畏?虽使制梃可达坚甲利兵矣"①。

一时间,位居枢垣的奕䜣、文祥、桂良等清廷重臣摇旗于庙堂之上,膺负干城之责的曾国藩、左宗棠、李鸿章等封疆大吏呐喊于火线之中,而怀具"匹夫之志"的冯桂芬、王韬等士子儒生则呼应于"草根"之间,清廷朝野上下几乎"人人有自强之心,亦人人为自强之言"②,迅速兴起一股"借法自强"的洋务新政思潮,这也是继"师夷长技以制夷"之后,以"师夷智以造炮制船"为中心议题的第二波海防思潮。

二、清廷高层的海防认知

以"借法自强"为旗号的洋务新政能得以催生晚清以"师夷智以造炮制船"为中心议题的第二波海防思潮,若没有得到清廷最高当政者的默许,甚或倡导,是不可想象之事。如前已提及,早在第一次中英鸦片战争结束后不久,道光皇帝就考虑过购买和仿造外洋船炮之事,他在奕山等奏制造战船一折中批谕曰:

> 朕思防海事宜,总以造船制炮为要。各省修造战船,竟同具文,以致临时不能适用,深堪愤恨!此次所造各船,自不至拘守旧日式样,有名无实。据奏停造例修师船,改造战船,所办甚合朕意,均着照所议办理。
>
> 从前所设水师船只,几同具文。且今昔情形不同,必须因地制宜,量为变通。所有战船大小广狭,及船上所列枪炮器械,应增应减,无庸泥守旧制,不拘何项名色,总以制造精良,临时适用为贵。③

---

① (清)王韬:《弢园文录外编》,卷6,《琉事不足辨》,近代文献丛刊,第130页。
② 中国史学会主编:《洋务运动》(一),《同治十三年九月二十七日总理各国事务衙门奏》,中国近代史资料丛刊,第26页。
③ 《大清十朝圣训》,《宣宗圣训》,卷109,《海防》,总第1909~1910页。

道光皇帝还对洋商伍敦文、华商潘绍光等帮助购买美国、吕宋（菲律宾）兵船，广东士绅潘仕成自行制造新式战船等事表示肯定，称其"驾驶灵便""试验足以御敌"，批谕"（兵船等）拨归水师旗营"，"认真操演，其船只妥为存泊，毋令日久损坏"①。

但不论是购买，还是仿造外洋船炮，均需大量的财政经费为支撑，这正如恩格斯所说的："现代的军舰不仅是现代大工业的产物，而且也是现代大工业的缩影，是一个复杂浮在水上的工厂——浪费大量金钱的工厂。没有什么东西比陆军和海军更依赖于经济前提，要获得火药和火器，就要有工业和金钱。总之，暴力的胜利是以武器的生产为基础的，而武器的生产又是以整个（社会）生产为基础。因而是以经济的力量，以经济情况，以暴力所拥有的物质资料为基础的。"②

很显然，当时刚刚经历战败而又割地赔款的清王朝不具备这样的"物质资料"基础，再加上道光皇帝本身又抱有"临时适用"的心态，南京"万年和约"一经签订，购买和仿造外洋船炮一事也很快就没有了下文。

到了英法联军战争时期情况已有所不同，英法联军肆虐京、津等地之际，也是太平天国运动达至高潮之时。其时"外有四夷，内有发捻；兵疲饷竭，在在为难"。继任者咸丰皇帝在此内外交困的严重情势下，其统治危机感自然更为深切。

总理衙门领军大臣、恭亲王奕䜣对困窘的时局同样有着深刻的体认，从维护清王朝统治政权稳定的角度，虽然他认定"发捻交乘"，为目前的"心腹之害"，俄国、英国等仅为"肘腋之忧""肢体之患"，③但从长远来看，两次对外海防战争的失败已清楚表明"夷祸之烈"才是清廷必须真正下决心"练兵自强"的根本需求。因此，奕䜣高度赞赏地方大臣曾国藩提出的"师夷智以造炮制船"主张，称其"实思深虑远之论，与臣等所谋暗合。……倘将来中国能于自造，则洋人不能据为独得之奇，而破浪乘风可以纵横海上，

---

① 《大清十朝圣训》，《宣宗圣训》，卷109，《海防》，总第1911～1912页。
② 恩格斯：《反杜林论》，《马克思恩格斯选集》，第3卷，第277～278页。
③ 中国史学会主编：《洋务运动》（一），《咸丰十年十二月初三日恭亲王奕䜣等奏》，中国近代史资料丛刊，第6页。

亦自强之一道也"。① 就此从清廷高层中枢直接对"借法自强"的思想主张予以支持,推动了以"师夷智以造炮制船"为具体实践的第二波海防思潮的崛起。

清廷高层中还值得一提的是时任总理衙门大臣、户部左侍郎的文祥。文祥(1818—1876年)姓瓜尔佳氏,盛京正红旗人,清总理衙门初设之时,即入阁辅佐恭亲王奕䜣办理"洋务","于国计民生利病所关及办理中外交涉事件,无不悉心筹划",② 是位有见识的满族大臣。据有关学者研究,咸丰十年十二月(1861年1月)总理衙门所上《通筹夷务全局折》(即史称《练兵自强折》)极可能出自文祥之手③,其海防思想实际上在相当程度上也反映了清廷高层的海防认知。

文祥的海防思想也建立在对时局的深刻体认上。他认为,两次对外海防战争的接连失败实为"天朝"史无前例之事,"夫敌国外患,无代无之,然未有如今日之局之奇、患之深、为我敌者之多且狡也"。因而唯有亟筹自立、自强才能予以应对此剧变的时势。"果因此患而衡虑困心,自立不败,原足作我精神,惺我心志,厉我志气,所谓生于忧患者正在于此。至此而复因循泄沓,一听诸数而莫为之筹,即偶一筹念而移时辄忘,或有名无实,大局将不堪设想,而其几不待智者而决矣。"④ 这实际上是婉转地批评清廷最高当政者没能急图振作精神,及时改革以挽救困窘的时局。

对此,文祥提出:

当各外国环伺之时,而使之无一间可乘,庶彼谋不能即遂,而在我亦堪自立。此为目前犹可及之计,亦为此时不能稍缓之图。⑤

---

① 中国史学会主编:《洋务运动》(二),《同治元年九月二十九日总理各国事务衙门奕䜣等奏》,中国近代史资料丛刊,第242页。
② 《清史列传》,卷51,《文祥传》,北京:中华书局,1987年,第4078页。
③ 见王家俭:《文祥对于时局的认识及其自强思想》,载氏著《中国近代海军史论集》,第22页。
④ 赵尔巽等撰:《清史稿》,卷386,《列传一百七十三·文祥》,第11692~11693页。
⑤ 赵尔巽等撰:《清史稿》,卷386,《列传一百七十三·文祥》,第11691~11692页。

文祥认为，要达到"自立""自强"的效果和目标，当下最紧要的就是加强"武备"，即造船、制器、练兵、筹饷、用人等，"今日之敌非得其所长，断难与抗，稍识时务者亦讵勿知"，①并与恭亲王奕䜣等一道把"练兵自强"正式提到清廷的议事日程上来。

　　当然，其时文祥"练兵自强"的目的主要在于加强清军的战斗力，推进船炮火器的近代化，但这一军事近代化的努力一定会朝"师夷"，即"借法自强"的方向行进。此后清总理衙门对购买仿制外洋船炮、创建新式海军、加强近代海防建设等的倡导和支持，都与文祥的各种努力有很大的关联。②

---

① 赵尔巽等撰：《清史稿》，卷386，《列传一百七十三·文祥》，第11694页。"自设立总理衙门，其事始有责成，情形渐能熟悉，在事诸臣亦无敢推诿。然其事非在事诸臣之事，而国家切要之事也。既为国家切要之事，则凡为大清臣子者无人不应一心谋划，以维大局。况和局之本在自强，自强之要在武备，亦非总理衙门所能操其权尽其用也。……乃十数年来，遇有重大之端，安危呼吸之际，事外诸臣辄以袖手为得计。事甫就绪，异议复生，或转托于成事不说；不问事之难易情形若何，一归咎于任事之人。……夫能战始能守，能守始能和，宜人人知之。今日之敌，非得其所长，断难与抗，稍识时务者，亦讵勿知？乃至紧要关键，意见顿相背，往往陈义甚高，鄙洋务为不足言；抑或苟安为计，觉和局之深可恃。是以历来练兵、造船、习器、天文、算学诸事，每兴一议而阻之者多，即就一事而为之者非其实。至于无成，则不咎其阻挠之故，而责创议之人；甚至局外纷纷论说，以国家经营自立之计，而指为敷衍洋人。所见之误，竟至于此！"

② 王家俭：《文祥对于时局的认识及其自强思想》，载《中国近代海军史论集》，第11页。文祥的"借法自强"思想已关注到西方议会制度或许是其国家兴盛富强的根本，是为当时清廷高层中独具慧眼之人！《清史稿·文祥传》载其曾上疏言及："说者谓各国性近犬羊，未知政治，然其国中偶有动作，必由其国主付上议院议之，所谓谋及卿士也；付下议院议之，所谓谋及庶人也。议之可行则行，否则止。事事必合乎民情后而决然行之。自治其国以此，其观他国之废兴成败亦以此。"〔见赵尔巽等撰：《清史稿》，卷386，《列传一百七十三·文祥》，第11691页。〕虽然文祥最终认为，西方议院政治不适合中国政情，仅可作为中国自强之鉴，"中国天泽分严，外国上议院、下议院之设，势有难行，而义可采取"，但他思想的开明之处及对于中西文化所持的折中或调和的态度，却于无形之中为我国接受近代化提供了一个标准的模式（Standard Patern）。〔参见王家俭：《文祥对于时局的认识及其自强思想》，载氏著《中国近代海军史论集》，第17页。〕

三、地方疆臣大吏的海防主张

与清廷中央重在"练兵自强"的意愿稍有不同,曾国藩、左宗棠、李鸿章等地方实力派是在镇压太平天国起义及其与洋人打交道的过程中,亲身体验到"洋枪""洋炮"的实际效用,而直接刺激了他们对"外洋船炮"的实际追求。

(一)曾国藩首倡"师夷智以造炮制船"

富有理学经世思想的曾国藩①在当时地方封疆大吏中是"师夷智以造炮制船"的首倡者和实践者。在带领湘军与太平军作战的过程中,曾国藩一方面深刻感受到清王朝在太平天国农民起义打击下所处的艰难困境,另一方面在当下"海国环伺,隐患方长"②的形势下,亲身体验到西方列强恃其船坚炮利,既"横行海上",又"纵横中原",而清军却"无以御之,为之忧悸"③的严重威胁。为了应对这一双重的重大危机,曾国藩最先提出"师夷智以造炮制船"的建议,并很快为清廷中央所认可。

在镇压太平军的战争过程中,曾国藩所率湘军水师在长江上下游往往是依靠购买来的"洋庄"(亦称"洋装")火器才多次打败太平天国水师的。④为此,他在咸丰四年(1854年)奏报清廷说:

> 水师事宜,以造炮置船二者为最要。……(湘军水师)湘潭、岳州两次大胜,实赖洋炮之力。惟原奉谕旨购办千余尊,现止来六百尊,尚属不敷分配。且江面非可遽清,水师尚须增添,尤须有洋炮陆续接济,乃能收愈战愈精之效。……于江面攻剿,大有裨益。⑤

---

① 黄顺力:《曾国藩的理学经世思想与洋务运动》,载《天津社会科学》1988年第4期。
② 汪世荣编:《曾国藩未刊信稿》,北京:中华书局,1959年,第88页。
③ 《曾国藩全集》(日记一),"咸丰十一年十月初二日",第669页。
④ 参见王定安:《湘军记》(朱纯点校),长沙:岳麓书社,1983年,第342页;罗尔纲:《湘军兵志》,北京:中华书局,1984年,第95页。
⑤ 《曾国藩全集》(奏稿一),《请催广东续解洋炮片》(咸丰四年七月十一日),第161页。

由于对"洋炮之力"的追求,首先是它能够更有效地镇压"心腹之患"的太平天国起义,因而也就迎合了清王朝"安内攘外"的迫切需要。① 英法联军战争刚一结束,曾国藩在回复清廷关于"借洋兵助剿"及"代运南漕(采米运津)"问题的奏折中就提出:

> 此次款议虽成,中国岂可一日而忘备,河道既改,海运岂可一岁而不行,如能将此两事妥为经画,无论目前资夷力以助剿济运,得纾一时之忧,将来师夷智以造炮制船,尤可期永远之利。②

曾国藩的这一建议,虽然内容并不新鲜,但他作为已逐渐掌握地方军政实力大权的封疆大吏而正式向清廷提出,即引起清廷最高统治当局的高度重视与迅速认可,从而将林则徐、魏源等早已提出的"师夷长技以制夷"的思想主张转化为"师夷智以造炮制船"的具体实践,并就此拉开了洋务"借法自强"重返海洋的帷幕。

(二) 自强新政的"借师助剿"与"试造外洋船炮"

洋务"借法自强"重返海洋的过程大体上是沿着购买外洋船炮—"借师助剿"—"师夷智以造炮制船"—兴办新式海军这一思路前行的。

---

① 咸丰十年十二月(1861年1月)总理衙门恭亲王奕䜣等人在给咸丰皇帝的奏折中提出:"就今日之势论之:发捻交乘,心腹之害也;俄国壤地相接,有蚕食上国之志,肘腋之忧也;英国志在通商,暴虐无人理,不为限制,则无以自立,肢体之患也。故灭发捻为先,治俄次之,治英又次之。"[见中国史学会主编:《洋务运动》(一),《咸丰十年十二月初三日恭亲王奕䜣等奏》,中国近代史资料丛刊,第6页。]在这份著名的奏折中,清廷统治者将危及其统治政权的太平天国起义(内忧)看作"心腹之害",而将有觊觎之心、志在通商的沙俄和英国等海外列强(外患)看作"肘腋之忧"和"肢体之患",主张"灭发捻为先,治俄次之,治英又次之",这是基于一种"两权相害取其轻"的思考所做出的价值判断。正是在这一价值判断的指导下,以"借法自强"为旗号、以"师夷智以造炮制船"为手段的洋务自强新政运动遂应运而生。
② 中国史学会主编:《第二次鸦片战争》(五),《钦差大臣曾国藩复奏俄使所陈助攻太平军及代运南漕二事可行利用情由折》,中国近代史资料丛刊,第332页。

英法联军战争结束后，俄、法等西方列强为了自己的利益，主动提出派军舰帮助清王朝镇压太平军。西方列强的"助剿"建议，使刚刚吃过列强大亏的清统治者一时还犹豫不决。咸丰皇帝说：

> 中国剿贼运漕，断无专借资外国之理。惟思江、浙地方糜烂，兵力不敷剿办，如借俄兵之力帮同办理，逆贼若能早平，我之元气亦可渐复。但恐该国所贪在利，借口协同剿贼，或格外再有要求，不可不思患预防。①

总理衙门领军大臣恭亲王奕䜣也认为：

> 此时夷虽迥非昔比，而法夷枪炮均肯售卖，并肯派匠役教导制造，倘酌雇夷匠数名，在上海制造，用以剿贼，势属可行，……外洋师船，现虽无暇添制，或仿照其式，或雇佣其船，以济兵船之不足，尚觉有益。②

但他又担心："借夷剿贼流弊滋多，然不用其剿贼，又恐其与贼勾结，惟有设法牢笼，诱以小利。"那么，如何"设法牢笼，诱以小利"呢？在奕䜣看来，"法夷贪利最甚，或筹款购买枪炮船只，使其有利可图，即可冀其昵就"③。对借助洋人力量剿灭太平军既心有所盼，又有些犹豫不决。

相较而言，在"借师助剿"和"购买外洋船炮"这一重要问题上，曾国藩表现了与他人不同的远见卓识。

其一，主张"借师"，不"助剿"。

《北京条约》签订后，清廷上下已基本倾向于"借师助剿"，但曾国藩却表现出较为谨慎的态度："传谕该夷酋，奖其效顺之忱，缓其会师之期。俟

---

① 中国史学会主编：《第二次鸦片战争》（五），《军机大臣寄钦差大臣曾国藩等俄法均愿助兵并代运南漕是否可行速议具奏上谕》，中国近代史资料丛刊，第291页。
② 中国史学会主编：《第二次鸦片战争》（五），中国近代史资料丛刊，第354页。
③ 中国史学会主编：《第二次鸦片战争》（五），中国近代史资料丛刊，第352页。

陆军克服皖、浙、苏、常各郡后，再由统兵大臣约会该酋，派船助剿。"① 在他看来，军队乃国家之重器，借外国军力"助剿"太平军一事必须慎之又慎，"许其来助，示以和好而无猜"，但须"缓其师期，明非有急而来救"②，不要急于求成。

而其时清廷因急于剿杀太平天国起义，刚刚即位的同治帝谕旨强调："借师助剿一节，业经总理衙门与英法住（驻）京使节商酌"，已正式决定与昔日的列强对手联合镇压太平天国。同治帝的上谕还明确指示江苏巡抚薛焕"与英法两国迅速筹商，克日办理，但于剿贼有裨，朕必不为制"③。

对于清廷的决策，曾国藩虽然也认为"目下情势，舍借助洋兵，亦实别无良策"④，但他的基本态度则是：宁波、上海为华洋杂处的通商口岸，西方各国均视其为"通商要地，自宜中外同为保卫"，因此"洋人与我同其利害，自当共争而共守之"⑤，但"苏（州）、常（州）、金陵（南京），本非通商子口，借兵助剿，不胜为笑，胜则后患不测"⑥。他明确指出：中外可以"借师""会防"，也可以"借洋兵以助守上海，共保华洋之人财"，但"借洋兵以助剿苏州，代复中国之疆土则不可"⑦。

在写给前方潘曾玮的信中，曾国藩还多次表示，"目前权宜之计，只宜借守沪城，切勿遽务远略。谓苏、常、金陵可以幸袭，非徒无益，而又有害

---

① （清）贾桢等纂：《筹办夷务始末（咸丰朝）》（中华书局编辑部标点）(8)，卷71，《曾国藩奏议复俄法助战及代运南漕折》，第2667~2668页；又见《曾国藩全集》（奏稿二），《遵旨复奏借俄兵助剿发逆并代运南漕折》（咸丰十年十一月初八日），第1272页。
② 《曾国藩全集》（奏稿二），《遵旨复奏借俄兵助剿发逆并代运南漕折》（咸丰十年十一月初八日），第1272页。
③ （清）宝鋆等修：《筹办夷务始末（同治朝）》，卷4，近代中国史料丛刊，台北：文海出版社，1971年影印本，总第305页。
④ 《曾国藩全集》（奏稿四），《遵旨统筹全局折》（同治元年二月初二日），第2073页。
⑤ （清）宝鋆等修：《筹办夷务始末（同治朝）》，卷4，近代中国史料丛刊，总第355页。
⑥ 《曾国藩全集》（奏稿四），《议复借洋兵剿贼片》（同治元年正月二十二日），第2060页。又见（清）宝鋆等修：《筹办夷务始末（同治朝）》，卷4，近代中国史料丛刊，总第355页。
⑦ 《曾国藩全集》（奏稿四），《议复借洋兵剿贼片》（同治元年正月二十二日），第2060页。

也"，① 极力强调"除上海外，无论所向利钝，概不与闻"，意即中外只是"会防"，不可以"会剿"（助剿）。"借师"是"会防""与洋人共争而共守"的通商口岸，而不是因"会剿"而可能引起"后患不测"的内地各处。②

之后，曾国藩在派李鸿章参加上海"中外会防"时，还特地交代他说："阁下只认定'会防不会剿'五字"，③ 以此作为所谓"借师助剿"的基本原则。

我们认为，曾国藩对"借师助剿"的态度及处理方法，有其儒家传统的"自立""自强"思想因素蕴含其中。④ 他将"借师"与"助剿"分开，是因为从长远计，同意"借师"会防，既可"和戎"，安抚"外夷"，又可"师夷智"，学习其"坚船利炮"的长技。曾国藩认为，往昔"康熙年间进攻台湾，曾调荷兰夹板船助剿，亦中国借资夷船之一证"，但"自古外夷之助中国，成功之后，每多意外要求。彼时操纵失宜，或致别开嫌隙"⑤，会留下严重的后遗症，因此，目前的借洋兵"助剿"之举必须慎之又慎，不可轻易允之。

事实也是如此，在清廷"借师助剿"的过程中，不论是英国人华尔的洋枪队、戈登的"常胜军"，抑或是法国人的"常捷军"等都隐然含有准"国家军队"的野心，因此，曾国藩对"借师助剿"的明确态度实际上有着反对外国武装力量干涉中国内政的意义，这也是洋务"借法自强"新政中一个比较普遍的特点，尤其是以曾国藩、左宗棠、李鸿章等为首的地方洋务大员更是如此。

其二，倡导"试造外洋船炮"。

咸丰十一年（1861年），曾国藩在"复陈购买外洋船炮"的奏折中，一方面赞同总理衙门提出购买外洋船炮，"为今日救时之第一要务"的意见；另一方面他更强调船炮"购成之后，访募覃思之士，智巧之匠，始而演习，

---

① 《曾国藩全集》（书信三），《复潘曾玮》（咸丰十一年十二月初八日），第2359页。
② 《曾国藩全集》（书信四），《复潘曾玮》（同治元年正月二十六日），第2523页。
③ 《曾国藩全集》（书信四），《复李鸿章》（同治元年三月三十日），第2661页。
④ 黄顺力：《曾国藩的理学经世思想与洋务运动》，载《天津社会科学》1988年第4期。
⑤ 《曾国藩全集》（奏稿二），《遵旨复奏借俄兵助剿发逆并代运南漕折》（咸丰十年十一月初八日），第1270～1271页。

继而试造"①。这种试造船炮的设想,要比清廷高层,如奕䜣等所主张的单纯购买外洋船炮的想法略高一筹。因为,按曾国藩的设想,只是购买外洋船炮难免会受制于人,而"试造船炮"则可以逐步改变"轮船之速,洋炮之远,在英、法则夸其所独有,在中华则震于所罕见"的落后状况,他希望通过"试造外洋船炮",在一两年内,促使"火轮船必为中外官民通行之物",以此达到既"可以剿发逆",又"可以勤远略",②这样一种"自立""自强"的双重目的。

因此,当1861年湘军攻陷太平军的军事重镇安庆之后,曾国藩即着手聘请各类"深明器数,博涉多"的科技人才,创设安庆内军械所,仿照西法制造洋枪洋炮,成为洋务自强新政中最早建立的军事企业。

次年,在曾国藩的筹划下又开始试造小火轮船,主要由熟悉"化学、汽机诸属"的徐寿和精于"绘图测算"的华衡芳负责,并于1864年初试制出一艘"长五十余尺,每一时能行四十余里"③的木壳小火轮船。

据《清史稿》称:这艘小火轮船的整个制造过程,都由中国人自己主持,"推求动理,测算汽机,(华)衡芳之力为多;造器置(制)机皆出(徐)寿手制,不假西人"④。小火轮下水试航时,曾国藩亲临观看,"其法以火蒸水,气贯入筒,筒中三窍,闭前二窍,则气入前窍,其机自退,而轮行上弦;闭二窍,则气入后窍,其机自进,而轮行下弦。火愈大,则气愈盛,机之进退如飞,轮行亦如飞"⑤。这是洋务借法自强新政中由地方封疆大吏主持,依靠中国人自己的力量仿造的第一艘小火轮船。曾国藩高兴地为其命名"黄鹄"号,认为"造成此物,则显以定中国之人心,即隐以折彼族异谋"⑥,并信心满满地认为,今后只要"各处仿而行之,渐推渐广",即可"为中国

---

① 《曾国藩全集》(奏稿三),《复陈购买外洋船炮折》(咸丰十一年七月十八日),第1603页。
② 《曾国藩全集》(奏稿三),《复陈购买外洋船炮折》(咸丰十一年七月十八日),第1603页。
③ 赵尔巽等撰:《清史稿》,卷505,《列传二百九十二·艺术四》,第13930页。
④ 赵尔巽等撰:《清史稿》,卷505,《列传二百九十二·艺术四》,第13930页。
⑤ 《曾国藩全集》(日记二),"同治元年七月初四日",第766页。
⑥ (清)王定安:《求阙斋弟子记》,卷18,近代中国史料丛刊,台北:文海出版社,1973年,第31页。

自强之本"①。

当然，理想与现实总是存在距离。倡导"师夷智以造炮制船"的实际效果并不如曾国藩最初所想象的那么美好。"黄鹄"号木壳轮船排水量约45吨，长约17.6米，航速6.9节，与同一时期西方国家的新式轮船相比，显然还要落后很多。② 幻想以此即能"折彼族之异谋"，反映了曾国藩在这一问题上的幼稚和天真，而且事实上持续了三十余年的洋务"借法自强"新政最终也未能真正达到"自立""自强"的预期目的。

但尽管这样，我们认为，主张由中国人自己试造外洋船炮，来应对海上强敌的挑战，已透露出洋务官员开始把国家安全防御的目光从陆地转向海洋的迹象信息，预示了晚清社会在海上强敌的压迫下面对海洋并开始重返海洋的发展趋势。这是第一次对外海防战争结束以来，业已议论了长达二十年之久的"师夷长技"之说，开始以"造炮制船"的方式转化为社会现实，这不能不说是晚清海防思想发展的一个进步。

如同在"借师助剿"问题上不愿受制于人的"自强""自立"意识一样，曾国藩倡导"师夷智以造炮制船"在主观上也比较重视自主权。例如，最初他主张外国轮船购到之后，"每船酌留外洋三四人，令其司舵、司火。其余即配用楚军水师之勇丁学习驾驶，炮位亦令楚勇司放。虽不能遽臻娴熟，尽可渐次教习"，通过"始以洋人教华人，继以华人教华人"③ 的方式，冀望"洋人之智巧，我中国人亦能为之，彼不能傲我以其所不知矣"④，终以达到

---

① 《曾国藩全集》（书牍），《致冯卓如观察》，第42页。
② 1850年前后，世界海军史上的"帆船时代"已走向终结，而处在酝酿中的一场战舰结构的革命开始迎来了蒸汽机的发展、火炮的改进以及随之而来用装甲保战舰的"钢铁时代"。[参见德国学者H.帕姆塞尔：《世界海战简史》（屠苏等译），第144页。] 1858年英法联军侵华时，英国舰队83艘船舰中已有轮船（包括装有蒸汽机的帆船）43艘，法国舰队46艘船舰中有轮船31艘，而反观同一时期中国方面，第一艘木壳小火轮船"黄鹄"号仍属"行驶迟缓，不甚得法"之列 [见中国史学会主编：《洋务运动》（四），《同治七年九月初二日调任直隶总督曾国藩折》，中国近代史资料丛刊，第16页；兴河：《天朝师夷录——中国近代对世界军事技术的引进（1840—1860）》，第393页]，中西之间军事技术的差距是显而易见的。
③ 《曾国藩全集》（奏稿五），《密陈购买外国船炮预筹管带员弁折》（同治元年十二月十二日），第2926页。
④ 《曾国藩全集》（日记二），"同治元年七月初四日"，第766页。

第四章 "借法自强":近代海防思想之滥觞

"知者尽心,勇者尽力,无不能制之器,无不能演之技,庶几渐摩奋兴"①,不受制于外人的目的。

正是秉持这一"自强""自立"的基本立场,在"阿思本舰队"② 风波中,曾国藩反对总税务司英国人李泰国与英国海军上校阿思本私自签订的"十三条"合同条约,指出如果这只新式轮船舰队由阿思本统领,完全是喧宾夺主,太阿倒持,英国将依此"前则大掠资财,割剥遗黎,日后则百端要挟,损我国威"③,坚持认为"(轮船水师)船中所用外国人,不过令其教练枪炮行驶轮船之法,而兵权仍操自中国,不致授人以柄"④。否则,宁可耗费巨资也必须予以遣散。

应该说,曾国藩这种"权自我操"的态度是值得肯定的。在19世纪60、70年代,清廷统治者处于内忧外患的双重压力之下,还尚未完全投入西方列强的怀抱,饱读儒家诗书且具士人气节的封建官僚也多有忧患意识。以曾国藩等人为代表的洋务人士不肯就此甘心向外来侵略者俯首称臣,在他们身上往往表现出对西方列强既妥协又抵制的两面性。这种情况我们在分析洋务"借法自强"新政时期,第二波海防思潮发展变化时应予以特别的注意。

此外,曾国藩在清廷地方洋务大员中还最早提出购买西方"制器之器"⑤、

---

① 《曾国藩全集》(奏稿三),《复陈购买外洋船炮折》(咸丰十一年七月十八日),第1603~1604页。
② 有关"阿思本舰队"风波的情况,可参阅戚其章:《论"英中联合舰队"事件》,载《社会科学辑刊》1991年第3期。
③ 《曾国藩全集》(书信六),《致陈鼐》(同治二年八月十三日),第3949页。
④ (清)宝鋆等修:《筹办夷务始末(同治朝)》,卷21,近代中国史料丛刊,总第2111页。
⑤ 1863年,留美学生容闳在安庆与曾国藩见面时,提出建立西式机器厂的建议:"中国今日欲建设机器厂,必以先立普通基础为主,不宜专以供特别之应用。所谓立普通基础者,无他,即此厂可以造出种种分厂,更由分厂以专造各种特别之机械,简言之,即此厂当有制造机器之机器,以立一切制造厂之基础也。"[见(清)容闳:《西学东渐记》,长沙:湖南人民出版社,1981年,第75页。]曾国藩接受其建议并派他赴美采购"机器之器"。容闳自美国购买之"机器之器"运抵上海后,在此基础上与李鸿章一道建立起当时中国规模最大的洋务军工企业——江南制造总局,为近代中国"师夷智以造炮制船"做出重要贡献。

设立译馆,翻译西方科学技术书籍①、派遣幼童赴美国留学②等,以作为"师夷智"的重要途径,其中派幼童出国留学堪称中国教育史上开天辟地的创举,这些新举措对晚清中国海防、新式海军的建设都产生了重要影响。

---

① 曾国藩认为"师夷智以造炮制船"既需要"制器之器",更需要知悉"制器之器"的原理,故必须设译馆、译西书,"盖翻译一事,系制造之根本。洋人制器出于算学,其中奥妙皆有图说可寻。特以彼此文义扞格不通,故虽日习其器,究不明夫用器与制器之所以然",强调翻译西书为"制造之根本",并在此基础上"不必假手洋人亦可引伸(中)其说,另勒成书"。[见《曾国藩全集》(奏稿十),《奏陈新造轮船及上海机器局筹办情形折》(同治七年九月初二日),第6093页。]遂在江南制造局内设立翻译馆,翻译西方算学、格致、化学、天文、地理、机械、造船、工艺等近代科技书籍,还大量涉及水师训练、布阵、船炮配备等近代海军、海战书籍。据粗略统计,江南制造局翻译馆成立后的40年中,先后出版西方译著23类,共计160种1075卷,其中诸如《英国水师考》《法国水师考》《美国水师考》《铁甲丛谈》《外国师船图表》等对当时的海上强国英、法、美等国海军的历史和现状做了较为详细的介绍;《英国水师律例》《水师章程》等介绍了西方国家的海军制度;《海防新论》《兵船炮法》《轮船布阵》《水师操练》《海军调度要言》《海战指要》《布国兵船操练》等介绍了西方国家海军作战理论和训练方法;《汽机发轫》《汽机新制》《汽机问答》《兵船汽机》《制机法理》《船坞论略》等介绍了西方国家的船舰制造技术;《航海章程》《行船免撞章程》《航海通书》《行海要术》《海道图说》《测海绘图》等介绍了西方海军舰船航行驾驶规则及航海知识等,有力地推动了晚清海防与海军建设的发展。之后中国舰船制造技术的提高,海军衙门的设立,《北洋海军章程》的制定及新式海军的作战训练等,都不同程度地从这些译著中获取了相关的知识,受到借鉴和启发。[参见史滇生:《林则徐、魏源思想对中国近代海军建设的影响》,载丁一平等编著:《喋血沉思——海军专家论北洋海军与甲午海战》,北京:海潮出版社,2013年,第11页。]

② 1870年,曾国藩采纳容闳、丁日昌等人关于"选派颖秀青年,送之出洋留学,以为国家储备人才"的建议[见(清)容闳:《西学东渐记》,第86页],与李鸿章一道奏请清廷"选聪颖幼童送赴泰西各国学习军政、船政、步算、制造诸书,约计十余年,业成而归,使西人擅长之技中国皆能谙悉,然后可以渐图自强。……(西方)舆图、算法、步天、测海、造船、制器等事,无一不与用兵相表里。凡游学他国得有长技者,归即延入书院,分科传授,精益求精,其(余)于军政、船政,直视为身心性命之学。今中国欲仿效其意,而精通其法,当此风气既开,似宜亟选聪颖子弟携往外国肄业,实力讲求,以仰副我皇上徐图自强之至意"。[见《曾国藩全集》(奏稿十二),《拟选聪颖子弟赴泰西各国肄业折》(同治十年七月初三日),第7331页。]1872年8月,近代中国派出的第一批留学幼童赴美国,之后又派出三批幼童赴美留学,开启中国留学教育之先河。留学教育为近代中国培养了大量人才,对近代海防、海军建设都有深远影响。

（三）左宗棠力主"仿制轮船，庶为海疆长久之计"

晚清倡导洋务"借法自强"的封疆大吏中，左宗棠较早究心于海疆之事，也极关注海防的建设。据他所言：

> 自道光十九年（1839年）海上事起，凡唐宋以来，史传、别录、说部及国朝志乘、载记、官私各书，有关海国故事者，每涉猎及之，粗悉梗概。①

虽然左宗棠当时还只是僻居湖南山乡的一介布衣塾师，但西方海上强敌凭借"坚船利炮"打败大清"天朝上国"的严酷事实，也使他受到了强烈的思想震动："时事竟已至此，梦想所不到，古今所未有。虽有善者，亦无从措手矣"②，体现了中国传统士子儒生对危机时局的忧患意识。他曾致信经世官员贺熙龄说，"军兴以来，大小数十战，彼族（英国）尚知出奇制胜，多方误我，而我师不能致寇，每为寇所致。……（英军）以数十艘之众，牵制吾七省之兵，主客之势既反，劳逸之形顿异"，已成为中国海上安全的严重威胁，对此，他主张"及时熟筹通变之方，持久之策"，加强沿海防卫力量，采取"讥（设）造船之厂，讲求大筏、软帐之利，更造炮船、火船之式"③等积极措施予以应对。可以看出，左宗棠的这种对外海防思想意识与林则徐、魏源等人相当接近，并且他对林、魏等人也十分推崇，认为：

> 所有天下士粗识道理者，类知敬慕宫保（即林则徐）。仆久蛰狭乡，颇厌声闻，宫保固无从知仆，然自十数年来，闻诸师友所称述，暨观宫保与陶文毅（陶澍）往复书疏与文毅私所纪载数事，仆则实有以知公之

---

① 《左宗棠全集》（杨书霖编）（奏稿四），卷18，《拟购机器雇洋匠试造轮船先陈大概情形折》，第5页，总第2852页。
② 《左宗棠全集》（杨书霖编）（书牍十二），卷1，《上贺蔗农先生》，第26页，总第9953页。亦见罗正均：《左宗棠年谱》，长沙：岳麓书社，1983年，第22页。
③ 《左宗棠全集》（杨书霖编）（书牍十二），卷1，《上贺蔗农先生》，第10~11页，总第9922~9924页。

深。海上用兵以后，行河、出关、入关诸役，仆之心如日在公左右也。忽而悲，忽而愤，忽而喜，尝自笑耳！尔来公行踪所至，而东南，而西北，而西南，计程且数万里，海波、沙碛、旌节、弓刀，客之能从公游者，知复几人？乌知心神依倚，惘惘相随者，尚有山林枯槁、未著客籍之一士哉！①

据史料记载，道光二十九年底（1850年初），林则徐回闽乡路过湖南时，曾在长沙与左宗棠会面，两人忘年彻夜深谈，十分投机。晤谈中，凡家事、国事、军事、政事、海疆事等"无所不及"②。可以想见，林则徐有关"制炮必求极利，造船必求极坚"③ 的对外海防思想必定对左宗棠有深深的触动。

此外，左宗棠也受到乡贤魏源"师夷长技以制夷"思想的影响，称其所著《海国图志》为发愤之作，并曾计划以"明代御佛郎机、荷兰方略策议及防海筹画、战守器械，参以时所闻见，著为论说。顾终以书生谭（谈）兵，恐不值当局一哂自止"④。

左宗棠在为魏源《海国图志》重刻作序时说：

百余年来，中国承平，水陆战备少弛。适泰西火轮车舟有成。英吉利遂蹈我之瑕，构兵思逞，并联与国竞互市之利，海上遂以多故。……魏子忧之，于是搜辑海谈旁撮、西人著录，附以己意所欲见诸施行者，俟之异日。

是书（《海国图志》）其要旨以西人谈西事，言必有稽，因其教以

---

① 《左宗棠全集》（杨书霖编）（书牍十二），卷1，《答胡润之》，第49页，总第10000～10001页。
② 《左宗棠全集》（杨书霖编）（书牍十二），卷1，《与贺仲肃》，第52页，总第10006页。另，左宗棠自己曾回忆说："忆道光己酉，公（林则徐）由滇解组归闽，扁舟迂道访宗棠于星沙旅次，略分倾接，期许良厚。……军书旁午，心绪茫然，刁斗严更，枕戈不寐，展卷夜行，犹仿佛湘江夜话时也"［见左宗棠：《林文忠公政书叙》，《林文忠公政书》，卷首，近代中国史料丛刊，第1～2页］，表达了对林则徐的崇敬之情。
③ 中山大学历史系中国近现代史教研组、研究室编：《林则徐集·奏稿》，第885页。
④ 《左宗棠全集》（杨书霖编）（书牍十二），卷1，《上贺蔗农先生》，第23页，总第9946页。

明统纪,征其俗尚而得其情实,言必有伦,所拟方略,非尽可行,而大端不能加也。①

由此可知,左宗棠对林则徐、魏源"师夷长技以制夷"海防思想的传承主要就是"当图仿制轮船,庶为海疆长久之计"②,故他在镇压太平天国战争中成为手握东南海疆重权的封疆大吏时,即开始努力着手将林则徐、魏源提出的"师夷长技"的海防主张付诸实践,于"福建设局造轮船,陇中用华匠制枪炮"③。

作为在镇压太平天国起义中崛起的地方军政大员,左宗棠与曾国藩有着相同的亲身体验,他认为,不论是当下尽全力对付"心腹之患"的太平军,还是将来要有效地抵御海上"蛮夷"的再次入侵,制造能运用于海战的新式轮船都是国家防卫至关重要之事。他说:

> 轮舟为海战利器,岛人每以此傲我,将来必须仿制,为防洋缉盗之用,中土智慧岂逊西人,如果留心仿造,自然愈推愈精。……意十年之后,彼人所恃以傲我者,我亦有以应之矣。……(故)沿海各郡长久之计,仍非仿制轮舟不可。④

左宗棠认为,道光以来两次对外海防战争,都是西方强敌凭借"坚船利炮"作为入侵的主要工具来轰开中国海上的大门,因此,他特别重视制造轮船对加强沿海海防的重要作用。同治二年(1863年)春,左宗棠在浙江与太平军作战过程中,与法国"常捷军"多有接触,亲眼看到了西洋船炮的优势,即向清总理衙门建议尽快着手仿制西方轮船枪炮,作为国家防御海疆安宁的长久之计。⑤

---

① 《左宗棠全集》(杨书霖编)(文集十七),卷1,《海国图志序》,第11页,总第14640页。
② 《左宗棠全集》(杨书霖编)(书牍十二),卷6,《上总理各国事务衙门》,第10页,总第10563页。
③ 《左宗棠全集》(杨书霖编)(文集十七),卷1,《海国图志序》,第11页,总第14640页。
④ 史帮孙:《湘阴相国左文襄公致史公士良手札》,转引自杨东梁:《左宗棠评传》,长沙:湖南人民出版社,1985年,第91页。
⑤ 《左宗棠全集》(杨书霖编)(书牍十二),卷6,《上总理各国事务衙门》,第10页,总第10563页。

同治四年（1865年），左宗棠再次上书总理衙门说：

> 中国自强之策，除修明政事，精练兵勇外，必应仿造轮船，以夺彼族之所恃。此项人，断不可不罗致；此项钱，断不可不打算。亦当及时竭力筹维，转瞬换约届时，须预为绸缪也。①

明确提出要将"设厂造船"作为洋务新政"借法自强"的重要目标。

到同治五年（1866年），太平军余部基本上被镇压下去之后，左宗棠正式向清廷递上《拟购机器雇洋匠试造轮船先陈大概情形折》，由东南海疆形势入手，从海防、贸易、漕政、民生等多个方面，具体阐明"设局制造轮船"的必要与效用。清总理衙门览其折之后，对他大加赞赏，称其为"砥柱中流，留心时事，以自强莫先于防海，以防海莫要于造船，将来举办成功，实足以震慑中外"②。

左宗棠的奏折经由总理衙门上报清廷不久，同治帝即批谕：

> 中国自强之道，全在振奋精神，破除耳目近习，讲求利用实际。该督现拟于闽省择地设厂，购买机器，募雇洋匠，试造火轮船只，实系当今应办急务。所需经费，即着在闽海关税内酌量提用。……如有不敷，准由该督提取本省厘税应用。③

至此，在左宗棠的极力倡导和推动下，福州马尾船政局于同治六年底（1868年初）正式开办，以后几经扩建，规模不断扩大，成为晚清中国第一个新式造船厂，也是当时远东最大的造船厂之一。

了解和分析左宗棠的所思、所想与所为，我们认为他的思想主张与具体

---

① 《左宗棠全集》（杨书霖编）（书牍十二），卷7，《上总理各国事务衙门》，第25页，总第10721页。
② 《海防档》（乙），《福州船厂》，中国近代史资料汇编，台北："中央研究院"近代史研究所，1957年编印，第16页。
③ 《左宗棠全集》（杨书霖编）（奏稿四），卷18，《同治五年六月初三日"上谕"》，第14页，总第2869页。

实践在相当程度上代表了当时有见识的中国人对海疆防御、海防建设问题认知的发展趋向：

首先，我们知道，鸦片战争是中国历史上第一次遭到西方强敌来自海上的大规模入侵战争，正如魏源为之所慨叹的："海防切肤之灾也，乌得不论而乌得不议？"① 海防之议至此开始成为国人关切的当务之急。左宗棠对海疆、海防问题的关注并不是在他成为封疆大吏、手握实权之后，而是在他只是一介布衣的书生意气之时，所谓"有关海国故事者，每涉猎及之，粗悉梗概"，② 实际上是集中反映了晚清中国社会转型时代所有有识之士对"千古奇变"的感受和追求。作为身处湖南乡间的一位普通的士子儒生，左宗棠不仅关心时局的发展，而且还能基本正确地认识到海上强敌英国"包藏祸心，为日已久，富强之实，远甲诸蕃"的潜在威胁，提出"练鱼屯，设碉堡，简水卒，练亲兵，设水寨；省调发编泊埠之船，讥（设）造船之厂，讲求大筏、软帐之利，更造炮船、火船之式"③ 等具体的对外海防举措。这应该不仅仅是他个人怀有经邦济世之志所使然，而是整个时代处于剧烈变迁之际给仁人志士们带来的深沉思考，促使他们努力寻求救时之方。

由此亦可知，中英鸦片战争时期勃兴的以"师夷长技以制夷"为中心议题的第一波海防思潮，不仅对东南沿海地区有重大影响，而且也波及穷乡僻壤的湖南内地，使晚清中国有识之士的经世眼光开始从陆地投向海洋，从而促进了洋务"借法自强"时期以"师夷智以造炮制船"为实践的第二波海防思潮的兴起，这应该是晚清中国海防、海权思想史上一个值得我们研究重视的发展趋向。

其次，左宗棠强调"仿制轮船，庶为海疆长久之计"，是对林则徐、魏源等先行者海防、海权思想的直接传承和发展。他在为魏源所著《海国图志》百卷本重刻作序时，对魏源著书的目的揭示得很清楚："海上用兵，泰

---

① （清）魏源：《魏源全集》，第五册，《海国图志》，卷29，《西南洋五印度沿革总叙》，第842页。
② 《左宗棠全集》（杨书霖编）（奏稿四），卷18，《拟购机器雇洋匠试造轮船先陈大概情形折》，第5页，总第2852页。
③ 《左宗棠全集》（杨书霖编）（书牍十二），卷1，《上贺蔗农先生》，第11页，总第9924页。

西诸国互市者纷至，西通于中，战事日亟，魏子忧之，于是搜辑海谈，旁摭西人著录，附以己意所欲见诸施行者，俟之异日。呜呼！其发愤而有所作也。"①

后来，左宗棠又在《艺学说帖》一文中进一步表达了这一思想主张："自海上用兵以来，泰西诸邦以机器轮船横行海上，英、法、俄、德又各以船炮互相矜耀，日竞其鲸吞蚕食之谋，乘虚蹈暇，无所不至。此时而言自强之策，又非师远人之长还以治之不可。"② 因此，他对魏源所提出的"以夷攻夷"、"以夷款夷"和"师夷长技以制夷"的主张予以充分肯定：

> 百余年来，中国承平，水陆战备少弛。适泰西火轮车、舟有成，英吉利遂蹈我之瑕，构兵思逞，并联与国竞互市之利，海上遂以多故。……（魏源）所拟方略，非尽可行，而大端不能加也。③

其时，左宗棠已深刻认识到，自第一次对外海防战争以来，不仅"西洋各国与俄罗斯、咪利坚，数十年来讲求轮船之制互相师法，制作日精"，而且我们相邻的岛国日本也开始仿效，"始购轮船，拆视仿造未成，近乃遣人赴英吉利学其文字，究其象数，为仿制轮船张本，不数年后，东洋轮船亦必有成。独中国因频年军务繁兴，未暇议及"。在此迫人的形势下，设厂造船已成为当务之急，否则就要在群雄竞争中落后于他人而遗患无穷。左宗棠认为，当世界已进入"海国"时代之际，"彼此同以大海为利，彼有所挟，我独无之。譬犹渡河，人操舟而我结筏；譬犹使马，人跨骏而我骑驴，可乎？"④ 故企望能早日把魏源"师夷长技以制夷"的主张付诸实践，以抵御西方海上强敌的进犯。

由此，当他位居闽浙总督、身膺东南海疆防御重任时，即以"欲防海之害而收其利，非整理水师不可；欲整理水师，非设局监造轮船不可。泰西巧

---

① 《左宗棠全集》（杨书霖编）（文集十七），卷1，《海国图志序》，第10页，总第14638页。
② 《左宗棠全集》（杨书霖编）（文集十七），《艺学说帖》，第1页，总14867页。
③ 《左宗棠全集》（杨书霖编）（文集十七），卷1，《海国图志序》，第11页，总第14640页。
④ 《左宗棠全集》（杨书霖编）（奏稿四），卷18，《拟购机器雇洋匠试造轮船先陈大概情形折》，第4页，总第2850页。

而中国不必安于拙也,泰西有而中国不能以傲无"①为依据,正式向清廷提出"设厂造船"的主张:"维制造轮船实中国自强要著,……请易购雇为制造,实以西洋各国恃其船炮横行海上,每以其所有傲我所无,不得不师其长以制之。"②

在左宗棠看来,"国家建都于燕,津沽实为要镇。自海上用兵以来,泰西各国火轮兵船直达天津,藩篱竟成虚设,星驰飙举,无足当之"。而"设厂造船","留心仿造,自然愈推愈精",且成一船即练一船之兵,数年后成船较多,就可以布防沿海各省,"意十年之后,彼人所恃以傲我者,我亦有以应",③必须尽快把林则徐、魏源等人的"师夷长技"主张转化为洋务新政"借法自强"的具体实践。晚清中国第一个实施新式造船的福州马尾船政局在左宗棠的倡导和推动下就此开办。

我们认为,作为洋务"借法自强"的一项新生事物,尽管后人对福州马尾船政局的评价褒贬不一,其实际举办效果也并非尽如人意,但从晚清中国海防、海权思想发展的角度看,左宗棠"仿制轮船,庶为海疆长久之计"的思想与实践却应值得我们予以充分的肯定。

再次,左宗棠"设局造船"主张除了"海防"这一"非设局急造轮船不为功"主要理由之外,还包含有发展近代造船工业与繁荣海洋社会经济的初衷,这种涉及海洋利权的思想认识与林则徐、魏源的思想主张也有传承与发展之处。

左宗棠认为,就世界大势的发展趋向来看,"东南大利在水而不在陆",设厂造船不仅是洋务"借法自强"的军政大计之所需,而且对国计民生也大有裨益。发展新式造船工业,于军政、民生、商业、漕运等均可谓相得益彰:

---

① 《左宗棠全集》(杨书霖编)(奏稿四),卷18,《拟购机器雇洋匠试造轮船先陈大概情形折》,第2页,总第2845页。
② 《左宗棠全集》(杨书霖编)(奏稿八),卷41,《复陈福建轮船局务不可停止折》,第31页,总第6299~6300页。
③ 《左宗棠全集》(杨书霖编)(奏稿四),卷18,《拟购机器雇洋匠试造轮船先陈大概情形折》,第1页,总第2844页。

（船政）无事之时，以之筹转漕，则千里犹在户庭；以之筹懋（贸）迁，则百货萃诸廛肆，匪独鱼、盐、蒲、蛤足以业贫民，舵艄、水手足以安游众也。有事之时，以之筹调发，则百粤之旅可集三韩；以之筹转输，则七省之储可通一水，匪特巡洋缉盗有必设之防，用兵出奇有必争之道也！①

事实也的确如此，清道光以降，外国商人用洋船运货至沿海口岸倾销，"自洋船准载北货行销各口，北地货价腾贵。江浙大商以海船为业者，往北置货，价本愈增。比及回南，费重行迟，不能减价以敌洋商。日久销耗愈甚，不惟亏折货本，寖至歇其旧业"②。滨海各地的商民生计多被夺占，国家财税、海运、漕政等都受到严重影响，"坐此阛阓萧条，税厘减色，富商变为窭人，游手驱为人役，并恐海船搁朽。目前江浙海运即有无船之虑，而漕政益难措手，是非设局造船不为功"。故必须"设局造船"以图富强，"轮船成，则漕政兴，军政举，商民之困纾，海关之税旺，一时之费，数世之利也"。为此，左宗棠还特别强调指出：若能从设局造船开始，"由此更添机器，触类旁通，凡制造枪炮、炸弹、铸钱、治水，有适民生日用者，均可次第为之"③。

我们知道，国家海洋方向的安全与发展、国家的海防与海军建设始终需要强大的国民经济基础作支撑，需要有强大的综合国力为基础，左宗棠这一认识正是对前述林则徐、魏源等人当时还处于朦胧萌芽状态的海防与海权思想的继承与发展。

此外，同样值得一提的是，左宗棠与曾国藩一样，在借法自强、设厂造船的洋务新政活动中，也相当注重中国的自主权。

左宗棠在筹建福州马尾船政局时，总税务司英国人赫德与英国驻华使馆

---

① 《左宗棠全集》（杨书霖编）（奏稿四），卷18，《拟购机器雇洋匠试造轮船先陈大概情形折》，第1页，总第2844页。
② 《左宗棠全集》（杨书霖编）（奏稿四），卷18，《拟购机器雇洋匠试造轮船先陈大概情形折》，第1页，总第2844页。
③ 《左宗棠全集》（杨书霖编）（奏稿四），卷18，《拟购机器雇洋匠试造轮船先陈大概情形折》，第3～5页，总第2848～2851页。

第四章 "借法自强"：近代海防思想之滥觞

参赞威妥玛曾先后向总理衙门建议，通过借、雇、购外洋轮船的办法改善中国的海防状况。[①] 清廷认为"此事关系中外情形甚重"，遂专此通过总理衙门谕令官文、曾国藩、左宗棠、李鸿章、刘坤一、马新贻、郑敦谨、郭嵩焘、崇厚等沿海沿江地方大员"悉心妥议，专折速行密奏"。[②]

左宗棠在《上总理各国事务衙门》复折中认为，借、雇、购外洋轮船均各有弊端。借用外轮，"调遣不能自由，久暂不能自主"，"借船虽可偶一为之，究非妥便之策"。若雇赁外轮，则"火船工费最多，船主居为奇货，索价不啻倍蓰"，而且船员等不肯"尽听中国管束调停，驾驭甚费周章"。至于购船虽然省事，但一则"彼族嗜利之心无微不喻（欲）"，常常漫天要价，中国一时难以筹措足够的经费，且"其出售船只必先其旧者敝者，或制作未能坚致"而遭其糊弄；二则购船之后，仍需雇佣洋人管驾，"另雇更换，均难由我"。如需修理，又有求于人，"我欲贱而彼欲贵，我欲速而彼欲迟"。故此，他主张"借不如雇，雇不如购，购不如自造"，[③] 实际上是要牢牢掌握住中国制造轮船的自主权。

左宗棠还特别指出："因思自强之道，宜求诸己，不可求诸人。求人者制于人，求己者操之己。"[④] 也就是说，要达到自强的目的，必须坚持自主的原则。他认为福州马尾船政局之设，"重在学造西洋机器，以成轮船，俾中

[①] 总税务司英国人赫德提交的《局外旁观论》建议清廷认清已经变化了的时势，学习外国科学技术，以实现洋务"借法自强"的目标。英国驻华使馆参赞威妥玛的《新议论略》说帖则由英国公使阿礼国以照会形式提交给总理衙门，建议清廷"外借新法"，进行社会改革。应该说，这两份建议虽然有其各自的盘算，但对清廷上下都有所触动，谕旨说："详阅总税（务）司赫德所陈《局外旁观论》，大旨有二：曰内情，曰外情。英国使臣威妥玛所陈《新议论略》，大旨有二：曰借法自强，曰缓不济急，其词与《局外旁观论》大意相同，而措辞更加激切，其所以挟制中国者，则以地方多故，不能保护洋商为兢兢。"[见（清）宝鋆等修：《筹办夷务始末（同治朝）》，卷40，《谕军机大臣等》（同治五年二月十二日），近代中国史料丛刊，总第3767～3768页。]"借法自强"一词遂成为洋务新政的标准用语。
[②] （清）宝鋆等修：《筹办夷务始末（同治朝）》，卷40，《谕军机大臣等》（同治五年二月十二日），近代中国史料丛刊，总第3769页。
[③] 《左宗棠全集》（杨书霖编）（书牍十三），卷8，《上总理各国事务衙门》，第46～47页，总第10910～10911页。
[④] 《左宗棠全集》（杨书霖编）（奏稿十一），卷59，《会商海防事宜折》，第51页，总第9234页。

国得转相授受，为永远之利也，非如雇买轮船之徒取济一时可比"①。

福州马尾船政局创办之时，因客观条件所限，"中国无一人曾身历其事者，不得不问之洋将"②，对此，左宗棠多次强调：

> 必欲自造轮船者，欲得其造轮机之法，为中国永远之利。③
> 夫习造轮船，非（徒）为造轮船也，欲尽其制造、驾驶之术耳；非徒求一二人能制造、驾驶也，欲广其传使中国才艺日进，制造、驾驶展转授受，传习无穷耳。④

故在福州船政局筹建之初，他即提出：

> 如虑船成以后，中国无人堪作船主，看盘、管车诸事，均须雇倩（请）洋人，则定议之初，即先与订明教习造船，即兼教习驾驶。船成即令随同出洋，周历各海口，无论（中国）兵弁各色人等，有讲习精通，能为船主者，即给予武职，千、把、都、守，由虚衔荐补实职，俾领水师，则材技之士，争起赴之。将来讲习益精，水师人才，固不可胜用矣。⑤

正是在这样的思想指导下，左宗棠决定在船政局内设立"求是堂艺局"（亦称"船政学堂"），聘请外国教习，培养中国自己的轮船制造和驾驶人才。"故必开艺局，选少年颖悟子弟习其语言、文字，诵其书，通其算学，

---

① 《左宗棠全集》（杨书霖编）（奏稿四），卷20，《详议创设船政章程购器募匠教习折》，第63页，总第3305页。
② 中国史学会主编：《洋务运动》（五），《同治十一年四月初一日沈葆桢折》，中国近代史资料丛刊，第115页。
③ 《左宗棠全集》（杨书霖编）（书牍十三），卷8，《上总理各国事务衙门》，第55页，总第10928页。
④ 中国史学会主编：《洋务运动》（五），《同治五年十一月初五日左宗棠折》，中国近代史资料丛刊，第28页。
⑤ 沈瑜庆、陈衍等纂：《福建通志》（6），总卷30，《福建船政志》，北京：方志出版社，2016年，第4260页。

而后西法可衍于中国"①。

可以看出,左宗棠力主"设局造船"的目的是"惟既能造船,必期能自驾驶,方不至授人以柄"②。其"自立""自强"不受制于人的思想非常明确,即使在他奉命调任陕甘总督后,仍然认为"轮船一事尤全局攸关","创议之人,何敢稍形漠视合无",对船政建设事宜仍然相当关注,"缘西事安危,尚不过一时之计,而轮船则控驭西海,实国家久远之规,彼此相形,情形迥异也"③。

后来,当他知悉马尾船政局已基本上能够依靠本国师匠制造轮船时,不禁高兴地告诉友人说:

> 见(现)在学徒匠作日见精进,美不胜收,驾驶之人亦易选择。去海之害,收海之利,此吾中国一大转机,由贫弱而富强,实基于此。④
>
> 闽中艺局学徒精进殊常,外人亦自谓不逮。……东南之有船局,惟沪与闽,沪非洋匠、洋人不可,闽则可不用洋匠而能造,不用洋人而能驾。故曾文正(曾国藩)晚年欲渐易沪局而从闽,以事理攸宜耳。⑤

有近代军事史研究学者认为,左宗棠创办福州船政局"为中国近代海防事业开创了'两个第一':一个是培养了第一批运用近代科技设计、监造轮船的专门人才,另一个是培养了第一批掌握近代航海技术的人才。这'两个第一',对于建设专业性、技术性很强的海军来说,确实是抓住了关键"⑥。

事实也是这样,福州马尾船政学堂先后培养出罗臻禄、郑清濂、李寿

---

① 中国史学会主编:《洋务运动》(五),《同治五年十一月初五日左宗棠折》,中国近代史资料丛刊,第28页。
② 《左宗棠全集》(杨书霖编)(书牍十三),卷8,《上总理各国事务衙门》,第55页,总第10928页。
③ 《左宗棠全集》(杨书霖编)(奏稿八),卷42,《请饬闽省酌拨轮船经费折》,第40页,总第6508页。
④ 《左宗棠全集》(杨书霖编)(书牍十三),卷11,《答胡雪岩》,第55页,总第11357页。
⑤ 《左宗棠全集》(杨书霖编)(书牍十三),卷12,《致浙抚杨石泉(昌浚)中丞》,第39页,总第11462页。
⑥ 施渡桥:《晚清军事变革研究》,北京:军事科学出版社,2003年,第243页。

田、魏翰等近代科技人才，以及邓世昌、林永升、刘步蟾、林泰曾、萨镇冰等近代海军人才，还有著名的近代启蒙主义思想家、海军教育家严复。可以说，左宗棠不仅在晚清中国自己的近代化海防、海军人才的培养上做出了贡献，而且在洋务"借法自强"的宗旨下，他始终坚持自立自主、为我所用的原则也特别值得称道。

（四）李鸿章疾呼"自强之道在乎师其所能，夺其所恃"

在以"师夷智以造炮制船"为具体实践的晚清第二波海防思潮中，与曾国藩、左宗棠齐名，但其识见更为独特，影响更为深远且更为复杂的要数李鸿章，尤其到洋务"借法自强"新政的后期更是这样。

早在咸丰十一年（1861年），清廷在讨论要否购买外洋兵船以组建一支新式水师舰队时，李鸿章就积极附和曾国藩的意见，提出："此次购备轮船，近以剿办发逆，远以巡哨重洋，实为长驾远驭之良策，利不仅在一时。"① 他已经明显体察到对外海防战争需要以新式水师舰队"巡哨重洋"，加强海上防御能力以作为"长驾远驭之良策"，其出发点与曾国藩学习西方船炮长技"可以剿发逆"，又"可以勤远略"的思想既一脉相承，又有所发展。

此后不久，李鸿章奉曾国藩之命率淮军进驻上海，亲自看到了西洋船炮的威力，思想上更产生了强烈的震动，他向曾国藩报告说：

> 鸿章尝往英法提督兵船，见其大炮之精纯，子药之细巧，器械之鲜明，队伍之雄整，实非中国所能及。……（故）深以中国军器远逊外洋为耻，日戒谕将士虚心忍辱，学得西人一二秘法，期有增益。②

对此，李鸿章认为，中国军队的武器装备远逊于西方国家的落后状况已不能再这样继续下去，必须及早做出改变："每思外国兵丁口粮贵而人数少，至多以一万人为率，即当大敌。中国用兵多至数倍，而经年积岁不收功效，

---

① 《海防档》（甲），《购买船炮》（一），中国近代史资料汇编，第137页。
② 《李鸿章全集·朋僚函稿》（5），卷2，《上曾相》，海口：海南出版社，1997年据光绪乙巳年（1905年）吴汝纶所编《李文忠公全集》本影印（共9册），总第2406页。以下除特别注明者外，均引自该版本。

实由于枪炮窳滥。若火器能与西洋相埒，平中国有余，敌外国亦无不足。"①

面对"外国利器强兵百倍中国"的严峻形势，李鸿章以日臻富强的俄罗斯、日本为例，说俄、日两国"从前不知炮法，国日以弱。自其国之君臣卑礼下人，求得英、法秘巧，枪炮、轮船渐能制用，遂与英、法相为雄长。中土若于此加意，百年之后，长可自立"②，因此，中国也要及时变通，"中国欲自强，则莫如学习外国利器；欲学习外国利器，则莫如觅制器之器。……精益求精，以备威天下，御外侮之用"③。

从李鸿章前期所从事的洋务"借法自强"的活动来看，他把学习西方长技的重点首先放在仿造洋枪洋炮上，这与当时清朝统治者把镇压太平天国起义和捻军起义作为首办之事的指导思想有关，即总理衙门恭亲王奕䜣等人所强调的："就今日之势论之，发、捻交乘，心腹之害也；俄国壤地相接，有蚕食上国之志，肘腋之患也；英国志在通商，暴虐无人理，不为限制，则无以自立，肢体之患也。故灭发、捻为先，治俄次之，治英又次之。"④

因此，大力仿造洋枪洋炮，首先就是为了对付"心腹之害"的太平天国和捻军农民起义，这是包括奕䜣、文祥、曾国藩、左宗棠、李鸿章等洋务大员在内的清廷统治者所达成的共识。然而两次对外海防战争所带来的社会剧变，不能不对他们的思想深有触动。西方海上强敌屡屡来犯的海防危机，引起统治者强烈的不安，故其在"靖内患"的同时，也注意到"御外侮"，并希望通过"借法自强"来消弭所面临的"内忧"和"外患"。故不论是仿造洋枪洋炮，还是仿造轮船，虽然目的都是既"可以剿发逆"，又"可以勤远略"，并没有实质上的差别，但在如何看待和应对整个"海国"时代巨变的问题上，李鸿章所反映的海防御侮思想却仍有其独到之处，这也是他能成为洋务"借法自强"新政后期第二波海防思潮主要代表人物的原因。

首先是晚清"千古变局"观的形成，这也是洋务封疆大吏中李鸿章较之同时代其他人的体认更为深刻之处。

---

① 《李鸿章全集·朋僚函稿》（5），卷3，《上曾相》，总第2417~2418页。
② 《李鸿章全集·朋僚函稿》（5），卷3，《上曾相》，总第2418页。
③ （清）宝鋆等修：《筹办夷务始末（同治朝）》，卷25，近代中国史料丛刊，总第2494页。
④ 中国史学会主编：《洋务运动》（一），《咸丰十年十二月初三日恭亲王奕䜣等奏》，中国近代史资料丛刊，第6页。

第一次对外海防战争结束后，古老中国的大门被西方海上强敌打开，既往天下一统的封建经济、政治、思想文化秩序开始受到西力东侵和西学东渐的侵扰。当时就有一些有识之士察觉到中国正面临着某种"千古之变局"的态势，甚至还隐隐约约地感到"此华洋之变局，亦千古之创局也"①。

时任京官的曾国藩在师友间的书信中担心这种"海国环伺，隐患方长"②的局面，是为"天道三十年一变，国之运数从之"③的重大"变局"。但由于这种世势变化才刚开始，究竟怎么变，该如何应对，当时国人在认识上仍然还比较模糊。例如，"性淡交游而有特识"的经世文人黄钧宰曾说："初不知洋人何状，英、法国何方也，乃自中华西北，环海而至东南，梯琛航赆，中外一家，亦古今之变局哉！"④，将西方海上殖民者梯航东来，形成"梯琛航赆，中外一家"的局面，视为一种"古今之变局"。

任职海疆的地方官员徐继畬则认为，西方海上强国梯航而至，"昔之南洋为侏僬之窟宅，今之南洋乃欧罗之逆旅。南洋印度诸岛国皆变为欧罗巴诸国埠头，地则犹是也，而主者非其旧矣"，已进一步看出这是因西方海外列强殖民扩张，"事势之积渐，盖三百余年于此"⑤所引起的时代剧变。

但上述这些看法基本上还是一种对时局变化敏感的直观体察和探究，其见识也比较有限。到英法联军战争时期，情况已迥然不同。咸丰十年（1860年），素有新知的经世官员郭嵩焘提出"夷人之变，为旷古所未有"⑥，将西方国家的海上侵略看成中国所遭遇到的、前所未有的严重威胁。

同治四年（1865年），关心时务的士子王韬在代丁日昌写给李鸿章的信中，对"千古变局"说得更加明白：

> 当今光气大开，远方毕至，海舶估艘，羽集鳞萃，欧洲诸邦几于国

---

① 阿英编：《鸦片战争文学集》，下册，北京：古籍出版社，1952年，第813页。
② 见汪世荣编：《曾国藩未刊信稿》，第88页。
③ 《曾国藩全集》（诗文），《彭母曾孺人墓志铭》，第141页。
④ 中国史学会编：《鸦片战争》（二），中国近代史资料丛刊，第624页。
⑤ 《徐继畬集》（白清才、刘贯文主编）（一），《瀛环志略》，卷2，《亚细亚南洋各岛》，第52页。
⑥ 《郭嵩焘日记》，第1卷，长沙：湖南人民出版社，1981年，第403页。

第四章 "借法自强"：近代海防思想之滥觞

有其人，商居其利，凡前史之所未载，亘古之所未通，无不款关而求互市。……合地球东西南朔九万里之遥，胥聚于我一中国之中，此古今之创事，天地之变局，所谓不世出之机也。①

王韬对时局的这种认识显然要比此前的"变局"观要深刻些，由于他的这封信是为丁日昌《代上苏抚李宫保书》，这对正在日益频繁地与洋人打交道的李鸿章自然影响不小。作为身负干城之责的洋务大吏，李鸿章不仅接受了这种"变局"观，而且就如何应对这种"千古变局"，也形成一些自己独到的看法。此后不久，李鸿章在给友人朱九香的一封信中即不无忧虑地谈道：

外国猖獗至此，不亟亟焉求富强，中国将何以自立耶？千古变局，庸妄人不知，而秉钧执政亦不知，岂甘视其沉胥耶？鄙人一发狂言，为世诟病，所不敢避？②

在与御史陈廷经谈及当下时局也说：

惟鸿章所深虑者，外国利器强兵，百倍中国，内则狎处辇毂之下，外则布满江海之间，实能持我短长，无以扼其气焰。盱衡当时兵将，靖内患或有余，御外侮则不足。若不及早自强，变易兵制，讲求军实，仍循数百年绿营相沿旧规，厝火积薪，可危实甚！③

可见，李鸿章对"目前之患在内寇，长久之患在西人"④ 的局势看得很清楚，而且已有及早自强，"变易兵制"的意识，因此，在他奉曾国藩之命率淮军赴江苏、上海镇压太平军过程中，一方面对洋人干政始终保持相当程

---

① （清）王韬：《弢园尺牍》（汪北平、刘林编校），《代上苏抚李宫保书》，北京：中华书局，1959年，第79~80页。
② 《李鸿章全集·朋僚函稿》（5），卷6，《复朱九香学使》，第37~38页，总第2491页。
③ 《李鸿章全集·朋僚函稿》（5），卷5，《复陈筱舫侍御》，第34页，总第2467页。
④ 《李鸿章全集·朋僚函稿》（5），卷4，《复徐寿蘅侍郎》，第17页，总第2441页。

度的警惕，明确向曾国藩表示："鸿章只知有廷旨帅令，不能尽听洋人调度"；"鸿章所带水陆各军，专防一处，专剿一路，力求自强，不与外国人掺杂"①。另一方面则在上清廷的奏折中多次呼吁："庶几取外人之长技以成中国之长技，不致见绌于相形，斯可有备而无患。"② 他与曾国藩、左宗棠等洋务官员一样以"自立""自强"为标榜，确立起通过"师夷长技"，"变易兵制"，以应对西方海上强敌挑战、抵御外侮的思想。

到同治十一年（1872年），李鸿章在《筹议制造轮船未可裁撤折》中对"千古变局"阐述得更为详尽，他说：

> 欧洲诸国百十年来，由印度而南洋，由南洋而东北，闯入中国边界腹地。几前史之所未载，亘古之所未通，无不款关而求互市。我皇上如天之度，概与立约通商，以牢笼之。合地球东西南朔九万里之遥，胥聚于中国，此三千余年一大变局也。西人专恃其枪炮轮船之精利，故能横行于中土。中国向用之弓矛小枪土炮，不敌彼后门进子来福枪炮；向用之帆蓬舟楫艇船炮划，不敌彼轮机兵船，是以受制于西人。③

可以看出，李鸿章的"千古变局"观受此前王韬信中所论影响很大，但他对此阐述发挥得更加全面深刻，并着重指出了中西军事技术上的差距，是造成中国受制于西人的主要原因。

作为清朝统治阶级中的一员，李鸿章能够较清楚地认识这一"千古变局"的发展大势，公开承认中西间存在的巨大差距，并呼吁朝野上下要学习西方长技，"内外臣工同心力，以图自治自强之要，则敌国外患未必非中国振兴之资，是在一转移间而已"。④ 应该说，由这种"千古变局"观推导出的"借法自强"主张，显然更有现实感，也更具影响力。

---

① 《李鸿章全集·朋僚函稿》（5），卷1，《上曾相》，第15页，总第2357页。
② 《李鸿章全集·奏稿》（1），卷9，《置办外国铁厂机器折》，第35页，总第323页。
③ 《李鸿章全集·奏稿》（2），卷19，《筹议制造轮船未可裁撤折》，第44~45页，总第676页。
④ 《李鸿章全集·奏稿》（2），卷35，《议复中外洋务条陈折》，第48页，总第1125页。

疾呼"此华洋之变局,亦千古之创局"①"我朝处数千年未有之奇局,自应建数千年未有之奇业"②等等,正是从这一"千古变局"观出发,李鸿章在"内患"太平天国基本被平定之后,亟图把学习西方长技的重点从仿造洋枪洋炮转移到"变易兵制"的近代海防与海军建设上,反映了洋务"借法自强"新政由陆地转向海洋的一种思想观念的变化。

其次是"自强之道在乎师其所能,夺其所恃"。

两次对外海防战争,西方国家以近代海上战争的手段和方法打败大清王朝,使清朝统治阶级中的有识之士深感学习西方,"借法自强"的紧迫性。同治三年(1864年)四月,奕䜣、文祥等上《奏请派京营弁兵学制火器折》中称:

> 查治国之道,在乎自强。而审时度势,则自强以练兵为要,练兵又以制器为先。自洋人构衅以来,至今数十年矣。迨咸丰年间,内患外侮一时并至,岂尽武臣之不善治兵哉?抑有制胜之兵,而无制胜之器,故不能所向无敌耳。外洋如英、法诸国,说者皆知其惟恃此船坚炮利,以横行海外,而船之何以坚,与炮之何以利,则置焉弗讲。即有留心此事者,因洋人秘此机巧,不肯轻以授人,遂无从窥其门径。……是宜趁南省军威大振,洋人乐于见长之时,将外洋各种机利火器实力讲求,以期尽窥其中之秘。有事可以御侮,无事可以示威,即兵法所云"先为不可胜,以待敌之可胜者",此也。③

李鸿章对此完全赞成。此前他在回复总理衙门询问访求西洋制胜火器之法时,即认为"借法自强"不但要购买外洋船炮,而且更要学习掌握其制炮造船的技术,培养自己的科技人才,"中国欲自强,则莫如学习外国利器;欲学习外国利器,则莫如觅制器之器,师其法而不必尽用其人。欲觅制器之器,与制器之人,则或专设一科取士。士终身悬以为富贵功名之鹄,则业可

---

① 阿英编:《鸦片战争文学集》,下册,第813页。
② 《李鸿章全集·奏稿》(3),卷39,《议复张家骧争止铁路片》,第28页,总第1218页。
③ (清)宝鋆等修:《筹办夷务始末(同治朝)》,卷25,近代中国史料丛刊,总第2475~2478页。

成，艺可精，而才亦可集"①，如此才能真正达到"自立""自强"的目的和效果。

在"借法自强"的实践中，李鸿章所率的淮军也最早"以湘淮纪律参用西洋火器"，其结果是"淮军本仿湘军以兴，未一年，尽改旧制，更仿夷军"，②成为晚清中国战斗力较强的一支军队。

在从事洋务"借法自强"活动的过程中，李鸿章还逐步认识到：

> 西人制器之器，实为精巧。……海疆自强，权舆于是。③

> 彼西人所擅长者，测算之学，格物之理，制器尚象之法，无不专精务实，渐有成书，经译者十才一二。必能尽阅其未译之书，方可探赜索隐，由粗显而入精微。我中华智巧聪明岂出西人之下，果有精熟西文，转相传习，一切轮船火器等巧技，当可由渐通晓，于中国自强之道，似有裨助。④

> 练兵而不得其器，则兵为无用；制器而不得其人，则器必无成。西洋军火日新月异，不惜工本而精利独绝，故能横行于数万里之外，中国若不认真取法，终无由以自强。窃谓士大夫留心经世者，皆当以此为身心性命之学，庶几学者众而有一二杰出，足以强国而赡军。⑤

很显然，李鸿章这种"觅制器之器"，培养近代科技人才，以及广泛学习西方测算、格物、利器、尚象等近代科学的主张，要比一般单纯仿造外洋船炮的主张，在晚清海防思想的传承和认识上都要更加深刻些。⑥

---

① （清）宝鋆等修：《筹办夷务始末（同治朝）》，卷25，近代中国史料丛刊，总第2494页。
② 王闿运：《湘军志》，长沙：岳麓书社，1983年，第159页。
③ 《李鸿章全集·朋僚函稿》（5），卷4，《复曾相》，第29页，总第2447页。
④ 《李鸿章全集·奏稿》（1），卷3，《请设外国语言文字学馆折》，第12页，总110页。
⑤ 《李鸿章全集·奏稿》（2），卷17，《筹议天津机器局片》，第16～17页，总第581页。
⑥ 第一次对外海防战争后，魏源提倡文武大吏要多习海事，注重海军人才的培养，转移国人"重陆轻海"的传统观念，"使天下知朝廷所注意在是，不以工匠、枪师视在骑射之下，则争奋于功名，必有奇才绝技出其中"［见《魏源集》，下册，《补录·筹海篇三》，第871页］，但魏源的提倡没得到当局的回应，而洋务"借法自强"新政时期由封疆大吏曾国藩、李鸿章、左宗棠等人提出则很快成为新政的具体举措而加以落实。

第四章 "借法自强"：近代海防思想之滥觞

在"借法自强"的宗旨下，李鸿章不仅与曾国藩一道积极创建江南制造总局、金陵机器局、天津机器局等洋务军事企业，而且力主"凡有海防省分（份）均宜设立洋学局，择通晓时务大员主持其事"①；"如雇用洋匠进退由我，不令领事、税务司各洋官经手，以免把持"②，从而把洋务"借法自强"的范围扩大到由自己制造机器、培养中国自己的科技人才等更为广泛的领域，其根本目的就在于"欲求制驭之方，必须尽其所长，方足夺其所恃"③，极力倡导"自强之道，在乎师其所能，夺其所恃耳"。④

最后是提出"创建轮船水师"的海防战略构想。

"创建轮船水师"并不是由李鸿章第一个提出的，前述中英鸦片战争时期林则徐、魏源等已有"船炮水军"的提议，英法联军战争后，曾国藩提出"师夷智以造炮制船"的主张，但因"阿思本舰队"风波而未能正式向清廷建议"创建轮船水师"⑤。李鸿章则从"阿思本舰队"风波中看到了外人觊觎中国新式海防、海军力量的企图⑥，明确表示：

---

① 《李鸿章全集·奏稿》（2），卷24，《筹议海防折》，第24页，总第832页。
② 《李鸿章全集·奏稿》（2），卷17，《筹议天津机器局片》，第16页，总第582页。
③ 《李鸿章全集·奏稿》（1），卷7，《京营官弁习制西洋火器渐有成效折》，第63页，总第269页。
④ 《李鸿章全集·奏稿》（2），卷19，《筹议制造轮船未可裁撤折》，第45页，总第676页。
⑤ 曾国藩在私下信函中表达过"将来御外之具，总需俟轮船造齐，操练得法，方有把握"[见汪世荣：《曾国藩未刊信稿》，第95页]的想法，将"师夷智以造炮制船"置于优先地位。左宗棠也主张"欲整理水师，非设局监造轮船不可"[见《左宗棠全集》（杨书霖编）（奏稿四），卷18，《拟购机器雇洋匠试造轮船先陈大概情形折》，第2页，总第2845页]。
⑥ 1863年1月，总税务司李泰国在英国伦敦与阿思本私自签订"十三条"合同，其中第二款竟公然规定"凡中国所有外国样式船只，或内地船雇外国人管理者，或中国调用官民所置各轮船，议定嗣后均归阿思本一律管辖调度"，企图控制这只新式轮船水师，包括一切具有近代意义的海上武装力量的指挥大权[见池仲祐：《海军实纪》，《购舰篇·选舰上下篇》，北京：海军部印刷所，1926年，第3页]。而与此同时，李鸿章为了控制在华"常胜军"的越权行径，与英国陆军部代表士迪佛签订《统带常胜军协议》，明确规定："常胜军"的中英管带均应听从李鸿章的节制，其粮饷则由中国官员经管，管带不得干预或私自购买征集[参见（美）凯瑟琳·F.布鲁纳、费正清、理查德·J.司马富编：《步入中国清廷仕途——赫德日记（1854—1863）》（傅曾仁等译），中国海关历史学术研究丛书，北京：中国海关出版社，2003年，第321~322页]，坚决不让在华雇佣军的指挥权落入外人之手。那么，对于即将建立而至关重要的新式轮船水师的指挥权当然更不容外人染指。

若令李泰国一人专主，要求胁制，后患方长。即戈登（英人"常胜军"头目）亦不愿与之共事。弟仅见一次，该酋多方薰吓，气焰凌人。……该酋欲垄断取利，力排赫德前议。而总理衙门创议购买轮船，乃系由赫德转托李酋者，今何能尽废赫德前订章程，而为李泰国所把持耶？①

在"阿思本舰队"风波的善后处理过程中，李鸿章对于李泰国与总理衙门协商达到某种妥协的《轮船章程五条》并不以为然，他在给曾国藩的信中表示：

李泰国兵轮船章程，总理衙门条议甚妥。惟接准来函，该酋气焰仍未少减。中国兵将上船学习，终不免受其鱼肉。……此事有李泰国主持，引用英国弁兵六百余，船炮又非我所素习。总理衙门乃欲派一总统以分其权，又奏令吾师与鸿章节制调遣，可随时驾驶，不至受人以柄，岂非掩耳盗铃？②

李鸿章反对李泰国插手的主要目的，就是不让这支由清王朝出资购买的"轮船水师"主权轻易落入外人之手。以往学界讨论"阿思本舰队"风波时，常有曾国藩与李鸿章湘、淮系争权夺利之议，但事实上，其时李鸿章官任仅为江苏巡抚，仍属位卑言轻之列，所率淮军亦刚奉其师曾国藩之命赴苏南、上海攻剿太平军，称其为淮系集团"争权夺利""扩充本派势力"似为不妥。当然，时至今日，我们也认为，"阿思本舰队"最终被解散一事仍应有值得反思之处：

其一，从近代海防、海军建设的思想层面上看，以出资购买整支外洋舰队的方式来建立晚清中国的第一支近代化海军，不论其最初主观动机与最终客观结果如何，都应该说是一种有益的尝试。这反映了其时清王朝急于"借法自强"，采取直接引进西方船炮技术装备与海军人才的办法，迅速摆脱中

---

① 《李鸿章全集·朋僚函稿》（5），卷3，《致薛觐堂》，第18页，总第2418页。
② 《李鸿章全集·朋僚函稿》（5），卷3，《上曾相》，第36~37页，总第2427~2428页。

国传统海防、海军建设长期落后的迫切愿望，也是当时"外忧内患"形势下一种近乎合理的选择。而购买外洋舰队的失败，则促使清廷朝野，尤其是当政的洋务官员进一步认识"权操自我"的意义所在，这对于后来整个洋务"借法自强"时期的船政建设、海防建设、海军建设，包括航海利权、领海主权、海洋国土安全意识等都有着深远的影响，而这也正是我们将洋务"借法自强"新政称之为"近代海防与海权之滥觞"的意义所在。

其二，从实践层面上看，购买外洋舰队的失败则是晚清中国海防与海军近代化努力的第一个挫折。我们知道，尽管经历了两次对外海防战争的失败，晚清中国仍然是一个传统氛围凝重的国度，任何仿效西方、学习西方的做法，都会受到传统守旧势力的非议和抨击。在许多守旧人士看来，中国自古以来的封建名教、伦理道德是至善至美的最高准则，只要能维持"圣道""人心"的不变，一切所谓的"内忧外患"都可迎刃而解，根本无须费尽心机向"外夷"学习。因此，为了避免出现"溃夷夏之防，为乱阶之倡"[①] 的严重后果，从根本上维护"圣道""人心"的不变，守旧官僚坚决反对"师夷智"，办洋务，更不用说直接引进"外夷"船炮水军这种大胆的"诧异之举"了。

清廷购买外洋舰队一事失败后，曾参与其事的继任总税务司英人赫德认为"购舰的失败，使中国停止进步二十年"[②]。赫德这里所说的"停止进步二十年"，主要就是指晚清的海防与海军近代化建设。有学者认为，倘若购舰成功，不仅可加强其时的海防建设，而且还将为海军的近代化奠定一个基础，"甚至还可能像当时同文馆美籍教习丁韪良（W. A. P. Martin）所说的：此举尚可迫使中国开发多种矿产，建立研习自然科学的学校，而使中国的海防更为巩固"[③]。虽然这一论点毕竟还属于"假设"的性质，但晚清中国

[①] 中国史学会主编：《洋务运动》（二），《同治六年五月二十二日杨廷熙条》，中国近代史资料丛刊，第50页。
[②] 参见 Stanley F. Wright, *Hayt and the Chinese Customs*, p. 257, Notes 100, L. A. Hart to Campbell, 21st. Dec. 1879，转引自王家俭：《李鸿章与北洋舰队：近代中国创建海军的失败与教训》（校订本），北京：生活·读书·新知三联书店，2008年，第57页。
[③] 参见 W. A. P. Martin, *A Cycle of Cathay*, pp. 232～233，转引自王家俭：《李鸿章与北洋舰队：近代中国创建海军的失败与教训》（校订本），第57页。

新式海军的建设由此又延误了近十年的发展机遇则也是令人扼腕叹息的历史事实。

在经历了"阿思本舰队"风波之后,李鸿章觉察到创建轮船水师,即建立新式海军的紧迫性:"此次购备轮船,近以剿办发逆,远以巡哨重洋,实为长驾远驭之良策,利不仅在一时"①,开始形成尽快建立起一支能够"巡哨重洋"的新式海军的设想。

同治六年(1867年)十二月,时任江苏布政使的丁日昌经由李鸿章代奏清廷《奏陈自强之道》,提出十二条变法自强的建议,其中之一即创建近代轮船水师:

> (轮船水师)分为三闽……(各)以一提臣督之。分为三路:一曰北洋提督,驻扎大沽,直隶、盛京、山东各海口属之;一曰中洋提督,驻扎吴淞江口,江苏、浙江各海口属之;一曰南洋提督,驻扎厦门,福建、广东各海口属之。……精选兵将,……新其纪律。无事则出洋梭巡,以习劳苦,……以捕海盗。有事则一路为正兵,两路为奇兵,飞驰援应,如常山蛇,首尾交至,则藩篱之势成,主客之形异,而海氛不能纵横驰突矣。②

开始正式提出建立近代海军,实施"三洋"分防的战略构想。李鸿章虽然对丁日昌"三洋"分防的构想有所保留,但对建立新式轮船水师的主张则大为赞赏并积极代为上奏清廷,使之成为第二波海防思潮中最为重要的中心议题。

可以说,自第一次对外海防战争以来,议论多年,也延误了多年的"创建轮船水师"的设想由此进入具体的筹议和实践阶段,清廷洋务"借法自强"新政中后期以李鸿章为代表的洋务官员在晚清海防与海军的近代化建设上做出了那个时代应有的努力。

---

① 《海防档》(甲),《购买船炮》(一),中国近代史资料汇编,第137页。
② (清)宝鋆等修:《筹办夷务始末(同治朝)》,卷55,近代中国史料丛刊,总第5172~5173页。

四、社会士子儒生对海防的呼应

如果说,"内忧外患"的局势,尤其是两次对外海防战争的失败强烈地刺激了清朝统治者,促使统治集团内部上下形成一股"师夷智"的"借法自强"海防思潮,国家防御安全的眼光开始从陆地转向更为广阔的海洋的话,那么,剧变的世势对于自古以来有着经世、救世情怀传统的基层士子儒生也同样带来深刻的思想震撼,从社会层面形成对"借法自强"海防思潮的呼应。

曾任过翰林院编修,后因事罢职而进入曾国藩幕府的冯桂芬于咸丰十一年(1861年)底著成《校邠庐抗议》一书,把两次对外海防战争的失败看成是中国"有天地开辟以来未有之奇愤,凡有心知血气莫不冲冠发上指者,则今日之以广远万里、地球中第一大国而受制于小夷也"[①]。在他看来,大清王朝作为"地球中第一大国","受制于小夷",除了"人无弃材不如夷,地无遗利不如夷,君民不隔不如夷,名实必符不如夷"之外,在"军旅之事"上最主要的就是"船坚炮利不如夷,有进无退不如夷,而人才健壮未必不如夷"[②]。也就是说,"天朝"战败的最主要原因还在于"船坚炮利"上与西方的巨大差距,"然则有待于夷者,独船坚炮利一事耳"[③]。因此,冯桂芬虽然对魏源"以夷攻夷,以夷款夷"说不甚以为然,但对其"师夷制夷"主张则大加赞赏,也极力强调必须向西方学习,"始则师而法之,继则比而齐之,终则驾而上之。自强之道,实在乎是"[④]。

值得注意的是,冯桂芬认为,中国伦常名教的"制度原本"可以与西方"船坚炮利"的"富强之术"相结合,"如以中国之伦常名教为原本,辅以诸国富强之术,不更善之善哉?!"这一"以中国之伦常名教为原本,辅以诸国富强之术"的著名提法,成为洋务"借法自强"新政时期"中体西用"思想最初的表达方式,也成为反对顽固守旧人士非难洋务新政举措的思想武器。

[①] (清)冯桂芬:《校邠庐抗议》(陈正青点校),近代文献丛刊,第48~49页。
[②] (清)冯桂芬:《校邠庐抗议》(陈正青点校),近代文献丛刊,第49页。
[③] (清)冯桂芬:《校邠庐抗议》(陈正青点校),近代文献丛刊,第49页。
[④] (清)冯桂芬:《校邠庐抗议》(陈正青点校)》,近代文献丛刊,第51页。

冯桂芬在坚持中国伦常名教原本的基础上，主张学习和移植西方的"富强之术"，并把"自造、自修、自用"新式船炮看成是国家富强的前提：

> 借兵雇船皆暂也，非常也。目前固无隙，故可暂也。日后岂能必无隙？故不可常也。终以自造、自修、自用之为无弊也。夫而后内可以荡平区宇，夫而后外可以雄长瀛寰，夫而后可以复本有之强，夫而后可以雪从前之耻，夫而后完然为广远万里、地球中第一大国。①

他还以邻国日本为例，亟望清廷当政者能抓住机遇，发愤自强，摆脱被动的局面：

> 前年西夷突入日本国都，求通市，许之。未几，日本亦驾火轮船十数遍历西洋，报聘各国，多所要约，诸国知其意，亦许之。日本蕞尔国耳，尚知发愤为雄，独我大国，将纳污含垢以终古哉？……今者诸夷互市，聚于中土，适有此和好无事之间隙，殆天与我以自强之时也。不于此急起乘之，只讶天休命，后悔晚矣"②。

此外，冯桂芬建议在沿海口岸建造近代船厂和兵工厂，雇佣外国科技人才传授技艺；改革传统教育制度，鼓励学习西方近代自然科学知识，选拔有科技能力的中国人才参加会试并给予进士资格等。冯桂芬的这些建议在传统社会氛围中堪称振聋发聩之声。例如，在科举取士制度问题上，传统所谓科举"正途"出身者必得悬梁刺股，苦读圣贤经典，历经十数年寒窗，才可能博得功名而入仕。其他方面的"非正途"人才是不入流的，而"舶来品"的西洋技艺更是被人们视为"奇技淫巧"，不足为道。冯桂芬主张改革传统科举取士制度，将学习近代科技知识和掌握近代科技能力视为同等的科举"正途"，这是很了不起的远见卓识。

《校邠庐抗议》成稿之后，冯桂芬即抄送曾国藩代为作序。曾国藩复信

---

① （清）冯桂芬：《校邠庐抗议》（陈正青点校），近代文献丛刊，第50页。
② （清）冯桂芬：《校邠庐抗议》（陈正青点校），近代文献丛刊，第50页。

称赞道：

> （此书）足以通难解之结，释古今之纷。至其拊心外患，究极世变，则又敷天义士所切齿而不得一当者，一旦昭若发蒙，游刃有地，岂胜快慰！
>
> ……天下之大，岂无贤哲窥见阁下苦心，而思所以竟厥功绪？尊论必为世所取法，盖无疑义。①

从曾国藩对冯桂芬《校邠庐抗议》一书的肯定，可以看出，他能在洋务大吏中率先提出"师夷智以造炮制船"等主张，也显然与其幕僚冯桂芬的思想影响有深刻的关系。

曾国藩的另一幕僚薛福成也曾写就洋洋万言的《上曾侯相书》，提出八条时局对策，其中在"筹海防""挽时变"建议中提出："方今中外之势，古今之变局也。……西洋诸国，航海通商……颉颃并至乎中国，而以英吉利、俄罗斯、佛兰西、米利坚四国为最强，于是地球几无不通之国。……索地索币之师，纷然狎至。"对此，他提出中国要积极加强对外海防建设，"居今之世，事之在天者，宜有术以处之"，强调要"知和之不可长恃，（而）一日勿弛其防"②。

与当时其他的有识之士一样，薛福成也认为，"筹之豫而确有成效可睹者，莫如夺其所长，而乘其所短。西人所恃，其长有二：一则火器猛利也；一则轮船飞驶也"。为此，他主张将西人"长技"尽可能"皆夺而用之"，既购其船炮"利器"，学其"技艺"，又"宜筹专款，广设巨厂，多购西洋制器之器；聘西人为教习，遴募巧匠，精习制造枪炮之法"③。此外，薛福成还提

---

① 《曾国藩全集》（书信七），《致冯桂芬》（同治三年九月初五日），总第4735页。曾国藩盛赞《校邠庐抗议》一书"博古通今，必为世人取法"。
② 丁凤麟、王欣之编：《薛福成选集》，《上曾侯相书》（1865年），上海：上海人民出版社，1987年，第22~23页。
③ 丁凤麟、王欣之编：《薛福成选集》，《上曾侯相书》（1865年），第23页。

出了派遣留学生出洋学习西方近代科学技术知识的想法。①

薛福成的建言对曾国藩"借法自强"的危机意识必定也有很大的触动。

前述士子儒生中有着早期维新倾向的王韬，则对李鸿章有重要影响。王韬把巨变的时势称之为"天地之创事，古今之变局"，批评清廷当局在第一次鸦片战争失败后仍昧于世界大势，不思改革："奈我中国二十余年来，上下恬安，视若无事，动循古昔，不知变通。"他认为："虞西人之为害，而遽作深闭固拒之计，是见噎而废食也，故善为治者，不患西人之日横，而特患中国之自域。"②故此，他急切希望能够通过李鸿章推动清廷尽早变通，"借法自强"，以应对海上强敌的挑战。

王韬在另一封私人信件中，还冀望清廷当政者能认清必变的世界大势，把握住"自强"的契机。他说：

> 鄙人向者所谓"天地之创事，古今之变局"，诚深忧之也。盖天心变则人事不得不变。……穷则变，变则通，自强之道在是，非胥中国而夷狄之也。统地球之南朔东西将合而为一，然后世变至此乃极。吾恐不待百年，轮车铁路将遍中国，枪炮舟车互相制造，轮机器物视为常技，而后吾言乃验。呜乎，此虽非中国之福，而中国必自此而强，足与诸西国抗，足下以为然乎？否乎？所望豪杰之士及早而自握此一变之道也。③

可以看出，王韬对其时世界大势的发展有着较清醒的认识，希望清廷当政者能够抓住机遇，改革变通，"去害就利，一切皆在我之为"。④

与冯桂芬、薛福成等人一样，作为来自基层士子儒生的摇旗呐喊，王韬的建言对李鸿章等洋务官员下决心"师其所长"，"借法自强"发挥了深远的影响。

---

① 薛福成向曾国藩建议"仿俄人国子监读书之例，招后生之敏慧者，俾适各国，习其语言文字，考其学问机器。其杰出者，旌以爵赏"。[见丁凤麟、王欣之编：《薛福成选集》，《上曾侯相书》（1865年），第23页。]
② （清）王韬：《弢园尺牍》（汪北平、刘林编校），《代上苏抚李宫保书》，第80页。
③ （清）王韬：《弢园尺牍》（汪北平、刘林编校），《答包荇洲明经》，第93页。
④ （清）王韬：《弢园尺牍》（汪北平、刘林编校），《代上苏抚李宫保书》，第80页。

此外，曾留学法国，后来又随同李鸿章办洋务的马建忠、洋务买办商人郑观应以及仕途坎坷的近代中国首任驻外公使郭嵩焘等人，对海疆、海防问题都提出过自己的看法，而且由于他们与曾国藩、李鸿章等洋务大员关系密切，对此一时期因"借法自强"而引起海防思想的发展和变化都有较大的影响。①

总之，两次对外海防战争的失败，使中国传统的海上防御在西方列强的坚船利炮面前已形同虚设，严峻的国家海疆形势和迫切的海防需求，刺激了清廷朝野上下有识之士"师夷长技"的决心。"治国之道，在乎自强"，而"洋人之向背，莫不以中国之强弱为衡。……我能自强，可以彼此相安，潜慑其狡焉思逞之计。否则我无可恃，恐难保无轻我之心。……今既知取胜之资，即当穷其取胜之术，岂可偷安苟且，坐失机宜？"②

一时间，"师夷长技""借法自强"成为希图改变旧有状况之有识之士的共同心声。

然而令人抱憾的是，由于时代和认识上的局限，洋务"借法自强"新政的初期，不论是奕䜣、文祥，还是曾国藩、左宗棠、李鸿章，包括冯桂芬、薛福成、王韬等，其谋求自强之道最初也只能直观地从学习西方的"坚船利炮"入手，希图"以求洋法，习洋器为自立张本"③，这一方面注定了晚清中国重返海洋之路的艰难和曲折，另一方面又促使第二波海防思潮开始向海防与海权思想双重变奏的广度和深度发展。这一思想衍变趋向主要集中于洋务"借法自强"新政中后期有关"船政兴废之争"、"海防塞防之议"、"大治水军"、"航海利权之争"及"领海主权意识"的觉醒等几个发展转变的关键节点上。

---

① 由于海防问题乃军国大计，基层士子儒生对此的社会呼应与建议最终只能通过他们与曾国藩、李鸿章、左宗棠、沈葆桢等洋务大员的奏章、条陈等上达天听，故我们在后文讨论海防、海权思想的发展衍变时，除特别需要予以关注者之外，主要以直接参与海防事务的总理衙门大臣及各地方封疆大吏为主。特此予以说明。
② 《李鸿章全集·奏稿》(1)，卷9，《置办外国铁厂机器折》，第31~35页，总第321~323页。
③ (清)宝鋆等修：《筹办夷务始末（同治朝）》，卷25，近代中国史料丛刊，总第2475~2479页。

第五章

应变之策：海防与海权的双重变奏

晚清重返海洋之路尽管在"师夷长技""借法自强"的口号下向前延伸，但过程却走得相当艰难曲折。当洋务人士痛感敌强我弱、海敌侵逼而疾呼"数千年大变局，识时务者当知所变计"[1]时，守旧人士则耽于太平天国被平定、与外国侵略者暂时"握手言和"的"中兴"气象，不仅不愿承认中国的贫弱，而且还自以为大清王朝的统治"岂特远过宋元与明，直接将驾汉唐而上之"[2]；当洋务人士鉴于西方"船坚炮利"之实情，吁请"取外人之长技以成中国之长技，不致见绌于相形，斯可有备而无患"[3]时，守旧人士则认为"师夷"乃"以夷变夏"，不仅"学于敌人以为胜敌之策，从古未闻"，[4]而且将导致"尽驱中国之众咸归于夷不止"的严重后果，坚持"立国之道，尚礼仪不尚权谋；根本之图，在人心不在技艺"[5]。如此一来，顽固守旧人士既不肯承认世势的变化，又不肯放下"天朝上国"的架子向强劲的西方对手学习，还固执地认为："中国数千年来未尝用轮船、机器，而一朝恢一朝之土

---

[1] 《李鸿章全集·朋僚函稿》(5)，卷11，《复王补帆中丞》，第27页，总第2601页。
[2] 方俊颐：《二知轩文存》，卷12，光绪四年刻本，第5页。
[3] 《李鸿章全集·奏稿》(1)，卷9，《置办外国铁厂机器折》，第35页，总第323页。
[4] 中国史学会主编：《洋务运动》(一)，《光绪二年二十七日通政使于凌辰奏折》，中国近代史资料丛刊，第122页。
[5] (清)宝鋆等修：《筹办夷务始末（同治朝）》，卷47，《大学士倭仁奏》（同治六年二月十五日），近代中国史料丛刊，总第4557页。

宇，一代拓一代之版章"，① 因而，他们对"借法自强"新政时期由洋务人士发其端的重返海洋之举屡加指责，声称："但修我陆战之备，不必争利海中也。但固我士卒之心，结以忠义，不必洋人机巧也。……复不可购买洋器、洋船，为敌人所饵取。又不可仿照制造，暗销我中国有数之帑项，掷之汪洋也。"②

可以说，晚清中国重返海洋的努力始终受到来自不同方向、不同程度的干扰（其中当然也包括了洋务人士本身固有传统意识的困扰③），从而引发了几次影响较大的争论，而晚清海防、海权思想的发展衍变正是在这些争论中由传统向近代转型。

一、"船政风波"：筹议海防之前奏

近代海防与海军建设是一项配套的系统工程，创建新式"轮船水师"，首先需要配备新式轮船作为基本的物质条件，而新式轮船不论是购买，还是制造，都需要雄厚的经济力量作为支撑发展的基础。晚清中国海防、海军建设中各种议论之争的背后均有经济的因素掺杂其中，而这一因素正好成为守旧人士非难新生事物的理由。

同治五年（1866年），闽浙总督左宗棠创办的福州马尾船政局是近代中国第一座新式造船厂，在洋务新政所办的各类军工企业中占有重要地位，也是晚清重返海洋的一项重要举措。时人称："识者颇谓海上用兵以来，惟此

---

① 中国史学会主编：《洋务运动》（二），《同治六年五月二十二日杨廷熙条》，中国近代史资料丛刊，第46页。
② 中国史学会主编：《洋务运动》（一），《光绪二年二十七日通政使于凌辰奏折》，中国近代史资料丛刊，第122页。
③ 例如首倡"师夷智以造炮制船"的曾国藩对造船一事的态度即有所摇摆，他在致沈葆桢的信函中说："（轮船）试办二三号，即以本省之资养之，为本省捕盗护运之用，初无耀兵海上之意。"［见《曾国藩全集》（书牍），《复沈幼丹星使》，第14页。］后来在给冯卓如的信函中则表明："查造船一事，鄙意本在设局倡修，俾各处仿行而已，渐推渐广，以为中国自强之本……风气渐开，则中国振兴之象也。"［见《曾国藩全集》（书牍），《致冯卓如观察》，第42页。］这说明一则其时洋务人士对造船御外的目的还不是很明确；二则经费困窘限制了造船事业的发展；三则洋务人士的思想认识有一个发展变化的过程。

举为是。"① 但由于创办者左宗棠不久即调任陕甘总督，继任者吴棠及其后的内阁学士宋晋、闽浙总督文煜等对设厂造船有不同看法，遂先后引出两起"船政兴废"的风波。

从个人为官操守与办事能力来看，新任闽浙总督吴棠据说是一个"实心任事，始终不懈"②的干练官吏，但他本身不喜洋务，对设厂造船究竟能收到多大效用也持怀疑态度。因此，他到任后就私下对福州将军英桂表示："船政未必成，虽成又有何益？"，并认为船政局靡费太大，"用钱失当"③。再加之他与左宗棠所荐举的船政大臣沈葆桢个人关系不谐，遂对左、沈先行委派的船政官员周开锡、叶文澜、李庆霖等采取"谕令续假，另委藩司"、责其"任听（讼棍）狡展，致滋拖累""奏参革职，勒令回籍"等方法予以排挤。④ 可以想见，作为闽浙两省的最高地方长官，吴棠的所思所为对新兴的船政事业必定会产生很大的负面影响，遂闹出了第一起"船政兴废"的风波。

当时，已远赴西北的左宗棠对继任闽督恣意干涉船政人事的做法不以为然，奏报清廷称：

> 吴棠到任后，务求反臣作为，专听劣员怂恿，凡臣所进之人才，所用之将弁，无不纷纷求去。……臣以吴棠宰清河时曾得时誉，意其为群小蒙蔽所致，即曾寓书规之。吴棠虽仍以萧规曹随见复，而时移势易，废绪难寻，是闽浙现在应筹之事，臣未能遥揣也。船局一事，蒙皇上天恩，交沈葆桢经理，（冀）事有专司。⑤

---

① 《左宗棠全集》（杨书霖编）（书牍十四），卷16，《答山西学使谢麐伯》，第2页，总第11940页。
② 见蔡冠洛：《清代七百名人传》，上册，民国文献资料丛编，北京：北京图书馆出版社，2008年，第417页。
③ 中国史学会主编：《洋务运动》（五），《同治六年九月二十三日总理船政沈葆桢折》，中国近代史资料丛刊，第58页。
④ 中国史学会主编：《洋务运动》（五），《同治六年九月二十三日总理船政沈葆桢折》《同治六年九月二十三日总理船政沈葆桢片》《同治六年十月十七日军机大臣字寄》，中国近代史资料丛刊，第58、60、63页。
⑤ 《左宗棠全集》（杨书霖编）（奏稿五），卷3，《遵旨密陈折》，第81页，总第3686~3687页。

第五章 应变之策：海防与海权的双重变奏

他力主船政事务应由专人专办，而不为地方大吏个人的好恶所掣肘。由左宗棠推荐、清廷正式任命的第一位船政大臣沈葆桢也据理力争，连上数折强调：船政建设为"自强之道"，"关系至巨"，是国家"创百世利赖之盛举"；"船政（一事）万不能半途中止……兴事之初，尤不能不鼓舞人心，赴功策政"。他亟望清廷"必不为浮说所摇"，坚持办好船政，呼吁船局共事之人"勿以事属创行而生畏难之见，勿以议非已出而存隔膜之思"[1]，并指斥吴棠"胸有成见"，处处为难船政任事之人，担心船政初办，"人各有心，不特事废半途，抑将为远人所笑"[2]。

清总理衙门接到左宗棠的奏报后支持他的建议，报请清廷谕令"着沈葆桢传知周开锡，专意从公，无得畏难退阻。……催胡光墉，克期赴闽，以资差委。道员叶文澜现在已否到局？该员前有被控之案，着英桂、李福泰速为秉公断结"[3]，并指示地方大员吴棠、英桂、李福泰等人须"和衷商办，俾该前抚永无掣肘之虞"[4]。此后不久，清廷又下令将吴棠调任四川总督，首次"船政风波"就此暂告平息。

由上可知，这次所谓的"船政风波"严格来说并不能算是以往所认为的"船政兴废之争"，而仅仅是继任的闽浙总督吴棠对船政人事布局有所干预引出的风波而已。平心而论，作为福建、浙江两省地位最高的军政长官，过问船政事务应属其分内之事。吴棠虽不喜洋务，对开办船政的实际效用可能也抱持怀疑态度，但对船政建设本身并没有公开加以反对[5]，而基本上仍如左

---

[1] 《沈文肃公政书》（二），卷4，《船政任事日期折》，清末民初文献丛刊，北京：朝华出版社，2017年影印本（全四册），第3页，总第710页。

[2] 中国史学会主编：《洋务运动》（五），《同治六年六月二十三日沈葆桢片》，中国近代史资料丛刊，第58～59页。

[3] 中国史学会主编：《洋务运动》（五），《同治七年正月初九日沈葆桢片》，中国近代史资料丛刊，第68页。

[4] 中国史学会主编：《洋务运动》（五），《同治六年七月初十日军机大臣字寄》，中国近代史资料丛刊，第53页。

[5] 事实上，吴棠接任闽浙总督后即向清廷表示："伏思设厂制造轮船，系中国自强之道，当今应办急务，莫要于此，凡有血气之伦，无不乐观阙成，为百世利赖之计。"他三月到闽，五月初即乘舟前往造船厂"周历勘视工程粗有端绪，查知学堂教习洋师均能认真讲授，并询之该洋师云称生徒资质尚多敏慧"，再次向清廷保证："惟有协恭和衷，愚忱共矢，钦遵谕旨，随时会商办理；所需经费，由臣英桂按月拨解，断不敢稍有延误，以济要需。"[见中国史学会主编：《洋务运动》（五），《同治六年六月二十七日英桂、吴棠等折》，中国近代史资料丛刊，第52页。]

宗棠所言是"萧规曹随",因此,首次船政风波实为一起"人事风波"。但由此风波反映出两点问题则需引起我们研究者的注意:

一是从清廷当政者处理此次船政"人事风波"的态度和做法来看,在洋务"借法自强"的旗号下,"师夷智以造炮制船"已成为清王朝既定的基本政策①,虽然因各种主客观原因的限制,此后的船政之路未能就此步入坦途,但其艰难蹒跚前行的总体态势则是明确的。在整个洋务自强新政时期,上海江南制造总局、天津机器局、兰州机器局等各种新式军工企业的创办都有类似艰难发展的现象,这实际上从思想层面上反映了晚清时期整个国家近代海防意识的不断增强。

二是船政建设需要耗费大量的人力物力,需要有强大的综合国力做基础,吴棠认为船政局糜费太大,"用钱失当",既是担心,又是事实,而经费问题对于晚清中国的海防与海军建设来说始终是最主要的制约因素之一②。数年之后,内阁学士宋晋奏请"停造轮船"之议,实仍因船政经费困窘而起。

同治十一年十二月(1873年1月),船政风波又起,这次倒是真正涉及了船政建设的"兴废"问题。

其时,内阁学士宋晋上折奏称:

> 闽省连年制造轮船,闻经费已拨用至四五百万,未免糜费太重。此项轮船将谓用以制夷,则早经议和,不必为此猜嫌之举,且用之外洋交锋,断不能如各国轮船之利便;名为远谋,实同虚耗。将谓用以巡洋捕盗,则外海本设有水师船只,如果制造坚实,驭以熟悉沙线之水师将

---

① 总理衙门在回复左宗棠函中称:朝廷不惜巨款,设厂造船,乃"借此以转弱为强,志在必成,功其必集,不因一二浮言,致生摇惑"[见《海防档》(乙),《福州船厂》(二),中国近代史资料汇编,第101页]。
② 当时福州城内传布所谓"闽省新竹枝词",其中一首称:"抽收厘税不为难,欲造轮船壮大观,利少害多终周济,空输百万入和兰。"词后注曰:"饬本地子弟从夷学习,一切遂张大其词,以为万世之利云。"[见三山樵叟:《闽省新竹枝词》(抄本),转引自林庆元:《福建船政局史稿》,福州:福建人民出版社,1986年,第22页。]该词充分反映了兴办船政这一新生事物在传统国度所遇到的干扰与困难,既有经费问题,也有观念问题。

弁，未尝不可制胜，何必于师船之外更造轮船转增一番浩费！……闻历任督臣吴棠、英桂、文煜亦多不以为然。江苏、上海制造轮船局亦同此情形。应请旨饬下闽浙、两江督臣将两处轮船局暂行停止，其每年额拨之款，即以转解户部，俾充目前紧急之用。①

宋晋不仅主张停建福州马尾船厂，还要求一并暂停江苏金陵制造局和上海江南制造总局的两处造船厂，将每年额拨造船之款，转解户部用于更为急需之处。对此，清廷把宋晋"停造轮船"的奏折转发闽浙、两江督抚将军阅看，要求他们"通盘筹划，现在究竟应否裁撤，或不能即时裁撤，并将局内浮费如何减省以节经费，轮船如何制造方可御外侮各节，悉心酌议具奏"②。

福州将军兼署闽浙总督文煜、福建巡抚王凯泰在奏报中认为：

> （马尾船厂）现在造成之各号轮船，虽均灵捷，而与外洋兵船较之，尚多不及，以之御侮，实未敢谓确有把握。③

文煜与王凯泰对设厂造船，抵御外侮没有把握，但实际上并没有明确表态船政应兴应废，而是在列举造船经费的确存在诸多困难之后，有点模棱两可地表示"应否即将闽省轮船局暂行停止以节帑金之处，伏候圣裁"④，把"船政"兴废之球又踢回朝廷去决断。

曾国藩当时正在两江总督任上，他复函总理衙门则明确反对停办船政。他说：

> 铁厂（指江南制造总局）之开轫于少荃（李鸿章），轮船之造始于季高（左宗棠），沪局造船则由国藩推而行之。非不知需费之巨，成事

---

① 中国史学会主编：《洋务运动》（五），《同治十年十二月十四日内阁学士宋晋片》，中国近代史资料丛刊，第105～106页。
② （清）宝鋆等修：《筹办夷务始末（同治朝）》，卷84，近代中国史料丛刊，总第7860页。
③ （清）宝鋆等修：《筹办夷务始末（同治朝）》，卷84，近代中国史料丛刊，总第7856页。
④ （清）宝鋆等修：《筹办夷务始末（同治朝）》，卷84，近代中国史料丛刊，总第7856～7857页。

之难,特以中国欲图自强,不得不于船只、炮械、练兵、演阵等处入手,初非漫然一试也。刻下只宜自咎成船之未精,似不宜谓造船之失计;只宜因费多而筹省,似不宜因费绌而中止。①

而作为福州船政局的创议人,时任陕甘总督的左宗棠自然更不同意宋晋"停造轮船"的看法,他在《复陈福建轮船局务不可停止片》中强调:

制造轮船实中国自强要著。臣于闽浙总督任内请易购雇为制造,实以西洋各国恃其船炮,横行海上,每以其所有,傲我所无,不得不师其长以制之。……(船政)此举为沿海断不容已之举,此事实国家断不可少之事。若如言者所云即行停止,无论停止制造,彼族得据购雇之永利,国家旋失自强之远图,赜军实而长寇仇,殊为失算。②

对于宋晋所说的造船"糜费太重"的问题,左宗棠认为:

(宋晋)原奏因节费起见,言之停止制造,已用之三百余万能复追乎?定买之三十余万及洋员、洋匠薪工等项能复扣乎?③

大约工作之事,创始为难,亦惟创始为最巨。……创造伊始,百物备焉,故始造数只所费最多。④

但随着船政局继续制造各式船只,加之技术工艺的提高,所需经费也会"日见其少",不会像开办之初所费最巨。为此,左宗棠强调:

---

① 《海防档》(乙),《福州船厂》(二),中国近代史资料汇编,第 326 页。
② 《左宗棠全集》(杨书霖编)(奏稿八),卷 41,《复陈福建轮船局务不可停止片》,第 31~34 页,总第 6301~6308 页;另见(清)宝鋆等修:《筹办夷务始末(同治朝)》,卷 85,《左宗棠奏》,近代中国史料丛刊,总第 7879~7886 页。
③ 《左宗棠全集》(杨书霖编)(奏稿八),卷 41,《复陈福建轮船局务不可停止片》,第 34~35 页,总第 6308~6309 页。
④ 《左宗棠全集》(杨书霖编)(奏稿八),卷 41,《复陈福建轮船局务不可停止片》,第 34 页,总第 6307 页。

第五章 应变之策：海防与海权的双重变奏

所有福建轮船局务必可有成，有利无害，不可停止。①

船政大臣沈葆桢则上《奏陈船政万难停办折》，对宋晋所持建议逐条进行反驳，认为"查宋晋原奏称，此项轮船将谓以之制夷，则早经议和，不必为此猜嫌之举"，但事实上，与西方国家屡次"议和"之后其威胁国家海上安全的严重问题依然存在：

> 果如所言，则道光年间已议和矣，此数十年来，列圣所宵旰焦劳者何事？天下臣民所痛心疾首不忍言者何事？耗数千万金于无底之壑，公私交困者何事？夫恣其要挟，为抱薪救火之计者，非也；激于义愤，为孤注一掷之计者，亦非也。所恃者，未雨绸缪，有莫敢侮予之一日耳！若以此为猜嫌，有碍和议，是必尽撤藩篱，并水陆各营而去之而后可也。②

沈葆桢还指出："夫以数年草创伊始之船，比诸（西洋）百数十年孜孜汲汲精益求精之船，是诚不待较量可悬揣而断不逮"，中国的轮船事业刚刚起步，自然不能立即与西方比肩，但也正因轮船事业落后于他人，就更应该坚持自主创办，福州船厂"不特不能即时裁撤，即五年后亦无可停"，而且应当永远办下去，"所当与我国家亿万年有道之长，永垂不朽者也"③。

应该说，从国家海防事业长治久安的角度，沈葆桢对宋晋"停造轮船"的反驳在论辩上尤为到位有力。

已任直隶总督的李鸿章复奏最迟送到，他同样明确主张继续造船，在立论上对整个世界大势的判断也更加成熟：

> 维欧洲诸国百十年来，由印度而南洋，由南洋而东北，闯入中国边

---

① 《左宗棠全集》（杨书霖编）（奏稿八），卷41，《复陈福建轮船局务不可停止片》，第35页，总第6309页。
② （清）宝鋆等修：《筹办夷务始末（同治朝）》，卷85，《沈葆桢奏》，近代中国史料丛刊，总第7905～7906页。
③ （清）宝鋆等修：《筹办夷务始末（同治朝）》，卷85，《沈葆桢奏》，近代中国史料丛刊，总第7906～7913页。

界腹地。凡前史之所未载,亘古之所未通,无不款关而求互市。我皇上如天之度,概与立约通商,以牢笼之。……西人专恃其枪炮轮船之精利,故能横行于中土。中国向用之弓矛、小枪、土炮,不敌彼后门进子来福枪炮;向用之帆蓬、舟楫、艇船、炮划,不敌彼轮机兵船,是以受制于西人。居今日而曰攘夷,曰驱逐出境,固虚妄之论。即欲保和局、守疆土,亦非无具而能保守之也。①

由此,李鸿章进一步指出:

自强之道在乎师其所能,夺其所恃耳。况彼之枪弹、轮船也,亦不过创制于百数十年间,而浸被于中国已如是之速。若我果深通其法,愈学愈精,愈推愈广,安见百数十年后不能攘夷而自立耶?……

左宗棠创造闽省轮船,曾国藩仿造沪局轮船,皆为国家筹久远之计,岂不知费巨而效迟哉?惟以有开必先,不敢惜目前之费,以贻日后之悔。该局至今已成不可弃置之势,苟或停止,则前功尽弃,后效难图,而所费之项,转成虚縻,不独贻笑外人,亦且浸长寇志。由是言之,其不应裁撤也明矣。②

值得一提的是,李鸿章批评宋晋等守旧人士说:

士大夫囿于章句之学,而昧于数千年来一大变局;狃于目前苟安,而遂忘前二三十年之何以创巨而痛深,后千百年之何以安内而制外?……

……国家诸费皆可省,惟养兵设防、练习枪炮、制造兵轮船之费万

---

① (清)宝鋆等修:《筹办夷务始末(同治朝)》,卷86,《李鸿章奏》,近代中国史料丛刊,总第7926~7928页。
② (清)宝鋆等修:《筹办夷务始末(同治朝)》,卷86,《李鸿章奏》,近代中国史料丛刊,总第7925~7940页。

不可省。求省费则必屏除一切，国无与立，终不得强矣。①

这就不仅从"借法自强"的实践层面支持船政建设，而且还从思想层面批驳了守旧人士对"自强"新政的阻挠。

由于曾国藩、左宗棠、李鸿章、沈葆桢等均为权重一时的封疆大吏，清廷当局自然更加认真慎重地考虑他们的意见。讨论的结果最后由总理衙门奏请继续"设局造船"，并立即得到朝廷的批准，由宋晋引起的第二次船政风波，即船政兴废之争就此结束。

过往论者常以为"船政兴废之争"是洋务派与顽固派之争，是顽固派从内部破坏船政事业的图谋（从外部破坏船政事业的则是法国籍福州税务司美理登等外国人）。这种观点似应进一步分析。

我们认为，不论是吴棠，还是宋晋，他们都看到了兴办船政"糜费太巨"的问题。经过两次对外海防战争和太平天国农民运动的冲击，大清王朝的国力、财力已江河日下，今非昔比，而建设近代化的海军，包括制造轮船等在内的基础建设都需要相当的经济实力做基础。因此，如前所述，所谓"船政兴废之争"的原因说到底是其时清廷经济财力难以为继（当然，吴棠与沈葆桢之间还有用人不同、意见不合等因素）。正如宋晋奏折所言：

> （福州船政局）每年闽关及厘捐拨至百万，是以有用之帑金，为可缓可无之经费，以视直隶大灾赈需，及京城部中用款，其缓急实有天渊之判。此在国家全盛时帑项充盈，或可以此创制新奇示斗智角胜之用，今则军务未已，费用日绌，殚竭脂膏以争此未必果胜之事，殊为无益。②

可以看出，宋晋暂停船政的主张固然不能说理由充分，但也不能说毫无道理，然而，也正是在这种争论中，我们仍能得以依稀看出晚清海防从传统向近代转型的衍变轨迹。

---

① （清）宝鋆等修：《筹办夷务始末（同治朝）》，卷86，《李鸿章奏》，近代中国史料丛刊，总第7927页。
② 中国史学会编：《洋务运动》（五），《同治十年十二月十四日内阁学士宋晋片》，中国近代史资料丛刊，第106页。

例如，在涉及国家海上安全的大政方针问题上，发展近代海防和海军已开始成为国家之定计、朝野之共识。

当吴棠与沈葆桢发生争执时，清廷总理衙门在尽量调和双方矛盾的同时，多次明确表态：

> 闽省创造轮船，匠役、轮机等均已陆续齐凑，是此事具有端倪。朝廷不惜巨万帑金，精求利器，方将借此以转弱为强，志在必成，功期必集，断不因一二浮言致生摇惑。①

> （船政建设）简用既专，亦断不能因一二浮言致滋摇惑；帑金所费，几及巨万，则事期必集，志在必成，垂竟之功，又岂肯败于中止？②

总理衙门反复申明：设厂造船是国家公事，非主持船政者私事，希望"同疆大吏有彼此不协者，更望曲为调处，喻以国事为重，一归同心是德"③。

后来宋晋因造船经费困窘而提出暂停船政之议，清廷虽未马上做出明确表态，但仍反复强调：

> 制造轮船，原为绸缪未雨，力图自强之策，如果制造合宜，可以御侮，自不应惜小费而堕远谋。④

> 当此用款支绌之时，暂行停止，固节省帑金之一道。惟天下事创始甚难，即裁撤亦不可草率从事。且当时设局，意主自强，此时所造轮船，既据奏称较之外洋兵船尚多不及，自应力求制胜之法。若遽从节用起见，恐失当日经营缔造之苦心。⑤

从这里我们完全可以看出清王朝最高当局"设厂造船"的基本态度与决

---

① 中国史学会编：《洋务运动》（五），《同治十年十二月十四日内阁学士宋晋片》，中国近代史资料丛刊，第63页。
② 《海防档》（乙），《福州船厂》（二），中国近代史资料汇编，第102页。
③ 《海防档》（乙），《福州船厂》（二），中国近代史资料汇编，第102页。
④ （清）宝鋆等修：《筹办夷务始末（同治朝）》，卷84，近代中国史料丛刊，总第7770页。
⑤ （清）宝鋆等修：《筹办夷务始末（同治朝）》，卷84，近代中国史料丛刊，总第7860页。

心。因此，当总理衙门根据讨论的结果提出"制于人而不思制人之法与御寇之方，尤非谋国之道。虽将来能否临敌制胜，未敢预期，惟时际艰难，只有弃我之短，取彼之长，精益求精，以冀渐有进境，不可惑于浮言，浅尝辄止"① 时，同治皇帝当天即在总理衙门奏报上朱批"依议"。② 晚清船政事业遂得以继续进行。

如果我们以此对比第一次鸦片战争失败后，道光皇帝鉴于严重的海防危机本想筹措一些经费，改造一下清军的旧式师船，但很快又因财力问题而诏令"毋庸雇觅夷匠制造，亦毋庸购买"③，从中我们就可以看出，在经历了两次鸦片战争的失败和太平天国运动的冲击之后，尽管此一时期的国家财政较前更为艰困，但仍然能够坚持兴办船政，这实际上反映了清廷最高当局对海疆、海防问题的高度重视。

第一次鸦片战争结束后，有时人曾曰："天下东南之形势，不在陆而在海，陆地之为患也有形，其消弥原自甚易；海外之藏奸也莫测，其防维虑其难周。"④ 即自古以来中国国防重心"在陆不在海"的传统观念意识此时虽已有所改变，但直到洋务"借法自强"新政时期，"海防"才开始真正成为国家之定计，朝野之共识。此中过程虽然艰难曲折，但毕竟是一种进步，也是数千年来"重陆轻海"的海洋意识由传统向近代转型的新的开端。

另外，在发展近代海防事业的同时，洋务官员把"自强"宗旨与"求富"冀望联系起来，反映了晚清海洋思想意识开始由单纯的军事防御扩大到民用经济的发展趋势，这实际上也是近代国人海洋权益意识的明显觉醒。

因此，两次船政兴废之争，其焦点主要在于如何解决兴办船政所需的经费问题。吴棠对船政建设不以为然虽主要集中于人事问题，但经费投入过多而成效未能预料也是其重要原因。宋晋则直接以"糜费太重"为理由而主张

---

① （清）宝鋆等修：《筹办夷务始末（同治朝）》，卷87，近代中国史料丛刊，总第8028～8029页。
② （清）宝鋆等修：《筹办夷务始末（同治朝）》，卷87，近代中国史料丛刊，总第8030页。
③ （清）文庆等纂：《筹办夷务始末（道光朝）》（齐思和等整理），卷61，总第2470～2471页。
④ （清）祝宗蕃：《祝大宗伯疏稿》，见中国史学会主编：《鸦片战争》（四），中国近代史资料丛刊，第577页。

暂停设厂造船，但他在奏折中提出"其已经成造船只，似可拨给殷商驾驶，收其租价以为修理之费，庶免船无可用之处，又糜费库款修葺"① 的建议，已涉及近代化海防、海军建设与社会经济协调发展的关系问题，而且这也是一个必须及早做出决策的问题。②

回顾既往，早在左宗棠奏请创设福州船政局时，他已提出设局造船除了有"自强御侮"的军事功能外，还有利于沿海贸易和漕运业的发展，设想"轮船成，则漕政兴，军政举，商民之困纾，海关之税旺，一时之费，数世之利也"③。曾国藩、李鸿章等人则经此"船政兴废之争"后，在对此问题的认识发展上已更具实际意义。

曾国藩原来并没有太多地考虑轮船商用的问题④，但造炮制船所需经费困窘的现实使他改变了看法：

> 国家入数有常，岂能以豢养轮舟耗此巨款，自应变通办理，以期持久。惟变通之外，不外配运漕粮、商人租赁二议。⑤

富有经济头脑的李鸿章更明确提出：船厂既可造兵船，也可造商船，由"华商自立公司，自建行栈，自筹保险"，"准其兼运漕粮，方有专门生意，不至为洋商排挤"⑥。正因为这种认识的转变，设厂造船遂借此由军事领域很快扩大到民用、民生的经济领域。

戚其章先生的研究认为，"船政兴废之争"实际上获得了两项积极成果：一是开轮船招商之端绪；二是开始认识用西法开煤铁之矿的重要性。⑦ 此论

---

① 中国史学会主编：《洋务运动》（五），《同治十年十二月十四日内阁学士宋晋片》，中国近代史资料丛刊，第106页。
② 戚其章：《中国近代社会思潮史》，济南：山东教育出版社，1994年，第273页。
③ 《左宗棠全集》（杨书霖编）（奏稿四），卷18，《拟购机器雇洋匠试造轮船先陈大概情形折》，第3页，总第2848页。
④ 戚其章：《中国近代社会思潮史》，第273页。
⑤ 《海防档》（乙），《福州船厂》（二），中国近代史资料汇编，第325页。
⑥ 《李鸿章全集·奏稿》，（2），卷19，《筹议制造轮船未可裁撤折》，第49页，总第678页。
⑦ 戚其章：《中国近代社会思潮史》，第273～274页。

可谓一语中的!

从近代中国海防与海军建设的角度观察问题,"船政兴废之争"的结果可以说是把"自强"事业与"求富"需求初步联系起来,从一个侧面折射出晚清海防思想开始与海洋权益意识的结合,以及晚清洋务"借法自强"新政也必将由单纯的海防军事"御侮"性质扩大到争夺海洋经济"利权"性质的发展变化趋势。

二、"海塞防之争":筹议海防之插曲[①]

在"船政兴废风波"基本消停的同时,清王朝统治阶级内部又发生了所谓"海防"与"塞防"的争论,在相当程度上更为明显地反映了传统海防向近代转型的衍变。

清同治十年(1871年)七月,北方的沙俄乘清王朝忙于陕甘军事,无力西顾之机,以"代为收复"为名,出兵侵占了新疆重镇伊犁,并且在利用和控制阿古柏政权问题上与英国展开了激烈的争夺,加剧了新疆的严重局势。从国家边疆安全态势来看,新疆与蒙古、满洲同为清王朝的"三北"地带,历来为清朝统治者所重视。"俄人拓境日广,由西而东万余里与我北境相连,仅中段有蒙部为之遮阂,徙薪宜远,曲突宜先,尤不可不预为绸缪者也。"[②] 沙俄"代守"伊犁并觊觎乌鲁木齐,使清王朝心急如焚。

而正当西北边疆军情紧张之际,同治十三年(1874年)夏,东邻的日本以台湾山民杀死琉球船民为借口,悍然出兵入侵台湾,更使清廷感到震惊。总理衙门恭亲王奕䜣等在奏报中疾呼:

> 溯自庚申之衅(指1860年英法联军侵扰北京),创巨痛深。……日本兵踞台湾番社之事,明知彼之理曲,而苦于我之备虚。……今日而始

[①] 本小节主要内容笔者最早以论文《重议海塞防之争》形式提交"新疆开发史学术研讨会"(乌鲁木齐,1988年8月)参加研讨,之后发表于《福建论坛(哲学社会科学版)》1988年第4期。此处在原基础上加以补充修改,特此说明。

[②] 《左宗棠全集》(杨书霖编)(奏稿九),卷50,《遵旨统筹全局折》,第76页,总第7896页。

言备，诚病其已迟；今日再不修备，则更不堪设想矣。……以一小国之不驯，而备御已苦无策，西洋各国之观变而动，患之频见而未见者也。倘遇一朝之猝发，而弭救更何所凭?! 及今亟事绸缪，已属补苴之计，至此仍虚准备，更无求艾之期！①

受此严重刺激，清廷朝野上下不但深切体认到日本的野心，而且更加痛感中国海防的空虚②。清总理衙门极力强调筹办海防的必要性和紧迫性，并提出"练兵""简器""造船""筹饷""用人""持久"等六条具体的应变措施，奏请清廷交付沿海滨江各省督抚将军进行讨论。

其时，在籍守制养病的丁日昌将他在江苏巡抚任内拟定的《海洋水师章程》六条通过广东巡抚张兆栋和直隶总督李鸿章先后递呈清廷，建议创立北洋、东洋、南洋三支海军，设北、东、南三洋水师提督，分别以天津大沽、江苏吴淞江口、广东南澳为水师提督驻地，三支海军巡洋会哨，"联为一气"，"意在整饬海防，力求实际"③。清廷把总理衙门的奏请和丁日昌的条陈一并交给沿海滨江各省督抚详细筹议，要求"广益集思，务臻有济，不得以空言塞责"，④ 并限一月内复奏。

"倭逼于东南，俄环于西北"，"海防"与"塞防"问题同时尖锐地摆到

---

① （清）宝鋆等修：《筹办夷务始末（同治朝）》，卷99，《海防亟宜切筹武备必求实际疏》（同治十三年十一月五日），近代中国史料丛刊，总第9030~9031页。

② 早在同治三年（1864年），在上海江南制造总局任事的丁日昌已认为："今之日本，即明之倭寇也。距西国远而距中国近，我有以自立，则将附丽于我，窥伺西人之长；我无以自强，则将效尤于彼，分西人之利"［转引自赵春晨：《丁日昌》，广州：广东人民出版社，2001年，第117页］，后又在《上曾侯自强变法条陈》（1867年）说："日本自与西人通商之后，立意自强，训练士卒，并设局精造船炮，现在驾驶轮船，自船主、管炉，以至水手，皆无须雇用西人，关口亦无须延西人管其税务。……中国所买枪炮，皆日本选余之物，以为欲东略欧米（欧美）各部，则鞭长莫及。然则彼之生聚教训，秣马厉兵，其志果何为哉？"［见（清）宝鋆等修：《筹办夷务始末（同治朝）》，卷55，近代中国史料丛刊，总第5181页。］此后日本的对华侵略态势正印证了丁日昌的担心。

③ （清）宝鋆等修：《筹办夷务始末（同治朝）》，卷98，《丁日昌拟海洋水师章程》（同治十三年十一月十九日），近代中国史料丛刊，第9038~9045页。

④ （清）宝鋆等修：《筹办夷务始末（同治朝）》，卷98，《总理各国事务衙门奏》（同治十三年十一月十九日），近代中国史料丛刊，第9034页。

清朝统治者面前,二者的关系如何处理,各沿海滨江大臣都从各自所膺重责、各自所任官所,以及各自对加强海防与西征用兵的认识提出不同的看法。这就是晚清颇受史家关注的"海防"与"塞防"之议(史著上往往表述为"海塞防之争")的历史背景。

由于这场讨论实际起因在于对东南海防大计的筹议,又恰逢西北军情紧绷之际,各疆臣大吏即遵旨对整体国家防务问题提出看法与应对之策,并且各具论据与理由。从总体上看,除了他们基本上都认为"海防一事,为今日切不可缓之计",赞同总理衙门"原奏六条,均以为亟应筹办"[①]外,因讨论海防而议及西征问题,实际上有三种意见最具代表性。

首先是直隶总督李鸿章。他在《筹议海防折》中详细阐述了对海防问题的看法,认为海防乃当务之急,亦为日后久远之图,赞同总理衙门陈请六条"洵为救时要策"。但由于开办海防所费浩繁,而朝廷又"财用极绌",为此,他建议暂停进兵新疆,"但严守现有边界,且屯且耕,不必急图进取"。他说:

> 新疆不复,于肢体之元气无伤;海疆不防,则腹心之大患愈棘。孰重孰轻,必有能辨之者。此议果定,则已经出塞及尚未出塞各军,似须略加核减,可撤则撤,可停则停。其停撤之饷,即匀作海防之饷。否则,只此财力,既备东南万里之海疆,又备西北万里之饷运,有不困穷颠蹶者哉?[②]

对于西征用兵一事,他主张招抚新疆伊犁、乌鲁木齐、喀什噶尔诸部,准其如西南云、贵、粤、蜀之苗猺土司那样自为部落,或如越南、朝鲜那样略奉正朔,如此,西征之军不必急图进取,其已出塞或未出塞各军可撤则撤,可停则停。其停撤之饷,即匀作海防经费。[③]

从对海防重视的程度上看,李鸿章是典型的"海防"论者。

---

① 中国史学会主编:《洋务运动》(一),《光绪元年四月二十六日总理各国事务衙门奕䜣等奏折》,中国近代史资料丛刊,第144页。
② 《李鸿章全集·奏稿》(2),卷24,《筹议海防折》,第19页,总第829页。
③ 《李鸿章全集·奏稿》(2),卷24,《筹议海防折》,第18~19页,总第829页。

其次是湖南巡抚王文韶。他原则上支持总理衙门筹办海防六条，但在具体措施上则明显有所偏重。王文韶在复折中说：

> 天下事有本有末，而本之中又有本焉。就六事而言，练兵、简器、造船、筹饷其末也，用人、持久其本也。至其大本，则尤在我皇上之一心。①

他把练兵、简器、造船、筹饷这四项具体的海防措施看作"末"，强调用人、持久为本，这隐约反映了他对"海防"不甚重视的态度。事实也是如此，王文韶在正式复奏之外，又另上一奏，说：

> 江、海两防，亟宜筹备，当务之急，诚无逾此。……窃谓海疆之患不能无因而至，其所视成败以为动静者，则在西陲军务也。何以言之？西洋各国俄为大，去中国又最近。庚申以来，其于英法美诸国，一似相与于无相与者，而其狡焉思逞之心，则固别有深谋积虑，更非英法美诸国可比。……微闻俄人攘我伊犁，殆有久假不归之势，履霜坚冰，其几已见。……今虽关内肃清，大军出塞，而艰于馈运，深入为难。我师迟一步，则俄人进一步；我师迟一日，则俄人进一日，事机之急，莫此为甚。②

他认为，处于当下局势，海疆问题将以西征军务成败为转移，西陲安靖则东南自固，因此，极力主张"目前之计，尚宜以全力注重西征"。③

---

① （清）宝鋆等修：《筹办夷务始末（同治朝）》，卷98，《湖南巡抚王文韶折》（同治十三年十一月十九日），近代中国史料丛刊，总第9195页。
② （清）宝鋆等修：《筹办夷务始末（同治朝）》，卷99，《湖南巡抚王文韶折》（同治十三年十一月十九日），近代中国史料丛刊，总第9210~9211页。
③ （清）宝鋆等修：《筹办夷务始末（同治朝）》，卷99，《湖南巡抚王文韶折》（同治十三年十一月十九日），近代中国史料丛刊，总第9211页。

第五章 应变之策：海防与海权的双重变奏

故此，湖南巡抚王文韶可以说是一个典型的"塞防"论者。

第三种意见以左宗棠为代表。左宗棠时任陕甘总督，辖地并非沿海滨江，本不在饬议之列，但清总理衙门认为他是"留心洋务，熟谙中外交涉事宜"的"谋国大臣"，所以也"函嘱该督臣筹议切实办法，以为集思广益之助"①。

左宗棠在复函中称总理衙门筹议海防六条"闳远精密，无少罅隙"，并再次强调：海防之要在于造船，"轮船之造，原以沿海防不胜防，得此则一日千里，有警即赴，不至失时，可以战为防"，②但基于职守，他对筹办海防需费甚巨，极可能影响西征军费的供给表示深深的忧虑。他说：

> 现在用兵乏饷，指沿海各省协饷为大宗，甘肃尤甚。若沿海各省因筹办海防急于自顾，纷请停缓协济，则西北有必用之兵，东南无可指之饷，大局何以能支？③

左宗棠曾任闽浙总督，对海防的重要性早有充分的认识，但此时他身膺西北塞防重任，而新疆为国家西北安全的屏障，"重新疆者所以保蒙古，保蒙古者所以卫京师"，西北安全实与京师安危"臂指相联"，新疆不保，"直北关山亦将无晏眠之日"，故他强调此时绝不能停兵节饷：

> 若此时即拟停兵节饷，不啻自撤藩篱，则我退寸而寇进尺，不独陇右堪虞，即北路科布多、乌里雅苏台等处恐亦未能晏然。是停兵节饷于海防未必有益，于边塞则大有所妨。利害攸分，亟宜熟思审处者也。④

---

① 中国史学会主编：《洋务运动》（一），《光绪元年正月二十九日总理各国事务衙门奕䜣等奏折附片》，中国近代史资料丛刊，第105～106页。
② 中国史学会主编：《洋务运动》（一），《光绪元年正月二十九日总理各国事务衙门奕䜣等照录陕甘总督左宗棠复函》，中国近代史资料丛刊，第106～110页。
③ 中国史学会主编：《洋务运动》（一），《光绪元年正月二十九日总理各国事务衙门奕䜣等照录陕甘总督左宗棠复函》，中国近代史资料丛刊，第110页。
④ 中国史学会主编：《洋务运动》（一），《光绪元年正月二十九日总理各国事务衙门奕䜣等照录陕甘总督左宗棠复函》，中国近代史资料丛刊，第110页。

从总体来看，左宗棠基本上主张"东则海防，西则塞防，二者并重"①。

此外，各沿海滨江督抚将军中，山东巡抚丁宝桢、湖广总督李瀚章、漕运总督署山东巡抚文彬也在复奏中谈到抵抗沙俄侵略的重要性。其他人则基本上就事言事，论述筹办海防的必要性和紧迫性。

以上所述是筹议海防的复奏阶段。十几位督抚将军虽然在如何处理海防与塞防关系问题上看法互有歧异，但只是在各省复奏到齐，开始"在廷会议"时，对暂停西征还是继续西征才真正有了一些争论，但议论的焦点仍然是海防问题。

在廷议阶段中，醇亲王奕𫍽明确表态说：

> 夷务为中原千古变局，海防为军旅非常创举，今日立办，固非先著，若再因循，将何所恃？②

他认为各疆臣大吏复奏及丁日昌条陈，"佥以海防为应办，虽见识之高下不同，办法之难易互异，而苦心思索，力求维持，固无遗策矣"。在谈及海防筹饷之事时，奕𫍽称赞"以李宗羲之论内外节用详开各款、李鸿章之请暂罢西征为最上之策"，原则上支持停兵节饷、兴办海防之议，但他同时又称"文彬、吴元炳、丁宝桢、丁日昌等计及严备俄夷，尤为不刊之论。此事为极应筹办要务，切近之忧，甚于防海"。③ 在态度上意识到必须以海防为重心，但因时势所迫而在政策导向上主张"海塞防并重"。

醇亲王奕𫍽的这一态度实际上已表明清廷"海防""塞防"二者同时并举的基本决策。

总理衙门大臣、大学士文祥基本态度也一样，他在各省督抚将军复奏未到齐之前，就已清楚表明："总理各国事务衙门所奏切筹海防一折，系远谋

---

① 《左宗棠全集》（杨书霖编）（奏稿九），卷46，《复陈海防塞防及关外剿抚粮运情形折》，第35页，总第7224页。
② 中国史学会主编：《洋务运动》（一），《光绪元年二月二十七日醇亲王奕𫍽奏折》，中国近代史资料丛刊，第116页。
③ 中国史学会主编：《洋务运动》（一），《光绪元年二月二十七日醇亲王奕𫍽奏折》，中国近代史资料丛刊，第116页。

持久，尚待从容定议。"但他对事关京师安危大计的西征用兵也不敢掉以轻心，"倘西寇数年不剿，养成强大，无论毁关而入陕甘等地皆震，即驰入北路，蒙古诸部落皆将叩关内徙，则京师之肩背坏，彼时海防益急，两面受敌，何以御之？"在海防、塞防问题上同样持"二者同时并举"的基本立场。

其他如刑部尚书崇实、山西巡抚鲍源深、河南巡抚钱鼎铭以及福建按察使郭嵩焘等均主张西北用兵应该"且耕且守……俟边外屯粮既足，内地财用稍充，再请皇上饬师西进"。① 他们从筹饷开办海防，而财政又极端困难的现实矛盾出发，基本上倾向于暂停西征，先重"海防"。

而两江总督李宗羲、江苏巡抚吴元炳、山东巡抚丁宝桢等认为："船炮（虽）不可不办，（但）亦宜量力徐图，稍蓄财力以练陆防之兵。"② 由于目前西北形势"最可虑者莫如俄罗斯"，且"北面为京畿重地，以形胜而论，则拊我之背，后路之防实尤为紧切。将来事势稍变，各该国互相勾结，日本窥我之东南，俄国扰我之西北，尤难彼此兼顾"，因此目前"心腹之患""尤在俄罗斯，而日本其次焉者也"。③ 在海防与塞防问题上基本上倾向于坚持西征，先重"塞防"。

两江总督李宗羲在奏折中提出：

> 沿海之地几及万里，处处可以登岸，势不能处处皆泊轮船。一旦有事，若敌人乘海滨无备之隙地，舍舟登陆，则我之船炮皆无所用。夫外人之涉重洋而来，志在登陆耳，非志在海中也。中国恶其来者，恶其登陆耳，非恶其在海中也，则陆军宜急讲矣。④

---

① 朱寿朋编：《光绪朝东华录》，第1册，北京：中华书局，1958年，第5页。
② （清）宝鋆等修：《筹办夷务始末（同治朝）》，卷99，《两江总督李宗羲折》（同治十三年十一月十九日），近代中国史料丛刊，总第9226页。
③ 王彦威、王亮编：《清季外交史料》卷1，台北：文海出版社，1985年，第1~3页。
④ （清）宝鋆等修：《筹办夷务始末（同治朝）》，卷99，《两江总督李宗羲折》（同治十三年十一月十九日），近代中国史料丛刊，总第9218页。

故他主张国家筹议防务"仍以水陆兼练为主","尤宜急练陆兵之法"①。

应该说,这场海塞防之议的结果对晚清中国的海防与海军建设事业具有相当深远而积极的影响。光绪元年三月二十八日(1875年5月3日),清廷任命左宗棠为"钦差大臣督办新疆军务",正式实施西征用兵、规复新疆的计划。约一个月后,四月二十六日(1875年5月30日)清廷又明发上谕:

> 海防关系紧要,既为目前当务之急,又属国家长远之图。若筑室道谋,仅以空言了事,则因循废弛,何时见诸施行?亟宜未雨绸缪,以为自强之计。惟事属创始,必须通盘筹画,计出万全,方能有利无害。若始基不慎,过于铺张,既非切实办法,将兴利转以滋害,曷可胜言。计惟有逐渐实行,持之以久,讲求实际,力戒虚縻。择其最重者,不动声色,先行试办,实见成效,然后推广行之。次第认真布置,则经费可以周转,乃为持久之方。
>
> (沿海七省)南北洋地面过宽,界连数省,必须分段督办,以专责成。着派李鸿章督办北洋海防事宜,派沈葆桢督办南洋海防事宜,所有分洋、分任练军、设局及招致海岛华人诸议,统归该大臣等择要筹办。其如何巡历各海口,随宜布置,及提拨饷需,整顿诸税之处,均着悉心经理。……各该省督抚务当事事和衷共济,不得稍分畛域。……此次议奏,有关系西北及防范俄人事务,业由总理各国事务衙门抄寄左宗棠阅看,即着该大臣通盘筹画,以固塞防。②

这场因筹议有关海防问题而引起的海防、塞防的讨论,遂由"海防"与"塞防"(西征)事务同时并举而宣告结束。过去有一种观点认为海防与塞防之争是清廷内部湘、淮系集团间的派系斗争,这一点目前在学术界已得到了纠偏。

我们也认为,左宗棠进军新疆,收复失地的壮举,固然不是为湘系集团

---

① (清)宝鋆等修:《筹办夷务始末(同治朝)》,卷99,《两江总督李宗羲折》(同治十三年十一月十九日),近代中国史料丛刊,总第9219页。
② 张侠等编:《清末海军史料》,北京:海洋出版社,1982年,第12页。

争势力范围，而李鸿章力主海防也不是为淮系集团争权夺利。因为，一则李鸿章的老部下，淮系的江西巡抚刘秉璋倾向于"塞防"主张，如果李鸿章主"海防"是为淮系争权夺利，刘秉璋何苦要"自挖墙脚"？而左宗棠的老友、湘系的两江总督沈葆桢却坚持"海防"，还认为左宗棠借外债充西征兵饷一事"有病于国，关系极大"，虽然可能使"西陲军事稍纾目前之急，（但）更贻日后之忧"①，那么，沈葆桢又何必如此为淮系作嫁?!

尤其值得注意的是，南、北洋海防开办之初，总理衙门曾会同户部奏定，每年由粤海、潮州、闽海、浙海、山海五关并沪尾、打狗二口各提四成洋税，加上江海关四成内二成洋税，合计约银200余万两；江苏、浙江厘金项下各提40万两，江西、福建、湖北、广东厘金项下各提30万两，共200万两，总计银400万两，分解南、北洋海防大臣李鸿章、沈葆桢兑收应用②。但因各省财政困难，款项无法如数拨解，南洋大臣沈葆桢即主动提出"外海水师应先尽北洋创办"，海关及各省所承担的南北洋海防专款先"统解北洋兑收应用"，以此有限的海防经费先行"专练北洋一军"，并延续了近三年之久③。如此，沈葆桢与左宗棠同为湘系，私人关系又一向密切，但在筹办国家海防问题上，却让款于李鸿章在先，反对左宗棠借外债充兵饷在后，这种举动实在很难用诸如湘、淮系集团争权夺利的说辞加以解释。

再联系当时各省督抚将军对海防问题基本一致的态度，我们认为，这种现象恰好说明晚清国家的海防问题已受到时人的普遍重视。时势的变化迫使人们的观念也要随之变化，正如李鸿章所指出的：

> 历代备边，多在西北，其强弱之势，客主之形，皆适相埒，且犹有

---

① 《沈文肃公政书》（三），卷6，《筹议出关饷需碍难借用洋款折》（光绪二年一月三十日），清末民初文献丛刊，第9页，总第1116页。
② 张侠等编：《清末海军史料》，第616~617页。
③ 《沈文肃公政书》（四），卷7，《原拨海防经费现拟照案仍行分解南洋折》（光绪四年二月初三日），清末民初文献丛刊，第52~53页，总第1399~1402页。沈葆桢在给李鸿章的信中表示："总署所筹巨款（指海防经费），本有分解南北洋之说。窃思此举为创立外海水师而起，分之则为数愈少，必两无所成，不如肇基于北洋，将来得有续款，固不难于推广。"沈葆桢此心可谓"谋国之忠"！[见《沈文肃公牍》（一），八闽文献丛刊，福州：福建人民出版社，2008年，第385页。]

中外界限。今则东南海疆万余里，各国通商传教，来往自如，麇集京师及各省腹地。阳托和好之名，阴怀吞噬之计。一国生事，诸国构煽，实为数千年未有之变局。(其)轮船电报之速，瞬息千里；军器机事之精，工力百倍；炮弹所到，无坚不摧，水陆关隘，不足限制，又为数千年来未有之强敌。[①]

这种把国家边防的重点从西北内陆边地扩大到东南万里海疆的眼光，是传统国防观念向近代国防观念的一个引人注目的转变，而海防、塞防问题的讨论从某种意义上来说，正是这种国防战略观念转变的开端。[②]

这里还必须特别指出的是，我们认为，晚清这场所谓的"海塞防之争"只是19世纪70年代清廷朝野上下切筹海防问题中的一个插曲，它之所以能为人们所关注，内中似应还掺杂了些许清廷朝野各疆臣大吏间的利益纠葛，或个人的恩怨，例如，左宗棠因首创福州船政局，自然对其关注之情尤深。在海塞防之议中，他认为"中国轮船局分设闽、沪，闽局地势难得，所设船铁诸厂，费至巨万，论其成效，则华匠能以机器造机器，华人能通西法作船主，沪所不如。……究已有局势，(闽)较沪尚易为功"，故他建议"撤沪局(江南制造总局)而以所有经费界之闽(福州船政局)"[③]。由于上海江南制造总局为曾国藩、李鸿章所创办，其实际规模和效益相对也较之福州船政局为佳，再加上此前宋晋提议"停造轮船"的风波中，曾、李二人都力挺左宗棠，但此时左宗棠却向总理衙门建议"撤沪局"保"闽局"，此中利害关系自然可能会引出曾、左、李之间的一些不快与纠葛。

而李鸿章力主加强东南海防，且身负办海防事务重责，但所得实际海防经费要远远低于西征用兵军费，据资料统计：西征军饷从光绪元年(1875年)至三年(1877年)耗费白银约为2674万余两；光绪四年(1878年)至

[①] 《李鸿章全集·奏稿》(2)，卷24，《筹议海防折》，第11页，总第825页。
[②] 黄顺力：《重议海塞防之争》，载《福建论坛》1988年第6期。
[③] 中国史学会主编：《洋务运动》(一)，《光绪元年正月二十九日总理各国事务衙门奕訢等照录陕甘总督左宗棠复函》，中国近代史资料丛刊，第108页。

六年（1880年），约白银2562万余两。前后6年总计白银5236万余两[①]，年均八九百万两，而开办海防所拨经费两年才70余万两。[②] 因此，在当时清廷财力有限的条件下，李鸿章奏请"暂停西征"之议有其难言之隐，也有其合理之处。前述沈葆桢反对左宗棠借外债以充西征军饷，也是同样道理。

当然，这场"海塞防之争"屡屡为史家所提及，其原因更重要的是争议的背景还涉及新疆收复这一关系到中国领土主权完整与中华民族长远发展的根本利益问题。在这一重大原则问题上，"塞防"论者受到肯定，"海防"论者因有"暂停西征"之议而受到抨击是可以理解的，既往学界中屡有所谓"卖国"与"爱国"的论争实为其特定条件下的历史背景所致，亦无须予以苛求，但经此海防、塞防问题的讨论，议论多时的近代中国海防与海军建设开始正式进入实施阶段，这一实际举措无疑已标志着国家安全防御重点因应海国时代的巨变而面向海洋的战略转移。

三、"大治水师"：筹议海防之主调

在洋务自强新政"海防"与"海权"的双重变奏中，"大治水师"无疑是其中的主旋律。

光绪元年四月二十六日（1875年5月30日），清廷在上谕中，明确谕令："着派李鸿章督办北洋海防事宜，派沈葆桢督办南洋海防事宜，所有分洋、分任练军、设局及招致海岛华人诸议，统归该大臣等择要筹办。其如何巡历各海口，随宜布置，及提拨饷需，整顿诸税之处，均着悉心经理。"[③] 按此谕令所示，本可以就此全面展开以创建新式海军为中心的近代国家海防建设，然因西征军饷靡巨，清廷的决策名义上是"海防""塞防"同时并举，实际上仍是"竭东南财力以助西北"，新式海军的创建由此一晃又延误了近十年的时间。但此一期间，清廷朝野上下对整体海防方略、海军建设的思想

---

① 参见刘石吉：《中国近代现代史论集》，第8编，台北：台湾商务印书馆，1985年，第116页（刘文附注57）。
② 参见王廷熙：《道咸同光四朝奏议》，故宫博物院清代史料丛书，台北：台湾商务印书馆，1970年，第2804、3042页。
③ 张侠等编：《清末海军史料》，第12页。

认识衍变仍然值得我们重视。

首先，从"三洋布局"到南、北"二洋分防"。

早在同治六年（1867年），时任江苏布政使的丁日昌就已向李鸿章提出建立三路近代水师，分驻北、中、南"三洋布局"的设想。① 同治十三年（1874年）又正式以《拟海洋水师章程六条》由广东巡抚张兆栋和直隶总督李鸿章先后代奏列入清廷的"海塞防之议"。丁日昌所提《拟海洋水师章程六条》分别是：

（1）外海水师，专用大兵轮船及招募驾驶之人；

（2）沿海择要修筑炮台；

（3）选练陆兵；

（4）沿海地方官宜精择仁廉干练之员；

（5）北、东、南三洋联为一气；

（6）精设机器局。

可以看出，海洋水师章程的（1）（2）（3）（4）（6）条均为具体、微观性质的应对之策，而第五条"北、东、南三洋联为一气"之议则属于宏观、决策性的战略思考，故尤为重要。丁日昌提出：

> 北、东、南三洋联为一气。查直隶至粤东，洋面南北五千余里。沿海要害，互有关涉，宜如常山之蛇，击首尾应。拟设北、东、南三洋提督。以山东益直隶，而建闸于天津，为北洋提督。以浙江益江苏，而建闸于吴淞，为东洋提督。以广东益福建，而建闸于南澳，为南洋提督。其提督文武兼资，单衔奏事。每洋各设大兵轮船六号，根钵船十号。三洋提督，半年会哨一次。无事则以运漕，有事则以捕盗。计省沿海旧制各船之糜费，以之供给大小四十八号轮船，尚觉有盈无绌。②

我们认为，海防布局作为一种战略性、纲举目张式的整体思考，它体现

---

① 丁守和等主编：《中国历代奏议大典》（4），第540页。
② （清）宝鋆等修：《筹办夷务始末（同治朝）》，卷98，《广东巡抚张兆栋代奏丁日昌拟海洋水师章程六条》，近代中国史料丛刊，总第9043~9044页。又见张侠等编：《清末海军史料》，第11页。

的是决策者对国家海防形势的总体判断及其采取的应对之方。在此基础上，举凡新式海军的组建与运用、海防设施与海军基地的规划与建设、国家海上安全战略重点方向的确定、新式海军的性质及其统率指挥机构的设立等等，都与此战略布防与决策有重大的关联。在这个意义上，完全可以说，丁日昌最早提出"三洋布局""分洋设防"，且"三洋联为一气"的海防战略构想，对于传统"弃大洋，守内河，以守为战，以逸待劳，诱敌登岸，聚而歼之"，但因海岸线绵长曲折，军事力量分散布防，实际上是"防不胜防"的"防海"思维来说，无疑是一个了不起的、颇具时代意义的进步！这也是中国海防战略思想由传统开始真正向近代转型的标志。

有治海军史学者认为："丁日昌所拟《海洋水师章程》六条，第一次提出了仿照西法改造旧式水师，建设近代化的海防，提出了三洋布防、互相援应、平战结合、军民结合、海陆结合、军工结合的战略方针，形成了一个较为完整的海防战略思想体系。这一思想不仅能推动中国海防建设的发展，而且也能带动中国工业的发展。"[①] 此确为精辟之论！但遗憾的是，对于这一颇具划时代性质的海防战略构想，许多人还没有清醒地意识到这一点，十余位身膺海疆防御重责的疆臣大吏中虽有九人对丁日昌的建议予以关注，但意见却有较大的分歧。

赞同者如浙江巡抚杨昌濬认为：

> 各省沿海地方辽阔，纵使设防，何能处处周密。况战守相为表里，有守之兵，无战之兵；有分防之兵，无游击之兵，一旦有事，终虞措手不及，顾此失彼。

他主张要在海上"专设重兵"：

> 南、北、中三洋宜设水陆（军）三大枝，闽广合为一枝，江浙合为一枝，直隶、奉天、山东合为一枝。每枝精炼万人为度，各设统领一员、帮办二员，仍听南北洋大臣节制调遣。各置备轮船二十号，兵船、

---

① 杨国宇主编：《近代中国海军》，第643页。

商船各半。又铁甲船一二号。……无事则分防洋讯，兵船捕盗，商船载货。有事则通力合作，联为一气。兵船备战，商船转运。……外洋有此三大枝水军，练习三数年后，海上屹然重镇，可分可合，可战可守。近则拱卫神京，远则扬威海面。不惟内地之奸匪敛迹，外夷之要挟亦可渐少矣。①

为此，杨昌浚还疾呼：

然海上无大枝水师，无可靠战船，一旦猝然有警，臣自忖只能就陆地击之。若角逐于海洋之中，实未敢信有把握。是今日自强之道，陆军固宜整理，水军更为要图。……（故）此时整饬海防各师，比江防为尤急。②

值得注意的是，杨昌浚复奏中没有提到丁日昌所上《拟海洋水师章程六条》，但他有关"南、北、中三洋宜设水陆（军）三大枝"的建议，与丁日昌的"三洋布局""三洋水师"的设想基本吻合，可以说，杨昌浚作为沿海地方大吏，究心国家海疆安全问题，其在整体海防布局上的战略眼光是相当有见地的。

福建巡抚王凯泰在海防布局问题上也有一定的识见，他在复奏中积极支持丁日昌"三洋布局""三洋水师"的设想。王凯泰明确指出：

窃念海防固最重水师，而水师宜变通旧制。各省水师额船人人知其不能御敌，若不及时改议，无论如何整顿，止可为捕盗之用，不足为御侮之资。查奉天至广东洋面，袤长七千余里，亟应联为一气，声息相通。拟分海洋为三路，以奉天、直隶、山东为北洋，而分闸于大沽。以江苏、浙江为中洋，而分闸于吴淞。以福建、广东为南洋，而分闸于台

---

① （清）宝鋆等修：《筹办夷务始末（同治朝）》，卷98，《浙江巡抚杨昌浚奏折》，近代中国史料丛刊，总第9163～9165页。
② （清）宝鋆等修：《筹办夷务始末（同治朝）》，卷98，《浙江巡抚杨昌浚奏折》，近代中国史料丛刊，总第9160～9161页。

第五章　应变之策：海防与海权的双重变奏

湾。各设总统一员，作为海防大臣，沿海水师官兵就近统归节制。[①]

为此，王凯泰还专门对为何需要单设"水师总统"一职做出说明：

> 或又疑三洋各有疆臣，何必又设总统？不知疆臣均有应办地方及通商事宜，且各营须分设局厂，讲求制造，事极重大，又极繁琐，非各疆臣所能兼顾。即如闽省造船，沈葆桢专任其事，方有成效，此总统之所以议设也。[②]

可以看出，王凯泰的这一建议虽暂时未为清廷所采纳，但对刚起步的近代海防与海军建设而言，力主由专人专任其事，将为之后新式海军成为一个独立的兵种奠定制度基础，因此，在这一问题上，王凯泰可谓极具独到的发展眼光。

除"三洋布局""专人任事"之外，王凯泰还主张以转移之法对旧式水师逐步进行裁撤，"老弱者先汰，革故者不补，其精壮归入轮船练习。二三年间，旧制即可变更"，[③] 并在此基础上建立新式轮船水师。

山东巡抚、漕运总督文彬也认为沿海各省口岸繁多，有防不胜防之苦，而且水师分散防守既兵饷不足，又势单力薄，"不如合之而力厚，……（故）请设水军三大营，一扎天津，一扎江口（吴淞口），一扎闽省"，[④] 原则上支持丁日昌有关"三洋布局"和"三洋水师"的主张。

此外，原任办理台湾等处事务大臣，后升任两江总督的沈葆桢也赞成丁

---

① （清）宝鋆等修：《筹办夷务始末（同治朝）》，卷98，《福建巡抚王凯泰奏折》，近代中国史料丛刊，总第9178~9179页。
② （清）宝鋆等修：《筹办夷务始末（同治朝）》，卷98，《福建巡抚王凯泰奏折》，近代中国史料丛刊，总第9180页。
③ （清）宝鋆等修：《筹办夷务始末（同治朝）》，卷98，《福建巡抚王凯泰奏折》，近代中国史料丛刊，总第9179~9180页。
④ （清）宝鋆等修：《筹办夷务始末（同治朝）》，卷98，《署山东巡抚、漕运总督文彬奏折》，近代中国史料丛刊，总第9054页。

日昌"联三洋以练兵，分三局以制器"①，实行沿海重点布防的建议。江西巡抚刘坤一还特别指出丁日昌所拟海洋水师章程中，"惟东、北、南三洋联为一气一条，自系至当不易之论"，②对其"三洋联为一气"的海防布局建议表示赞同。

但此时身居直隶总督高位且早已知悉丁日昌"三洋布局"设想的李鸿章，还有湖广总督李瀚章、闽浙总督李鹤年则具体主张以南、北洋分区布防。③

李鸿章在洋洋6000余言的复奏"筹议海防折"中对海防问题做了全面而详尽的分析，他原则上也支持丁日昌"三洋布局"的基本设想④，但基于经费、事权、海防重心等因素考虑，而在具体措施上倾向于南、北洋分区布防。值得注意的是，李鸿章在此海防战略布局问题上借鉴了刚传入中国不久的西方军事理论——德国人希理哈所著之《防海新论》⑤，转述其论说并由此论证自己的观点：

---

① 《沈文肃公政书》（三），卷5，《复议海洋水师片》（同治十三年十二月初五日），清末民初文献丛刊，第22页，总第919页。
② （清）宝鋆等修：《筹办夷务始末（同治朝）》，卷98，《江西巡抚刘坤一奏折》，近代中国史料丛刊，总第9267页。
③ （清）宝鋆等修：《筹办夷务始末（同治朝）》，卷98，分见《直隶总督李鸿章奏折》《湖广总督李瀚章奏折》《闽浙总督李鹤年奏折》，近代中国史料丛刊，总第9114~9153、9238~9250、9250~9257页。
④ 李鸿章提出："丁日昌所称北东南三洋各设大兵轮船六号，根钵轮船十号，合共四十八号，自属不可再少。除将中国已造成二十号抵用外，尚短二十八号。窃谓北东南三洋须各有铁甲大船二号，北洋宜分驻烟台、旅顺口一带。东洋宜分驻长江外口。南洋宜分驻厦门、虎门，皆水深数丈，可以停泊。一处有事，六船联络，专为洋面游击之师，而以余船附丽之，声势较壮。"[见（清）宝鋆等修：《筹办夷务始末（同治朝）》，卷98，《直隶总督李鸿章奏折》，近代中国史料丛刊，总第9133~9134页。]
⑤ 16位奉命复奏的封疆大吏中，提到德国人希理哈所著《防海新论》的有李鸿章、李宗羲、刘坤一、丁宝桢4人，但以李鸿章的理解较为全面深刻。刘坤一认为《防海新论》于海口防御"言之甚详"，"今中国于各海口筹防，似可采择是书，或者不无裨益"。丁宝桢对《防海新论》的关注点也在海岸炮台防御，而李宗羲虽提及《防海新论》一书，但却对其不以为然："观西人《防海新论》备言南北花旗交战之事，虽有极善之炮台，极猛极多之大炮，只能击坏一二敌船，并不能禁其来去，如是火器之不足深恃，可谓明证。"然其时西方军事理论因洋务"借法自强"而刚刚开始输入中国，清廷封疆大吏中有人即予以关注则实属不易。

查布国（德国）《防海新论》有云：凡与滨海各国战争者，若将本国所有兵船，径往守住敌国各海口，不容其船出入，则为防守本国海岸之上策。其次莫如自守，如沿海数千里，敌船处处可到，若处处设防，以全力散布于甚大之地面，兵分力单。一处受创，全局失势，故必聚积精锐，止保护紧要数处，即可固守等语。所论极为精切！中国兵船甚少，岂能往堵敌国海口？上策固办不到，欲求自守，亦非易言。自奉天至广东，沿海袤延万里，口岸林立，若必处处宿以重兵，所费浩繁，力既不给，势必大溃。惟有分别缓急，择尤为紧要之处，如直隶之大沽、北塘、山海关一带，系京畿门户，是为最要。江苏吴淞至江阴一带，系长江门户，是为次要。盖京畿为天下根本，长江为财赋奥区，但能守此最要、次要地方，其余各省海口、边境略为布置，即有挫失，于大局尚无甚碍。惟既欲固守，必须将所有兵马、炮位、军械、辎重，并工局物力储备坚厚，虽军情百变而不离其宗。

庙谋阃算，平昔之经营，临事之调度，皆不可一毫错乱。道光二十一年夷船入长江，而全局始震。咸丰十年夷兵犯津、通，而根本遂危。彼族实能觇我要害，制我命脉。而我所以失事者，由于散漫设防，东援西调，未将全力聚于紧要数处。今议防海，则必鉴前辙，揣敌情。其防之法，大要分为两端：一为守定不动之法，如口内炮台壁垒格外坚固，须能抵御敌船大炮之弹。而炮台所用炮位，须能击破铁甲船。又必有守口巨炮铁船设法阻挡，水路并藏伏水雷等器。一为那（挪）移泛应之法，在兵船与陆军多而且精，随时游击，可以防敌兵沿海登岸。是外海水师铁甲船与守口大炮铁船，皆断不可少之物矣。①

由上引大段论述来看，李鸿章在国家海防战略识见问题上既有其过人之处，也有其失误之囿：

其一，丁日昌的"三洋布局"设想虽然是对传统"以守为战"、分散布防之"防海"思维的可贵突破，但"三洋布局"没有强调突出战略重点，实

---

① （清）宝鋆等修：《筹办夷务始末（同治朝）》，卷98，《直隶总督李鸿章奏折》，近代中国史料丛刊，总第9129～9132页。

际上是齐头并进,"三洋并重"。以当时清廷有限的财力、物力和人力,再加上西征巨额兵费支出,要实施大规模的"三洋并重"海防战略只能是一种理想化的产物。而李鸿章在丁日昌所议"三洋布局"设想的基础上,结合西人希理哈"必聚积精锐,止保护紧要数处,即可固守"的海防战略理论,主张在曲折绵长的万里海岸线上确立起"最要"与"次要"两个层面的海防战略重点,将有限的财力、物力和人力投入刚刚起步的海防建设,这无疑是现实的,也是可行的。应该说,如同前述他对整个国防战略重点由西北陆防向东南海防转移的判断一样,这一思考凸显了李鸿章高于他人的海防战略眼光。

其二,将"最要"的海防战略重点方向定于北方"京畿门户"的"直隶之大沽、北塘、山海关"沿海一带应该说也是合理的,因为"京畿为天下根本",京畿安危关系海防大局、全局,这既有历史教训,也有现实考量。而"次要"的海防战略重点方向定于"长江门户"的"江苏吴淞至江阴一带",是因其为"财赋奥区",也是国家命脉所在,因此,他不同于丁日昌的"三洋布局",而倾向于南、北洋分区重点布防的战略考虑确有其合理之处。以往学界论及此议题时,论者常以为李鸿章时任直隶总督自然在海防事务问题上往北洋倾斜,甚至疑其有淮系集团的私利成分在内,此议似嫌过于苛责。

其三,近代海防建设体系是一项系统工程,既要有灵活机动的海上力量,也要有格外坚固的海岸炮台壁垒;既要创建强大的"外海水师"以控制海洋,又要建设坚固的"守口大炮"以防御外敌的海上进攻,诚如李鸿章所言:"外海水师铁甲船与守口大炮铁船,皆断不可少之物矣。"这已经将国家的海防建设作为一个整体系统工程来加以筹划,实现了海防从传统向近代的战略性转型。

此外,将北洋一带定为"最要"的海防战略重点方向,除了符合"京畿门户"的政治需求之外,也契合其时重点防御日本渐显的侵华野心和发展态势。这一点清廷朝野上下均有共识,总理衙门大臣文祥通过日本侵台事件已认识到,明治维新后的日本将很快成为中国最危险的海上强敌,他认为:

> 目前所难缓者,惟防日本为尤亟。以时局论之,日本与闽浙一苇可杭(航)。倭人习惯食言,此番退兵,即无中变,不能保其必无后患。尤可虑者,彼国近年改变旧制,大失人心,叛藩乱民一旦崩溃,则我沿

第五章 应变之策：海防与海权的双重变奏

海各口岌岌堪虞。明季之倭患，可鉴前车。今台湾一役，彼为理屈而勉就范围。倘再寻一有理之端来与为难，或唆通西洋各国别滋事端，虽委屈将就，亦恐不能。……夫日本东洋一小国耳，新习西洋兵法，仅购铁甲船二只，竟敢借端发难。而沈葆桢及沿海疆臣等佥以铁甲船尚未购妥，不便与之决裂，是此次之迁就了事，实以制备未齐之故。若再因循泄沓，而不亟求整顿，一旦变生，更形棘手。①

李鸿章完全赞同文祥的判断，称其论"洵属老成远见"，但他对日本明治维新的看法与文祥有所不同。文祥以为日本因明治维新而大失人心，将酿成事变而带来如明代那样的倭寇犯海事件，李鸿章则敏锐地看出日本维新后，各处藩民不服生乱只是暂时现象，"初颇小哄，久亦相安"，但其国家面貌由此已发生很大的变化。他指出：

> 其变衣冠，易正朔，每为识者所讥。然如改习西洋兵法，仿造铁路、火车，派置电报、煤窑、铁矿，自铸洋钱，于国计民生不无裨益。并多派学生赴西国学习器艺，多借洋债与英人暗结党援，其势日张，其志不小，故敢称雄东土，蔑视中国，有窥犯台湾之举。泰西虽强，尚在七万里以外，日本则近在户闼，伺我虚实，诚为中国永久大患。今虽勉强就范，而其深心积虑，觊觎我物产人民之丰盛，冀倖我兵船利器之未齐，将来稍予嫌隙，恐仍狡焉思逞，是铁甲船、水炮台等项，诚不可不赶紧筹备。②

由上可知，李鸿章对日本明治维新的认识，以及为何要以颇具侵华野心的日本为重点海上防御对象的见识要远高于同时代的其他人。

但如同一切事物的发展总是有其双重性一样，思想认识的发展衍变也有其双重性。李鸿章在海防战略问题上既受到希理哈《防海新论》的积极影

---

① （清）宝鋆等修：《筹办夷务始末（同治朝）》，卷98，《大学士文祥奏折》，近代中国史料丛刊，总第9072～9073页。
② （清）宝鋆等修：《筹办夷务始末（同治朝）》，卷98，《直隶总督李鸿章奏折》，近代中国史料丛刊，总第9153～9154页。

响，也因传统固有"防海"思维的影响，以及时代条件的限制而又显示其保守之面。按照希理哈的海防战略理论，李鸿章虽然认为"将本国所有兵船，径往守住敌国各海口，不容其船出入"是为海防之"上策"，也就是说以强大的海军力量去控制海洋、争胜海洋，才是对付海上强敌进攻的最好防御。但在这一关键点上，李鸿章没有，且事实上当时也不具备条件去考虑采取这一国家海防战略的"上策"，反而是在筹划"莫如自守"的"中策"上下了很大的功夫，即认为"……聚积精锐，止保护紧要数处，即可固守等语。所论极为精切！"这一主导思想致使晚清近代化的海防与海军建设从一开始就立足于"莫如自守"的框架之内，立足于"无事则以运漕，有事则以捕盗"（丁日昌语）或"无事时扬威海上，有警时仍可收进海口，以守为战"（李鸿章语），甚至于"我之造船本无驰骋域外之意，不过以守疆土，保和局而已"（李鸿章语），始终跳不出"防"与"守"的传统窠臼，而这正是后来北洋海军在中日甲午一战中惨遭全军覆没的最大症结所在！

从晚清国家整体海防战略的筹划上看，确定正确的海洋重点战略防御方向和防御目标只是国家海防建设与新式海军创建的第一步，而近代化的海防建设与海军发展能否达到预期的目的，取得预期的效果，则取决于采取什么样的战略思想去指导、运用与发展新式的海军力量。

我们说，李鸿章将长江以北的北洋沿海作为第一重点的战略防御方向，将侵华态势渐显的日本作为第一重点的海上安全防御目标，在这一问题上的确高人一筹，而且此后整个的海防形势发展也充分证明了这一点，但令人扼腕的是，作为洋务"借法自强"新政后期海防与海军建设的主要决策者，他没能从德人希理哈积极的"上策"中汲取有助于彻底改变传统的"防海"新知，而是全盘接受了相对消极的"莫如自守"的"中策"，并成为其后北洋海军建设发展及其实战运用的指导思想，致使在当时已颇具海战实力的北洋海军未能在控制海洋、争胜海洋上发挥应有的作用。从这个意义上说，甲午海战之败与北洋海军的覆没，李鸿章的确难辞其咎！[①]

在海防筹议奉命复奏的疆臣大吏中，两江总督李宗羲虽肯定丁日昌《拟海洋水师章程六条》"极中肯綮"，但认为东、南、北洋面分设提督一事"造端闳大"，建议缓议。[②] 山东巡抚丁宝桢在复奏中未明确提及丁日昌"三洋分防"说，但认为"中国海疆寥远，现有船只以之分防，自不敷用"，主张海防事务仍然"由各省自行酌量筹办"，[③] 这等于维持海防旧状，不做改变。

湖南巡抚王文韶对倡设三洋提督一说更不以为然，称其议"未为尽善"，坚持认为大清朝传统"星罗棋布"的海防布局已"足资控驭"，而"经制亦无庸纷更"，因而不赞同丁日昌之议。而陕甘总督左宗棠此时正全力筹划西征大计，他一方面担心"三洋并进"所需的海防经费开支可能影响通过各省协饷而来的西征军费，另一方面也对分区设防易生"畛域"之心表示担忧，故对丁日昌"三洋分防"说明确表示反对，认为海防一水可通，有轮船则闻警可赴，"若划为三洋，各专责成，则畛域悠分，翻恐因此贻误。分设专阃三提督共办一事，彼此势均力敌，意见难以相同。七省督抚不能置海防于不问，又不能强三督以同心，则督抚亦成虚设。议论纷纭，难言实效"[④]。

由于各沿海滨江督抚将军的意见未能统一，而且身居要位、权倾一方的李鸿章、左宗棠两人的观点又截然对立，故总理衙门最终将丁日昌"三洋布局""分洋设防"的海防战略设想，改为南、北"二洋分防"，但在实践上形

[①] 或许有论者以为，以当时的国力、财力和人力，北洋海军不可能去实施希理哈封锁敌国海口，不容其出入的"上策"，但我们认为，对于"七万里"之外的西洋各海洋强国来说，若要求派海军封锁其海口的确无法办到，但若能以控制海洋、争胜海洋的坚决姿态，倾"中华之物力"去对付"一苇可航"且刚刚起步的小国、岛国日本，应该还是完全可以办得到的。当年清廷朝野上下以坚决的态度应对日本侵台事件，尽管也有诸多失误之处，但基本上暂时遏制了其侵台野心即为明证，由此可见，海防与海军战略指导思想的重要意义。

[②] （清）宝鋆等修：《筹办夷务始末（同治朝）》，卷98，《两江总督李宗羲奏折》，近代中国史料丛刊，总第9234～9235页。

[③] （清）宝鋆等修：《筹办夷务始末（同治朝）》，卷98，《山东巡抚丁宝桢奏折》，近代中国史料丛刊，总第9283页。

[④] 中国史学会主编：《洋务运动》（一），《光绪元年正月二十九日总理各国事务衙门奕訢等照录陕甘总督左宗棠签注丁日昌条陈单》，中国近代史资料丛刊，第114页。

成以北洋为重的近代海防格局。①

其次,"专练北洋一师"。

从南、北"二洋分防"到"专练北洋一师",又有一个思想认识转变的过程。清廷有关督办南北洋海防的上谕中原本确定"择其最重者,不动声色,先行试办,实见成效,然后推广行之",但因南、北洋辖区过宽,且界连七省,以本属地方大员的南、北洋大臣兼办繁重的海防事务,对各省又仅有咨商而无实际节制之权,势必难以真正做到"以专责成",②故"择其最重者"进行"分段督办"海防事务成为必然的发展趋势。而李鸿章将北洋一带定为"最要"的海防战略重点方向的建议,遂以"专练北洋一师"的具体实践而得以推展。

对此,有学者指出:

> 北洋海防在光绪初年尚甚空虚:一以经费困难,北洋三省财力最窘,别无可筹之款。二以人才难得,"北省文武洋务多生,殊乏可用之才"。三以地面太广,"(北洋)三口洋面辽阔,向未专设巡洋水师,亦无捕盗轮船",故情形实较南方的粤洋、闽洋、南洋各地相差甚远。可是其后北洋却能凌驾他洋,一枝独秀,造成后来居上之势。其中原因固属不一,而李鸿章个人的声望地位及其作为,尤关重要。③

---

① 如同纷纷扰扰的"海塞防之议"最终以海防、塞防并举定议一样,从"三洋布局"到南、北"二洋分防"而以北洋为先战略布局的确立,均为清理衙门竭力折中平衡的结果,其中尤以文祥的意见最为重要。文祥力主建立新式海军应以12500人为率,简派熟悉海洋情事的知兵大臣统之。然后再分为五军,每军2500人,"先立一军,随立随练,其余依次增办"。[见周家楣:《期不负斋政书》(政书一),台北:文海出版社,1973年,第14~15页。] 以文祥的地位、资历与识见,他的这一主张对清廷的最后决策一定有重要影响。

② 清光绪五年(1879年),日本吞并琉球又再次造成海防危机。两江总督、南洋大臣沈葆桢曾联合直隶总督、北洋大臣李鸿章采取统一的海防部署,奏请沿海七省水师合操,巫望能使南、北洋海防联为一气,且已获得清廷允准,但广东、福建两省不肯配合,身膺南洋海防重责,且素有海防家国情怀的沈葆桢对此一筹莫展。1879年底,沈葆桢病逝于江宁(南京)任所,"南北洋联为一气"遂成绝响。

③ 王家俭:《李鸿章与北洋舰队:近代中国创建海军的失败与教训》(校订版),第115~116页。

的确如此，李鸿章在晚清筹议海防过程中，其识见要高于同时代的其他洋务大吏，而身居直隶总督的要位又使他能顺理成章地在北洋优先的基础上，促成"专练北洋一师"的近代海军发展局面。

根据李鸿章的设想，近代海军的创建首先是新式轮船的配备。在当时中国自制轮船尚不足以装备近代化海军舰队的情况下，他认为"以中国造船之银，倍于外洋购船之价，今急欲成军，须在外国定造为省便"①，并随即以有限的海防经费通过海关总税务司赫德在英国定购了"飞霆""掣电""龙骧""虎威"等四艘新式炮艇。② 光绪五年（1879年）海防危机再度发生后，清廷正式确定了"先于北洋创设水师一军，俟力渐充，由一化三，择要分布"③的建军方针，李鸿章又通过出使德国公使李凤苞先后定购了"定远"和"镇远"两艘铁甲舰和"济远"号巡洋舰。再经过数年的努力，至光绪十四年（1888年）初，在英国定制的"致远""靖远"及在德国定制的"经远""来远"等陆续加入北洋水师，至此共计拥有各式近代舰船24艘，鱼雷艇6艘，初步达到了近代海军成军的标准。④

与此同时，李鸿章按原定设想派遣中国学生工匠赴国外造船厂及武备院（海军学院）"学习造工，并讲求驾驶操练之法，俟成船后，配齐炮位，随船回华，庶有实济"⑤。应该说，在尽快创建中国自己的新式海军问题上，李鸿

---

① （清）宝鋆等修：《筹办夷务始末（同治朝）》，卷98，《直隶总督李鸿章奏折》，近代中国史料丛刊，总第9132页。
② 《李鸿章全集·奏稿》（2），卷35，《验收续购船炮折》，第22页，总第1112页。
③ 中国史学会编：《洋务运动》（二），《光绪五年闰三月二十二日总理各国事务衙门奕訢等奏》，中国近代史资料丛刊，第387页。
④ 有关北洋海军何时成军一事，说法不一，有1881年、1884年、1885年和1888年等，笔者认为，近代海军是一个完整有机的战略系统工程，但凡近代海防设施、海军基地建设、海军战力配备、海军兵制与指挥系统，以及海军教育等等，均为这一战略系统不可或缺的配套工程，其中尤以海军兵制与指挥系统和海军力量的配备为基本标志。光绪十一年（1885年）海军衙门的设立及光绪十四年（1888年）北洋舰队战力的基本配齐显示了晚清中国以北洋海军为主力的近代海军至此正式成军。
⑤ （清）宝鋆等修：《筹办夷务始末（同治朝）》，卷98，《总督李鸿章奏折》，近代中国史料丛刊，总第9132~9133页。

章主张订购外国铁甲舰作为北洋海军的主力战舰①,并派员出国学习新式船舰技术是符合近代中国海军创建之初的实际情况的。

当然,教育和培养自己的海军人才更是近代海军生存与发展的基础工程。如同曾国藩、左宗棠等大多数洋务官员所坚持的那样,李鸿章始终认为,要建设强大的新式海军,关键在于拥有自己的海军人才,即"有器尤须有人"②,故从一开始筹建北洋海军,他便屡屡强调说,"北洋现筹添购碰快、铁甲等船,需人甚重。……(故)尤必以学堂为根本,乃可逐渐造就,取资不穷"③,把创办水师学堂看作近代海军所需人才的根本来源。

光绪六年(1880年),李鸿章奏请创办天津水师学堂,向清廷呼吁:

> 水师为海防急务,人材为水师根本,而学生又为人材之所自出。臣于天津创设水师学堂,将以开北方风气之先,立中国兵船之本。④

李鸿章创办的天津水师学堂以培养新式海军将才为目标,成为继左宗棠创办福州船政学堂之后,在北方地区创设的、堪称近代中国最早的海军士官学校⑤,教育培养了一批近代海军人才。

此外,作为近代海军的配套建设,在集中全力"专练北洋一师"的战略目标下,北洋海军的军港基地建设、海岸炮台建设、军情通讯设施建设等等

---

① 文祥、李鸿章、沈葆桢、丁日昌等究心海防事务的洋务官员均认为铁甲船为防海必不可缓之举,但因经费困窘而无力购置。日本吞并琉球再次引发海防危机时,李鸿章向清廷强调:"日本有铁甲三艘,遽敢藐视中国,耀武海滨,至有台湾之役、琉球之废。彼既挟所有以相陵侮,我亦当觅所无以求自强。……故邻有铁甲,我不可无。若仅恃数号蚊船(小型炮艇),东洋铁甲往来驶扰,无可驰援,必致误事。"他甚至由此断言,"中国永无铁甲之日,即永无自强之日"[见《李鸿章全集·奏稿》(2),卷36,《议购铁甲船折》,第3页,总第1128页],最终促成了"定远"和"镇远"两艘铁甲舰的购置。
② 中国史学会主编:《洋务运动》(三),《光绪十一年十月十八日直隶总督李鸿章奏》,中国近代史资料丛刊,第8页。
③ 中国史学会主编:《洋务运动》(二),《光绪六年七月十四日直隶总督李鸿章片》,中国近代史资料丛刊,第461页。
④ 《李鸿章全集·奏稿》(3),卷52,《水师学堂请奖折》,第8页,总第1553页。
⑤ 王家俭:《李鸿章与北洋舰队:近代中国创建海军的失败与教训》(校订版),第175页。

也在李鸿章的主持下一一推展开来。从光绪六年（1880年）到光绪十六年（1890年）整整用了10年的时间建成号称"京津门户""渤海咽喉"的辽东半岛旅顺军港①，成为北洋海军最重要的船坞修理基地。从光绪七年（1881年）开始经营，至光绪十七年（1891年）基本完工的胶东半岛威海卫则成为北洋海军聚泊操练和补给的大型海军基地，其时的海军衙门也设立在威海的刘公岛上。旅顺、威海与天津的大沽由此形成互为犄角的三角防御体系，对于外扼渤海咽喉、内卫京畿门户具有重要的海防战略意义。

---

① 谙悉洋务海防的郭嵩焘早在咸丰年间已认识到旅顺口的海防战略价值："旅顺口，渤海数千里之门户，中间通舟仅及数十里，两艘扼之可以断其出入之路。泰西人构患天津，必先守旅顺口，此中国形势之显见者，泰西人知之，中国顾反而不知，抑又何也。"［见（清）郭嵩焘：《养知书屋遗集·文集》，第7卷，光绪十八年刻本，第17页。］

第六章

晚清中国的海洋权益意识

晚清中国在海防思想与海权意识的"双重变奏"之下,洋务人士对航海、航运利权的关注与重视,对海岛的经营与拓垦,以及清王朝在国家政策上由海外"弃民"向侨民的观念转变,显示出其时国人海洋权益意识日益觉醒、延伸和增强的思想变化趋势。尤其是江南制造总局将《万国公法》正式翻译引入,对于晚清中国转变传统"华夷"观念,融入近代国际关系格局,以及运用国际法知识处理涉外、涉海纠纷等等都有着积极的意义与作用。

一、觉醒:对航海、航运利权的关注

我们知道,西方海上列强处心积虑打开中国大门,攫取经济利益是其最主要的驱动力之一。两次鸦片战争后,英法等西方国家以武力或是胁迫订约的形式,逼迫中国开辟沿海沿江通商口岸,中国内江外海之利,几乎全操于外人之手。"查各口通商以来,轮船之利,为外国所独擅,华人无敢过问者;间或赁一二船以尝试焉,辄为所排挤,不胜亏累而止。"[1]中国的航海、航运利权被外国洋商所控制,这种状况引起有识见的洋务人士的警惕和不安。

早在同治二年(1863年),李鸿章还在江苏巡抚任上时就不无忧虑地看出中国在对外通商贸易中所处的不利地位,他说,"长江通商以来,中国利

---

[1] 中国史学会主编:《洋务运动》(六),《光绪二年十一月二十七日两江总督沈葆桢奏》,中国近代史资料丛刊,第12页。

权操之外夷,弊端百出,无可禁阻",① 表达了对外国列强的经济掠夺造成中国航海、航运利权丧失的关注。

同治五年（1866年），左宗棠在论及设厂造船的必要性时，提出必须尽快改变"（敌我双方）彼此同以大海为利，彼有所挟，我独无之"② 的不利状况，认为设厂造船不仅是"中国自强要着"的军事工业，而且也是国家"至轮车机器、造铁机器，皆从造船机器生出"的基础工业。他说："如能造船，则由此推广制作，无所不可。"③ 如果设厂造船取得成效，"则海防、海运、治水、转漕，一切岁需之费所省无数，而内纾国计利民生，外销异患树强援，举在乎此"④，这实已蕴含有与外人争夺航海利权的思想意识。因此，左宗棠在向清廷奏请创办福州船政局时，明确提出设厂造船的目的：一是抵御外侮，"欲防海之害而收其利，非整理水师不可；欲整理水师，非设局监造轮船不可"⑤。二是振兴商务，使"江浙大商以海船为业者，……费重行迟，不能减价以敌洋商"⑥ 的不利状况得以改变，主张"船成之后，不妨装载商货，借以捕盗而护商，兼可习劳而集费"，⑦ 以保护和发展沿海沿江航运贸易商务，来解决造船修船的经费问题，最终达到"以防外侮，以利民用，绰有余裕"⑧ 的双重目的。

经过两次船政风波后，新式造船工业必须以经济为基础才有生存和发展

---

① 《李鸿章全集·朋僚函稿》(5)，卷3，《复罗椒生尚书》，第12～13页，总第2415～2416页。
② 《左宗棠全集》（杨书霖编）（奏稿四），卷18，《拟购机器雇洋匠试造轮船先陈大概情形折》，第4页，总第2850页。
③ 《左宗棠全集》（杨书霖编）（奏稿四），卷18，《复陈筹议洋务事宜折》，第12页，总第2865页。
④ 《左宗棠全集》（杨书霖编）（书牍十三），卷8，《上总理各国事务衙门》，第64页，总第10945页。
⑤ 《左宗棠全集》（杨书霖编）（奏稿四），卷18，《拟购机器雇洋匠试造轮船先陈大概情形折》，第2页，总第2845页。
⑥ 《左宗棠全集》（杨书霖编）（奏稿四），卷18，《拟购机器雇洋匠试造轮船先陈大概情形折》，第1页，总第2844页。
⑦ 《左宗棠全集》（杨书霖编）（奏稿四），卷18，《拟购机器雇洋匠试造轮船先陈大概情形折》，第4页，总第2849页。
⑧ 《左宗棠全集》（杨书霖编）（书牍十三），卷13，《上总理各国事务衙门》，第40页，总第11610页。

的空间，这既是洋务"借法自强"新政的当务之急，也是洋务官员们的普遍体认。基于此，海洋权益中的航海、航运利权问题也随着自强新政的推展而凸显出来。这是晚清中国由单一的、军事性质的海防向多维的、整体性的海权意识衍变的重要迹象。

洋务自强新政的倡导者曾国藩在谈到船政经费来源应变通办理时业已指出"商人租赁（轮船）一层，既以裕我经费，并可夺彼利权，洵为良策"①，明确提出与外人争夺航海、航运利权的问题。

李鸿章在与外国争夺航海、航运利权问题上的认识则更为深刻，阐述也更加集中而完善。

首先是"古今国势，必先富而后能强"②。

最初，李鸿章"借法自强"的出发点在于对西洋"坚船利炮"的向往，因而把"自强"的希望寄托于仿造或购买外洋船炮和创办洋务军事企业上，但在实践过程中往往深受经费竭蹶的困扰，如在船政风波中，耽于船政建设巨额的经费开支，他与曾国藩都体察到制造轮船所具有的军用和民用的双重性质，提出闽、沪两地船厂都可以"间造商船，以资华商领雇"，并建议可由华商自行成立轮船公司，与洋商争夺航运权益，"不让洋人独擅其利……且可养船练兵，于富国强兵之计殊有关系"③，达到"既以裕我经费，并可夺彼利权"④ 的自强目标。

李鸿章认为，要"借法自强"，兴办各类军工企业必须要有充足的经费作保障，但因中国的积贫积弱，难以做到这一点。他在写给四川总督丁宝桢的一封信中曾分析过中国贫弱而西方富强的原因："中国积弱，由于患贫；（而）西洋方千里、数百里之国"，土地和资源都不如中国，但它们之所以能富强，是因为"岁入财赋动以数万万计，无非取资于煤铁五金之矿、铁路、电报、信局、丁口等税"。他认为，根据目前的时势，中国"若不早图变计，择其至要者逐渐仿行，以贫交富，以弱敌强，未有不终受其弊者"⑤，因此，必须"强""富"并重，"寓强于富"，在"求强"的同时也关注到"求富"，

---

① 《海防档》（乙），《福州船厂》（二），中国近代史资料汇编，第325页。
② 《李鸿章全集·奏稿》（3），卷43，《试办织布局折》，第43页，总第1339页。
③ 《李鸿章全集·奏稿》（2），卷19，《筹议制造轮船未可裁撤折》，第48页，总第678页。
④ 《海防档》（乙），《福州船厂》（二），中国近代史资料汇编，第325页。
⑤ 《李鸿章全集·朋僚函稿》（5），卷16，《复丁稚璜宫保》，第25页，总第2695页。

而且"求富""尤必富在民生，而国本乃可益固"①。

在这里，李鸿章虽然还没有专门提及航海、航运利权问题，但"必先富而后能强"，且"尤必富在民生，而国本乃可益固"，则成为他后来力主开办洋务民用企业的基本指导思想。应该说，李鸿章这一"富在民生"的思想也弥足珍贵！

同治十一年（1872年），由李鸿章倡导创办的上海轮船招商局，即成为晚清中国第一家"官督商办"的洋务民用企业。

此后，在"必先富而后能强"的思想指导下，洋务官员在二十多年间，又先后开办了近四十个洋务民用企业，范围遍及航运、煤矿、军工所需的铜、铁等金属矿，电线电报，铁路，纺织，冶炼等。如同李鸿章在奏请开办上海轮船招商局所说的："夫欲自强，必先裕饷。欲浚饷源，莫如振兴商务。商船能往外洋，俾外洋损一分之利，即中国益一分之利。微臣创设招商局之初意，本是如此。"② 因为，这如同创办军工企业的船政局、机器制造局一样，可以"因制造船械而推广及之，其利又不仅在船械也"③。

我们认为，尽管洋务民用企业因种种主客观原因和条件所限，其经营效果并不能尽如人意，但由"自强"到"求富"，却是由创办轮船招商局，与外人争夺航海、航运利权发其端的。在船政兴废风波中，宋晋以"糜费太重"为由，奏请闽沪两局停止造船。左宗棠、沈葆桢反对宋晋停止造船的主要理由在于"兵船为御侮之资"，不能中途而废，但对于如何筹措造船经费问题，则显得较为空泛，"若虑兵船过多，费无从出，则间造商船未尝不可"④。而李鸿章则提出两条具体的建议：一是裁撤旧式水师艇船而代以新式兵船，将修造艇船的费用拨归船政以制造新式兵船；二是闽沪两局同时兼造商船，供华商领雇，并允许"华商自立公司，自建行栈，自筹保险"⑤，通过发展航运商务来

---

① 《李鸿章全集·奏稿》（3），卷43，《试办织布局折》，第43页，总第1339页。
② 《李鸿章全集·奏稿》（3），卷39，《议复梅启照条陈折》，第33页，总第1220页。
③ 《李鸿章全集·奏稿》（2），卷19，《筹议制造轮船未可裁撤折》，第50页，总第679页。
④ 中国史学会主编：《洋务运动》（五），《同治十一年四月初一日沈葆桢折》，中国近代史资料丛刊，第117页。
⑤ 《李鸿章全集·奏稿》（2），卷19，《筹议制造轮船未可裁撤折》，第45～50页，总第676～679页。

筹措设厂造船的经费。从这个意义上说，李鸿章对洋务"自强"与"求富"的关系，包括对设厂造船及航海、航运利权的认识都有其过人之处。

其次是"略分洋商之利"。

李鸿章为"求富"而创办轮船招商局的目的，是开拓利源，追求利润，因此，与守旧人士笃守"君子言义不言利"的传统观念不同，在洋务"求富"活动中，李鸿章毫不讳言兴利、求利，多次强调："办事先筹经费，国家关税、厘金何一非言利，又何一可停止？若概以言利斥为不可行，将百事皆废矣。"① 故此，他认为创办轮船招商还"事关海防根本，洋务枢纽"，"实为海防、洋务一大关键"②，必须尽早定计实施。

在创办轮船招商局的具体问题上，李鸿章还采纳浙江海运委员、候补知府朱其昂"由官设立商局"的建议，用以改变"各省在沪殷商""向俱依附洋商名下"③ 的弊端，主张"目下既无官造商船在内，自无庸官商合办，应仍官督商办。由官总其大纲，察其利病，而听该商董等自立条议，悦服众商，冀为中土开此风气，渐收利权"④，必须尽快开办中国人自己的轮船招商局，以期改变由外人控制中国航海、航运权益的不利局面。

正因为基于这种言利求富的思想，李鸿章明确提出创办轮船招商局的目的是"使我内江外海之利，不致为洋人占尽。其关系于国计民生者实非浅显"⑤，故亟需"购造轮船，运粮揽货以济公家之用，略分洋商之利"⑥。

应该说，李鸿章这种"略分洋商之利"的主张具有明显的积极意义，这也体现在上海轮船招商局开办后所取得的一些实际效果上，如时人所说的：

> 维洋人远来中国，通商谋利，无非削我赀财，厚集兵力，以肆其狡谋。而害之最切近者，莫如轮船；……计十余年来，洋商轮船日增，中

---

① 《李鸿章全集·海军函稿》(5)，卷3，《议驳京僚谏阻铁路各奏》，第17页，总第2881页。
② 《李鸿章全集·奏稿》(2)，卷25，《轮船招商请奖折》，第4～5页，总第844～845页。
③ 《李鸿章全集·奏稿》(2)，卷20，《试办招商轮船折》，第32页，总第713页。
④ 《李鸿章全集·译署函稿》(6)，卷1，《论试办轮船招商》，第39～40页，总第2931页。
⑤ 《李鸿章全集·奏稿》(2)，卷20，《试办招商轮船折》，第33页，总第713页。
⑥ 《李鸿章全集·奏稿》(2)，卷25，《轮船招商请奖折》，第4页，总第844页。

国民船日减，（洋商）获利之后，得步进步，始而海滨，继而腹地，终必支河小水，凡舟楫可通之处，皆分占之。……查招商局未开以前，洋商轮船转运于中国各口，每年约银七百八十七万七千余两。该局既开之后，洋商少装货客，三年共约银四百九十二万三千余两。（洋商）因与该局争衡，减落运价，三年共约银八百十三万六千余两。是合计三年中国之银少归洋商者，约已一千三百余万两。①

清总理衙门在一份奏折上也肯定了这一点：

臣等伏查各国立约通商以后，轮船运货往来中国沿江、沿海各口岸，得专利权者十有余年，中国商民受亏，上下交困。同治十一年冬，直隶总督李鸿章奏明设立招商局，以轮船承运江浙漕粮，其揽载货物、报关纳税，悉照新关章程办理，自是江海各口始有中国船只，得与外洋轮船往来争衡。②

李鸿章自己对创办轮船招商之举也显得相当自信，他曾私下与友人说过：

招商轮船实为开办洋务四十年来最得手文字。兄创办之始，即借运漕为词，各国无不詟（折）服，谓中国第一好事。现仅分运苏浙漕米岁二十万石沾润较少，制轮船仅五只，犹可运米三十万石。若运米渐增，添船渐多，国计民生均大有裨（益）。③

光绪十三年（1887年），李鸿章在回顾上海轮船招商局开办以来所取得的成效时也宣称：

---

① 中国史学会主编：《洋务运动》（六），《光绪二年十月二十四日太常寺卿陈兰彬奏》，中国近代史资料丛刊，第9～10页。
② 中国史学会主编：《洋务运动》（一），《光绪四年六月初三日总理事务衙门奕䜣等奏折》，中国近代史资料丛刊，第169页。
③ 《李鸿章全集·朋僚函稿》（5），卷13，《复刘仲良方伯》，第24页，总第2637页。

> 创设招商局十余年来，中国商民得减价之益，而水脚少入洋商之手者，奚止数千万，此实收回利权之大端。①

我们认为，虽然李鸿章的说辞有些夸大的成分，因为在当时的历史条件下，中国的航海、航运利权事实上不可能尽数收回，这正如恭亲王奕䜣在评论轮船招商局与洋商"争利""保权"的作用时所说的，"从前洋商专擅之利权，中国商人（在轮船招商局创办之后）得以分取而尚未能收回也"②，但尽管如此，轮船招商事业的创办毕竟也从外国洋商专擅的手中夺回了部分的航海、航运权益，这还是应予以肯定的。

当然，应该指出的是，从思想层面而言，"略分洋商之利"更重要的是体现在这一主张所反映的海洋权益观念意识的变化上，因为，与外国争夺航海、航运利权，呈现出的是由原本单纯重视海上安全的军事防御而扩大到重视海洋经济权益的维护与发展，这本身就是一个相当重要的变化。李鸿章对此即说过"冀为中土开此风气，渐收利权"③ "我利日兴，则彼利自薄"④ "自扩利源，劝令华商出洋贸易，庶土货可畅销，洋商可少至，而中国利权可逐渐收回"⑤ 等，上述的言论与主张都可以说集中反映了洋务"借法自强"新政时期国人海洋权益意识的觉醒。

在这一思想的指导下，李鸿章还为轮船招商局制定了一个开拓外洋航运的计划，派轮船远航美国檀香山和英国⑥，希图借此与西方海上强国争夺更为广阔的海洋空间利权。

---

① 《李鸿章全集·奏稿》(3)，卷59，《轮船修费请免追缴片》，第39页，总第1744页。
② 中国史学会主编：《洋务运动》(一)，《光绪四年六月初三日总理事务衙门奕䜣等奏折》，中国近代史资料丛刊，第169页。
③ 《李鸿章全集·译署函稿》，卷1，《论试办轮船招商》，第40页，总第2931页。
④ 《李鸿章全集·奏稿》(2)，卷24，《筹议海防折》，第20页，总第830页。
⑤ 《李鸿章全集·奏稿》(3)，卷41，《创设公司赴英贸易折》，第35页，总第1273页。
⑥ 《李鸿章全集·奏稿》(3)，卷41，《巴西增删条约折》，第49～51页，总第1280～1281页。李鸿章的远洋航运设想在外国列强的合力阻挠下最终没有成功，1890年轮船招商局禀报李鸿章说："中国商轮出洋，揽载客货水脚，以分洋商之利，招商局前定章程本有此意。从前局轮尝驶往新加坡、小吕宋、越南等埠，并委派'美富'驶往欧洲，为洋商合力阻挠，亏折甚巨"[见关赓麟主编：《交通史航政编》，第1册，北京：国家图书馆出版社，2009年，第256页]，轮船招商局的远洋航运终归失败。

除了李鸿章等洋务大员之外，郭嵩焘、薛福成等人对航海、航运利权的认识，也有类似的看法。郭嵩焘说："造船、制器当师洋人之所利以利民，其法在令沿海商人广开机器局。"他认为由沿海中国商人自己广开造船机器局的好处有三个：一是"使商民皆能制备轮船以分其利，则国家之受益已多"；二是"制备机器，必沿海商人为之，出入海道，经营贸易，有计较利害之心，有保全身家之计，因而有考览洋人所以为得失之资。是中国多一船即多一船之益，各海岸多一船亦即多一船之防"；三是"使诸商人与洋人皆有交际往来之素，或遇事变歧出，则居间者多而谋所以解散之亦易为力。盖洋人皆有保护商贾之心，而于地方官多所扞格，此即因其意之所向而利导之者也"①。

薛福成也提出与洋商争夺航海利权，必须"体恤商情，曲加调护，务使有利可获"。他认为，"借法自强"创办船政，需效仿西方处理好"兵船"与"商船"，也即"官"与"商"的关系，以此解决造船经费问题。

> 查西洋立法，以兵船之力卫商船，即以商船之税养兵船。所以船数虽多而饷项无缺者，职是故也。往年中国议定章程，设立轮船招商局，夺洋人之所恃，收中国之利权，诚为长策。惟是推行未广，华商之应募领船者，尚属无几。且自中外通商以来，江、浙、闽、广诸商亦有置买轮船者，大抵皆附西商之籍，用西国之旗，虽经费甚大，利归西人，而诸商曾不以为悔者，其故何也？盖为华商则报税过关，每虞稽滞，掣肘必多；为洋商则任往各口，无所拦阻，获利较易也。今诚体恤商情，曲加调护，务使有利可获，官吏毋许需索，关津不得稽留，令明法简，将来缴价造船之商，自必源源而来。贸易既盛，渐可驶往西洋诸埠，隐分洋商之利。然后榷其常税，专养兵船，务使巡缉各洋，以为保卫商船之用。从此兵船益多，而经费不绝，富强之道基诸此矣。②

薛福成强调，国家要做到"令明法简"，体恤商情，切实保护商人利益，

---

① 中国史学会主编：《洋务运动》（一），《福建按察使郭嵩焘条议海防事宜》，中国近代史资料丛刊，第138~139页。
② 丁凤麟、王欣之编：《薛福成选集》，《应诏陈言疏》，第78~79页。

"如有商民愿缴造价公置轮船者，准其赴局专造商船，如此分晰办理，庶中国之船渐推渐精，而经费不至浪掷也"。"中国之船政，欲广招徕，莫如研求厂务，俾船价与外洋相等，必无舍近图远之人。欲谋持久，莫如经营商务，俾用船与外洋相等，必有日新月盛之象。况商船既多，则入厂修船者，迭至而不穷。而租船造船之商，皆事势所必有。他日由一厂分为数厂，而公家之帑项，可毋甚费。且商船既盛，而兵船不患无养之之资。"他以此断言："是论今日之船政，舍振兴商务，无他术矣。"①

如果我们把李鸿章、郭嵩焘、薛福成等人的思想主张与明代以来王朝统治者一以贯之的"海禁"基本国策做一对比，实不难看出洋务"借法自强"新政时期，国人与洋商争夺航海、航运利权的思想认识已明显反映了晚清中国人海洋权益意识的觉醒与增强，成为洋务新政时期海防与海权思想发展"双重变奏"中的主旋律之一。

二、延伸：对海岛的经营与拓垦

洋务"借法自强"新政时期海防与海权思想的双重变奏，在时人对海岛、海域的经营与拓垦的认识上有着明显的交织回响。这里主要以晚清时期对台湾岛的经营、拓垦讨论这个问题。

前述在康熙二十二年（1683年）施琅率军将台湾正式纳入清王朝版图后，因"弃留之争"的讨论在相当程度上提高了清廷朝野对台湾所处海防战略地位的认识②，但在治理问题上长期实施的是消极的军事治台政策。③ 第一次鸦片战争爆发后，侵华英军对台湾虽有所觊觎和侵扰，但其主要的战略进攻方向是沿海北上逼迫清王朝就范。其时，英国驻印度总督奥克兰致英国首相巴麦尊的密函中对此说得很清楚：

---

① 丁凤麟、王欣之编：《薛福成选集》，《筹洋刍议·船政》，第543~544页。
② 见第三章所述。
③ 有关清代前期的治台政策问题，学界有不同的观点，仁智互见，但因台湾作为海岛孤悬海外，清统治者在潜意识中总是将之视为"化外之地"，对其经营开发不足而军事防备有余，故就总体而言，其治台政策呈消极态势。这一情况至1874年日本侵台事件发生后得以改变。

> 在台湾岛永久建立居留地作为可以从该地进行贸易的基地，很可能最后被认为是有益的。有人也许认为最好是摧毁澎湖群岛的炮台，因为那些炮台使对台湾的贸易，处于被控制的地位。我可以说极力促使总司令官（侵华远征军海军少将懿律），注意该项目并把中国军队驱逐出去。那支军队控制着台湾，而且防守这群岛屿中著名的良好港口。我们一些巡洋舰对台湾的其他港口进行一次友好访问也许是有益，但将相当多的远征部队，背离主要目的将是不恰当（的）。我们可以希望总司令官将大部分的陆军占领舟山群岛，使它免受敌方的攻击，并成为远征军必需品的供应仓库。①

因此，当时中英双方的主战场不在台湾，而是在大陆一侧的厦门、定海、吴淞等沿海海防要地。但经此前所未有的对外海防战争的洗礼后，有识见者对台湾所处海防战略地位的重要意义有进一步的认识。早在同治二年（1863年），刚擢任闽浙总督的左宗棠就指出：

> 台湾省一郡，为闽省外郛，譬犹锁钥，台郡为锁，澎湖、厦门为钥。②

之后，他又多次强调闽台海防应联为一体，认为台湾作为海疆门户，虽"远隔重洋，（然）为全省安危所系"③，力主选派精干官员出任台湾道、镇要职，恢复"班兵"轮番更戍制度；裁汰冗费，整顿水师；开发拓垦当地经济，"弛垦荒之令"，"广谋储积"，以"为东南（海防）奠此岩疆"④ 等，将开发、拓垦台湾作为建设东南海防重镇的重要举措。

左宗棠对台湾海防及拓垦的规划虽因其调赴西北而未能实施，但为之后沈葆桢、丁日昌、岑毓英、刘铭传等办理台湾海防事务及开发、拓垦台湾提供了基本思路和借鉴。

---

① 《英国档案有关鸦片战争资料选译》（胡滨译），下册，北京：中华书局，1993年，第976页。
② 《左宗棠全集》（杨书霖编）（奏稿二），卷5，《复陈裁汰闽军并台湾等处军情片》，第46页，总第1126页。
③ 《左宗棠全集》（杨书霖编）（奏稿四），卷19，《请以夏献纶接署福建盐法道片》，第24页，总第3033页。
④ 《左宗棠全集》（杨书霖编）（奏稿四），卷19，《筹办台湾吏事兵事请责成新调镇道经理折》，第43~46页，总第3071~3078页。

同治十三年（1874年）发生日本侵台事件，使清廷大受震动，从而引发筹议海防的大讨论。奉命以"巡阅为名，前往台湾省生番一带察看，不动声色，相机筹办"①的沈葆桢提出"联外交""储利器""储人才""通消息""固郡城""裁弱兵""办团练""借精兵"等一系列台防策略和措施。② 其时，沈葆桢已深刻认识到台湾海防不仅仅关系闽台两地安全，而且关系到整个中国沿海的安危，"台湾海外孤悬，七省以为门户，其关系非轻"③；"人第知预筹防海之关系台湾省之安危，而不知预筹防海之关系南北洋全局也"④。因此，必须加大力度经营建设台湾，以为国家海防长久之计。沈葆桢的这一主张实际上反映了清王朝将由原来消极防台、治台政策转变为开发拓垦、经营建设台湾积极政策的发展趋势。

值得注意的是，不仅沈葆桢有此认识，许多参与海防筹议的督抚将军也有类似主张。李鸿章认为，筹备东南海防，经营台湾守备，必须"君臣上下从此卧薪尝胆，力求自强之策"，积极筹划，"开山抚番，增设官兵，一切善后端绪宏大，诸赖长才久驻，擘画经营，俾臻完善，永绝觊觎"⑤，将台湾建设成永久的海防重地。

丁日昌则在后续的《海洋水师章程别议》中将原来南洋水师提督驻广东南澳改为驻地台湾，因为"台湾虽属海外一隅，而地居险要，物产丰饶，敌之所必欲争，亦我之所必不可弃。……台事果能整顿，则外人视之有若猛虎在山，不敢肆其恫喝"，⑥ 故"欲筹海防，宜以全力专顾台湾省，庶台防无事而沿海可

---

① （清）宝鋆等修：《筹办夷务始末（同治朝）》，卷93，《谕军机大臣》，近代中国史料丛刊，总第8543页。
② 张侠等编：《清末海军史料》，第2~4页；又见（清）宝鋆等修：《筹办夷务始末（同治朝）》，卷93，《谕军机大臣》，近代中国史料丛刊，总第8587~8603页。
③ （清）沈葆桢：《请移驻巡抚折》，台湾银行经济研究室编：《福建台湾奏折》，台湾文献丛刊，第29种，台北：台湾银行，1959年，第4页。
④ （清）沈葆桢：《请移驻巡抚折》，台湾银行经济研究室编：《福建台湾奏折》，台湾文献丛刊，第29种，第4页。
⑤ 《李鸿章全集·朋僚函稿》（5），卷14，《复沈幼丹节帅》（同治十三年九月二十日），第30页，总第2658页。
⑥ 中国史学会主编：《洋务运动》（二），《光绪二年十二月十六日福建巡抚丁日昌奏》，中国近代史资料丛刊，第346~351页。

期安枕"①，强调要在台湾驻泊包括新式铁甲船在内的强大海军，并积极在台湾招垦、开矿、兴修铁路、铺设电线等②，将台湾建设为东南海防的枢纽基地。

两江总督李宗羲也主张要将台湾作为中国海防第一门户加以建设："查沿海各岛，大都土瘠产薄，惟台湾一岛，形势雄胜……实为中国第一门户，此倭人所以垂涎也。且其地物产丰富，有山木可采以成舟；有煤、铁可开以资制造。其客民多漳、泉、潮、嘉刚猛刻苦之人，足备水师之选。……如得干略大员，假以便宜，俾之辑和民番，采用西人机器，采取煤、铁、山木之利，迟之数年，该处便可自开制造之局，自练防海之师，为沿海各省之声援，绝泰西各国之窥视，此中国防海之要略。"③ 可以说，他对台湾的经营与建设提出了更为具体的建议与对策。

此外，王凯泰、李鹤年、文煜等均各有经营建设台湾以为东南海防重镇的呼吁。

1874年12月22日，清廷发布上谕称，"经营台湾，实关系海防大局"，其善后事宜"亟须悉心筹划，妥善经营。所有招抚生番及修城开路各事宜，仍当妥筹办理"④。至此，由沈葆桢开始，先后继任的丁日昌、岑毓英、刘铭传等台湾主管大员主要从三个方面积极推进台湾的海防建设。

第一，移驻福建巡抚入台，切实提升台湾作为东南海疆门户的海防地位。

康熙二十二年收复台湾后，清廷虽设置"一府三县"行政机构⑤，但以分巡台厦兵备道总兵官、副将等军事官员管理台湾事务，反映其"为防台而治台"的消极防患心理⑥。至晚清日本侵台事件发生后，主管台湾海防事务

---

① 丁日昌：《百兰山馆政书》，卷10，《上总署购铁甲舰事宜书》，揭阳：广东省揭阳市丁日昌纪念馆，2009年编印本。
② 葛士濬等编：《皇朝经世文续编》，卷101，《丁日昌海防条款》，台北：文海出版社，1966年影印本，第19～23页。
③ （清）宝鋆等修：《筹办夷务始末（同治朝）》，卷99，《两江总督李宗羲奏折》（同治十三年十一月十九日），近代中国史料丛刊，第9230～9231页。
④ 台湾银行经济研究室编：《清季台湾洋务史料》，南投：台湾省文献委员会，1997年印行，第20页。
⑤ 雍正时设"一府四县二厅"，嘉庆时衍变为"一府四县三厅"，总体上呈逐步完善趋势。
⑥ 张世贤：《清代治台政策的发展》，载《台湾史论丛》第一辑，台北：众文图书有限公司，1980年，第222页。

的沈葆桢极重视台湾整体的善后事宜，强调"此次善后与往时不同，台地之所谓善后，即台地之所谓创始也。善后难，以创始为善后则尤难"①。他在会同福建布政使潘霨等所上奏折中提出从提高驻台职官位阶入手，以切实加强台湾的海防事务：经"夙夜深思，为台民计，为闽省计，为沿海筹防计"，台湾官制"宜仿江苏巡抚分驻苏州之例，移福建巡抚驻台而后一举而数善备"②。

对此，沈葆桢认为，移驻福建巡抚入台，目的在于"统属文武，权归一尊，镇道不敢不各修所职"，而且更重要的是，一旦台防"有事可以立断"，"以专责成，以经久远"。"巡抚驻台"还能借此整顿台湾的吏治和营政，扭转长期以来台湾岛因"天高皇帝远"而致有效统治出现鞭长莫及的弊病。

可以看出，沈葆桢的这一建议实际上含有改变既往以武官军事管制治理台湾，转为以文官行政管理治理台湾的深远意义，从而将治台事务纳入王朝统治的正轨。故此，他多方强调"台地向称饶沃，久为异族所垂涎，今虽外患暂平，旁人仍眈眈相视，未雨绸缪之计，正在斯时"，台湾要建成坚固的海防要地，必须从根本抓起，"欲固地险，在得民心；欲得民心，先修吏治、营政"，③从提升驻台官员的级别和整顿吏治、营政等来切实提升台湾作为东南海疆门户的海防地位。

虽然沈葆桢移驻福建巡抚入台的奏请最终只得到清廷"（闽抚）冬春驻台，夏秋驻省"，以便"往来兼顾"的批准，且在丁日昌理台期间又有反复④，但提升驻台官员级别，借此提高台湾的海防战略地位，加强其海防建设乃势所必然。可以说，沈葆桢移驻福建巡抚入台的提议为中法战争后促成

---

① 《沈文肃公政书》（三），卷5，《请移驻巡抚折》（同治十三年十一月十五日），清末民初文献丛刊，第1页，总第877页。
② 《沈文肃公政书》（三），卷5，《请移驻巡抚折》（同治十三年十一月十五日），清末民初文献丛刊，第3页，总第881页。
③ 《沈文肃公政书》（三），卷5，《请移驻巡抚折》（同治十三年十一月十五日），清末民初文献丛刊，第4页，总第884页。
④ 丁日昌光绪二年十一月以福建巡抚衔于"冬春驻台"履职，备极辛劳而因病奏请开缺，未能获得清廷允准。后因各种原因，清廷取消闽抚"冬春驻台"之例［见《清光绪朝中日交涉史料选辑》，卷1，《总理各国事务衙门奏请照旧章派轮赴台湾巡查折》（光绪四年六月初五日），台北：大通书局，1984年，第13页］。故"冬春驻台，夏秋驻省"实际上只在丁日昌任上实行过。

台湾的正式建省①奠定了基本思路。

第二，开山"抚番"、招徕闽粤移民开垦，奠定台湾海防的经济与社会基础。

日本侵台事件结束后，从沈葆桢受命办理台湾等处海防大臣起，之后几任主要的福建台湾巡抚，如丁日昌、岑毓英、刘铭传等对台湾的海防建设均可谓悉心筹划、不遗余力，但台湾海防建设的总体设想和基础主要是在沈葆桢任上确立的。沈葆桢奉命来台督办海防事务后，经实地调查认识到"台地延袤千有余里，官吏所治只滨海平原三分之一，余皆番社耳"②，而日本侵台事件正是因"番社"问题而引发的，因此加强台湾海防事务，必须重视开山"抚番"问题，"臣等曩为海防孔亟，一面抚番，一面开路，以绝彼族觊觎之心，以消目前肘腋之患，固未遑为经久之谋"，强调"会筹全台大局，抚番开路，势难中止"，"开山而不先抚番，则开山无从下手；欲抚番而不先开山，则抚番仍属空谈"，并明确指出："人第知今日开山之为抚番，固不知今日抚番实为防海也。"③

在开山"抚番"的同时，沈葆桢还向清廷奏请解除旧禁，招徕大陆沿海移民开垦台湾：

---

① 光绪二年（1876年）十二月，刑部侍郎袁保恒上台湾置省折，强调"（台湾）非专驻大臣，镇以重兵……未易为功"［见戴逸、李文海主编：《清通鉴》（17），太原：山西人民出版社，1999年，第7443页］。中法战争后，督办福建军务的左宗棠又奏请清廷设立台湾巡抚，以专责成，"惟有如袁保恒所请，将福建巡抚改为台湾巡抚，所有台澎一切应办事宜，概归该抚一手经理，庶事有专责，于台防善后大有裨益"［见《左宗棠全集》（刘泱泱、岑生平等点校），第8册，《台防紧要请移福建巡抚驻台镇摄折》，长沙：岳麓书社，2009年，第547～548页］。不久（光绪十一年九月），清廷发布懿旨："着将福建巡抚改为台湾巡抚，常川驻守。"［见朱寿朋编：《光绪朝东华录》，第2册，《辛丑：钦奉慈禧懿旨》，第117页，第2009页。］台湾建省开始进入实质性筹建阶段。光绪十四年（1888年），首任福建巡抚刘铭传正式启用"福建台湾巡抚"关防，标志着自1874年沈葆桢置省之议开始历经14年的台湾建省之路最终得以完成。台湾建省对于近代中国加强和提高台湾海防地位，巩固东南海疆安全，促进台湾的社会进步等都具有积极的意义。
② 《沈文肃公政书》（三），卷5，《请移驻巡抚折》（同治十三年十一月十五日），清末民初文献丛刊，第1页，总第878页。
③ 王延熙：《道咸同光四朝奏议》，第2889页。

> 台湾地广人稀，山前一带虽经蕃息百有余年，人口尚未充牣，内地人民向来不准偷渡。近虽文法稍弛，而开禁未有明文，地方官思设法招徕，每恐与例不合。今欲开山不先招垦，则路虽通而仍塞；欲招垦不先开禁，则民裹足不前。①

因此，他主张开"严禁内地民人渡台之旧例"，"将一切旧例尽与开豁，以广招徕，俾无瞻顾"②。光绪元年（1875年）正月，清廷正式下旨称：

> 旷土亟须招垦，一切规制自宜因时变通。所有从前不准内地民人渡台各例禁，着悉开除。其贩买铁竹两项，并着一律弛禁，以广招徕。③

沈葆桢及后之刘铭传等在厦门、汕头等地设招垦局，以提供口粮、耕牛、农具、种子及三年免征赋税等优惠政策，招募闽粤沿海居民渡海入台移垦，开发台湾，用以从长远规划上夯实台湾海防的经济社会基础。沈葆桢此一举措对台湾海防建设，对台湾本岛中、东部的开发，以及促进台湾"番民"与汉民的团结与融合④都可说是意义深远。

---

① 《沈文肃公政书》（三），卷5，《台地后山请开旧禁折》（同治十三年十二月初五日），清末民初文献丛刊，第15页，总第905页。
② 《沈文肃公政书》（三），卷5，《台地后山请开旧禁折》（同治十三年十二月初五日），清末民初文献丛刊，第15～16页，总第906～907页。
③ 《清德宗实录》，卷3，"光绪元年正月戊申"条，《清实录》，第52册，北京：中华书局，1987年影印本，第108页。
④ 李国祁：《清季台湾内地化政策创始者——公忠体国的沈葆桢》，载台北《幼师月刊》，第44卷，第5期，1976年11月，第44页。史学家连横更对继承沈葆桢理台精神的刘铭传赞誉有加："夫铭传之治台，不独办防练兵已也，造铁路以通之，行邮船以辅之，振殖产以裕之，辟财源以养之，改内政以新之，设教育以明之，使民能知义，国无患贫，而兵乃可用。……铭传能整饬之，以防御外侮，亦可用也"，并认为"台湾三百年间，吏才不少，而能立长治之策者，阙维两人，曰陈参军永华，曰刘巡抚铭传，是皆有大勋劳于国家者也。永华以王佐之才，当艰危之局，其行事若诸葛武侯。而铭传则管、商之流亚也，顾不获成其志，中道以去，此则台人之不幸。然溯其功勋，足与台湾不朽矣"[连横：《台湾通史》，卷13，《军备志》，第235页；卷33，《列传五·刘铭传》，第694页]。应该说，近代以降，对台湾的经营建设，沈葆桢可谓筚路蓝缕，丁日昌、岑毓英、刘铭传等继往开来，均为理台有功之人。

第三，筹购船舰，兴建炮台，创办新式军工企业，加强台湾的近代海防建设。

沈葆桢认为，台湾海防建设必须配备必要的新式船舰，尤其是铁甲船必不可少。他清醒地看到，日本的海军实力虽然远不及西洋，但却敢越境称兵，跨海侵犯台湾，主要是因为日本"窥中国器械之未精，兼恃美国暗中之资助。其已抵台南各船，均非中国新船之敌。而该国尚有铁甲船二号，虽非完整，而以摧毁寻常轮船则绰绰有余。彼有而我无之，水师气为之夺，则两号铁甲船不容不购也"①。

为此，他积极奏请筹购新式船舰，强调"海上争衡，百号之艇船不敌一号之大兵轮船"，而且"木轮船（虽）足以辅铁甲船，仍不足以御铁甲船，则铁甲船终不能不办也"②。由于其时清廷因经费困窘而无力购买浩费巨大的铁甲船，以致沈葆桢至临终时还念念不忘此事，口授遗疏曰：

> 臣所每饭不忘者，在购买铁甲船一事，至今无及矣，而恳恳之愚，总以为铁甲船不可不办，倭人万不可轻视。③

一生致力于新式船政建设与近代海防事业的沈葆桢壮志未酬身先死，虽抱憾终身，但却令后人心生敬意！

此外，沈葆桢还在台南安平、旗后等处"仿西洋新法"兴建新式炮台，配以西洋巨炮，以固海防④；倡办基隆煤矿，购买西洋机器开矿采煤。虽然沈葆桢本人不久擢任两江总督离台，但却为日后基隆煤矿的建设奠定了近代化采煤的基础⑤。他还奏请设立电报局，发展邮政通信，以使台湾与内地能

---

① 王元稚：《甲戌公牍钞存》，《钦差大臣沈葆桢等会奏》，台湾文献丛刊，第39种，台北：台湾银行，1987年，第121页。
② 《沈文肃公政书》（三），卷5，《复议海洋水师片》（同治十三年十二月初五日），清末民初文献丛刊，第22~23页，总第919~920页。
③ 沈瑜庆：《涛园集》，第173~174页，转引自姜鸣：《龙旗飘扬的舰队——中国近代海军兴衰史》（甲午增补本），第126页。
④ 《同治甲戌日兵侵台始末》，台湾文献丛刊，第38种，台北：文海出版社，1983年，第64页。
⑤ 台湾银行经济研究室编：《清季台湾洋务史料》，第28页。

"瞬息可通，事至不虞仓卒矣"①。

中法战争后，台湾首任巡抚刘铭传于1886年在台北设立电报总局，并在澎湖、彰化、基隆、台南等地先后开设11个电报分局，对台湾经济的发展和海防建设有着重大的意义；同时还创设军装、火药等局，以及后来在其任上兴建的基隆—台北段与台北—新竹段铁路等，都不同程度地加强了台湾的海防力量。

台湾史研究专家陈在正教授指出，在沈葆桢、丁日昌、刘铭传等历任治台官员的主导下，

> 台湾出现了全国最早自办的电报业和新式邮政，……全省出现了第一条铁路、第一台电话、第一枚邮票、第一盏电灯、第一所新式学校，出现了自己经营并敢于与外人竞争的轮船，……许多新式事业集中于一省，成效蔚然可观，使边疆海岛新建的行省，后来居上，……成为中国先进的省份之一。②

由上可见，因海防危机激发清廷朝野，尤其是洋务官员普遍对台湾的重视，进而开始筹划经营、开发、建设台湾，国家海防安全由此真正从沿海海岸向沿海岛屿带延伸扩展，这正是晚清中国海防与海权意识发展衍变的鲜明体现。

三、增强："弃民"与侨民的观念转化

作为负陆面海的大国，中国人中很早就有因从事海外贸易活动而"住蕃"的早期"华侨"③，即宋人朱彧在《萍洲可谈》中所说："北人过海外，

---

① 《同治甲戌日兵侵台始末》，台湾文献丛刊，第38种，第18页。
② 陈在正：《台湾海疆史》，台北：扬智文化事业有限公司，2003年，第292～293页。
③ 吴凤斌主编：《东南亚华侨通史》，福州：福建人民出版社，1994年，第10页。"华侨"一词是晚清以后才出现的，有其相对严格的定义，此前一般通称"北人""华人""唐人""中华人""内地民人"等，或被蔑称为"流民""游民""弃民""内地奸民"等。

是岁不还者，谓之住蕃。"① 当时，这些从商贾"流寓""住蕃"逐步转为"流移"定居的海外中国人，并没有受到王朝统治者的歧视。例如，宋元时期因重视海外贸易在国家财政收入上的作用②，王朝统治者往往会采取一些招诱蕃商来华贸易和鼓励中国商人出海贸易的做法。这种奖掖鼓励政策促使许多人相率出洋，足迹遍布日本、朝鲜半岛及东南亚一带。有些海商水手因各种原因长期"住蕃"，成为海外移民。宋元统治者对这些海外移民一般都采取比较宽容的态度。如宋代泉州巨商王元懋往海外经商留居占城10年，其同乡也多附海舶往交趾仕官，对此，宋朝统治者并不横加干涉③。北宋末年，在高丽国的"王城"有"华人数百，多闽人因贾舶至者"④。在东南亚一带居留的华商人数更多，"福建、广南人因商贾至交趾，或闻有留于彼用事者"⑤。元代泉州著名华商朱道山"以宝货往来海上，务有信义。故凡海内外之为商者，皆推焉，以为师"⑥。周达观奉旨出使真腊时，遇见不少寓居此地的华人，其同乡薛氏寓居真腊已长达35年，但作为官方使者的周达观并未招谕其回国或要求真腊国引渡彼等。周氏回国后在其所著的《真腊风土记》中，对华商与当地妇女通婚，安家立业，并在当地人帮助下做买卖，以及华人水手逃逸于当地的现象也未加以谴责⑦。

总之，宋元时期，不论是官方文书，还是史书，都很少把这些流寓海外

---

① （宋）朱彧：《萍洲可谈》，卷二，第45页。
② 北宋神宗说："东南利国之大，舶商亦居其一。"［见（清）秦湘业、黄以周等辑：《续资治通鉴长编拾补》，卷5，第83页］；南宋高宗认为："市舶之利最厚，若措置得宜，所得动以百万计"［见（清）徐松辑：《宋会要辑稿》，第86册，《职官四四之二〇》，第3373页］；又说："市舶之利，颇助国用，宜循旧法，以招徕远人，阜通货贿"（同上）。元代统治者则称：市舶收入为"军国之所资"［见（明）宋濂等撰：《元史》，卷169，《贾昔剌传》，第3972页。］另据学者陈高华、吴泰的研究，南宋初年，市舶收入约占国家财政总收入的15%；元代虽"无法正确计算出市舶收入在全部财政收入中所占的比例，但其比重很大，则是没有疑义的"。（见陈高华、吴泰：《宋元时期的海外贸易》，天津：天津人民出版社，1981年，第181～182、187页。）
③ 庄国土：《中国封建政府的华侨政策》，厦门：厦门大学出版社，1989年，第20页。
④ （元）脱脱等：《宋史》，卷487，《高丽国传》，第14053页。
⑤ （南宋）李焘：《续资治通鉴长编》，卷273，"熙宁九年三月壬申"条，第6692页。
⑥ 王彝：《王常宗集·补遗·送朱道山还京师序》，影印文渊阁四库全书（第1229册），集部168·别集类，台北：台湾商务印书馆，1986年，第434页。
⑦ 庄国土：《中国封建政府的华侨政策》，第21页。

的商人视为"盗贼"或"叛逆"。应该说，官府对流寓海外之民的容忍，社会对商人泛海贸易发家致富的赞美，都是一种较为正常的社会心态。

但遗憾的是，明清两朝厉行海禁后改变了这种情况。明太祖为防备倭寇与潜在的反明力量勾结，实行海禁政策，并把下海通番的海外贸易活动也看成社会不安定的因素，因此，从事海外贸易之人在王朝统治者眼中也成为"不务本业"的"奸诈之徒"，而那些因各种原因流寓海外的华侨则被视为"背弃祖宗""忤逆朝廷"的"寇盗"，变成为人所不齿的海外"弃民"。明清两代的海禁律令或沿海官员的奏折中，所谓"海贼""海寇""奸民""流民""游民""游手奸宄""无赖之徒""嗜利之辈"等等污蔑性字眼俯拾皆是。此一观念的转变是中国海洋社会发展史上的一大悲哀。①

清王朝前期在平定郑氏海上政权的过程中，实行更为严厉的"海禁"

---

① 明万历二十一年（1593 年），菲律宾发生因西班牙殖民者虐待华工导致的"潘和五事件"，数万名长期在当地居住的华人被强行驱逐回国。明王朝对海外华人被驱没有向西班牙殖民者表示不满，反而认为"我民往贩吕宋，中多无赖之徒，因而流落彼地不下万人。……夫以番夷豺狼成性，轻动干戈，不戢自焚，固其自取；而（潘和等）杀其酋长，夺其宝货，逃之交南，我民狠毒，亦已甚矣"[见（明）张燮：《东西洋考》，卷5，《东洋列国考·吕宋》，丛书集成初编，第 58 页]。在明王朝统治者眼中，"我民狠毒"与"番夷"一样都是"豺狼之性"的"无赖之徒"，被杀、被驱都是咎由自取。万历三十一年（1603 年），西班牙殖民者又借所谓明朝官员到吕宋岛探金事件，制造了屠杀华民 20000 多人的大惨案，其中包括许多妇女和儿童。惨案发生后，西班牙殖民者担心此事将激怒明朝统治者，故"移书闽中守臣，言华人将谋乱，不得已先之，请令死者家属，往取其孥与帑"[见张廷玉等：《明史》，卷 323，《列传第二一一·外国四·吕宋》，第 8373 页]。但明廷对此仍然无动于衷，认为："究其祸端，良由张嶷（福建同安人）妄奏采权为之厉阶，及奸商（指潘和五等）前年杀其酋长，积怨蓄憾"[见（明）徐学聚：《报取回吕宋囚商疏》，（明）陈子龙：《明经世文编》，卷 433，第 4727 页]所致，故西班牙人屠杀华人乃"情有可原"。更令海外华人心寒的是，受命复函的福建巡抚徐学聚等人竟称："海外争斗，未知祸首；又中国四民，商贾最贱，岂以贱民兴动兵革？又商贾中弃家游海，压冬不回，父兄亲戚，共所不齿。弃之无所可惜，兵之反以劳师……爰降旨：特行令所在，遣使传谕尔等酋长部落，令咸改悔，畏天守善，其海外戕杀姑不穷治。尔等当思皇帝浩荡之恩，中国仁义之大"[见（明）徐学聚：《报取回吕宋囚商疏》，（明）陈子龙：《明经世文编》，卷 433，第 4728 页]，根本没有把这一数万生灵遭屠杀的惨案当一回事。由于明朝统治者把"弃家游海"的海外华民视为"弃之无所可惜，兵之反以劳师"，海外华民得不到本国的保护，真正成为封建朝廷的海外"弃民"。

"迁界"政策，一方面用严刑峻法禁止民人出国，另一方面颁布许多限制海外华民归国的禁令，与明朝统治者一样把寓居海外的华人打入另册。即使后来重开海禁，清廷仍然认为海外流民回国可能会危及其封建统治的稳定，而想方设法对他们施以种种限制。例如，雍正皇帝就说过：

> 数年以来，附洋船回来者甚少，朕思此等贸易外洋者，多不安分之人，若听其去来任意，伊等全无顾忌，则飘流外国者，必致愈众。嗣后应定一期限，若逾期不归，是其人甘心流于外方，无可悯惜，朕意应不令其复回内地。①

在这一乾纲独断的皇帝旨意下，沿海地方官员提出：

> 定限一年，如有愿回之人，不论年分远近，俱准其附船回籍，查明交地方官点验、查管，不许复往。如一年限内不回，即系甘弃乡土之人，即不准其再回，倘从夷船附载前来者，亦不准进口，敢有违禁私纵入口，发觉之日，官民俱照容留逃人例议处治罪。②

> （内地人）从前在彼已娶番妇，生有子女，与夷人结有姻娅，并庐墓田业，情甘异域者，例安插彼处，永不许入口。嗣后如有商民在彼私娶番妇者，应令该夷官查明离异，驱逐进口，押回原籍，交地方官照例杖责。③

《大清律例》甚至明文规定：

> 若将人口、军器出境及下海者，绞。……船只出洋，十船编为一甲，取其连环保结……（船上人员）俱各给与腰牌，刊明姓名、年貌、籍贯。如船无字号，人有可疑，即严加究治。……在番居住闽人，实系康熙五十六年以前出洋者，令各船户出具保结，准其搭船回籍，交地方

---

① 转引自庄国土：《中国封建政府的华侨政策》，第93页。
② 转引自庄国土：《中国封建政府的华侨政策》，第93页。
③ 《高宗实录》（三），卷226，"乾隆九年十月上"条，《清实录》，第11册，第922页。

官给伊亲族领回,取其保结存案。……至定例之后,仍有托故不归,复偷渡私回者,一经拿获,即行请旨正法。[①]

诸如上述种种限制民人百姓出入国的禁令,实际上都反映出清朝统治者对海外移民的防范戒备之心,既害怕他们"下海通番",与反清势力相勾结,危及王朝统治的稳定,又担心他们"在外已久,忽复内返,踪迹莫可端倪,倘有与外夷勾连,奸诡阴谋,不可不思患预防耳"[②]。

总而言之,在明清统治者眼里,流寓海外之人均为不安分的"无赖之徒""妄行之党",能弃则弃,能防则防,并任由各居住国殖民当局或当地统治者屠杀迫害华人,使之沦入任人宰割的悲惨境地。

而同一时期,西方海外强国在东南亚一带的殖民扩张屡屡呈咄咄逼人之态。继西班牙、葡萄牙之后,荷兰、英国、法国等殖民者也接踵而至,以沿海贸易口岸为基地,建立殖民政权,垄断或控制海上贸易,并逐步向内地渗透殖民势力。

西方的海外扩张从一开始就在各自国家的支持和帮助下进行,而中国海外之民在海外的经商与生存却不仅得不到官方的支持和必要的保护,而且还受到种种双重的迫害与限制,这如同其时"中退西进"的世界海洋发展格局一样,也预示了中国将在东西方海洋竞争中处于一种十分不利的地位。或许从这个意义上说,晚清中国的落后挨打在此时已种下了祸根。

中国海外华人生存困窘的情况直到两次鸦片战争之后才开始有了一些变化。晚清接连对外海防战争的失败刺激了洋务"借法自强"新政的推展,有识见的洋务人士逐渐认识到"自强"与"求富"、"强兵"与"裕财"互为依托的关系,薛福成就指出:"大抵外洋各国,莫不以商务为富强之本。凡在他国通商之口,必设领事以保护商人,遇有苛例,随时驳阻。"[③] 而在殖民当局与当地居民夹缝中顽强求生的海外华人也逐渐成为侨居地经济活动中一支

---

① 《大清律例》(张荣铮、刘勇强、金懋初点校),卷20,天津:天津古籍出版社,1993年,第327、329、332页。
② 转引自庄国土:《中国封建政府的华侨政策》,第93页。
③ 丁凤麟、王欣之编:《薛福成选集》,《通筹南洋各岛添设领事保护华民疏》,第332页。

不可忽视的经济力量①，促使晚清朝廷开始改变敌视海外之民的政策，这一转变既有"求富""裕财"的内在需求，也有经略海洋、争胜海洋的外在压力，从而使原来统治者眼中的海外"弃民"开始转变为振兴实业而可资利用、保护的海外"侨民"。

在这一思想观念转变问题上，洋务官员蒋益澧、丁日昌、李鸿章、王凯泰、郭嵩焘、张之洞，以及薛福成、郑观应等都有不同程度的认识和建议，正是他们的努力促进了晚清当局对待海外华民政策的转变。

如同治五年（1866年），时任广东巡抚的蒋益澧因海防经费筹措问题，主张发挥民间社会经济力量的作用："沿海富商大贾亦准其租购轮船夹板，而籍其名于官兵。无事则任彼经商，有事则归我调遣。"他认为"若使各口有轮船二三十号，夹板船百十号，不惟壮我声势，亦且夺彼利权"，可以达到"五州四海彼能往我亦能往"的目的。② 与此同时，蒋益澧还认识到：

> 自中海以迄南洋，凡印度巫来由财赋之区，概被（西方）鲸吞，及现在暹罗、缅甸，亦服其衣服，习其言语，势岌岌又将为彼附庸。其故何也？盖彼不独船坚炮利，足以纵横海外，而其用心之专一沈毅，办事之刻苦精到，实有一往莫遏之势，故其无事则以官吏为经，以商人为纬；有事则以攻战为纲，以货财为目。凡商贾经营数万里外，彼国特设官维持而调护之，是以上下之情通而内外之气聚。③

因此，他主张仿效西方以商富国、以官护商，用国家力量保护商人的做

---

① 薛福成多次呼吁清政府在海外设立领事保护侨民："南洋各岛，华民流寓者有数百万，其为中外门户，固不待言。中国从前未甚措意。而近年中外往来交涉日繁，风气大开。……即就英属各岛而论，如能添设领事数员，每岁不过多费数万金，已隐收无形之益，其效当有十倍于所费者。……（亦可）令总领事以时巡历诸岛，以通民情而保商务。"［见丁凤麟、王欣之编：《薛福成选集》，《咨总理衙门与英外部商办添设领事》（1890年），第328页。］
② （清）宝鋆等修：《筹办夷务始末（同治朝）》，卷43，《广东巡抚蒋益澧奏》，近代中国史料丛刊，总第4108～4109页。
③ （清）宝鋆等修：《筹办夷务始末（同治朝）》，卷43，《广东巡抚蒋益澧奏》，近代中国史料丛刊，总第4109～4110页。

法，设法保护遍布南洋地区，乃至世界各地的海外华商。蒋益澧向清廷提出：

> 内地闽粤等省，赴外洋经商者人非不多，如新嘉坡约有内地十余万人；新老金山约有内地二十余万人；槟榔士、伽拉巴约有内地数万人。和约中原载彼此遣使通好，若得忠义使臣前往各处联络羁维，居恒固可窥彼腹心，缓急亦可借资指臂。①

虽然蒋益澧以"忠义使臣"赴海外护商的建议当时还未受到清廷应有的重视②，但他是第一个明确指出应在海外设官护侨的清朝大吏。③

次年（1867年），李鸿章向清廷转呈江苏布政使丁日昌的海防条陈，其中丁日昌建议采取中国原设"市舶司"管理海外贸易的做法，在海外设立市舶司管理并保护海外华商。

> 设立市舶司赴各国有华人所处，管理华人。夫泰西之于商人，皆官为之调剂，冀助国家。攻战之事，商亦时辅其不及。是以上下之情通，而内外之气聚。查闽粤之人，其赴外洋经商佣工者，于暹罗约有三万余人；吕宋约有二三万人；加拉巴约有二万余人；新加坡约有十数万人；槟榔屿约有八九万人；新老金山约有二三十万人。若在中国精选忠勇才干官员，如彼国之领事，至该处妥为经理，凡海外贸易皆官为之扶持维系。商之害，官为厘剔；商之利，官不与闻，则中国出洋之人，必系恋故乡，不忍为外国之用，而中国之气日振。④

---

① （清）宝鋆等修：《筹办夷务始末（同治朝）》，卷43，《广东巡抚蒋益澧奏》，近代中国史料丛刊，总第4110页。
② 清廷上谕称"蒋益澧筹办洋务情形，所陈亦颇中窾要，该督抚等惟当虚心实力，慎发徐图"，注意力在当时闽粤两地会商何处设厂造船一事上［见（清）宝鋆等修：《筹办夷务始末（同治朝）》，卷43，《谕军机大臣等》，近代中国史料丛刊，总第4112～4113页］。
③ 庄国土：《中国封建政府的华侨政策》，第139页。
④ （清）宝鋆等修：《筹办夷务始末（同治朝）》，卷55，《李鸿章附呈藩司丁日昌条款》，近代中国史料丛刊，总第5174～5175页。

丁日昌还提出驻外市舶司官员应注意开发、利用海外资源，收揽熟谙西方近代科技的人才为我所用。

> （驻外市舶司）官员于该处华人访其有奇技异能、能制造船械及驾驶轮船，并精习洋枪兵法之人，给资送回中国，以收指臂之用。……我中国使臣若能联络鼓舞，（海外华人）定可欣然效命。盖中国多得一助，即外国多树一敌。况本系中国之民，而中国自用之，有不如水之赴壑乎？①

李鸿章虽对丁日昌条陈中设立海外市舶司保护华商的建议未有进一步的发挥，但显然对此亦予以赞许而乐于向清廷转呈。故在同治十三年（1874年）那场著名的筹议海防大讨论中，他明确提出：

> 自来备边驭夷，将才、使才，二者不可偏废。各国互市遣使，所以联外交，亦可窥敌情。而中国并其近者而置之，殊非长驾远驭之道。同治十年，日本初议条约，臣与曾国藩均奏请该国立约后，中国应派员驻扎日本，管束我国商民，籍探彼族动静，冀可联络牵制，消弭后患。……外托邻邦报聘之礼，内答华民望泽之诚。倘彼别有诡谋，无难侦得其情，相机控制。②

与丁日昌的建议相似，李鸿章认为，日本横滨、长崎、箱馆等地，有中国商民近万人，不可将其置之度外，亟应派三四品京堂大员"赏给崇衔"，派为驻日公使以保商护民。③

在筹议海防过程中，福建巡抚王凯泰也奏请仿效西方，对外派公使、设领事，"不拘内外臣工，择精力强固，有智谋胆略者任之"。驻外公使、领事职责除"专理和好事宜，各国如何情形随时驰报"之外，其重要使命在于"调护华

---

① （清）宝鋆等修：《筹办夷务始末（同治朝）》，卷55，《李鸿章附呈藩司丁日昌条款》，近代中国史料丛刊，总第5175页。
② （清）宝鋆等修：《筹办夷务始末（同治朝）》，卷98，《直隶总督李鸿章又奏》，近代中国史料丛刊，总第9156～9157页。
③ （清）宝鋆等修：《筹办夷务始末（同治朝）》，卷98，《直隶总督李鸿章又奏》，近代中国史料丛刊，总第9157页。

商","凡经商贸易,皆官为之扶持调护",如此一来,"中国殷商知外洋有官护持,丝茶大贾皆可广为招徕,自行运销,不受洋人抑勒,是又暗收利权也"①。

此外,郭嵩焘、张之洞、薛福成、马建忠、郑观应等均有类似的认识和主张,尤其薛福成、郑观应等还建议派遣海军舰队巡视南洋各海外华人居住之地,既可显示国家保商护侨的意志与决心,又可吸附海外之民向化祖国之情,并收得海军赴外海操练之效。

薛福成在其所撰《筹洋刍议》一文中说:

> 闻华民之寓居外洋也,往往以势孤气馁,为他国人所轻侮。盖西洋通例,虽二三等之国,莫不有兵船巡历外埠,名为保护商人。曩者(按:光绪二年)扬武练船游阅东南洋各岛,而吕宋旅居华民,喜色相庆,至于感泣,以为百年未有之光宠。一埠如此,他埠易知。……凡华人聚居之处,莫不有会馆、有经董,彼皆自愿集赀,引领以望华官之至也久矣,而兵船抑无论也。盖养一兵船,岁费不过二万两,以一埠六万人计之,每三人而蠲费一两,尚易为力,况其中必有殷实商人为之倡者。彼略有所费,而借华船保护,稍张声势,便足与诸洋人齿。偶有交涉,隐受无穷之益,此必华民所乐闻者也。为今之计,宜告驻扎各国公使,如各埠华民,有愿得中国兵船以壮声威者,自筹岁费报明领事,领事请公使咨船政。船政酌度拨遣,或一年调还,或半年调还;再选他船更番前往,借资游练。……中国有事,则悉数召归,以备调遣。夫如是,船厂无养船之费,而获捍御之资;兵船无坐食之名,而有历练之实。商贾佣工,蠲费不多,颇沾利益。公使领事,权力虽弱,亦倚声援。盖一举而数善备焉。而中国商船之远适他邦,未始不以此为嚆矢,是又振兴商务之要端也乎。②

郑观应也主张在南洋设领事官保护当地华商,"分遣领事、参赞等官自

---

① (清)宝鋆等修:《筹办夷务始末(同治朝)》,卷98,《福建巡抚王凯泰又奏》,近代中国史料丛刊,总第9188页。
② 丁凤麟、王欣之编:《薛福成选集》,《筹洋刍议·船政》,第543~544页。

为保护，无事则抚循教诲摩义渐仁，有事则激励振兴云合响应，因之而阜通货贿开美利于东南，教习艺工扩聪明于机器，因利乘便，巩我皇图，虽觉虑始之难，实为当务之急"①。他认为"南洋内蔽各省，外控诸番，诚中国之屏藩、广东之门户"，②海防战略地位非常重要，故必须积极经略南洋"屹然作海外重镇，则门庭之外可以晏然"，③以此保证国家的海上安全。

有学者将晚清政府对海外侨民政策的变化归纳为五个方面：

> 一是设置领事馆保护与管理侨民；二是采取以外交手段为主的各种措施保护华工；三是动员、劝诱华侨对国内捐赠和投资；四是发展海外华文教育；五是筹建海外总商会，促进华侨社会的统一。④

晚清政府侨民政策的变化实可谓意义深远。此后不久有传播西方海权论者认为："所谓海上权力云者，约分五端：一曰商业地位之保全；二曰交通线之保全；三曰航业之保全；四曰侨民之保全；五曰海产物之保全。"⑤ 此论将侨民政策视为掌握国家海权的一大要素，由此可见，洋务"借法自强"时期有识见之人呼吁设官保护海外侨民的建议与主张，促进了晚清朝野对海外华民认识的转变，这显然是晚清海防与海权思想发展衍变的一大进步。

四、他山之石：海防与海权的国际法意识

前述第一次鸦片战争时期，林则徐在广东主持禁烟时曾关注并试图运用

---

① 夏东元编：《郑观应集（下册）》，《盛世危言后编》，卷5，《军务》，《禀醇亲王为拟收复南洋藩属各岛华侨以固边围事》，上海：上海人民出版社，1988年，第439~440页。
② 夏东元编：《郑观应集（下册）》，《盛世危言后编》，卷5，《军务》，《禀督办海防彭宫保、两广督宪张振帅论海防》，第441页。
③ 夏东元编：《郑观应集（下册）》，《盛世危言后编》，卷5，《军务》，《禀督办海防彭宫保、两广督宪张振帅论海防》，第439页。
④ 庄国土：《清末华侨民族主义的形成与辛亥革命》，载中山大学孙中山研究所编：《孙中山与华侨——"孙中山与华侨"学术研讨会论文集》，广州：中山大学出版社，1996年，第52页。
⑤ 萧举规：《海军论》，载《海军》第2期，第40页，转引自杨国宇主编：《近代中国海军》，第1123~1124页。

国际法相关精神作为处理涉外事务及抵制英国侵略的法律武器,但随着对外海防战争硝烟的散去,国际法又被涉外的海疆官员所忽略。直至清王朝统治者在第二次鸦片战争中又迭遭败绩、吃尽"修约"苦果①之后,朝廷上下才开始意识到国际法在对外交涉中的作用。故而,在洋务"借法自强"新政时期海防与海权思想的双重变奏中也加进了国际法的旋律。

同治三年(1864年),江南制造总局的洋员翻译、美国长老会传教士丁韪良(W. A. P. Martin)将美国国际法学者惠尔顿(Henry Wheaton)的《万国公法》翻译出版。清总理衙门认为该法虽"衡以中国制度,原不尽合,但其中亦间有可采之处",遂将丁译《万国公法》刊印300本发至各通商口岸作为涉外事务的参考。②

应该说,《万国公法》的正式翻译引入,对于晚清中国转变传统"华夷"观念,融入近代国际关系格局,以及运用国际法知识处理涉外、涉海纠纷等等都有积极的意义与作用,从而也促进了近代中国海防与海权思想意识的转型。

---

① 第一次鸦片战争结束后《南京条约》等一系列不平等条约的签订,使素无国际法认知的清廷统治者认为所定条约为"万年和约",从此天下太平,万事大吉。殊不知西方列强订约的重点不在"和好"而在"通商","和约"初为两国不和,后归于和,"一经议定,两国各宜遵守,不得轻有更改",而通商章程的"商约"则因"各口情形不一,所有贸易及海面各款无不稍有变通之处,应俟十二年后,两国派员公平酌办"。[见中美《望厦条约》,《中美五口通商章程:海关税则》,"道光二十四年五月十八日",载王铁崖编:《中外旧约章汇编》,第1册,北京:生活·读书·新知三联书店,1957年,第56页。]中法《黄埔条约》更有单方面的规定:法方"若有应行更易章程条款之处……期满十二年……可与中国再行筹议"。英法两国正是根据这一条约精神,不惜再次发动侵略战争,武力强迫清王朝"修约",以满足其扩大中国市场的要求。对此,清廷君臣上下均可谓茫然无知,咸丰帝谕旨宣称:"既称万年和约,便当永远信守"[见(清)贾桢等纂:《筹办夷务始末(咸丰朝)》(中华书局编辑部标点)(1),卷9,《廷寄二》,第326页],搞不清楚英法两国何能如此出尔反尔?而具体接洽"修约"事务的两广总督叶名琛甚至还不知道有"十二年为期(修约)"这一条款(同前注,第270~271页)由此可见清廷君臣上下均缺乏基本的国际法意识。有关研究可参阅李育民:《晚清中外条约关系研究》,北京:法律出版社,2018年;尹新华:《晚清中国与国际公约》,长沙:湖南人民出版社,2011年;林学忠:《从万国公法到公法外交》,上海:上海古籍出版社,2009年;王建朗:《中国废除不平等条约的历程》,南昌:江西人民出版社,2000年;郭卫东:《不平等条约与近代中国》,北京:高等教育出版社,1993年等精辟论著。

② (清)宝鋆等修:《筹办夷务始末(同治朝)》,卷27,《恭亲王等又奏》,近代中国史料丛刊,总第2703~2704页。

第六章　晚清中国的海洋权益意识

例如，清廷统治者最初在与其眼中的"千古蛮夷"打交道时，根本不了解近代国际交往的相关规则，而是依据传统"内诸夏外夷狄"的"华夷"观念，自以为得计地运用"暂拟设法羁縻，权宜办理"①的"驭夷之术"，甚至在与西方列强签订条约时还一厢情愿地认为只是"权宜之计"，此后既可以不认账，亦可以"朝令夕改""朝和夕战"②，但怎么也没想到"原不过一时权宜之计，初何料及流毒无穷一至于此也"③，只得在对外交涉中屡屡被迫吞下极不愿吞下的苦果。

但随着相关国际法知识的输入与近代条约关系意识的增强，洋务官员逐渐产生近代国家主权的思想意识，并在洋务活动实践中开始重视和利用国际法来维护国家的权益。

最初，洋务"借法自强"的首倡者曾国藩主张在与外人交涉订约时，一方面要坚持"忠信笃敬"之道，笃守"孔子忠敬以行蛮貊、勾践卑逊以骄吴人"④的古训信条，将与之所订条约视为"信守之凭"，遵守已签订的条约⑤；另一方面又坚持"权自我操"，尽力凭借国际法条约关系的一些精神准则，去维护自己应有的权益。曾国藩的这一态度与立场实际上成为具有洋务新知的、包括清总理各国事务衙门王大臣在内的清廷官员后来在处理涉外、涉海事务时的基本准则。

---

① （清）文庆等纂：《筹办夷务始末（道光朝）》（齐思和等整理）（4），卷49，《奕经等奏》，第1837页。
② 第二次鸦片战争中，英法联军以武力逼迫清王朝签订《天津条约》，负责全权与英法联军谈判的重臣桂良、花沙纳等奏报清廷时竟然说："此时英、佛（法）两国和约，万不可作为真凭实据，不过假此数纸，暂且退却海口兵船。将来倘欲背盟弃好，只须将奴才等治以办理不善之罪，即可作为废纸"［见（清）贾桢等纂：《筹办夷务始末（咸丰朝）》（中华书局编辑部标点）（3），卷26，《桂良等奏》，第966页］。桂良等出此下策虽有其不得已之苦衷，但貌似"公忠体国""万死不辞"，实际效果却是将军国大事视同儿戏，幻想能就此蒙混过关。这是传统"华夷"观导致"暂事羁縻""驭之以术"的典型案例。
③ （清）贾桢等纂：《筹办夷务始末（咸丰朝）》（中华书局编辑部标点）（2），卷11，《叶名琛奏》，第413页。
④ 《曾国藩全集》（书信四），《复李鸿章》（同治元年七月初八日），第2918页。曾国藩多次强调："夷务本难措置，然根本不外孔子'忠信笃敬'四字。笃者，厚也；敬者，慎也；信，只不说假话耳，然却极难。吾辈当从此一字下手，今日说定之话，明日勿因小利害而变。"［见《曾国藩全集》（日记二），"同治元年五月初七日"，第748页。］
⑤ （清）文庆等纂：《筹办夷务始末（道光朝）》（齐思和等整理）（5），卷65，《耆英又奏》，第2683页。

如咸丰十一年（1861年），中德条约进行谈判时，德国提出的第33条款中原擅自列入"帮助中国捕盗"一项，但负责谈判的李鸿章坚决不同意加入此项内容，坚持"中国洋面海盗自有兵船巡缉，无庸德国兵船帮助"①。尽管李鸿章此时并非已具有领海主权意识，而是一种"中国洋面"中国自有管辖之权，不能让外人染指的、本能的"主权"意识反应，但这种本能的"主权"反应意识在时局巨变、国门开放而又适逢西学东渐的形势下，将很快会转化发展为近代领海主权意识。这也是洋务"借法自强"新政时期海防与海权思想发展衍变的一个明显迹象。

之后，同治三年（1864年）三月，天津大沽口外拦江沙海面发生普鲁士兵船拿捕其敌国丹麦三艘商船事件，清总理衙门恭亲王奕䜣等人在处理此事时即明确指出：

> 查拦江沙距大沽海口不远，无论何国与何国为仇，总不应在中国洋面报复，致惊中国地方。且外国持论，往往以海洋距岸十数里外，凡系枪炮之所不及，即为各国公共之地（公海），其间往来占住，即可听各国自便。今布国（普鲁士）使臣李福斯初次奉使来京，一抵海口，即在拦江沙外滋事，若不令其将此事先行办结，即与会商公事，不但无以折该使臣虚骄之气，且恐各国以中国置之不较，将来借口执此为拦江沙外各国公共洋面之据，其势可以无所不为，不可不就此预防其渐。……在中国洋面扣留别国之船，乃显夺中国之权，于中国大有关系。……臣等之所以先令该国办结此事者，所争原不在丹国，而在大局。欲借此以消其桀骜之心，且以辨明此地实系中国洋面，并非各国公共海洋。②

当普鲁士公使辩称其明显的侵权行径是"按照欧罗巴所定军法"，扣船是在"相去海岸远近，亦属万国律例准拿敌船之处"的公海时，总理衙门即予以严正照复：

---

① 转引自刘利民：《不平等条约与中国近代领水主权问题研究》，长沙：湖南人民出版社，2010年，第160页。
② （清）宝鋆等修：《筹办夷务始末（同治朝）》，卷26，《恭亲王等又奏》，近代中国史料丛刊，总第2618~2620页。

此次扣船处所，乃中国专辖之内洋，欧罗巴所定军法不能强中国以必知……；

贵国兵船前来中国，自当入境问禁，不得任意妄为。中国所辖各洋，例有专条。各国和约内，均明此例。贵国和约内载有"中国洋面"字样，较各国知之尤切，何以云殊不可解？……；

缘滋事之处，系属中国洋面。中枢政考所载界限甚明。外国无论与何国有隙，在中国洋面扣船，即属轻视中国，所以本王大臣等不能不向贵大臣理论。非为丹国任其责，实为中国保其权。……①

坚持敦促普鲁士公使承认"扣留船只，咎在本国"，将"所有前扣丹国船三只"放归结案。②

可以看出，总理衙门奕䜣等对此一涉及国家领海主权事件的处理可谓有理、有据、有力。一则，领海作为沿海岸国家主权之下与国家大陆领土或岛屿领土毗连的沿岸海域、海面，都是国家领土的重要组成部分，其领海主权与领土主权具有同样性质。外国兵船在中国海面上扣留其敌对国商船显然是侵犯中国主权的行径，奕䜣等对此提出严正交涉完全是维护国家领海主权的正义之举。

二则，当时西方流行且认可的"公海""领海"的国际法概念是由17世纪荷兰国际法鼻祖格劳秀斯（Hugo Grotius，1583—1645）所著《海洋自由论》与《论战争与和平法》而来的。格劳秀斯在两部论著中阐释了海洋自由原则和领海主权思想，他认为，广袤的海洋不能归任何国家所有，因为它辽阔到不可能被占领，故在本质上不属于任何国家的主权③，也即著名的"公海自由原则"。但与此同时，他又指出国家或个人对近海的控制则是天经地义的，即：

对于海的一部分的统治权的取得，似乎也和对其他东西一样，可以

---

① （清）宝鋆等修：《筹办夷务始末（同治朝）》，卷26，《恭亲王等又奏》，近代中国史料丛刊，总第2620、2626、2628页。
② （清）宝鋆等修：《筹办夷务始末（同治朝）》，卷26，《恭亲王等又奏》，近代中国史料丛刊，总第2629页。
③ 刘泽荣：《领海法概论》，北京：世界知识出版社，1965年，第7～10页。

是属于一个人的，也可以是属于一块土地的。如果一个人有一支舰队能够控制这一部分海面，那么这一部分海面就是属于一个人的。如果在这一部分海面航行的人能被在岸上的所强迫，就像他们是在岸上一样，那么这一部分海面就是属于一块土地的。①

这就是"海洋有限自由原则"，也即"领海主权"思想的雏形。

格老秀斯的这一思想后来被同为荷兰人的国际法学者宾克舒克所发展，提出了陆岸对海面的控制权终止于武器力量（即大炮）的终止之处。这就是著名的"大炮射程"理论，也即总理衙门在奏报中所说的"外国持论，往往以海洋距岸十数里外，凡系枪炮之所不及，即为各国公共之地（公海）"，换言之，枪炮所及的十数里之内就是"中国洋面"，属中国领海主权范围，外国兵船在中国洋面扣留别国商船自然就侵犯了中国的领海主权。

值得注意的是，当时丁韪良所译的《万国公法》还未经总理衙门资助出版②，奕䜣等总理衙门大臣还不具备明晰的领海主权思想，在这种情况下，他们能够以有限的国际海洋法知识，并依据"中普条约"精神妥善处理此一事件已实属不易。

数月后，总理衙门以"本年布国在天津海口扣留丹国船只一事，臣等暗采该律例中之言，与之辩论。布国公使即行认错，俯首无词，似亦一证"③ 为由，资助丁韪良所译《万国公法》出版刊行，并下发300本至各通商口岸，从而促使更多的洋务官员接受并运用国际法基本原则去处理相关涉外、涉海事务。

同治六年（1867年），洋务大员李鸿章在讨论预筹来年各国修约事宜的奏折上，业已较为准确地运用国际法精神阐释"修约"的性质，他说：

---

① 希金斯、哥伦伯斯：《海上国际法》（中译本），北京：法律出版社，1957年，第77页。
② 据崇厚奏报，普鲁士兵船拿捕丹麦三艘商船事件发生在同治三年三月十五日之前〔见（清）宝鋆等修：《筹办夷务始末（同治朝）》，卷24，《三口通商大臣兵部左侍郎崇厚奏》，近代中国史料丛刊，总第2446页〕，而总理衙门资助丁韪良所译《万国公法》出版则在当年七月二十七日之后〔见（清）宝鋆等修：《筹办夷务始末（同治朝）》，卷27，《恭亲王等又奏》，近代中国史料丛刊，总第2701～2704页〕，故奕䜣等在处理普鲁士兵船事件时还没有丁译《万国公法》以资参考。
③ （清）宝鋆等修：《筹办夷务始末（同治朝）》，卷27，《恭亲王等又奏》，近代中国史料丛刊，总第2703～2704页。

第六章　晚清中国的海洋权益意识

明年之事，系条约而非议和也。议和不定，即立有战事，咸丰庚申局势则然。……以条约而论，英国第二十七款载明彼此两国再欲重修，须先行知照，酌量更改等语。曰彼此，曰酌量云者，显系两国有一不欲，即可停修；有一勉强，即难更改，其有互相争较，不能允从之处，尽可从容辩论，逐细商酌。不能以一言不合，而遽责其违约，是其事较昔有缓急之不同也。①

李鸿章还认为，对外交涉，中国应据理"力持定见，于其可许者许之，其不可许者拒之"，对西方各国"上侵国家利权，下夺商民生计"的无理要求，"皆可引万国公法直言斥之"②。

同治七年（1868年），清王朝派出晚清中国第一个外交使团出使欧美各国，尽管这一使团由美国前驻华大使蒲安臣（Anson Burlingame）率领而颇具讽刺意义，但曾国藩、李鸿章等人"鉴于道咸间条约失利"，不失时机地建议该使团出访各国时要维护中国的海外权益，"于领海申明公法，于租界争管理权，于出洋华工谋保护，且预防（外国）干涉内治"，③ 已隐然表现出维护国家领海、国土主权和伸张海权的思想意识。之后，蒲安臣使团与美国订立的《中美天津条约续增八款》在上述方面，尤其是保护海外华工问题上取得很大的进步。④

---

① （清）宝鋆等修：《筹办夷务始末（同治朝）》，卷55，《湖广总督李鸿章奏》，近代中国史料丛刊，总第5146页。
② （清）宝鋆等修：《筹办夷务始末（同治朝）》，卷55，《湖广总督李鸿章奏》，近代中国史料丛刊，总第5148～5149页。
③ 赵尔巽等撰：《清史稿》，卷156，《志一百三十一·邦交四·美利坚》，第4584页。
④ 事实上，早在同治五年，清总理衙门在与英、法等国商定保护出洋华工权益的《续定招工章程条约》时，恭亲王奕䜣已对此据理力争："总理衙门有责任保护出洋作工的中国人，因而制定现在行之有效的章程"，而"决不能对这一章程随便修改"[见陈翰笙主编：《华工出国史料》，第4辑，北京：中华书局，1980年，第473页]。由于该章程比较详细地规定了外国在华招工的权利、义务和程序，包括相关的司法问题等，时任美国国务卿福德称其为："中国政府为了他的不幸侨民的福利而实行其父道式监护时"的"必不可少的合理保障"[见陈翰笙主编：《华工出国史料》，第4辑，第392页]，从而成为晚清中国的第一个移民法规，开启了保护本国侨民的立法途径。此后不久的蒲安臣使团与美国订立《中美天津条约续增八款》则从国际法角度确认这一精神，促进了晚清中国融入近代国际关系格局。

此外，在近海水面管辖权划定、抵制外国军舰非法测量沿海水道等问题上，洋务官员也尽可能以国际法精神予以交涉，以维护国家权益。蒲安臣使团订立的《中美天津条约续增八款》第一条就明确规定了中国的水面管辖权的问题：

> 大清国大皇帝按约准各国商民在指定通商口岸及水陆洋面贸易行走之处，推原约内该款之意，并无将管辖地方水面之权一并议给。嗣后如别国与美国或有失和，或致战争，该国关并不得在中国辖境洋面及准外国人居住之处有争夺之事。[1]

这一条款显然是数年前处理普鲁士兵船事件后，晚清中国近代领海主权意识增强的具体表现。[2]

光绪元年（1875年），日本军舰非法测量与中国有藩属关系的朝鲜沿岸海道，遭到朝方海岸守军的炮击。日本驻华公使森有礼向直隶总督李鸿章提出抗议。李鸿章回复说："你兵船是去高丽海口量水，查《万国公法》，近岸十里之地即属本国境地。日本既未与（朝）通商，本不应前往测量，高丽开炮有因。"森有礼狡辩称："中国、日本与西国可引《万国公法》，高丽未立约，不能引《万国公法》。"李鸿章回答说："虽是如此，但日本总不应前往测量，是日本错在先，高丽遽然开炮也不能无小错。日本又上岸毁他炮台，杀伤他的人，又是日本的错。"[3]

可见，李鸿章运用了国际法的一些知识进行辩驳，使森有礼无词以对，可以说在领海主权观念意识上代表了其时国人的最高水平。[4]

---

[1] 王铁崖编：《中外旧约章汇编》，第1册，第262页。
[2] 参见刘利民：《不平等条约与中国近代领水主权问题研究》，第264页。蒲安臣使团在该条款的注释中提道："（此款）系因从前布国兵船在天津海口抢劫丹国货船，有违公法，命特为提明，各国如肯照办，则日后中国可免此等挂累。"［亦见（清）志刚：《初使泰西记》，走向世界丛书，长沙：湖南人民出版社，1981年，第26页。］
[3] 王彦威编：《清季外交史料》，第5卷，北平：外交史料编纂处，1933年，第7页，转引自刘利民：《不平等条约与中国近代领水主权问题研究》，第143～144页。
[4] 刘利民：《不平等条约与中国近代领水主权问题研究》，第266页。

凡上述种种事实说明，洋务"借法自强"新政时期《万国公法》的引入，促使晚清国人原来远落后于西方的海防、海权思想开始向前努力追赶，清廷朝野上下也在不断地提升近代海防和海权意识，此后虽经中日甲午惨败的打击，但近代海防与海权思想的衍变发展却始终在逆境中艰难前行。

第七章

"甲午之殇"与清末国民海权意识的觉醒

晚清海防与海权观念意识在时势危殆的煎逼和洋务"借法自强"的推动下，步履蹒跚地由传统向近代转型。然而，在中国这样一个有着数千年文明传统的古老国家，根深蒂固的传统观念意识总是在潜移默化地阻滞着国人前进的步伐。第一次鸦片战争时期"开眼看世界"的林则徐、魏源等曾深受传统"防海"思维的羁绊，两次鸦片战争后以"师夷智以造炮制船"自励、自强的洋务官员虽然在海防、海权问题上已较之前人有长足的进步，但同样也难以摆脱深层次中传统防海观念意识的困扰。

就晚清中国的海防与海军建设而言，经过洋务自强新政二十余年的苦心经营，于光绪十四年（1888年）正式成军的北洋海军可谓风光一时：舰船总吨位居于远东各国第一，名列世界第九，排名在美国与日本之前。[①] 其时，近代海军和海防建设，包括国人的海防、海权观念意识，也开始向近代化方向跨出了一大步。光绪十七年（1891年），北洋海军成军三年后进行第一次海上校阅，主持者李鸿章曾颇为自信地宣称：

> 北洋兵舰合计二十余艘，海军一支规模略具。将领频年训练，远涉重洋，并能衽席风涛，熟精技艺……综核海军战备，尚能日异月新。目

[①] 1889年美国海军部长本杰明·富兰克林·特雷西在一份报告中，将清朝海军实力排在世界第9位，位于美国、日本之前。而普鲁士1891年的《海军年鉴》统计，则按世界各国海军实力排列，中国位居第11位。这里取前说。

前限于饷力,未能扩充,但就渤海门户而论,已有深固不摇之势。①

然而仅仅三年之后,中日甲午一战,北洋海军竟然全军覆没,洋务官员"自强御侮""争胜海洋"的幻想随之灰飞烟灭。丧权辱国的失败结局和无法去怀的深层困惑,既令人悲叹,更发人深省,从而促进了清末国民近代海权意识的觉醒。

一、"甲午之殇"的历史反思

中日甲午战争的失败和北洋海军的覆灭,与第一次鸦片战争的失败类似,有着诸多政治、经济、军事、外交等方面的原因,学界对此的讨论与研究已相当深入,且已有极丰硕的研究成果问世。由于"甲午之殇"是同为亚洲国家的近邻日本给中华民族带来的惨痛记忆,因此,我们这里仍然从思想文化层面,就中日两国在海洋文化传统、海防、海权观念意识,以及海防、海军战略目标及其建设实践等方面的异同,做一初步的比较研究,以此深刻反思晚清中国海防、海权思想发展衍变的艰难历程与"甲午之殇"的惨痛教训。

首先是海洋文化传统的深层困扰。

作为陆海兼具的两栖型大国,中华民族有着自己深远厚重的海洋文化传统,但也如前述,由于中国所处的自然经济地理环境(地缘环境)特点是北边戈壁荒漠、西北积雪高原,东南则是辽阔的万里海疆,自然经济地理空间相对独立而又地大物博。当黄河、长江流域一带肥沃的土地能为人们提供基本的物质生存、生产条件时,辛勤的中华先民首先重视的自然是对土地的开发与利用,农耕文化的积淀也自然更加厚重;而对于以"溥天之下,莫非王土"自视的历代王朝统治者来说,他们最为关心的也是对这片"王土"的经营与维护,不断强化其"以农立国"的统治理念,并由此形成中国自给自足的社会经济结构与"以农为本"的主流文化传统。因此,尽管东南沿海地区自古以来就有海洋社会经济和海洋文化传统,但就主流经济和文化而言,非

---

① 《李鸿章全集·奏稿》(4),卷72,《巡阅海军竣事折》,第4页,总第2064页。

主流的海洋文化传统要想在主流的农业文化传统的世袭领地里也占据一席之地，历来都是一件难而又难的事情。在这种条件的限制下，中国虽拥有辽阔的海疆和漫长的海岸线，但历代王朝统治者总体上并不关心海洋的开发与利用，而是将茫茫大海视为难以逾越的天然屏障，在竭力设法防卫"王土"安全、统治政权稳定的同时，也极大地限制了中华民族向海洋的发展。

可以说，就主流文化传统而言，中国的海洋文化传统长期处于"重陆轻海"意识的阴影之下而难以发挥其积极作用，尤其当世界开始进入海洋时代，"重陆轻海"观念意识对社会发展的负面影响逐渐表现得更为明显；而就国家的安全防卫方向来说，相对独立封闭的陆海地理空间，致使长期以来中华民族遭受外部势力的安全威胁主要来自西北内陆，而非东南海疆，国家防卫的安全需求更多是属于"陆权防御性"，而非"海权进攻性"。作为濒海的中华民族，尤其是明清以降的王朝统治者对于海洋的认识，总体上因致力于防御守护而显得围成有限且相对消极保守，由此形成了根深蒂固的"陆主海从""以守为主"的国家安全防卫理念。在传统向近代转型的过渡时期，秉持这种消极保守的防卫理念固然可以理解，但的确不合时宜。

因此，尽管第一次对外海防战争之后，由于西方列强频繁的海上挑战，刺激了国人海洋、海防观念意识的转化，但"重陆轻海""陆主海从""以守为主"的传统"防海"思维总是如影随形地发挥着潜在的消极影响，这或许就是惨痛的"甲午之殇"所郁积出的中国海洋文化传统的深层困惑！

而相比之下，与我们一苇可航的近邻日本处于远东最边缘，国土细小狭长、四周环海，自然经济地理环境因浩瀚大海的关系而愈显其狭小封闭的岛国特性。日本国土资源的贫乏和生存的不易，如同西半球的英伦三岛与地中海沿岸的岛国一样，海洋对于日本的生存与发展有着特殊的意义。环海岛国的地理环境决定了日本社会经济结构的海洋性特征，也形成了日本向外扩展生存发展空间的海洋文化传统。日本的这种情况与中国正好相反，岛国地理环境使其国家安全需求基本上是"海权性"的进取扩张，而少有"陆权性"的防御考量。

基于此，尽管19世纪中叶，处于东亚地区的中日两国同时面临西方海洋强国的挑战与威胁，中国的门户在1840年的第一次鸦片战争后被英国强行打开，日本的门户则在1853年的"黑船事件"中为美国所开放，但因两国海洋文化传统的不同，中国往往以"陆权性"的"防海"思维去应对西方"海权性"的海上挑战而陷入被动挨打的境地，日本则以"海权性"的海上进攻意识，处心积虑地与西方海洋强国接轨，不仅很快接受了"海国"时代弱肉强食的残酷现实，而且在明治维新之后自己也迅速走上了向海外扩张的侵略道路。有学者认为：

> 正当19世纪后半中国艰辛创设新海军的时候，近在东邻的三岛之邦日本，也在为创设新海军而与中国作平行的竞赛。由于中日创建海军具有类似的历史背景，最初的动机都是为了要维护海防的安全，抵御西方海权国家的侵凌。可是后因日本的蓄意向外扩张，犯台、并琉、侵韩，演变成中日海权的争夺与对抗，终于爆发成为中日的甲午海战，而使这一冲突达于高潮。[1]

可见，不同的海洋文化传统在相同的海国时代背景下，导致了晚清中国在与日本"争胜海洋"的过程中败北，"重陆轻海""陆主海从""以守为主"海洋文化传统的深层困扰是"甲午之殇"的一个重要因素。

其次是"防海"思维影响下的晚清海防与海军战略。

国家的海防与海军战略是一种从全局考虑筹谋，并指导海防、海军建设，以实现全局目标的总体规划。海防与海军战略对保卫海疆、维护海洋权益，赢得"争胜海洋"的胜利具有至关重要的指导意义。

晚清统治者以"自强御侮"相标榜，筹办海防、创建海军的主要目的是"保和平，守疆土"，维护国家的海上安全，稳定大清王朝的统治，即如李鸿章所言，筹海防、建海军是在"外国利器强兵百倍中国，内则狃处輘毂之下，外则布满江海之间"的危急形势下，亟图"及早自强，变易兵制，讲求军实"之举。[2]

因此，晚清海防与海军建设从一开始就带有被动反应的消极意味，再加之前述海洋文化传统的深层困扰，以及明清以降"以海为防""以禁为防"

---

[1] 王家俭：《李鸿章与北洋舰队：近代中国创建海军的失败与教训》（校订本），第420页。
[2] 《李鸿章全集·朋僚函稿》（5），卷5，《复陈筱舫》，第34页，总第2467页。

基本国策的深远影响，传统内敛型的"防海"决策思维在筹办海防、创建海军过程中始终未能有根本性的改变。

以最具近代海防与海权意识，且又实际身负海防、海军建设重责的李鸿章为例，他在"船政风波"中积极支持左宗棠、沈葆桢兴办船政，力主学习西方枪炮轮船之精利，"师其所能，夺其所恃"，以为国家自强之道；但他又反复强调："我之造船本无驰骋域外之意，不过以守疆土，保和局而已。"对于设局造船所能达到的目的，李鸿章最大的愿望就是："海外之险，有兵船巡防，而我与彼可共分之；长江及各海口之利，有轮船转运，而我与彼亦共分之，或不让洋人独擅其利与险，而浸至反客为主。"① 故不论是自己造船，还是向外购舰，其主要意图是："第为御侮之计，则不妨多为之备，彼见我战守之具既多，外侮自可不作，此不战而屈人之上计。即一旦龃龉，彼亦阴怀疑惧而不敢遽尔发难。若虑制胜无甚把握而遂自堕成谋，平日必为外人所轻，临事只有拱手听命，岂强国固本之道哉？"②

在维护海洋权益问题上，李鸿章力主试办轮船招商，"使我内江外海之利，不致为洋人占尽"，③ 体现出较为鲜明的海洋权益意识，这对于数千年来以农立国、重农轻商的传统观念来说，无疑是值得肯定的进步；但他又对轮船招商做出规定："仿照泰西通例，五年内只准各处华商附股，不准另行开设字号，免致互相倾跌，贻误大局"，④ 实际上是以官营经济压制民营经济，从而限制束缚的是整个海洋社会经济的发展，而这又显然不利于亟需以经济实力为基础的近代海防、海军建设事业的成长。

在海塞防之议中，李鸿章敏锐地看出国家防务的重点已从西北边陲转移到东南海疆，从而反映其对海防问题的见地要远比他人高出一筹，但与此同时，他又认为："惟各国皆系岛夷，以水为家，船炮精练已久，非中国水师所能骤及。中土陆多于水，仍以陆军为立国根基，若陆军训练得力，敌兵登

---

① 《李鸿章全集·奏稿》(2)，卷19，《筹议制造轮船未可裁撤折》，第47～48页，总第677～678页。
② 《李鸿章全集·奏稿》(2)，卷19，《筹议制造轮船未可裁撤折》，第48页，总第678页。
③ 《李鸿章全集·奏稿》(2)，卷20，《试办招商轮船折》，第33页，总第713页。
④ 《李鸿章全集·奏稿》(3)，卷41，《创设公司赴英贸易折》，第35页，总第1273页。

岸后，尚可鏖战。炮台布置得法，敌船进口时，尚可拒守。"① 这种"以陆军为立国根基""敌兵登岸后，尚可鏖战。炮台布置得法，敌船进口时，尚可拒守"的思想，与传统"以守为战"的防海思维实际上并无二致，其潜意识中表露出的仍然是"重陆轻海"的"陆权防御性"传统倾向。

作为晚清海防与海军建设的筹划者，李鸿章的筹谋与德人希理哈《防海新论》中"莫如自守"的海防战略可谓一拍即合，致使以"精练北洋一军"为中心的海防与海军建设从一开始就立足于"防"，立足于"守"，既缺乏近代海军应有的制海权意识，也缺乏外海争战的决心与信心。由这种"陆权防御性"思想倾向所做出的战略筹划导致了晚清海防与海军建设始终难以挣脱"无事时扬威海上，有警时仍可收进海口，以守为战"②的传统思维束缚。

当然，从客观事实看，对于晚清初创的新式海军来说，我们不可以要求北洋海军能够远洋"七万里"之外去实施封锁西方敌国海口，不容其出入的、带有制海权意义的"上策"，但经几次海防筹议之后，晚清海上战略防御的重心已明显由东南方向转移到东北方向③的大势下，若能以控制海洋、争胜海洋的坚决姿态和决心，倾晚清"中华之物力"去对付"一苇可航"，且海军建设也起步不久的小国、岛国日本，应该还是完全可以办得到的。令人遗憾的是，"以北洋一隅之力，搏倭人全国之师，自知不逮"④的"甲午之殇"，尽管还有诸多其他的原因，但就北洋海军所持的战略、战术而言，是否能真正痛下决心与日本海军展开一"搏"，则已为甲午之战中的种种历史事实所证明。因此，我们完全可以说，囿于"防海"思维而缺乏海权意识的晚清海防与海军战略指导是中日甲午战败的最主要原因。

而反观日本方面则完全不同，早在德川幕府末年，日本海防论的先驱林子平所著《海国兵谈》一书已倡导"开锁国，放禁海，发展海防"，力主

---

① 《李鸿章全集·奏稿》(2)，卷24，《筹议海防折》，第13页，总第826页。
② 《李鸿章全集·奏稿》(2)，卷19，《筹议制造轮船未可裁撤折》，第48页，总第678页。
③ 事实上，从1874年日本侵台事件发生之后，清廷海上战略防御的重心已开始转移到东北方向极具侵华野心的日本。近代海军建设的战略防卫目标也是以日本为假想敌；反之，日本的海外侵略扩张也是以中国为目标，以北洋海军为假想敌。
④ 《李鸿章全集·奏稿》(4)，卷78，《据实陈奏军情折》，第17页，总第2252页。

"海国必须拥有相当的武备。……为御敌于国门之外,需依仗海战。此即海防战略之独特之处"①。

1853 年因"黑船事件"而被迫开国后,日本消除海防危机的"应激式"反应是:与欧美列强的不平等条约既已经订立,日方就不能背约,今后应当征服易取的朝鲜和中国,"一旦军舰大炮稍微充实,便可以开拓虾夷,夺取勘察加、鄂霍茨克海,晓谕琉球,使之会同朝觐;责难朝鲜,使之纳币进贡;……收台湾、吕宋诸岛,甚至占领整个中国"②。把面临的海防危机转嫁给自己的邻国,把所承受的海防压力转化为向海外扩张的驱动力,这是日本这个"海权性"岛国从传统向近代转型过程中最重要的特征。

明治维新后,日本大力发展扩张性海军的战略意图更加明显。明治睦仁天皇登基伊始即宣称,日本要"继承列祖列宗的伟业","开拓万里波涛,布国威于四方",③ 实际上已确立起"大兴海军""耀皇威于海外"④的海军战略发展方向,并由此规划了 20 年内拥有"大小军舰 200 艘,常备人员 25000 人"⑤的近代海军建设目标。正是在这种以谋取海外利益为导向的进攻型海军发展战略的指导下,尽管日本的国力、财力、人力条件都不如晚清中国,却以举国之力发展海军,从而在短短的数年时间就迅速在舰船吨位、船速、炮速,以及新装备等方面赶超了北洋海军。

在制定海军作战指导方针的问题上也是如此,甲午战争前,日本参谋本部中以参谋次长川上操六中将为代表的"陆军万能"论者一度轻视海军的作用及制海权的重要性,认为"果遇战争,但有陆军,已足言哉"。但官阶比川上操六低的海军省主事山本权兵卫大佐则据理力争:"大凡偏处海国,或领有海疆之邦……其无能掌握海权者,斯不克制敌以操胜算,此古今东西莫易之义。"对此,他还提出具体建议:

---

① 杜小军:《近代日本的海权意识》,载《日本研究论集·2002 年》,转引自杨金森、范中义:《中国海防史》,第 906 页。
② 杨金森、范中义:《中国海防史》,第 907 页。相关论述另见李剑农:《中国近百年政治史》(上),上海:商务印书馆,1942 年,第 156 页。
③ 《明治文化全集》卷 2,东京:日本评论社,1928 年,第 33~34 页。
④ [日]外山三郎:《日本海军史》(龚建国等译),北京:解放军出版社,1988 年,第 19 页。
⑤ [日]外山三郎:《日本海军史》(龚建国等译),第 21 页。

> 现下时局如此，我海军所应取之方略，宜先谋前进根据地之设施；基于此项根据地，按诸敌海军游弋面，扩大我海军活跃范围，迫近敌国要地而占据之，加以防御及其他必需之设备。夫如是，我根据地既固，足以对敌，然后始可出动陆军，着手运输，借其兵站联络之安全，陆上作战之推进。①

山本权兵卫的建议明显体现出其海军作战方针是"扩大我海军活跃范围"的主动进攻，牢牢掌握海上制海权；而且陆上防御也是与海军密切配合的、"迫近敌国要地而占据之"的积极防御，这与北洋海军囿于"守疆土，保和局"的被动消极防御战略形成强烈对比。②

更重要的是，山本权兵卫的建议一经提出就受到日本参谋本部的高度重视，并据此制定出"海陆统筹兼顾"的"作战大方针"，内容包括：一、如海战大胜，掌握了黄海制海权，陆军则长驱直入北京；二、如海战胜负未决，陆军则固守平壤，舰队维护朝鲜海峡的制海权，从事陆军增遣队的运输工作；三、如舰队受挫，制海权归于中国，陆军则全部撤离朝鲜，海军守卫

---

① ［日］《山本权兵卫笔记》，见《海事》第9卷，第6期，第50～51页，转引自戚其章：《晚清海军兴衰史》，第464页。
② 其时，中国方面也有重视制海权的呼声，如王韬在海军创建问题上很早就有"水师改用轮船……轮船之外则驶铁甲，按期演练，务极其精""（水师）必其能冲涉波涛……而后渡海入洋，足以御风而破浪""使其能出入海洋，冲涉波涛，以尽其能事"的想法［见（清）王韬：《弢园文录外编》，卷2，《洋务下》《变法自强中》，近代文献丛刊，第28、31页］；郑观应有"前代但言海防，在今日当言海战"，主张必须拥有外海水师折冲控驭，与海岸防御"循环策应，相需为用"，才能避免"能守而不能战，不能战即不能守"的传统海防弊端［见夏东元编：《郑观应集（上册）》，上海：上海人民出版社，1982年，第128页］，"以水师往来游弋，或会操，或会哨。……以资历练，以卫商民，收防海之实用，不徒务防海之虚名"（同上书，第215页），但这些议论基本上属于"以战止战""以兵弭兵"的兵家古训。北洋海军将领中，刘步蟾、林泰曾等虽也有"最上之策，非拥有铁甲等船自成数军，决胜海上，不足臻以战守之妙"的建言［见《李鸿章全集·译署函稿》（6），卷10，《议请定购铁甲》，第24页，总第3157页］，但没有如同日本方面那样堪称完整全面的战略规划和作战方针，因此对清廷海防与海军建设的决策，包括对北洋海军自己的兵力运用和作战指导都没能产生实际性的影响。

沿海。① 同时，还强调以争取实现第一项战略目标为基本作战方针。

可以说，近代海防与海军建设，包括陆海防卫与进攻、兵力运用与作战指导的核心实际上就是制海权问题。中日两国一衣带水，海上争战当以制海权为重中之重，而甲午战争的胜负则正是两国海军发展战略与作战方针对制海权重视与否的直接后果。

中日甲午战后，有一位西方海军评论者曾评论说：

> （中日海战）必其先能主海，而后运兵保民，惟所欲之，无不如志；且使败于陆路，仍可登舟而返，而不第此也。东（黄）海往来，一帆风顺，日卒之犯中国，华师之保朝鲜，举不啻朝发而夕至。海权之所关系，尤为重大。②

当代日本研究学者川崎三郎在其所著《日清战史》中也指出：

> 海军政略之要，在于占有制海权。而占有制海权，则在于能否采取攻势运动。清国舰队在作战伊始，就未能采取攻势运动，而采取绝对守势运动，此乃清国之失算。③

实际上，不仅仅是甲午海战中清朝海军采守势运动，在此前的中法马江海战中何尝不是采取守势运动？！清廷在筹建海军之始，就确立了消极保守的海防、海军战略而不自知，即所谓"'海防'二字，顾名思义，不过斤斤自守，亦不足以张国威而詟敌情"④，这种海防、海军战略的致命弱点就在于囿于"防"和"守"，它缺乏近代海防、海军战略中最具有实际意义的制海

---

① ［日］藤村道生：《日清战争》，第78页，转引自戚其章：《晚清海军兴衰史》，第464页。
② 杨家骆主编：《中日战争文献汇编》，第7册，《蔡尔康札记》，林乐知摘译：《英斐利曼特而（Fremantle）水师提督语录并序》，台北：鼎文书局，1973年，第546页，转引自王家俭：《李鸿章与北洋舰队：近代中国创建海军的失败与教训》（校订本），第445页。
③ ［日］川崎三郎：《日清战史》第7编，（上），东京：博文馆，1897年，第19页。
④ 《李鸿章全集·译署函稿》（6），卷15，《请设海部兼筹海军》，第29页，总第3289页。

权思想，主动放弃控制海洋而最终导致了中日甲午战争的失败。

"当时无战略，此地即边戍。"① 甲午之战，中日两国主要以海军力量相对抗，清廷海防、海军战略失当既令人扼腕，又发人深省！

最后，体制僵化制约海防、海军观念的更新。

晚清海防近代化建设是 19 世纪 70 年代中期以后才开始的，亦即日本侵台事件发生后，清廷开始认识到"海防亟宜切筹"，"亟应实力讲求，同心筹办，坚苦贞定，历久不懈，以纾目前当务之急，以裕国家久远之图"②。

1875 年 5 月第一次筹议海防过后，清廷虽谕令李鸿章、沈葆桢分别督办北洋和南洋海防事务，但实质性的近代海军建设却一直拖到 1879 年迭受日本吞并琉球一事刺激，而又大议海防之后才开始真正起步。③

1884 年中法马尾海战爆发，使尚在襁褓中的南洋海军遭到重创。清廷统治者在屡受刺激之下，上谕称：

> 自海上有事以来，法国恃其船坚炮利，横行无忌。我之筹画备御，亦尝开立船厂，创立水师；而造船不坚，制器不备，选将不精，筹费不

---

① （唐）高适：《自淇涉黄河途中作》第十一。
② （清）宝鋆等修：《筹办夷务始末（同治朝）》，卷 98，《总理各国事务衙门奏》，近代中国史料丛刊，总第 9033 页。
③ 李鸿章奉命督办北洋海防后，因各种客观条件，尤其是经费的限制，无法即行创办新式海军，常感慨"总署原议创立水师一军，约铁甲及大小兵轮船十数只。……（然）凡事非钱不办……南北洋海防虽已指拨专款而税厘所入各省关皆不敷所出，断不能如数照解……于事何裨？都人悉守京畿锁钥，空拳独张，一事无成，常自愧疚。……练水师不知何年何月始集得巨赀可以开办。"[见《李鸿章全集·朋僚函稿》(5)，卷 15，《复丁雨生宫保》，光绪元年七月二十五日，总第 2675 页。]之后，他也一直为海军发展经费问题所困扰："中国自（光绪）十四年北洋海军开办以后，迄今未添一船，仅能就现有大小二十余艘勤加训练，窃谓后难为继。……（现虽）频年设法布置，终以限于财力未能扩充。"[见《李鸿章全集·奏稿》(4)，卷 78，《校阅海军竣事折》，第 17 页，总第 2229 页。]"惟念中国购办铁甲之举，自同治十三年中外倡议，忽忽已阅七年，迄无成局。幼丹（沈葆桢）以死谏、雨生（丁日昌）以病争，鸿章亦不敢不任其责。……（现）正值海防吃紧之际，倘仍议而未成，历年空言竟成画饼，不特为外人所窃笑。且机会一失，中国永无购铁甲之日，即永无自强之日，窃为执政惜之。"[见《李鸿章全集·译署函稿》(6)，卷 10，第 25 页，总第 3157 页。]

广。上年法人寻衅，叠次开仗，陆路各军屡获大胜，尚能张我军威；如果水师得力，互相援应，何至处处牵掣？当此事定之时，惩前毖后，自以大治水师为主。①

而随后才明确提出："目前自以精练海军为第一要务。"② 经过几番筹划和折腾，一枝独秀的北洋海军终于在三年后（1888年）正式成军，但此时距第一次海防大筹议已过去整整14个春秋。在中日两国的海军建设几乎是同时开始起步的历史背景下，14年的光阴虽转瞬即逝，但对中国而言则显得如此曲折和漫长。

相较之下，日本在1870年就明确提出"需要一支装备精良的海军，且要超过英国"③的海军建设目标。1872年，日本开始自己制造军舰，装备海军。1875年，在经费紧张的情况下，仍决定向英国定购铁甲舰3艘。1882年，以中国为第一假想敌提出一个8年的海军造舰计划，增加大、中、小战舰和鱼雷艇32艘，用费2664万日元。1890年，新任日本首相山县有朋在国会施政演说中，提出海军的使命在于"守护主权线（日本本土）"，"保护和扩大利益线（朝鲜与中国）"，争做"东洋霸主"，将侵略扩张矛头直指中国。在此项目标下又通过两次海军扩张案，购买和建造性能更为优良的巡洋舰等。

到甲午战争爆发前一年，日本海军已拥有各种类型军舰31艘，鱼雷艇24艘，合计55艘，总排水量663373吨。同时还有6艘军舰（排水量33330吨）和2艘鱼雷艇（排水量165吨）正在制造中，再加之新式军械的改良和使用，整体海军实力已超过正式成军后即踏步不前的北洋海军。

李鸿章在1894年4月，也即甲午战争爆发前夕，最后一次校阅北洋海军时，深感忧虑地向清廷奏报说：

  西洋各国以舟师纵横海上，船式日新月异。臣鸿章此次在烟台、大

---

① 朱寿朋编：《光绪朝东华录》，第2册，第1943页。
② 张侠等编：《清末海军史料》，第58页。
③ ［日］外山三郎：《日本海军史》（龚建国等译），第20页。

连湾亲诣英、法、俄各铁舰，详加阅看，规模均极精坚，而英尤胜。即日本蕞尔小邦，犹能节省经费，岁添巨舰。中国自十四年（1888年）北洋海军开办以后，迄今未添一船，仅能就现有二十余艘勤加训练，窃虑后难为继！[①]

数月后爆发的中日甲午战争进程与结局无情地证实了这一点。

由上述可知，自第一次对外海防战争以来，愈来愈严重的海疆危机虽使清廷开始考虑近代海防与近代海军的建设，但由于没有真正洞悉世界海洋时代的发展大势，缺乏主动追赶世界潮流的观念意识，因此，晚清海防、海军观念的更新并向近代的转型上总是滞后好几步。这种情况不仅表现在上述当政者海防、海军观念的滞后上，也反映在国人整体性海洋意识的缺乏上。例如，福州马尾船政学堂虽设有前、后学堂分别学习制械造船与管轮驾驶，但学堂招收生员多为福州本地和少量广东籍的平民子弟，官僚世家子弟并不将此作为自己的晋升之阶，且学堂生员所了解的海洋知识仅限于学堂之内，未能在社会上产生普及效应。

而日本从幕府时代就有重视海军教育的传统，明治维新后设立的海军训练所（次年改称海军兵学寮），学生生源由各处藩侯所选派聪颖青年入学，甚至天皇也先后派其皇族栖川宫威亲王、小松宫依仁亲王等进入海军兵学寮接受海军教育，借以显示最高当政者对海军的重视。[②] 这些鼓励措施对于日本整个国民海洋意识的普及与提高显然有积极的促进作用。

1886年北洋舰队第一次访问日本，原是因4艘军舰送往日本长崎大修的正常行为，其间发生的"长崎事件"，最初也只是北洋水兵与当地官民因小龃龉而引发的冲突，但后来却转变成严重的外交事件，并由此诱发了日本国民对中国的敌对情绪。日本军方和舆论界趁此宣扬北洋舰队访日的目的实际上是为了向日本示威和挑衅，"如果中日邦交破裂，清朝军舰将大举袭击长崎"[③]，

---

① （清）周馥：《周悫慎公自订年谱》，卷上，台北：广文书局，1971年，第27页。
② 王家俭：《李鸿章与北洋舰队：近代中国创建海军的失败与教训》（校订本），第430页。
③ ［日］井上馨侯传记编纂会：《世外井上公传》，第3卷，东京：内外书籍会社，1934年，第722~723页，转引自冯青：《中国近代海军与日本》，长春：吉林大学出版社，2008年，第28页。

以此煽动日本国民"激发出强烈的敌忾心"①。故有海军史研究学者指出：

> "长崎事件"反映了日本民间的情绪。从此，"一定要打胜'定远'"，成为日本海军军人的一句流行语。甚至连小学儿童游戏，也把孩子分成两组，一组扮成中国舰队，另一组扮成日本舰队，进行捕捉"定远"、"镇远"的战斗游戏。李鸿章把"定"、"镇"送到日本修理，本来就含有威慑的意图，却没想到竟如此深深地刺激了日本人的民族心理。②

1891年北洋舰队第二次访问日本，本来主要目的也是船舰"上油修理"，并非特意夸耀中国海军武力向日本示威③，但又被日本官方与舆论界渲染为"李鸿章向日本显示大清海军的实力，以之来慑服日本的设想似遂得实现"④，"眺望清朝舰队，总计六艘舳舻停泊于横滨港之中心，亦足以壮清国之威"⑤，而致"吾国人就因其壮大的外观而感到极其恐惧"⑥，从而使民众对大清海军的威胁产生恐惧，同时也激发了日本国民强烈的海洋争战意识。

除了借北洋舰队访日大做文章之外，日本海军省还决定开放军舰、造船所等让国民参观，"使人民得知增强海军为第一要务"，以提高日本社会对海军的关注度，并公开向社会承诺要全力改善海军在海难救助、保护海外侨民

---

① ［日］吉野作造：《对支问题》，东京：日本评论社，1930年，第3页，转引自冯青：《中国近代海军与日本》，第28页。
② 姜鸣：《龙旗飘飘的舰队——中国近代海军兴衰史》（甲午增补本），第331页。
③ 王家俭：《李鸿章与北洋舰队：近代中国创建海军的失败与教训》（校订本），第433页。日本方面的相关史料也说明了这一点，当时的《每日新闻》报道说：北洋舰队来访是"作为前几年日本军舰访问大清的回礼，促进两国亲善关系而计划的航行活动"［参见冯青：《中国近代海军与日本》，第29页］。
④ ［日］外务省编纂：《日本外交文书》，明治年间追补第1册（1963年），第469~470页，转引自冯青：《中国近代海军与日本》，第32页。
⑤ ［日］《朝野新闻》报道：《大清军舰之联欢会》，1891年7月15日，转引自冯青：《中国近代海军与日本》，第32页。
⑥ ［日］林董：《林董回忆录》，《中国舰队之威势》，东京：平凡社，1970年，第259页，转引自冯青：《中国近代海军与日本》，第32页。

第七章 "甲午之殇"与清末国民海权意识的觉醒

方面的作用，以赢得国民的信赖。①

而中国方面迄今没有发现什么资料说明有过类似的举动，用以提高国人对近代海军的认识，或借以提高国人的海洋意识。倒是北洋舰队访问横滨期间，丁汝昌在主力舰"定远"号上盛宴招待百余名日本两院议员和新闻记者，让他们在舰上自由参观，反而暴露了北洋海军的各种缺陷。日方的报道说：北洋海军的面貌虽较之前有所改变，但"军官依然穿着绸缎的支那服装，只是袖口像洋人一样饰有金色条纹。裤子不见裤缝，裤裆处露出缝线，看上去不见精神。尤其水兵的服装，穿着浅蓝色的斜纹布装，几乎无异于普通的支那人。只是在草帽和上衣上缝有舰名，才看出他是一个水兵"②。

而有军情信息经验的日本军官则注意到北洋军舰上的大炮没有擦拭干净，并且还像洗衣坊一样在炮筒上晾晒着衣服。③ 日本由此产生"中国海军不足畏"的印象，更加快了其海军扩张的步伐。

两相对比，中日两国整体海防、海军观念及国民整体海洋观念意识的差异也是"甲午之殇"的深层原因之一。

此外，诸如海防、海军经费问题固然是困扰晚清海军发展的重要因素之

---

① 冯青：《中国近代海军与日本》，第40～41页。
② 姜鸣：《龙旗飘飘的舰队——中国近代海军兴衰史》（甲午增补本），第332页。
③ 姜鸣：《龙旗飘飘的舰队——中国近代海军兴衰史》（甲午增补本），第332页。有关北洋舰队"大炮晾衣"之说，学界有截然不同的意见分歧。唐德刚所著《晚清七十年》曰："1891年（光绪十七年）7月9日，循日本政府邀请，李鸿章特派丁汝昌率定远、镇远等六舰驶往东京湾正式报聘。一时军容之盛，国际侧目。……但是当东乡（东乡平八郎，时任东京湾防卫司令官）应约上中国旗舰定远号上参观时，他便觉得中国舰队军容虽盛，却不堪一击——他发现中国水兵在两尊主炮炮管上晾晒衣服。主力舰上的主炮是何等庄严神圣的武器，而中国水兵竟在炮上晒裤子，其藐视武装若此。东乡归语同僚，谓中国海军，终不堪一击也。"［见唐德刚：《晚清七十年》，长沙：岳麓书社，1999年，第239页。］而陈悦则认为北洋舰队"大炮晾衣"之说，是一则荒唐的谎言：这一谣言是由日本小笠原长生首创，由留日学生田汉传入中国，再经罗尔纲、唐德刚等人三传，从而在中国广泛传播。他认为："无论是小笠原长生的原创，以及田汉的国内首发版本，或是罗尔纲、唐德刚继之的现代版本，都是错漏不堪的误会讹传。"［见陈悦：《谎言如何成真：北洋海军主炮晾衣实为谣传》，载《文史参考》2010年第11期。］但不论"晾衣"事实究竟如何，根据各种资料记载，当时北洋海军舰队堪称齐整，而水兵士卒的精神面貌则不敢恭维。"细节决定成败"，或许这一谣传也可以从反面予以我们新的警示。

一，但19世纪80年代后清廷若能按所设想的先从北洋精练海军一支，"以为之倡，此后分年筹款，次第兴办，自可日就扩充"①的既定方针顺势发展，或许晚清海防与海军建设会是另一番景象。但每次海防危机一过，统治者又开始忘乎所以，故步自封。对此，李鸿章深知，北洋海军虽"局势略具，然参稽欧洲各国水师之制，战舰尤嫌其少，运单太弱，测量、探信各船皆未备，似尚未足云成军"②。屡屡奏请清廷下拨款项添置必要的船舰，但总理衙门醇亲王等不仅没有对购舰予以必要的经费支持，反而要求北洋海军自筹经费用以维持日常开支，致使李鸿章几乎以辞职相颉颃。③

1891年北洋舰队访问日本、南洋等地之后，了解北洋海军实际情况的海军提督丁汝昌也向清廷上条陈奏请："中国海军规模粗具，亟宜逐渐扩充。从前所购船舰，经历多年，已成旧式。机器渐滞，运用不灵，比较外洋新式快船，速率悬异。目前快炮未备，难资战守，一旦有事，恐难支持，请及时增购船炮，以备防御"，但"格于部议，未允所请。"④但不久，清廷竟又以撙节为名，谕旨停购外洋船炮、机器等项两年，结果使得名曰"精练一支"的北洋海军建设陷于停滞不前的状态。一直到中日甲午战争爆发，北洋海军再也未添置一艘军舰，也未能更新大炮。李鸿章为此扼腕慨叹："宋人有言：'枢密方议增兵，三司已云节饷。'军国大事岂真如此各行其是而不相谋？"⑤

清廷对海军建设经费悭吝如是，却愿意先行花费巨资约600万两为慈禧太后兴建颐养之地三海工程，⑥甚至后来还不惜挪用原本窘迫的海军经费

---

① 张侠等编：《清末海军史料》，第59页。
② 谢忠岳编：《北洋海军资料汇编》（下），北京：中华全国图书馆文献缩微复制中心，1994年，第746~747页。
③ 其时，总理衙门要求北洋海军自筹经费，仅准拨"定远""镇远""济远"三舰薪饷，逼得李鸿章表示："名为北洋精炼水师一支，仅三舰有饷可指，而此外水师根本辅佐各项无款可办。事事苟简，虽巧妇难为无米之炊。鸿章束手无策，实不敢当此责任也。"[见《李鸿章全集·海军函稿》（5），卷1，《筹议海军经费》，第11页，总第2845页。]
④ 张侠等编：《清末海军史料》，第368页。
⑤ 《李鸿章全集》（顾廷龙、戴逸主编）（35），《信函七》，《复云贵制台王（文韶）》，光绪十七年五月二十一日，合肥：安徽教育出版社，2008年，第211~212页。
⑥ 三海即慈禧归政后的颐养之地南海、中海、北海。有学者研究，从光绪十一年（1885年）至光绪二十一年（1895年）的十年中，整个三海勘修工程的经费总额高达600万两。（见叶志和、唐益年：《光绪朝三海工程与北洋海军》，载《历史档案》1986年第1期。）

700余万两投于颐和园的修建,①以满足其奢靡安逸的享乐需求。当时北洋海军购自英、德两国的7艘主力战舰总计花费778万两,如果清廷从一开始就能以兴建三海工程和颐和园之款致力于建设新式海军,中日甲午战争的结局或许就完全不同了。②虽然历史不能假设,也不能重来,但过往的历史却能给予我们深刻的经验和教训。

与清廷所为形成强烈对比的是,日本明治政府以举国之力锐意扩建海军,谋求加强海上力量。为筹集海军经费,不仅在民间发行海军公债,日本皇室甚至还节衣缩食,千方百计节省宫中费用,每年拨内帑30万元以充造舰经费,诸多贵族、富豪在其带动下也解囊为海军捐款。甲午战前的6年间,日本向英国订购了当时最先进的"浪速""高千穗""千代田"3艘巡洋舰,由法国设计制造了"松岛""严岛""桥立"3艘4000吨级的铁甲舰(三景舰)。甲午战争爆发前一年,日本天皇还再次决定,此后5年继续由内帑每年拨出30万元、政府官员薪俸的1/10、贵族院议员岁俸的1/4,均充作海军经费。到甲午海战爆发前,日本平均每年添置新舰2艘,已在装备质量上超过了北洋海军。③

据研究学者统计,从1885年到1894年的10年间,清廷年均岁入约

---

① 陈先松:《修建颐和园挪用"海防经费"史料解读》,载《历史研究》2013年第2期。清廷挪用海防经费(海军经费)修建颐和园是近代史学界关注的重要问题,许多学者对此已做过大量研究,但结论不一。近年来,陈先松先生在前人研究的基础上,经过仔细梳理,认为整个修建颐和园的使用经费为8145148两,出自海军衙门的经费有7375148两,总理衙门有770000两。除了海军巨款息银321183两外,属于"挪用"性质的数量约为7053965两,而"挪用"的海防专款数额不会超过668265两。其他相关研究可参阅罗尔纲:《清海军经费移筑颐和园考》,载《大陆杂志》1952年第4卷第10期;吴相湘:《清季园苑建筑与海军经费》,载《学术季刊》1955年第3卷第2期;包遵彭:《清季海军经费考实》,载《中国历史学会史学集刊》1969年1期;张利民:《清廷挪用海军经费修筑颐和园考》,载《南开学报》1983年第3期;邹兆琦:《慈禧挪用海军费造颐和园史实考证》,载《学术月刊》1984年第5期;叶志如、唐益年:《光绪朝三海工程与北洋海军》,载《历史档案》1986年第1期;戚其章:《颐和园工程与北洋海军》,载《社会科学战线》1989年第4期;王道成:《颐和园修建经费新探》,载《清史研究》1993年第1期;王家俭:《李鸿章与北洋舰队:近代中国创建海军的失败与教训》(校订本),第395~401页;等等。
② 戚其章:《晚清海军兴衰史》,第332页。
③ 戚其章:《晚清海军兴衰史》,第333页。

8300多万两,岁出约7700多万两,盈余约600万两。① 倘若能很好地利用每年约600万两的盈余充作海防与海军经费,中日甲午战争可能就是另一番景象了。故说到底,晚清海军建设停滞不前与其说是经费问题,不如说还是清廷统治者近代海防、海权意识淡薄的观念问题。

民国时期军事理论家蒋方震指出:"(甲午)海军之败,识者皆归之物质之不备,此知其一,不知其二也。国民既少攻击性,故当时开口海防,信曰防已,则铁甲无所用之。停止购船之议之能见诸事实,'防'之一字中其毒也。"② 此洞见洵属至论!

中日甲午一战,北洋海军全军覆没。对此,时人曾评曰:

> 盖自朝议停购船炮,复取海军专款为园苑建筑之需,自鬻绸缪蠹户之计。日本乘此时机,上下协力,造舰修械,奋发图强,侵蚀朝鲜,迤及神州,致海军计划左、沈诸贤数十年积铢累寸之功,一朝而尽,参之肉不足食也。③

甲午惨败,中国海军建设迟缓,大量经费被挪为他用固然是重要原因,但由此反映出清廷封建体制腐败对海防、海军观念更新的制约,则更值得我们深刻反思。

二、重建海军:建议与方案

甲午战败,洋务"借法自强"原本引以为傲的北洋海军全军覆没,中国被迫向日本割地赔款,如此奇耻大辱,比以往任何一次对外战争的失利都更加强烈地震撼着国人的心灵:

> 然无今岁之事,则国家方恃以无恐,不知武备之废弛至于如此。如

---

① 参见叶志如、唐益年:《光绪朝三海工程与北洋海军》,载《历史档案》1986年第1期。
② 蒋方震:《中国五十年来军事变迁史》,《申报馆》,1923年印行,第129页。
③ 中国史学会主编:《洋务运动》(八),(清)池仲祐:《海军大事记》,中国近代史资料丛刊,第495~496页。

在睡梦之中，酣卧未起，今欲使之起，则必大声疾呼而后可。今之败于倭寇，正天之所以大声疾呼也。①

由于甲午惨败在某种意义上具体表现为晚清海防与海军建设的败没，这项费时耗资、苦心经营的事业毁于一旦，清廷在失望之余竟将总理海军事务衙门及海军内外学堂全部停撤。

> （今）岛舰失陷，时局艰危，……目前各事未齐，（海军）衙门暂无待办要件，拟请将当差人员及应用款项暂行停撤，以节经费。其每年应解海军正款，亦请统解户部收存……海军内外学堂亦请暂行裁撤。②

接着又以舰艇全失为由，将北洋海军武职各缺全行裁撤，并把海军关防、印信、钤记一律缴销。

> 北洋海军武职实缺，自提督、总兵至千、把、外委，共计三百十五员名。现在舰艇已失，各缺自应全裁，以昭核实，并将关防、印信、钤记一律缴销。仅存之"康济"一船，不能成军，拟请改缺为差。③

至此，北洋海军既无建制之名，又无舰队之实，加之时论对北洋海军战败误国痛加抨击，近代海防与海军建设何去何从，一时需要国人再次做出明智的抉择。

作为北洋海军的创立者和筹划者，李鸿章在中日《马关条约》签订后即调离北洋，基本上结束了他近40年的军事政治生涯。对于甲午海战的失败，李鸿章虽难辞其咎，但也确有其难言苦衷：

> 十年以来，文娱武嬉，酿成此变。平日讲求武备，辄以铺张糜费为

---

① 《论中国有转移之机》，《申报》，光绪二十年十二月初十日。
② 《清德宗实录》，卷362，"光绪二十一年二月戊午"条，《清实录》，第56册，第718页。
③ 《清德宗实录》，卷370，"光绪二十一年六月庚午"条，《清实录》，第56册，第842页。

疑，至以购械购船悬为厉禁。一旦有事，明知兵力不敌而淆于群哄，轻于一掷，遂至一发不可复收。……知我罪我，付之千载。①

另据吴永口述的《庚子西狩丛谈》所载，李鸿章晚年亦感叹说：

  我办了一辈子的事，练兵也，海军也，都是纸糊的老虎，何尝能实在放手办理？不过勉强涂饰，虚有其表，不揭破犹可敷衍一时。如一间破屋，由裱糊匠东补西贴，居然成一净室，虽明知为纸片糊裱，然究竟决不定里面是何等材料，即有小小风雨，打成几个窟窿，随时补葺，亦可支吾对付。乃必欲爽手扯破，又未预备何种修葺材料，何种改造方式，自然真相破露，不可收拾，但裱糊匠又何术能负其责？②

的确也是如此，当晚清王朝的整个国家机器已衰朽不堪，难以运转之时，李鸿章等人纵使有三头六臂，也只能苟延残喘于一时而无法使它起死回生。李鸿章个人固然不能完全为晚清海军的败没负责，但经此坎坷他也不可能再为海军的重建出谋划策。1901年11月6日，77岁的李鸿章病逝，其洋务"借法自强"的海防、海军近代化努力至此画上了让后人褒贬不一的句号。③

---

① 《李文忠公尺牍》，第29册，《复新疆抚台陶》，上海：商务印书馆，1916年，第4~5页。又见《李鸿章全集》（顾廷龙、戴逸主编）（35），《信函七》，《复新疆抚台陶》，"光绪二十一年九月二十二日"，合肥：安徽教育出版社，2008年，第85页。
② 吴永口述，刘治襄记：《庚子西狩丛谈》，北京：中华书局，2009年，第107页。
③ 甲午战败，清廷朝野上下痛诋海军误国，各方矛头纷纷指向李鸿章，几欲杀之而后快，但实际上多为情绪的宣泄，而少有理性的思考。[见王家俭：《李鸿章与北洋舰队：近代中国创建海军的失败与教训》（校订本），第477页。] 对此，当事人自己的心态亦可略作参考，《李鸿章致盛宣怀遗书》中有"愿诸君努力共济时艰，鸿章虽死犹生"之句，似为其临终前的自我心境表白。另据雷禄庆《李鸿章新传》引高拜石的《南湖录忆》载，李鸿章临终前念及时局艰困，老泪纵横，吟诗一首："劳劳车马未离鞍，临事方知一死难。三百年来伤国步，八千里外吊民残。秋风宝剑孤臣泪，落日旌旗大将坛。海外尘氛犹未息，诸君莫作等闲看。"此诗为李鸿章临终所作，还是他人托其名拟就，均可另当别论，但李鸿章"制日"心愿未了则应为基本事实。上述资料转引自姜鸣：《龙旗飘飘的舰队——中国近代海军兴衰史》（甲午增补本），第481页。

那么，甲午战后首先提出重建海军主张的则是时任两江总督兼南洋大臣的张之洞。

张之洞原为京师清流派代表人物，常大言高论，不甚谙时务，但光绪八年（1882年）外任山西巡抚后，开始注重实际，转而热心洋务。在洋务"借法自强"新政的后期，张之洞成为积极支持近代海防与海军建设的疆臣大吏之一。

光绪十年（1884年），张之洞调任两广总督，正值中法战争期间，促使他关注东南海防事务，明确提出"自强之本，以操权在我为先，以取用不穷为贵"[①]；"海防之要，无论战守，必有水师战船"[②]的主张，并且认为海防"战守两事，义本相资，必能海战而后海防乃可恃"[③]，力主尽快建立起由铁甲巨舰组成的新式海军，以"纵横洋面，摧破强敌"[④]，可谓颇具海上争战意识。

在海防与海军建设的布局上，张之洞认为，"北洋为神京拱卫，南洋乃南北咽喉，闽有孤悬之台，敌所窥视，而粤为诸蕃入华之首冲，七省洋面之锁钥，水师之设，无一可缓"[⑤]，因此，他提出分洋建立四支新式海军："北洋为一枝，旅顺、烟台、珲春属焉；南洋为一枝，浙江属焉；闽洋为一枝，台湾属焉；粤洋为一枝，琼州属焉。所辖洋面各有专责，遇有大敌，仍责令各枝合力攻击，互相援应。"[⑥]

可以看出，其时张之洞有关海防与海军建设的思想主张基本上还未超出此前李鸿章、丁日昌、沈葆桢等人的思想范畴，且由于19世纪80年代后的海防战略重点已从东南方向转移到东北方向，张之洞在两广地区的海防筹划主要落实在新式炮台构建、整建机器枪炮局、创办水陆师学堂等基础建设上，南洋海军，包括两广地区新式海军建设实际上并无多大进展。

[①] 《张文襄公全集·奏议》，第一册，卷11，《筹议海防要策折》，海王村古籍丛刊，北京：中国书店，1990年影印本，第16页，总第258页。
[②] 《张文襄公全集·奏议》，第一册，卷11，《试造浅水轮船折》，第29页，总第2264页。
[③] 张侠等编：《清末海军史料》，第51页。
[④] 张侠等编：《清末海军史料》，第52页。
[⑤] 张侠等编：《清末海军史料》，第53页。
[⑥] 张侠等编：《清末海军史料》，第51页。

甲午战败，北洋海军全军覆没。中日《马关条约》的签订给中国带来了空前深重的民族灾难，尤其是战后西方各列强国家对中国进行势力范围的肆意瓜分，沿海重要港湾几乎尽落列强之手。严峻的海防形势逼使清廷统治者需要考虑海军的重建问题。

1895年7月，张之洞在遵旨条陈时务时提出"宜亟治海军"为"中国安身立命之端"的主张。他认为，"今外洋各国，无一国不汲汲于兵事，日夜讲求淬厉，以相角相伺。我若狃于和局，从此罢兵节饷而不复为振作之计，是中国永无战胜之日矣"①。因此，"今日御敌大端，惟以海军为第一要务"。他认为，无论战后国家财政如何困绌艰难，都应尽快重建海军，并再次建议"以南洋、北洋、闽洋、粤洋各设海军一枝为正办。若限于物力太巨，则南北洋两枝断不可少"，强调"此则今日固圉卫民之先务，无论如何艰难负累而必当竭蹶以成之者也"②。

张之洞还强调说，在当前海外列强环伺的严重危机之际，重建海军还可以达到"我有筹巨款购多船之举，先声所播，足见中国志气未衰，已足以隐折各国吞噬之志"③的效果。

而与张之洞"亟治海军"的主张有所不同，同为洋务"借法自强"新政后期代表人物的刘坤一则提出了"缓复海军"的建议。在刘坤一看来，海防虽为当务之急，但由于北洋海军在甲午之战中几乎全军覆没，若"亟治海军"，"不惟一时巨款难筹，将才尤属难得。……今南、北洋无人堪为水师提镇，即使借款购制铁甲等船，（亦）徒以资敌"，于事无补，因此，他主张："目前不必遽复海军名目，不必遽办铁甲兵轮，暂就各海口修理炮台，添造木壳兵轮，或购制碰快艇、鱼雷艇，以资防守。"④

应予以指出的是，刘坤一的"缓复"之议并不是反对重建海军，他在"条陈时务折"上强调说："现在东西两洋竞以铁甲兵轮称雄，动辄以此挟制；而我海疆绵延七千余里，独无海军以资捍御，诚不可以为国。"然鉴于

---

① 《张文襄公全集·奏议》，第一册，卷37，《吁请修备储才折》，第20页，总第680页。
② 《张文襄公全集·奏议》，第一册，卷37，《吁请修备储才折》，第22～24页，总第680～682页。
③ 《张文襄公全集·奏议》，第一册，卷37，《吁请修备储才折》，第24页，总第682页。
④ 张侠等编：《清末海军史料》，第86页。

当下海军人才、重建经费的困难，可以暂时"从缓设复"，而应先积极着手培养、发掘并储备新式海军人才，"即于水师学堂子弟之有成者，派入兵船，出洋游历，送入西洋大书院（海军学院）中，学成而归，以备考授。或于现在中国兵轮之管驾官，察看堪为海军提督、分统，（且）确有把握者存记。总期先有人而后有船，俟款项充盈，不难从容购办"[①]。

原来奏请清廷裁撤北洋海军武职各实缺的直隶总督王文韶也认为："至海防之利钝，总视水师之强弱。水师任战，陆军任守，奇正互用，庶应变不穷。"然因北洋海军经甲午之败所挫，实际上已不成军，若要规复前此海军之制，需费巨大，非一时所能遽就，因此，他也主张"用现有之财力，需以岁月，逐渐经营，不事铺张，不求速效，无论得尺得寸，总期实事求是"，"北洋海军虽宜亟办，而限于物力，所应为之以渐者也"[②]。

应该说，不论是张之洞的"亟治海军"，还是刘坤一的"从缓设复"、王文韶的"逐渐经营"等，都是对重建海军的认真思考，反映了甲午战后国人关注海疆、海防安全的急切心情。

尤其值得注意的是，张之洞、刘坤一等人都不约而同地提出重新聘请曾两次担任过北洋海军总教习的英国人琅威理来华重整海军。此举后来虽未成功，但琅威理却向清廷上了一个条陈，对中国重建海军谈了他的看法。其主要内容可以归纳为四项：

一是确立重建海军的目标，即海国时代，需以海军建设为国家的根本大计，"中国整理海军，必先有一不拔之基，以垂久远，立定主意，一气贯注到底，不至朝令夕更"，而且，"设立海军，当先定主意，或志在自守，或志在复仇，主意一定，即不可移易"，因为，"自守之海军与复仇之海军不但办法不同，其所须之船舰亦异。故必先立定主意，方有所率循"。在琅威理看来，"现在中国整理海军，洵宜以自守为第一要义"。

二是聘任欧洲优秀海军将领襄助中国重建海军，为此"设海军参谋一员（或称整理海军大员），以欧洲出色海军将领充之，所有海部发号施令以及创立颁行操练并有益海军各章程，均应与该大员商量办理"。而且，新式海军

---

① 张侠等编：《清末海军史料》，第86页。
② 张侠等编：《清末海军史料》，第87～89页。

与旧式水师完全不同,"欲立海军根基,须募外洋教习",以便以西法教习中国学生及海军练勇水手等。

三是中国若立定主意重建海军,必须先行筹办购买外洋各等先进船舰、安稳海军港澳基地和建设船舰修理之坞等三件大事,"俟有余款,再拟在中国官厂造船。因中国官厂所造之船,费巨而不精。如将闽厂所造之船,较之欧洲购来之船,优劣自见"。琅威理还强调,重建海军必须要有周密的海军发展规划,"估定应需船舰若干,价值若干,海部各司每年各需经费若干,由总统海军大臣呈请枢府核准照办。枢府如以为然,即须照筹经费。……庶每年应办工程,应制、应修船只,应有经费,均有定章可循,不至临事周章。欧洲各国均系如此办理,中国自应照办";而且,更为重要的是,海军重建经费必须专款专用,"为今之计,必专筹一款,专办一事,譬如筹款一千万两为造船之用,……(其余各项费用)尚须另筹"。

四是设立海军学堂,着力培养海军人才,"学堂学生甫经毕业,即须送往海上练船学习,以二年为期,学习驾驶、礁石、沙线、帆缆、阵法、机器、旗帜等。学毕,考以上所习之业后,再以六个月为期,学习枪炮、鱼雷,学毕考验如初,仍回学堂。再以六个月为期,学习深远各学,万国公法、海军史记,均在其内,学毕考验如初。然后派充海军二副之职"。强调"择口屯驻海军,订造船只,为海军最要之事,亟宜早办。至培植海军人才,更为首务,洵不容缓"①。

可以看出,琅威理条陈的主要内容除了聘任洋人充任海军参谋及海部重大要差的建议,确有由外人染指、控制重建海军大权之嫌外,其余具体各条应该说还比较切合当时的实际状况。

我们知道,由于清廷统治者长期以来并没有从思想上真正重视海防与海军建设,海洋及海权意识也相当淡薄,致使北洋海军在短短几年里就丧失了原有对日本的优势,因此,琅威理认为重建海军"以期早日成功,毋使半途而废",清廷当政者必须痛下决心,"立定主意,一气贯注到底,不至朝令夕更",其关键就在于真正重视海洋,强化海权意识。琅威理的条陈虽未能为

---

① 上述所引均为琅威理向清廷所上条陈的主要内容,见张侠等编:《清末海军史料》,《前北洋水师总兵琅威理条陈(节略)》,第789～797页。

第七章 "甲午之殇"与清末国民海权意识的觉醒

清廷所接受,[①] 但对重建海军及促进国人海洋、海权意识的普遍觉醒产生了一定的影响。[②]

清廷正式把重建海军提上议事日程是在 1906 年清末新政时期。

在此前一年,即 1905 年底,清廷派宗室镇国公载泽为首的五大臣出国考察宪政。次年 7 月五大臣考察回国后,提出从官制改革入手,作为预备立宪的基础,其中有关军制的改革,虽将海军部暂隶陆军部,且"练兵处之军令司,拟正名为军咨府,以握全国军政之要枢",但已提及筹划以 5 年为期,分年建设,循序渐进,规复海军。[③]

1907 年 5 月,练兵处提调姚锡光[④]奉命起草海军发展规划。他根据当时情况"凡储才、制舰、军港、炮台、画(划)区、置守、逮厂、局、学堂诸大政"[⑤],提出"急就"与"分年"二法,并草拟了三个重建海军的方案。我们姑且不论这三个方案是否真正可行,但姚锡光在重建海军方案中体现出鲜明的海权意识却值得重视。

姚锡光在《筹海军刍议·序》中明确指出:

> 呜呼!方今天下,一海权争竞剧烈之场耳。古称有海防而无海战,今寰球既达,不能长驱远海,即无能控扼近洋。我之威海卫,西班牙之

---

① 琅威理重建海军条陈中的核心是要在复设的海部中聘外洋水师官三四人赞襄其事,其一充为海军参谋,余亦分充海部重大要差,且"海部中最关重大要差,由海军大臣责成参谋择员分任"(参见张侠等编:《清末海军史料》,第 797 页),等于由外人掌握了海军大权,这是清廷所绝对不能接受的。
② 1907 年姚锡光奉命起草海军发展规划,其中要点除了聘用洋员这一条外,其余设想与琅威理基本上大同小异,尤其"海军经营之始,其应计划者约三大端:一、兵舰分期增置之计划;一、军港、厂、坞修建之计划;一、军员分途造育之计划"等基本上与琅威理所强调重建海军,必先行筹办购买外洋船舰、安稳海军港澳和建设船舰修理之坞,以及"培植海军人才,更为首务,洵不容缓"的建议别无二致。(参见张侠等编:《清末海军史料》,《筹海军刍议》,第 797~846 页。)
③ 戚其章:《晚清海军兴衰史》,第 502 页。
④ 姚锡光在甲午战争前后曾为直隶总督李鸿章及山东巡抚李秉衡的幕僚,亲身经历甲午战败这一惨痛巨变。战后著《东方兵事纪略》一书,分析甲午战败原因甚为深刻,被史家列为研究甲午战争"有用的参考书"。(见陈恭禄:《中国近代史资料概述》,北京:中华书局,1982 年,第 248 页。)
⑤ 张侠等编:《清末海军史料》,第 797 页。

菲猎（律）宾，俄之旅顺其明征也。巡洋舰者，长驱远海之具；而浅水炮舰，则不过行驶近洋，此固无能合编成队者也。然而，远人之来抵掌而作说客者，恒劝我多购浅水兵舰，以图近海之治安；而我当道及海军诸将恒乐闻其说者，何哉？盖海权者，我所固有之物也，彼虽甚我，焉能禁我之治海军？遂乃巧为其辞，劝我购浅水兵船为海军根本，使我财力潜销于无用之地，而远洋可无中国只轮，于海权存亡，实无能系不其毫末。而中国海军提督，固严（俨）然与列强并辔于坛坫尊酒之间，盖难易既殊，而利害适以相反，其假辞诳我也固宜，夫天下安有不能外战而能内守者哉！我当道方苦筹款之艰，闻焉闻一节财之法，而兵舰可成，海疆可固，遂不得不徇其说以济旦夕之需，乃隐坠其术中而不自觉。若我海军将士或且知之矣，顾无事则有兵舰之部居（局），有事则无战争之责备，私图良便，不得不扬游说之波，以为之导。具此两端，积非成是……嗟乎！俄以波罗的海四十舰队之大军不克与日本竞逐太平洋之上，中国海疆万里，至乃求十万吨军舰而不得，其能无流涕长太息耶！①

在《筹海军刍议·序》中，姚锡光把整个世界看成是海权竞争角逐的场所，这是世界进入海国时代的最大特征。他认为濒海国家已不能像以往那样只注重海防，而忽视海洋争战。在"寰球既达"的当下，海军如果不能进行远海作战，也不能进行有效的近海防御，所谓的"海防"只能是一厢情愿式的空想。

由上可见，作为练兵处负责筹划海军重建事务的姚锡光，他对海权重要性的认识已显然要比过去那种"我之造船本无驰骋域外之意，不过以守疆土保和局而已"，或者是"'海防'二字顾名思义，不过斤斤自守，亦不足以张国威而詟敌情"②的消极"防海"思维要进步许多。由于此一时期，美国海军战略理论家马汉（Alfred T. Mahan）的海权学说已在世界范围内产生了广泛的影响，姚锡光对海权问题的认识也反映了业已形成体系的西方海权思想对中国海军重建的深刻影响。

---

① （清）姚锡光：《筹海军刍议·序》，张侠等编：《清末海军史料》，第798～799页。
② 《李鸿章全集·译署函稿》(6)，卷15，《请设海部兼筹海军》，第29页，总第3289页。

姚锡光还明确提出："第海军与陆军相表里，我国海疆袤延七省，苟无海军控制，则海权坐失，将陆军亦运掉不灵。"① 他主张建立"巡洋、巡江两项经制舰队"作为兴复海军的基础："巡江舰队应周岁梭巡长江；巡洋舰队应周岁梭巡海洋"，尤其"巡洋舰队巡历所至，皆属本国附近外海。俟舰队渐增、水道渐熟以后，再行推展，北踰日本海、东抵太平洋，南及南洋各岛、西历印度洋而上，以次巡历，俾资习练，并壮声威"②。这种把海军与陆军看成是一种相互依存、彼此配合的关系；海防与江防相互配合，"巡洋舰队"则要积极越出大洋，纵横海上的主张已基本上跳出了过去那种"以陆军为立国根基"的传统思维框架。

此外，姚锡光还建议加强海疆岛屿、海域的海防建设：

> 其近港所属之岛屿，凡有居民资守御之所，则别设岛司，以资分治。视其沿海形势以分段、分汛，而由岸拓向海心若干海里，则划作防守线。于是有事时之防维，无事时之巡缉，分任于区督、港官、岛司，乃有专责。③

姚锡光所拟重建海军方案虽因清廷当政者的优柔寡断及经费筹措不易等主客观原因而未能具体加以实施，但由重建海军之议引出的海防、海权思想观念的变化却给予关心时事的人们以新的启迪。

三、清末国民海权意识的觉醒

可以说，甲午战前，因海防危机的不断加剧，有关海防、海权的议论基本上只限于清廷内外臣工的相关条陈、奏请，或反映在具体实施过程中的各种举措与争议之中，在君主专制政治统治下的普罗大众对此的参与度基本缺

---

① （清）姚锡光：《筹海军刍议·序》，张侠等编：《清末海军史料》，第800页。
② （清）姚锡光：《筹海军刍议·序》，张侠等编：《清末海军史料》，第804页。
③ （清）姚锡光：《筹海军刍议·序》，张侠等编：《清末海军史料》，第824页。

失，故社会舆论对海防、海权问题的关注度也不高①，但甲午战败的刺激及战后重建海军之议却因社会大众传媒的出现及其传播效应，而在国人中引起很大反响，再加之西方海权理论的输入与传播，从而促进了清末整个国民海权意识的觉醒。②

1900年3月，由日本乙未会主办，在上海出版发行的汉文月刊《亚东时报》上首先连载了美国人马汉的名著——《海权对历史的影响》第一章的部分内容，题为《海上权力要素论》，译者为日本人剑谭钓徒。据相关研究，这是中国人第一次通过社会大众传媒接触到马汉的海权理论③，开始认识到世界各国海权的强弱，主要受国家地理位置、自然环境、领土范围、人口数量、民族特点以及政府的性质和政策等六大基本要素影响，从而促使人们特别是晚清海军军界对于海权问题给予更多的关注。

1904年3月由商务印书馆创办的《东方杂志》从一开始就注意新思想、新观念的传播，因此对于重建海军及海防、海权问题有诸多的评论和报道，如1905年3月25日《东方杂志》第2卷第3期刊登《论议兴海军事》一文说：

> 昔之战重在陆，今之战重在海。盖自五洲大通，一切通商互市、略

---

① 有资料表明甲午战争之前只有《申报》《万国公报》等少数媒体对海防、海军问题做过一些零星的报道，根本无法形成全社会舆论的关注度。
② 甲午之后社会大众传媒的出现促进了整个近代社会思潮的转型，其中包括救亡启蒙思潮、宪政改良思潮、革命民主思潮等等，同时也促进了近代以来的海防思潮向国民海权意识觉醒的发展衍变。相关研究可参阅黄顺力：《甲午战争与近代社会思潮的转型》，载戚其章、王如绘主编：《甲午战争与近代中国和世界——甲午战争100周年国际学术讨论会文集》，北京：人民出版社，1995年；《大众传媒与晚清革命论略——以思想史为视角》，载《新华文摘》2008年第4期；《千古奇变：晚清海防教育与国民海权意识的觉醒》，载《中国国情国力》2004年第4期等。
③ 杨国宇主编：《近代中国海军》，第1121页。事实上，维新变法运动期间，时任天津水师学堂总办的维新人士严复在天津《国闻报》上发表的《拟上皇帝书》中，已指出"英（国）之海权最大，商利独阀"，其"盛设海军""设埠之多"，实已控制了世界海洋发展大势等。严复在此虽未明确提及马汉的海权论，但以其天津水师学堂总办的身份及其对西方理论学说的关心，应是阅读过马汉著述后有感而发，只不过严复所述一时还未受到国人关注而已。

地殖民，无不扩张海权，借海军为立国之本。故其国海军不振者，其国势亦必不振。……我国自甲午战败，舰队损失，而醇王所创之海军衙门，又复焚毁无遗，……沿至今日我之海权，非为不能力守近藩，且又不能慎固户闼。国权坠落，职是之由。①

基于此，该文建议清廷效仿日本发行海军国债，撙节度支以充作海军经费；选取海防要地修建为海军军港；起用留洋海军人才；改革海军军制等作为兴复海军之始。同年的《新闻报》也刊登了《论议兴海军事》一文，以相互激荡其时兴复海军的社会舆论。

此外，当时社会舆论中诸如"苟欲立国，先张国威；欲张国威，先争海权；欲争海权，先张海军"②；"重兴海军，振尚武之精神，展保疆之政策，此实中国转弱为强之一大原因，而为环球视线所萃者也。盖今之时代，强存弱亡之时代也，东亚大陆尤为各国权利竞争之中心点，国于其间者，非精炼舰队，不足以扩张海权"③；"今观海军之效力既如是其大，海军之关系于国家，又如是其重且深，然则策中国今日之方针，非整顿扩张其海军权力（不可）"④；"无海军为后盾，则直无外交之可言，而无术以保此国权也。……今日国防，守海而已，是以各国势力之消长，专视海上权力之强弱以为衡。十九世纪以降，海权竞争之大势，既自大西洋而渐趋注于太平洋矣。而各国之虎视鹰瞵，则尤以北太平洋为中心点"⑤等等言论在各类报刊上屡见不鲜，俯拾皆是，如以一句话概括之，就是："今日不兴海军，必不能立足于海权竞争之世界。"⑥

当时还有时论评论重建海军与保护国家海洋权益间的互动关系，呼吁说：

---

① 《论议兴海军事》，《东方杂志》，第2卷第3期，1905年3月25日。
② 《重兴海军议》，《东方杂志》，第2卷第10期，1905年10月25日。
③ 《兴海军应先筹建根据地议》，《东方杂志》，第3卷第4期，1906年，引自马骏杰、吴峰敏、门贵臣编：《清末报刊载海军史料汇编》，济南：山东画报出版社，2016年，第77页。
④ 《论中国亟宜整顿海军》，《东方杂志》，第3卷第12期，1906年11月25日。
⑤ 《重兴海军议》，《东方杂志》，第2卷第10期，1905年10月25日。
⑥ 《重兴海军议》，《东方杂志》，第2卷第10期，1905年10月25日。

有海军则国防之巩固、国势之发展、国民之生命财产得保，国家之秩序安宁，以至维持中立、领海通航、通商征税、海上渔业等，均得赖保护之权利。其时无论常变，境无分内外，欲反变乱之景象，为平和之幸福者，胥于海军是赖。其关系如此，二十世纪以后之国民，固不能外海军力而生存也。①

这种把海军建设与保护国民生命财产、领海通航、通商征税、海上渔业等紧密联系在一起的认识，较之此前单纯把海军视为"御侮"工具的观念，显然要深刻得多，全面得多。由此，清末社会各界，尤其学界与海外华侨还兴起了一股自发开办爱国海军义捐的热潮，纷纷表示：

迩来国家筹办海军，凡我士民，莫不起舞而言曰：中国之兴起有日矣。然处此国帑空虚之际……因以群聚绵薄之力，窃思补救之方，爰倡学生海军捐，不取之以过多，多则恐寒微之难支；亦不取之于即时，即时则恐捐筹之不齐。于是行日日积捐之法，每人每日制钱三文……众聚针为铁，积土成山。②

我黄族神明之胄，最善经商，越洋渡海，历尽艰苦。……（世界各地）共有侨民七百余万，……苟中国国旗发扬，时巡寰海，内则使善民安枕于域外，外则使列强收敛其野心，而侨民驻足之地，不啻增无数殖民之地，隐树强固之声援，一转移间，形势自异。夫海军不兴，其受祸害如此，海军一兴，占优胜如彼。神州财富，寰球皆知，以一人每日纳一文计之，年亦可得百余兆，以此兴复海军，不出十年，可驾英美诸国而上之。……则人人当知海军为当今第一之要务，苟捐纳一丝一粟，皆为自保身家财产之计，于名誉绝不相关。人人尽力所能，不问多寡，细

---

① 《中外各国海军全志》，上编，《筹备经费为今日兴复海军最要之急务》，上海：上海科学书局，宣统二年（1910年）印行，第70～71页。
② 《中外各国海军全志》，上编，《筹备经费为今日兴复海军最要之急务》，第77页。

流绢（涓）滴，可成江湖。倾解私囊，助国家于万一。①

可以说，这股自发开办海军捐的热潮，反映的不仅仅是广大国民的爱国热情，而且也表明了国民海防、海权意识的觉醒。

从1900年开始，一直到清王朝垮台前夕的十年间，《亚东时报》《东方杂志》《华北杂志》《新民丛报》《申报》《新闻报》《时报》《广益丛报》《醒狮》《教育杂志》《经世报》《南洋兵事杂志》《南方报》《中国新报》等报刊先后发表了许多有关海权问题的讨论文章②，尤其《广益丛报》《醒狮》《南洋兵事杂志》等报刊还经常刊登洋洋数千言的长文，如以"江南病武士"笔名发表的《重兴海军问题》等，使得海军重建及海防、海权问题的讨论在国民中更为普及③，海防、海权思想也在更大范围内得到传播，从而进一步强化了晚清国民的海权意识。

1909年，由中国留日海军学生在日本组织"海军编译社"，"以讨论振兴海军方法，普及国民海上智识"为宗旨④，创办《海军》（季刊）杂志，并再次刊载了马汉著作第一章的内容，并改题为《海上权力之要素》，译述者为齐熙⑤，反映了海军军界，特别是留日海军学生对马汉海权理论的重视。

当时的《新民丛报》发表了《论太平洋海权及中国前途》的署名文章（梁启勋）；《华北杂志》刊载了《说海权》的佚名论文；《海军》（季刊）杂志更是连续发表了许多集中论述海权的文章，在20世纪的第一个十年间兴起了一股声势不大但颇具特色的海权理论探讨思潮。

这股海权理论探讨思潮对清末海防与海权思想发展变化的影响主要体现在以下三个方面：

---

① 《广益丛报》，1906年第117期，引自马骏杰、吴峰敏、门贵臣编：《清末报刊载海军史料汇编》，第118页。
② 具体情况可参看马骏杰、吴峰敏、门贵臣编《清末报刊载海军史料汇编》中所辑录的各种报刊时论资料，亦可大致了解社会大众传媒的舆论参与度。
③ 马骏杰、吴峰敏、门贵臣编：《清末报刊载海军史料汇编》，第110～116、467～473页。
④ 参见《中国近代期刊篇目汇录》，第2卷，下册，上海：上海人民出版社，1982年，第2664页。
⑤ 杨国宇主编：《近代中国海军》，第1122页。

(一) 对海防、海权的认识从单一军事"防海"向海洋经济、海洋国土、海洋权益与海洋权力的全方位转化

从第一次鸦片战争到甲午战争，西方列强国家对中国的入侵主要来自万里海疆，传统的海上"万里长城"已不复存在："鸦片之战，……（虽）媾和了事。然而五口通商自此始，赔款割地之端自此启，完全无缺之金瓯，始于东南角上开一漏洞矣。英法联军之役……甲午之役……庚子一役……此数役者，无论陆军不振，有以致败，然借令陆军固振，而无精炼海军，以防御海岸，亦难免败衄之结果。甲午一役，虽有海军，然训练不精，设备未全，致一交炮火，立成粉齑……"①，广袤辽阔的万里海疆上，"江海各口，门户洞开，已为我与敌人公共之地"②，因此，国防的重点不得不从西北内陆转移到东南沿海，海防问题遂成为清廷朝野上下极为关心的一个重要问题。但在不断加剧的海防危机刺激下，清廷统治者主要是围绕"海防"或"防海"这一中心议题展开"悉心筹议"，很少涉及如何争战海洋、控制海洋、开发利用海洋、保卫海洋国土等更深层次的问题。

而20世纪初年的这股海防海权思潮所讨论的重点已与以往有所不同。《重兴海军议》一文的作者提出：

> 海军者，国权之所系，国防之所倚，固已。然海外之殖民地、旅外之侨民、国际贸易之商业、往来转运之商船，皆恃海军以托命也。故商业势力之涨缩，实与海上权力之盛衰以为缘。③

将强大的海军力量建设与国权、国防以及维护保障国家所有的海洋权益等视同为一体，"上以坚国防之守围，下以护民间之财产"④，这就超出了"海防"本身的局限而进入更深层次的"海权"范畴。

---

① 《广益丛报》，1906年第114～116期，引自马骏杰、吴峰敏、门贵臣编：《清末报刊载海军史料汇编》，第116页。
② 《李鸿章全集·奏稿》(2)，卷24，《筹议海防折》，第10页，总第825页。
③ 《重兴海军议》，《东方杂志》，第2卷第10期，1905年10月25日。
④ 《重兴海军议》，《东方杂志》，第2卷第10期，1905年10月25日。

之后，笛帆在《海上主管权之争夺》一文中也认为："主管海上权之要素有二：一曰'巨大海洋贸易'，一曰有能制海洋之军舰。"[①] 萧举规在《海军论》一文中提出："所谓海上权力云者，约分五端：一曰商业地位之保全；二曰交通线之保全；三曰航业之保全；四曰侨民之保全；五曰海产物之保全。"[②] 该文更为明确地把控制海洋的海上权力与海洋经济、海洋交通、海外侨民以及海洋产物（已略具海洋国土资源意识）的保护全方位地联系在一起，这既显示清末留日海军学生对马汉海权论已具深刻认识，也反映出晚清中国整个海防、海权思想发展衍变的明显进步。

（二）海防、海权思想意识从被动反应向主动探求的转化

前述第一次鸦片战争时期，林则徐、魏源等先驱之士已产生朦胧的海权意识，但这种意识的产生主要是"千古变局"刺激的结果，基本上属于一种被动应激性的反应形式。这种朦胧的、因应性、自卫性的海权意识在传统思想的羁绊下，事实上很难顺利成长为积极主动、具有明晰制海目标的海权观念。此后在洋务"借法自强"新政运动中，关于海防问题的几次大讨论，使晚清近代海防与海权意识有所觉醒，一些有识之士的议论甚至还越出"船坚炮利"或单纯"守土御侮"的认识框架。例如丁日昌在请李鸿章代为转奏的《海防条议》中曾提出："中国洋面，延袤最宽，目前大小铁甲船，极少须十号，将来自能创造，极少须三十号，方敷防守海口以及游历五大洲，保护中国商人。"[③] 他把近代海军的建设与将来"游历五大洲，保护中国商人"的海洋权益联系起来加以考虑，这在当时算得上是难能可贵的真知灼见。

此外，具有维新倾向的洋务思想家郑观应主张建立新式海军的目的在于"以资历练，以卫商民，收防海之实用"[④]；海军舰队巡历海上，"不徒务防海

[①] 笛帆：《海上主管权之争夺》，《海军》第2期，第207页，转引自杨国宇主编：《近代中国海军》，第1123页。
[②] 萧举规：《海军论》，《海军》第2期，第40页，转引自杨国宇主编：《近代中国海军》，第1123～1124页。
[③] 朱克敬辑：《边事续钞》，卷3，长沙，光绪庚辰刻本，第10页。转引自戚其章：《晚清海军兴衰史》，第357页。
[④] 夏东元编：《郑观应集》，上册，第215页。

之虚名而后可",更在于能够起到"张国威,护华商"①的双重效用。早期维新人士陈炽也认为海军要维护海外商民利益,保护海上运输安全,"商旅所萃,不可无官理之,尤不可无兵以护之",主张"南北洋海军宜随时游历,仍准(海外)各埠保举商董,捐置兵轮,以顺民情,以张国势"②等等,他们都不同程度地显现出一些海权的思想意识,但丁日昌、郑观应、陈炽等人的这些主张和认识在当时的海防讨论中毕竟是曲高和寡,其思想亮点虽引人注目,但因人微言轻而没能引起清廷朝野上下的普遍反响。清廷当政者的注意力主要集中在如何应对海上强敌的军事挑战上,因此,直到甲午战前国人海权意识的日渐觉醒仍然还属于被动的应激反应过程。

20世纪初年对海权问题的讨论,在观念意识上已有明显变化,这主要体现在对西方马汉海权思想理论的主动探求上。马汉的海权理论认为,能否控制海洋决定着一个国家的兴衰。海权是"有益于使一个民族领先海洋或利用海洋强大起来的所有事情"③。因为,"海洋本身对于能以足够兵力将其占有的海军来说,就是一个链环,一座桥梁,一条公路,一处中心位置"④,其潜在而巨大的价值就在于它提供了最为广阔而便捷的海运航线,濒海国家只有控制海洋,拥有制海权,特别是与国家发展战略和海上商业贸易有关的航海控制权,才能实现近代国家的繁荣和富强。

马汉还强调说,一个国家要争得并保护制海权,必须拥有强大的海上力量,通过海军来控制海洋以控制世界贸易,通过控制世界贸易以控制世界财富,而通过控制世界财富就足以控制世界本身。其中以海军力量占有最重要的地位,即"海上力量的历史,在很大程度上就是一部军事史。在其广阔的画卷中蕴涵着使得一个濒临于海洋或借助于海洋的民族成为伟大民族的秘密和根据"⑤。

对于马汉的海权理论,20世纪初年的中国海权论者基本上都采取了主动

---

① 夏东元编:《郑观应集》,上册,第874页。
② 赵树贵、曾丽雅编:《陈炽集》,中国近代人物文集丛书,北京:中华书局,1997年,第118~119页。
③ [美] A. T. 马汉:《海权对历史的影响(1660—1783)》(安常容、成忠勤译),第1页。
④ [美] A. T. 马汉:《海权对历史的影响(1660—1783)》(安常容、成忠勤译),第96页。
⑤ [美] A. T. 马汉:《海权论》(萧伟中、梅然译),第2~3页。

接受和积极探求的态度。海涛在《海军军人进级及教育之统系》一文中提出："凡一国之盛衰,在乎制海权之得失。"① 他把制海权的夺取和保护看成是国家兴衰的关键所在。另一篇佚名论文《说海权》则认为:夺取并保持制海权主要依靠强大的海军,"海外之殖民地、旅外之侨民、国际贸易之商业、往来转运之商船,皆恃海军以托命"②。笛帆在《海上主管权之争夺》中也指出："观察各国势力,即以其海上权力之大小定之。何以故?海军强大,能主管海上权者,必能主管海上贸易;能主管海上之贸易者,即能主管世界之富源。"③

《南洋兵事杂志》发表的《筹复海军议》一文明确指出:

> 今兹之中国,仅能扩张陆军,而不辅以海军,恐海权渐失,而国权以之替矣,保护不及,而商力以之微矣。……盖有海权之国强,无海权之国弱,得海权之利者国富,失海权之利者国贫。夫中国者,负陆面海,形势实冠于全球,倘早知重海,以立于海权竞争之时代,则出其无尽之藏,以运输天下,揽东南之商权兵柄,出而与各国争衡,虽谓其有凌驾宇内,罗括群岛之量可也。④

由此可见,上述这些言论所体现的海权思想观念显然已不是以往那种在外力打击下的被动式应激反应,而是包含有主动接受海洋时代挑战、积极倡导制海权的近代意义了。"今日之世界生计,竞争之世界也。……(国家)势力之消长,实与海上权力之兴败为缘。故欲伸国力于世界,必以争海权为第一义。"⑤ 从"守土御侮"的被动反应到力争海权的主动探求,反映了清末海防、海权思想由传统向近代转型的鲜明轨迹。

---

① 《海军》第 2 期,第 211 页,转引自杨国宇主编:《近代中国海军》,第 1126 页。
② 《说海权》,《华北杂志》,1905 年第 9 卷,转引自杨国宇主编:《近代中国海军》,第 1126 页。
③ 《海军》第 2 期,第 209 页,转引自杨国宇主编:《近代中国海军》,第 1126 页。
④ 《南洋兵事杂志》,1909 年第 38 期,引自马骏杰、吴峰敏、门贵臣编:《清末报刊载海军史料汇编》,第 116 页。
⑤ 梁启勋:《论太平洋海权及中国前途》,载《新民丛报》(五),第 26 号,1903 年 3 月 26 日,中国近代期刊汇刊,第二辑,北京:中华书局,2008 年,第 3777 页。

（三）海权思想对"重本抑末""重陆轻海"传统的冲击

长期以来，中国自给自足的社会经济结构和君主专制政治使"重本抑末""重陆轻海"的传统观念意识不断得到延续和强化，从而也扼制了国人海权意识的产生。"夫四民之中，农居大半，男耕女织，各职其业，治安之本，不外乎此"，[①] 在中国历代王朝统治者的头脑中很难设想要通过发展海上贸易、保护航海安全来富国强兵。20 世纪初以后，有识之士对此也进行了深刻反思。沈鸿烈在《海军发刊意见书》上指出，中国海权意识淡薄的一个重要原因，在于传统观念意识的深层困扰。他说：

> 我国自有史以来，素持农本商末主义……使人民醉死梦生于小天地中，直接为活跃进取、商务振兴之妨，间接为贸迁有无、航业发展之碍者，固为我民族受病之源。[②]

沈鸿烈强调，如果国人不改变这种"农本商末"的传统观念，无论兴办海军建设，还是树立海权观念，都难以实有成效。

萧举规认为中国自古以来以农立国，对海洋不甚重视，自然也谈不上有什么海权意识，即"吾国民之不知海上权力，盖有由矣。古昔载籍既少海上知识之教训，近古以来人严守海禁之政令，关心海上者不得其门而入"[③]。

长啸则从地理环境论及中国人缺乏海权意识的深层原因。他认为："中国北阻长城，西蔽沙碛，国人远略之志全销；海浸东南，掩护齐州，二千年来以雉守为成习，域外之事，存而弗论。"[④] 因此，当务之急必须改变传统观念，发展海军，力争海权，"立国之道，国防而已，处此弱肉强食之秋，立国之元素在军备，军备之撷要在海权"。他呼吁当政者"毋以小船为俭，而

[①] 中国史学会主编：《洋务运动》（一），《同治十三年十一月十七日湖南巡抚王文韶奏》，中国近代史资料丛刊，第 94 页。
[②] 《海军》第 1 期，第 10 页，转引自杨国宇主编：《近代中国海军》，第 1129 页。
[③] 《海军》第 2 期，第 46 页，转引自杨国宇主编：《近代中国海军》，第 1129 页。
[④] 《海军》第 2 期，第 47 页，转引自杨国宇主编：《近代中国海军》，第 1129 页。

以巨舰为贵；毋以江河为虑，而以海洋为怀"①，转变观念，拥抱海洋，以"鼓我不拔不挠之精神，活跃海上，为不凡之民族"②。

我们说，国民"重本抑末""重陆轻海"传统观念的形成是一个漫长的沉积过程，故观念的转变也尚需一定的时日，不可能一蹴而就，但前提是既要有这种转变的客观需求，更要有适应时代变化而转变的主观愿望，这才是国家与民族得以复兴的希望所在。

有智者曾精辟地指出：

> 以往我国并不是没有海洋问题，何以须说海洋问题是我们的新概念？说穿了问题很简单，就是以往我们对海洋上的一切，只能说有行动，而没有概念。因为近世的海洋和陆地相互接近了，一个国家没有海岸线，她的国势是不容易强盛起来的，有海岸线而没有海上力量，她的国势是同样不容易抬头的。我们的国家过去海洋上的一切，因为缺乏了一个概念，所以一切不但落后而且造成蛰伏在大陆上的趋势，战争到今天，好像变成一个内陆国家了。海洋概念的最主要意义，是将我们的国势在历史的段落里，扭转她的方向，百年来挨打的局面，加以一个角度的转变。③

诚哉斯言！

综上所述，我们可以看出，20世纪初年出现的这股海权理论探讨思潮实际上是明清以来整个传统"防海"思维向近代发展衍变过程中一个值得认真探讨的发展趋势，这不仅在于清廷当政者及海军军界在重建海军过程中显现从被动反应到主动探求转变的海权思想意识，而且还在于整个国民海权意识的初步觉醒和社会舆论对海防、海军建设问题的关注，包括整个传统"重本抑末""重陆轻海"观念意识的扭转，但令人慨叹的是，时势的发展已不允许清廷统治当局在具体问题上再做任何意义的拖延。1911年10月武昌楚王

---

① 《海军》第4期，第9页，转引自杨国宇主编：《近代中国海军》，第1131页。
② 《海军》第2期，第46页，转引自杨国宇主编：《近代中国海军》，第1129页。
③ 《一个新的观念：我们的海洋》，载《新世界》，1944年第10期，转引自侯昂妤：《海风吹来：中国近代海洋观念研究》，北京：军事科学出版社，2014年，第21页。

台城头的枪炮声，宣告了大清王朝的垮台，而海防、海权思想观念的变迁则仍然任重而道远。

四、晚清余晖：南中国海的海权实践

从甲午战败到清王朝垮台的十余年间，清廷统治者筹议重建海军总体上是"雷声大而雨点小"，实际成效虽不明显，但却也因西方马汉"海权论"传入的相互激荡，使得这一滚滚"雷声"伴随清末最后几年国人维护海洋权益的竭诚努力，尤其是在南中国海的海权实践而显得意义深远。

1901年夏，日本商人西泽吉次所购之船因遇飓风漂至我南海东沙岛，船员取岛沙化验后，发现其富含磷质而具有很高的经济价值。1906年，西泽吉次率人驾日船"长风丸"轮非法到东沙岛采挖岛沙。清广东地方政府获悉此事后曾派官员登岛视察并立碑宣示海岛主权[1]。但西泽吉次等人于次年又乘"四国丸"轮入侵东沙岛，动用武力驱逐中国南海渔船，毁坏当地渔民供奉的大王庙和坟地，在岛上修建小码头、小铁路、制淡水厂等设施及日式居所等，大肆盗采岛上磷肥资源运回日本。西泽吉次还公然将东沙岛更名为"西泽岛"，立起"明治四十年八月"的木牌，并悬挂日本国旗，企图将东沙岛占为己有。

东沙岛是我国东沙群岛的主体，也是南海诸岛中仅次于永兴岛的第二大岛，面积约1.8平方公里，"位于（广东）惠、潮二府、海南岛及台湾与菲律宾之间，地位实在汕头正南与惠州之甲子门、潮州之鲘门、香港之鲤门"，北距潮州、汕头约140海里，东距台湾约240海里，西北距香港约170海里，"势成三角"，为南海海上交通要冲。[2] 东沙岛自古有"落漈""南澳气"之称，"昔日本人未到该岛以前，沿岸渔船，及闽粤渔户，通年匀计，不下数百艘，此外尚有半捕鱼、半捞海、半探矿之小船，不计其数。每年获利，大船自数百金至数千金不等。现在沿海著名富户，若陈德利、蔡有三、蔡桂

---

[1] 参见李金明：《中国南海疆域研究》，福州：福建人民出版社，1999年，第185页。
[2] 中国地学会：《地学杂志》，1910年第1卷第3期，引自马骏杰、吴峰敏、门贵臣编：《清末报刊载海军史料汇编》，第69～70页。

338

生、冯东秀、赖奇头等，积资或数十万，或数百万，皆自该岛起家者也"。"该岛向有大王庙一所，为各渔户所公立，庙内预藏许多渔船杂粮，为船只到此日用之需。……从前英人蒲拉打士航海，曾在此地遇险停船，厥后西人地图，即以蒲拉打士名之，注明广东地，足知东沙岛，实我国领土，并非无人岛，已确凿无疑矣"①。

日本商人西泽吉次侵占东沙岛之举显然是对中国领土、领海疆域主权的侵犯。1907年8月，两江总督端方将这一情况报告清外务部。外务部接到端方电报后，立即电令两广总督张人骏"迅派干员，乘坐兵轮前往查察情形，赶紧详报，以便经营一切，俾免外人觊觎"②。

张人骏接电后，一面派人搜集有关东沙岛的历史文献及地图等资料，以作为对日交涉的凭据，一面电请清廷派遣军舰前往东沙岛实地调查日商侵占情况。1909年3月，张人骏将搜集到的《中国江海险要图志》（英国海军海图官局纂绘、陈寿彭译，广东广雅书局刻印）、王之春的《国朝柔远记》，以及南洋舰队"飞鹰"号炮舰在实地进行调查勘测绘就的海图加以比对，得出东沙岛"确归粤辖，沿海居民类能言之，且有图志可据"③的有力结论，并据此致电外务部"迅与日使交涉，饬将该国商民一律撤回，由我派员收管，另筹布置，以申主权"④。

与此同时，东沙岛一带渔民、商民等也纷纷表示："历代在此捕鱼为业，安常习故数百年。今日（日人）反客为主，商等骤失常业，血本无归，固难隐忍，而海权失落，国体攸关，以故未肯轻易离去。"⑤

正是由于清外务部与广东地方当局的严正交涉，中日双方最后达成协议，日本承认东沙岛属中国领土，由中方收购东沙岛西泽物业计价广东毫银16万元，扣除西征损毁中国渔船、庙宇等计价3万元，最后由广东地方政府

---

① 中国地学会：《地学杂志》，1910年第1卷第3期，引自马骏杰、吴峰敏、门贵臣编：《清末报刊载海军史料汇编》，第70页。
② 《广东东沙岛问题记实》，《东方杂志》，第6卷第4期，引自马骏杰、吴峰敏、门贵臣编：《清末报刊载海军史料汇编》，第84页。
③ 陈天锡编：《东沙岛成案汇编》，《端张两督会致外部咨电》，上海：商务印书馆，1928年，第11页。
④ 陈天锡编：《东沙岛成案汇编》，《端张两督会致外部咨电》，第11页。
⑤ 陈天锡编：《东沙岛成案汇编》，《渔商梁应元禀词》，第16~17页。

支付日方收购费共计 13 万元。[①]

晚清政府收回东沙岛主权后随即开展善后事宜，于 1910 年 5 月设立"管理东沙岛委员会"负责全面管理东沙岛事务，并加强对东沙岛的巡航守备。同时拟定《试办东沙岛章程》，登报鼓励提倡官商、渔民等合作开发东沙岛海洋资源，以此向各国"声明领岛主权"[②]。

东沙岛后续的开发利用虽因清王朝的垮台而未能付诸实施，但收回该岛主权这一坚决举措却具有重大而深远的意义。

首先是改变了长期以来视偏远海岛为"化外"的传统之见，确立起海洋岛屿亦为国家领土重要组成部分的主权意识，这当为清末十年间西方海权理论传入后，国人在领海主权意识、海洋国土意识上最大的进步！

东沙岛事件发生后，清廷上下，尤其广东地方政府对此高度关切，社会舆论也高度关注中日双方对东沙岛的交涉过程，从而加深了国人对国家海疆安全的认识，为其时整个国民海权意识的觉醒注入新的时代活力。据当时报载：

> 粤东社会，自闻此消息后，亦相与研究其事。……由（士绅）周孔博宣布东沙岛关系国权及国民生计，应行力争理由，请众公议。众议决定三级办法：第一级，速将此事布告中外同胞，公同研究；第二级，联禀政府，切实保护我国渔业，并该岛财产；第三级，如政府放弃，则竭尽我国民之能力以挽救之。[③]

广东惠州的国民代表还将东沙岛交涉情况及主权属我的证据公之于众：

（一）沿海渔户在该岛所建庙址，为该岛显属我确据；（二）日本人前后布置该岛惨逐渔户实情；（三）英美二国公认该岛为我国领土之电

[①] 陈天锡编：《东沙岛成案汇编》，《渔商梁应元禀词》，第 62 页。又见《广益丛报》，1910 年第 223 期，引自马骏杰、吴峰敏、门贵臣编：《清末报刊载海军史料汇编》，第 141 页。

[②] 陈天锡编：《东沙岛成案汇编》，第 81~82 页。

[③] 《广东东沙岛问题记实》，《东方杂志》，第 6 卷第 4 期，引自马骏杰、吴峰敏、门贵臣编：《清末报刊载海军史料汇编》，第 88 页。

告；（四）西人地图证明该岛属我之确据；（五）本省大吏叠次派员查勘始末；……①

在争回东沙岛主权问题上，广东国民可谓群情激愤，同仇敌忾，促使日本社会舆论也注意到"西泽占领广东所属之东沙岛，已成重要问题，惹起当地官民注意，杯葛将再燃（殆指抵制），我当局宜警戒云"，并敦促日本政府"该岛为清国所属，已可确证。日本政府承认其领土权，自无待于踌躇"，②主张尽快解决争端，以免引起更大风波。

其次，东沙岛主权的成功收回，是清外务部与广东地方当局凭借确凿的历史证据与南洋舰队的实力巡视和实地海图勘测相互结合的结果。因此，在伸张东沙岛主权问题上做到了有理、有据、有力，义正词严地驳斥了日方妄称该岛为"无主岛"的谎言，此应可为以"历史性权利"伸张领岛主权的典型范例。

时任广东水师提督的李准指出："中国向不以领海为重，故于海面之岛屿，数千年来并无海图，任外人之侵占而不自知也。"③可以说，在收回东沙岛主权过程中对领海问题这一认知的改变，以及重视以"历史性权利"伸张领岛主权的积极做法，对当今南海问题的妥善解决也有着重要启迪和实践意义。

更重要的是，东沙岛主权交涉事件，促使清廷认识到勘定南海海疆界限与领海主权归属等已非常紧迫："粤疆濒临南海，大洋中洲岛甚多，只因险远难通，遂致终古荒废。而外人之觊觎者，转不惮穷幽涉远，经营而垦辟之。东沙之近事，其明证也。"④故东沙岛事件过后，广东地方当局即设立"筹办西沙事务处"，开始对西沙群岛进行勘察、测绘，"将各岛逐一命名，

---

① 《广东东沙岛问题记实》，《东方杂志》，第6卷第4期，引自马骏杰、吴峰敏、门贵臣编：《清末报刊载海军史料汇编》，第88~89页。
② 《广东东沙岛问题记实》，《东方杂志》，第6卷第4期，引自马骏杰、吴峰敏、门贵臣编：《清末报刊载海军史料汇编》，第89页。
③ 《李准巡海记》，《国闻周报》，第10卷第33期，1933年。
④ 陈天锡编：《东沙岛成案汇编》，第21~22页。

以便书碑,并绘具总图呈核"①。

此前广东水师巡视南海各岛屿,包括巡视范围已有成例:

> 粤省地势,东西袤长,南北稍狭,然前襟大海,其中岛屿多属险要,故水师每岁例有巡洋,东自南澳之东南南澎岛,西迄防城外海之大洲、小洲、老鼠山、九头山……皆粤境也。今之海界以琼南为断,其外即为七洲洋,粤之巡师自此还矣。②

经此东沙岛主权交涉事件的刺激,1909 年 4 月,广东水师提督李准奉两广总督委派,率水师官兵、运司所监务、测绘人员等 170 余人,乘舰前往西沙群岛进行巡视查勘,绘制海图,还在岛上设立旗台,树立大清国旗,以宣示清政府行使对西沙群岛的主权。③

李准率舰巡视查勘西沙群岛,是继收回东沙岛主权之后,又一"官为保护维持,以重领土,而保利权"④ 的重大举措,显示了晚清政府维护南海海疆主权的意志与决心。

除东、西沙群岛主权的宣示与维护之外,清末十年在重建海军之议和西方海权论输入的相互激荡下,晚清政府对领水主权、渔界主权、领海权益的维护方面也尽其所能做了一些努力。例如,以往中国沿海水域常以"内水""内洋""外洋""中国洋面"等定义较为模糊的概念进行泛指,"中国志书,只详陆地之事,而海中各岛,素多疏略。我国舆地学详于陆而略于海,偏于考据方向远近,向少实在测量,记载多涉疏漏"⑤。这对领海水域、领水主权、渔界主权等的管辖显然是极其不利的。20 世纪初,"领海""领海主权"

---

① 陈天锡编:《东沙岛成案汇编》,第 21 页。
② (清)李瀚章:《新修会典〈广东舆地图说〉》卷首,录例,第 4 页,清宣统元年(1909 年)据光绪十五年(1889 年)原本重印(粤东编译公司承印),见韩振华编:《我国南海诸岛史料汇编》,北京:东方出版社,1988 年,第 128 页。
③ 韩振华编:《我国南海诸岛史料汇编》,第 128~130 页。
④ 李准编:《广东水师国防要塞图说》,1910 年,第 12 页,见韩振华编:《我国南海诸岛史料汇编》,第 137 页。
⑤ 王彦威纂辑、王亮编:《清季外交史料》(王敬立校),第 2 册,北京:书目文献出版社,1987 年,第 47~48 页。

"海湾""公海""海里""中立"等一系列国际法的新鲜名词纷纷传入中国，从而在相当程度上结束了中国人对所管辖水域认识模糊不清的状况[①]，也提升了国人的领海、领水主权和海洋权益意识。

例如，1906年3月，清政府商务部针对外人日益严重的侵渔现象，决定成立七省渔业公司，以兴渔业而维海权。这正如此前时论所多方呼吁的：

> 盖各国之视渔业，至为重要，非徒以开商民之利源也，且与海权有最大之关系。
> （维护渔界主权）有五利焉。增进利源，一也；保全海权，二也；新法采捕力少功多，三也；渔户生业，不至损失，四也；预阻外人，使难攘夺，五也。[②]

清政府商务部也认为，"各国日以扩张海权为事，若不及早自图，必致渔界因含忍而被侵，海权因退让而日蹙"[③]，开始从国家层面强化对渔界主权的管辖，以维护国家的海洋权益。

1908年2月，晚清政府还比较准确地运用国际法的领海制度处理日本轮船"二辰丸"号军火走私案，在捍卫了自己领海主权的同时，也进一步促进了国人对海权问题的重视。"二辰丸"号案处理结束后，清政府外务部还专此照会各国驻华公使："粤海三洲、七洲、九洲各洋，均在中国领海权力范围内，可以实施中国之海界禁例，不得指为公海。"[④]

凡上述种种，说明清末的最后十余年间，时局艰危的晚清政府对国家海洋权益的维护做了最后的努力，但客观形势的发展已经使清王朝这条千疮百孔的"破船"在大革命的惊涛骇浪中不可避免地走向覆亡，其呈现出一抹晚清余晖的海权实践值得我们肯定，但留给我们更多的是历史的经验教训和无尽的深刻反思。

[①] 刘利民：《不平等条约与中国近代领水主权问题研究》，第269页。
[②] 《兴渔业说》，《东方杂志》，第1卷第9期，1904年9月25日。
[③] 《实业》，《东方杂志》，第3卷第2期，1906年2月25日。
[④] 《交涉录要》，《外交报》，第217期，1908年8月11日。

余 论

社会存在决定社会意识，任何思想的产生与发展都是时代和环境的产物。海洋意识，包括海防与海权意识的产生发展是人类认识海洋、面向海洋、走向海洋的历史过程，也是生活在不同地区、不同环境中的人们日渐形成有所不同之海洋认识的历史过程。这如同东西方社会的历史发展有所不同一样，东方国家，尤其是陆海兼具的中国，有着自己与西方不同的海洋发展道路，中国的海防与海权思想和西方的海防与海权思想自然也有着不同的发展理路。

作为时代与环境的产物，海防、海权思想与国家的利益发展及安全需求密切相关，在社会生产力普遍低下的古代，国家与民族的概念意识并不明晰，其利益诉求与安全保障自然也显得原始而简单，人们对海洋的认识与其所处的生存环境密切相关，进而逐渐形成富有自身传统的海洋文明。在15、16世纪全球性"大航海时代"到来之前，西方国家依据沿海的地理优势形成的航海传统，孕育并激发了其"用力向外"的、"掠夺进攻型"的海洋争战和海外殖民意识。而东方国家则凭借大河流域农耕文明的生存底蕴，逐渐形成了"用力向内"的、"利用守护型"的海洋、海疆防卫意识。正因为如此，从表面来看，"用力向内"的东方海洋文明虽不如西方海洋文明那样"向外用力"式的咄咄逼人，但更具人类海洋文明本应有的经济社会发展内涵。而且，就总体情况而言，以中国为代表的东方海洋文明，自明清以降，其"用力向内"的程度乃是因应大航海时代到来，也即全球化世界海洋历史发展的新形势而日益予以强化的。

余　论

　　在这个意义上，明清中国沿袭传统的"利用守护型"海洋文明，在因应时代变化而形成的海防思想意识虽显现出"消极"的"防守型"的特点，但"穷则变，变则通"，在时代与环境变化发展的过程中，"消极防守"的海防方略意识处于外来压力之下也可以努力"创造性地转化"为"积极防御"。晚清洋务新政之后愈加严重的海防危机，促使其时传入中国的西方海权思想，被有识之士消化和传播，至清末时期，国人的海权意识更加显现出对维护自身海洋权益的自觉觉醒。他们冀望通过加强海防、海军建设，以维护国家海疆、海域和海岸线的安全；其对海权的追求旨在建立起强大的海军力量以保护国家海洋主权和海洋国土的独立与完整，保护国家海洋资源的开发利用、保护海上交通运输和海上贸易航线的安全可靠，并有效防御来自海上的各种武力威胁。1912年12月，亚洲第一个民主共和国的肇建者孙中山先生为病逝的民国首任海军总长黄钟瑛写下了这样一副挽联：

> 尽力民国最多，缔造艰难，回首思南都俦侣；
> 屈指将才有几，老成凋谢，伤心问东亚海权。[①]

　　一声"伤心问东亚海权"的慨叹，既是清末民初孙中山对晚清中国海防、海权丧失的悲愤倾诉，又是他主张以海权卫国、以海洋富国，乃至以海洋强国思想意识的伟大觉醒。行文至此，试以对孙中山"海洋强国"思想的探讨为余论，并以此作为本书的结语。

　　百余年前，孙中山在从事救国救民的民主革命过程中，一直思考着振兴中华、建设中国这一根本问题，始终认为"建设为革命之唯一目的"，坚信"一旦我们革新中国的伟大目标得以完成，不但在我们的美丽的国家将会出现新纪元的曙光，整个人类也将得以共享更为光明的前景"[②]。作为中国民主革命的伟大先驱，孙中山领导辛亥革命推翻了清王朝封建君主专制统治，在事关国家与民众生死存亡的海防与海权问题上，他也是近代中国最早思考东亚海权，主张实施"海洋强国"发展战略的倡导者。其"海洋强国"思想包

[①] 杨国宇主编：《近代中国海军》，第888页。
[②] 《孙中山全集》，第1卷，北京：中华书局，1981—1986年，第255页。

括两大部分：一为海权卫国；二为海洋富国。

孙中山 12 岁时"负笈海外"，"始见轮舟之奇，沧海之阔"[①]，对海洋有了初步的感性认识。在求学时期，亦有机会接触到当时西方开始盛行的马汉海权理论。在从事民主革命活动的过程中，他耳闻目睹西方列强国家凭借坚船利炮控制海洋，用以掠夺海外资源、发展本国国力等诸多事实，逐步认识到海权问题事关国家与民族的盛衰强弱，遂由此产生并形成其以"海权卫国"的可贵思想。

孙中山认为，近代以后"海国"之间的激烈竞争，充分显示出海权（海洋控制）实已关系到国家与民族的生存和发展，即"自世界大势变迁，国力之盛衰强弱，常在海而不在陆。其海上权力优胜者，其国力常占优胜"[②]。

而晚清中国由于国力薄弱，在海洋的竞争中屡败于西方海上强国。中国虽拥有广袤辽阔、资源丰富的海洋疆域，却没能为国家、民族的发展助力，反而屡因海上大门的失守而成为饱受苦难与屈辱的渊薮。对此，孙中山明确指出，自晚清以降，清王朝与西方列强签订的一系列不平等条约大部分都涉及中国的海洋权益，诸如国土领海、港口引水、海关关税、航海利权、海洋资源的开发与利用等等，国家海洋主权、海疆国土不断被列强所侵夺。"中国自与外国通商以来，同外国订立了种种不平等条约，将中国主权、领土送与外国。所以，中国与外人订立通商条约之日，即中国亡国之日"[③]，海洋主权的丧失致使中国不能成为独立主权的国家。

正是基于以上的认识，孙中山强调在进行民主革命，争取民众解放的同时，也要关注海洋问题，要从西方列强手中夺回丧失的海洋主权，以争取国家与民族的独立。

第一次世界大战结束后，孙中山敏锐地觉察到世界的竞争将由原以欧洲为中心的地中海和大西洋向太平洋与远东地区转移，因而国家间的海权问题将会更加突出。他在为姚伯麟所著《战后太平洋问题》作序时强调指出：

---

① 《孙中山全集》，第 1 卷，第 25 页。
② 《孙中山全集》，第 2 卷，第 564 页。
③ 《孙中山全集》，第 11 卷，第 287 页。

余　论

> 欧战告终，太平洋及远东为世界视线之焦点。……（故）何谓太平洋问题？即世界之海权问题也。……海权之竞争，由地中海而移于大西洋，今后则由大西洋而移于太平洋矣。昔时之地中海问题、大西洋问题，我可付诸不知不问也。惟今后之太平洋问题（海权），则实关于我中华民族之生存、中华国家之命运者也。盖太平洋之重心，即中国也；争太平洋之海权，即争中国之门户权耳。谁握此门户，则有此堂奥，有此宝藏也。人方以我为争，我岂能付之不知不问乎？[①]

可以看出，孙中山之"欧战告终，太平洋及远东为世界视线之焦点"这一堪称高瞻远瞩的战略判断，正是其以"海权卫国"思想形成的客观基础，也是此后他从"海权卫国"向"海洋富国"思想进一步深化的内在动力，而两者的结合则初步建构起他整个"海洋强国"的思想体系。有基于此，孙中山在此后的革命实践中不断地宣传、强调"海权卫国"在新的国际形势下的重要性。

1921年，孙中山发表《就出席华盛顿会议代表资格的宣言》，力促当时的北京政府选派谙悉海洋权益事务的代表出席会议，以力争废除不平等条约，恢复中国在列强侵逼下丧失的海洋权益。[②]

在丛林法则、弱肉强食盛行的年代，"强凌弱之世界，自古已然"。孙中山强调指出，要向西方列强争回中国海权、保卫海权，就必须建立起一支自己的强大海军。他说：

> 我们的海陆军和各险要地方没有预备国防，外国随时可以冲入，随时可以亡中国。最近可以亡中国的是日本。……日本的大战船像巡洋舰、潜水艇、驱逐舰都是很坚固，战斗力都是很大的。……随时便可以破我们的国防，制我们的死命。……再由日本更望太平洋东岸，最强的是美国。……再从美国更向东望，位于欧洲大陆与大西洋之间的，便是

[①] 《孙中山全集》，第5卷，第119页。
[②] 《孙中山全集》，第5卷，第595~596页。

英伦三岛。……①

而甲午战败后中国的海军实力更加薄弱，如果再发生对外海防战争，外国列强在一两个月，甚至更短的时间就可以对中国造成致命的威胁。晚清中国遭受海上强敌入侵的惨痛历史已经不断地印证了这一点，故孙中山在不同场合多次提出：

> 海军实为富强之基，彼英美人常谓，制海者，可制世界贸易，可制世界富源；制世界富源者，可制世界，即此故也。②
>
> 中国之海军，合全国之大小军舰不能过百只，设不幸有外侮，则中国危矣。何也？我国之兵船，不如外国之坚利也，枪炮不如外国之精锐也，兵工厂不如外国设备齐完也。③
>
> 今日中国欲富强，非厉行扩张新军备建设不可。……昔满清政府将扩张海军建设之费，以为建设一大娱乐园，以作私人之娱乐，吾想今日民主政府，必定努力整理新军备建设，改革中国旧军备也，而不有昔日满清政府之腐败也。④

也就是说，中国要能立足于竞争激烈的世界，就必须建设强大的海军力量，以"海权卫国"，"兴船政以扩海军，使民国海军与列强齐驱并驾，在世界称为一等强国"⑤。

历史和现实都不断地告诫我们：海洋与海权问题关乎国家民族的生死存亡，关注海权、重视海权，以建设强大的海军力量去争回丧失的海权既是历史教训，也是孙中山"海权卫国"思想的现实阐述。

特别值得一提的是，孙中山的伟大之处不仅在于他终身为民主革命鞠躬尽瘁、死而后已，而且还在于他始终认为建设一个美丽富强的中国才是革命

---

① 《孙中山全集》，第9卷，第233～234页。
② 转引自杨国宇主编：《近代中国海军》，第890页。
③ 《孙中山全集》，第2卷，第390页。
④ 《孙中山全集》，第2卷，第390页。
⑤ 《孙中山全集》，第2卷，第497页。

的唯一目的。因此，尽管辛亥革命后，他因"洪宪帝制""宣统复辟"等政治丑剧的先后上演，而不懈地发动护国运动、"二次革命"、护法运动等革命武装斗争，但他始终心系国家的建设和富强，而这又与他的"海洋富国"思想密切相关。

从1917年起，孙中山开始著书立说，思考和筹划国家未来发展的构想与蓝图。1922年，由《孙文学说》《实业计划》《民权初步》三部分合编而成的《建国方略》正式出版。

孙中山在《建国方略》一书中，以洋洋数十万言的篇幅集中阐述了整个国家与民族的心理建设、物质建设和社会建设的总体规划和设想，涵括了广泛而丰富的内容，其中有关"海洋富国"思想的阐述集中于该书的第二部分《实业计划》，其要点是：

第一，以海港群建设作为"海洋富国"的发展基础。

孙中山在《实业计划》的六大计划项目中，将包括海洋航运在内的交通运输置于建设富强国家的首位，即六大实业计划中的前四项均论及交通运输问题，分别是：第一计划：建设北方大港；第二计划：建设东方大港；第三计划：改良广州港；第四计划：铁路建设。而四项有关交通运输的实业计划中，又有三项专门阐述北、东、南三大海港的建设和配套的海港群建设，由此可见孙中山"海洋富国"是其实业计划中的重中之重。

早在1894年，孙中山在《上李鸿章书》中就已提出"人能尽其才，地能尽其利，物能尽其用，货能畅其流——此四事者，富国之大经，治国之大本"[①] 的著名主张，这里所说的"货能畅其流"，指的就是包括海洋航运在内的交通运输。他曾把交通运输比喻为人的手足，"人而无手足，是为废人；国而无交通，是为废国"[②]，足见他对国家经济发展战略中交通运输问题的重视程度。

在孙中山的《实业计划》中，建设北、东、南3个世界级海港，加上营口、福州、海州（连云港）、钦州4个二等港，葫芦岛、芝罘（烟台）、宁波、温州、厦门、汕头等9个三等港，以及安东、秦皇岛、龙口、福宁（宁

---

① 《孙中山全集》，第1卷，第8页。
② 《孙中山全集》，第2卷，第497页。

德三都澳)、湄洲（莆田）、榆林等 15 个渔业港的伟大设想，充分展示了他怀揣发展中国海洋经济，实现"海洋富国"并赶超世界先进国家的宏图远志。

在"海洋富国"的宏伟规划中，孙中山提出，北、东、南三大世界级海港是中国通往世界的主要门户，又是向国内纵深发展的辐射枢纽。再加上在万里海岸线上建设星罗棋布的二等、三等海港和渔业港，通过修建约 16 万公里的铁路和 160 万公里的公路，把全中国的沿海、内地和边疆地区连接起来，形成港口连五洲、铁路进青藏、公路密成网的交通大格局，充分体现了他对中国发展的卓越见识和强烈期盼。

第二，以造船与航运为"海洋富国"的发展支撑。

孙中山认为，陆海兼具的中国应极重视造船业与航运业的发展。他以明代郑和下西洋的航海壮举勉励国人说：

> 郑和竟能于十四个月之中，而造成六十四艘之大舶，载运二万八千人巡游南洋，示威海外，为中国超前轶后之奇举。至今南洋土人犹有怀想当年三保（郑和）之雄风遗烈者，可谓壮矣![1]

孙中山认识到，当今世界海洋强国如英、美、日本等都极重视造船与航运，"西人于水，则轮船无所不通，五洋四海恍若户庭，万国九洲伊同圜阓"[2]。贫弱的中国要迎头赶上先进的海洋强国，就必须大力发展造船业和海上航运业，要建设年产排水量总计 200 万吨的近代化造船厂和建设 1000 万吨的远洋航海船队，以及数以万计的内河船舶、渔船等[3]，以此支撑"海洋富国"实业经济的发展。

值得注意的是，孙中山还特别强调，发展造船业与航运业不仅是"海洋富国"、发展海洋经济的需要，也是与外国争夺航海利权的前提要求。因为近代以来，中国海洋航运事业不受重视，"凡属通商口岸，利权外溢，到处

---

[1] 《孙中山全集》，第 6 卷，第 187 页。
[2] 《孙中山全集》，第 9 卷，第 405 页。
[3] 《孙中山全集》，第 6 卷，第 334 页。

皆然"[1]，"（海洋）商权几乎全握于外人之手"[2]，这种情况若不能彻底加以改变，所谓"革新中国的伟大目标"也难以实现。

第三，将对外开放作为"海洋富国"的思想指导。

孙中山常将他的对外开放思想表述为"开放主义""开放政策"，或"门户开放主义""门户开放政策"等。他多次强调说：

> 要想实业发达，非用门户开放主义不可。……何以名为开放政策？就是让外国人到中国办理工商等事。……凡是我们中国应兴事业，我们无资本，即借外国资本；我们无人才，即用外国人才；我们方法不好，即用外国方法。[3]

孙中山于1918年撰写《国际共同发展中国实业计划书——补助世界战后整顿实业之方法》一文，提出中国是吸收世界经济的大海洋，"凡诸工业国其资本有余者，中国能尽数吸收之"[4]。因此，在"海洋富国"，发展海洋经济问题上，孙中山也同样主张要对外开放，并以"三步走"的方法，作为实施对外开放的基本原则，即：一是规定（外国）投资各政府共同行动，统一政策，以便"设计有统系，用物有准度，以免浪费，以便作工"；二是外国投资必须"得中国人民之信仰（任），使其热心匡助此举"；三是在上述基础上"与中国政府开正式会议，以议此计划之最后契约"[5]。

可以看出，孙中山主张对外开放的前提原则是保持国家主权的独立自主与人民群众根本利益的一致，这是一种极其可贵的开放思想。一方面，中国"以前事事不能进步，均由排外自大之故，今欲急求发达，则不得不持开放主义"[6]，而且"今日立国于世界之上，犹乎人处于社会之中，相资为用，互

---

[1] 《孙中山全集》，第2卷，第403页。
[2] 《孙中山全集》，第2卷，第560页。
[3] 《孙中山全集》，第2卷，第532~533页。
[4] 《孙中山全集》，第6卷，第252页。
[5] 孙文：《建国方略·实业计划》（刘明、沈潜编），郑州：中州古籍出版社，1998年，第201页。
[6] 转引自孙穗芳：《孙中山及其中国近代化思想》，载《孙中山与中国近代化——纪念孙中山诞辰130周年国际学术讨论会文集》上册，北京：人民出版社，1999年，第52页。

助以成"，① 因此，在对外开放的过程中，"吾人眼光不可不放远大一点，当看至数十年、数百年以后，及于全世界各国方可"②。另一方面，对外开放，引进外资，又必须坚持"主权操之在我"的原则立场和基本方针，"发展之权操之在我则存，操之在人则亡，此后中国存亡之关键，则在此实业发展之一事也"③。孙中山的这种认识无论是在当时，还是现在，可以说都是极其清醒、极为可贵而又极富启迪意义的。

孙中山的"海权卫国"与"海洋富国"思想构成其具有前瞻性的、积极的、开放的海洋强国思想体系，两者是一个统一的、不可或缺的有机整体。晚清中国有着太多的苦难与屈辱的历史记忆，在明清之后中国人面对海洋、重返海洋的过程中，孙中山"海洋强国"的思想主张告诉我们，正确认识海权、追求海权、保卫海权是国家独立、民族解放的必然诉求与前提条件，而守护海洋、利用和开发海洋则是国家繁荣富强、民族伟大复兴的发展基础和保障。尽管因时代和条件的限制，孙中山"海洋强国"思想主张与他的国民革命一样"革命尚未成功，同志仍需努力"，但思想的"创造性转化"是国家与民族进步的开端。"思想有多远，我们就能走多远。"在事关国家民族生存发展的海防与海权问题上，我们坚信，孙中山海洋强国思想对他所处的那个时代，乃至当今中国发展所产生的深刻影响，必将为我们在本世纪中叶实现中华民族伟大复兴的宏伟目标助力助航。

---

① 孙文：《建国方略·实业计划》（刘明、沈潜编），第90页。
② 《孙中山全集》，第2卷，第320页。
③ 孙文：《建国方略·实业计划》（刘明、沈潜编），第122页。

主要参考文献

一、官书档案、典籍

1.《明会典》,上海:商务印书馆,1936年。

2.《明实录》,台北:"中央研究院"历史语言研究所校勘本,上海:上海书店,1982年影印。

3. 陈仁锡撰:《皇明世法录》,台北:台湾学生书局,1965年影印本。

4.《明清史料》,台北:"中央研究院"历史语言研究所,北京:中华书局,1987年。

5.《清实录》,北京:中华书局,1985—1987年。

6.《大清十朝圣训》,台北:文海出版社,1965年影印本。

7.《清朝文献通考》,上海:商务印书馆,1936年影印本。

8.《清朝续文献通考》,杭州:浙江古籍出版社,2000年影印本。

9.《钦定大清会典事例(光绪朝)》(陈颐点校),北京:法律出版社,2022年。

10.《钦定大清会典则例》,景印文渊阁四库全书,台北:台湾商务印书馆,1986年。

11.《大清律例》(张荣峥、刘勇强、金懋初点校),天津:天津古籍出版社,1993年。

12. 赵尔巽等撰:《清史稿》,北京:中华书局,1977年。

13. 蒋良骐编:《东华录》,北京:中华书局,1980年。

14. 王先谦编:《东华续录》,上海图书集成印书局光绪十八年(1892)铅印本。

15. 卢坤、邓廷桢等编：《广东海防汇览》（王宏斌等校点），石家庄：河北人民出版社，2009年。

16. 文庆等纂：《筹办夷务始末（道光朝）》（齐思和等整理），北京：中华书局，1964年整理本。

17. 贾桢等纂：《筹办夷务始末（咸丰朝）》（中华书局编辑部标点），北京：中华书局，1979年标点本。

18. 宝鋆等修：《筹办夷务始末（同治朝）》，台北：文海出版社，1971年影印本。

19. 王延熙辑：《皇朝道咸同光奏议》，上海久敬斋，1902年石印本。

20. 《海防档》（甲），"购买船炮"，中国近代史资料汇编，台北："中央研究院"近代史研究所，1957年编印本。

21. 《海防档》（乙），"福州船厂"，中国近代史资料汇编，台北："中央研究院"近代史研究所，1957年编印本。

22. 《船政奏议汇编》，福州，光绪戊子岁（1888）刊本。

23. 《船政奏议续编》，福州，宣统庚戌年（1910）刊本。

24. 厦门大学台湾研究所、中国第一历史档案馆编：《康熙统一台湾档案史料选辑》，福州：福建人民出版社，1985年。

25. 中国第一历史档案馆编：《鸦片战争档案史料》，北京：中华书局，1992年。

26. 中国第一历史档案馆编：《清代军机处电报档汇编》，北京：中国人民大学出版社，2005年。

27. 王彦威、王亮编：《清季外交史料》（李育民等点校整理），长沙：湖南师范大学出版社，2015年。

28. 席裕福、沈师徐辑：《皇朝政典类纂》，近代中国史料丛刊续编，第89辑，台北：文海出版社，1982年。

29. 故宫博物院编：《史料旬刊》（1930—1931年），北京：国家图书馆出版社，1999年。

二、丛书、文集、笔记、史料汇编等

30. 郑若曾:《筹海图编》(李致忠点校),北京:中华书局,2007年。

31. 俞大猷:《正气堂集》,四库未收书辑刊,第5辑,北京:北京出版社,2000年。

32. 顾炎武:《天下郡国利病书》(黄珅等校点),上海:上海古籍出版社,2012年。

33. 施琅:《靖海纪事》(王铎全校注),福州:福建人民出版社,1983年。

34. 江日昇:《台湾外记》(陈碧笙校),福州:福建人民出版社,1983年。

35. 谢清高口述、杨炳南笔录:《海录》,海山仙馆丛书,南京:凤凰出版社,2010年。

36. 郁永河:《裨海纪游》,昭代丛书本。

37. 陈伦炯:《海国闻见录》,昭代丛书本。

38. 杨英:《先王实录》(陈碧笙校注),福州:福建人民出版社,1981年。

39. 陈子龙辑:《明经世文编》,北京:中华书局,1962年影印本。

40. 贺长龄、魏源编:《清经世文编》,北京:中华书局,1992年影印本。

41. 王锡祺编:《小方壶斋舆地丛钞》,光绪三年(1877)著易堂藏版。

42. 萧致治等编:《鸦片战争前中西关系纪事》,武汉:湖北人民出版社,1986年。

43. 中国史学会编:《鸦片战争》,中国近代史资料丛刊,上海:上海人民出版社,2000年。

44. 中国史学会编:《第二次鸦片战争》,中国近代史资料丛刊,上海:上海人民出版社,1978年。

45. 中国史学会编:《洋务运动》,中国近代史资料丛刊,上海:上海人民出版社,2000年。

46. 中国史学会编:《中日战争》,中国近代史资料丛刊,上海:新知识出版社,1956年。

47. 王铁崖编:《中外旧约章汇编》,北京:生活·读书·新知三联书店,1957年。

48.《近代中国对西方及列强认识资料汇编》,台北:"中央研究院"近代史研究所,1972年编印。

49. 傅兰雅:《江南制造总局翻译西书事略》,载《格致汇编》1880年6、7、8、9月,南京:南京古籍书店,1992年影印本,第二、三册。

50. 张侠等编:《清末海军史料》,北京:海洋出版社,1982年。

51. 聂宝璋编:《中国近代海运史资料》,上海:上海人民出版社,1983年。

52. 陈旭麓等编:《甲午中日战争》,上海:上海人民出版社,1982年。

53. 谢忠岳编:《北洋海军资料汇编》,中华全国图书馆文献缩微复制中心,1994年。

54. 葛士濬编:《皇朝经世文续编》,台北:文海出版社,1966年影印本。

55. 台湾银行经济研究室编:《清季台湾洋务史料》,台北:台湾文献委员会,1997年。

56. 台湾银行经济研究室编:《福建台湾奏折》,台湾文献丛刊,第29种,台北:台湾银行,1959年。

57. 王延熙:《道咸同光四朝奏议》,故宫博物院清代史料丛书,台北:台湾商务印书馆,1970年。

58. 龚自珍:《龚自珍全集》,上海:上海人民出版社,1975年。

59. 林则徐:《林文忠公政书》,近代中国史料丛刊,台北:文海出版社,1968年影印本。

60. 林则徐:《林则徐全集》,福州:海峡文艺出版社,2002年。

61. 中山大学历史系中国近现代史教研组、研究室编:《林则徐集·奏稿》(3册),北京:中华书局,1965年。

62. 中山大学历史系中国近现代史教研组、研究室编:《林则徐集·公牍》,北京:中华书局,1963年。

63. 杨国桢编:《林则徐书简》,福州:福建人民出版社,1981年。

64. 魏源:《魏源全集》,长沙:岳麓书社,2004年。

65.《魏源集》,北京:中华书局,1976年。

66. 梁廷柟:《夷氛闻记》(邵循正校注),北京:中华书局,1985年校注本。

67. 梁廷柟:《海国四说》(骆驿、刘骁校点),北京:中华书局,1993年。

68. 姚莹:《中复堂全集》,近代中国史料丛刊续编,台北:文海出版社,

1974年。

69. 姚莹:《康輶纪行》,同治六年(1867)安福县署重刊本。

70. 夏燮:《中西纪事》(欧阳跃峰点校),北京:中华书局,2020年。

71.《徐继畬集》(白清才、刘贯文主编),太原:山西高校联合出版社,1995年。

72. 冯桂芬:《校邠庐抗议》(陈正青点校),上海:上海书店出版社,2002年。

73. 王韬:《弢园文录外编》,上海:上海书店出版社,2002年。

74. 王韬:《弢园尺牍》(汪北平、刘林编校),北京:中华书局,1959年。

75. 曾国藩:《曾文正公全集》,上海:中华图书馆,1924年。

76.《曾国藩全集》,长沙:岳麓书社,1987—1995年。

77. 吴汝纶编:《李文忠公全集》,光绪三十一年至三十四年(1905—1908)金陵本。

78.《李鸿章全集》,海口:海南出版社,1997年影印本。

79.《李鸿章全集》(顾廷龙、戴逸主编),合肥:安徽教育出版社,2008年。

80.《左宗棠全集》(杨书霖编),上海:上海书店,1986年影印本(据光绪十六年萃文堂刻本影印)。

81.《左宗棠全集》(十五册)(刘泱泱、岑生平等点校),长沙:岳麓书社,2009年。

82.《沈文肃公政书》(吴元炳辑),台北:文海出版社,1967年影印本。

83. 沈葆桢:《沈文肃公政书》(全四册),清末民初文献丛刊,北京:朝华出版社,2017年影印本。

84. 丁日昌:《百兰山馆政书》,揭阳:广东省揭阳市丁日昌纪念馆,2009年编印本。

85.《刘壮肃公奏议》(全二册)(陈澹然编),清末民初文献丛刊,北京:朝华出版社,2018年影印本。

86. 张之洞:《张文襄公全集》,海王村古籍丛刊,北京:中国书店,1990年影印本。

87.《张之洞全集》(苑书义等主编),石家庄:河北人民出版社,1998年。

88. 郭嵩焘:《郭嵩焘奏稿》(杨坚校补),长沙:岳麓书社,1983年。

89. 郭嵩焘:《郭嵩焘日记》(本社校点),长沙:湖南人民出版社,1982年。

90. 薛福成:《庸庵全集》,台北:华文书局,1971年。

91.《薛福成选集》(丁凤麟、王欣之编),上海:上海人民出版社,1987年。

92. 马建忠:《适可斋记言》,北京:中华书局,1960年。

93.《郑观应集》(上、下册)(夏东元编),上海:上海人民出版社,1982、1988年。

94.《孙中山全集》,北京:中华书局,1981—1986年。

95.《台湾海防档》,台湾历史文献丛刊,台北:台湾银行经济研究室,1961年。

96.《台湾海防并开山日记》,台湾历史文献丛刊,台北:台湾银行经济研究室,1961年。

97. 吴永口述,刘治襄记:《庚子西狩丛谈》,桂林:广西师范大学出版社,2008年。

98. 杨家骆主编:《中日战争文献汇编》,台北:鼎文书局,1973年。

99. 陈天锡编:《东沙岛成案汇编》,上海:商务印书馆,1928年。

100. 韩振华编:《我国南海诸岛史料汇编》,北京:东方出版社,1988年。

101.《中国近代期刊篇目汇录》,上海:上海人民出版社,1982年。

102. 马骏杰、吴峰敏、门贵臣编:《清末报刊载海军史料汇编》,济南:山东画报出版社,2016年。

三、今人论著

103. 杨国桢等:《明清中国沿海社会与海外移民》,北京:高等教育出版社,1997年。

104. 杨国桢:《瀛海方程——中国海洋发展理论和历史文化》,北京:海洋出版社,2008年。

105. 杨国桢:《林则徐传》,北京:人民出版社,1995年修订版。

106. 陈尚胜:《"怀夷""抑商":明清海洋力量兴衰研究》,济南:山东人民出版社,1997年。

107. 林仁川:《明末清初私人海上贸易》,上海:华东师范大学出版社,1987年。

108. 陈高华、吴泰:《宋元时期的海外贸易》,天津:天津人民出版社,1981年。

109. 李金明、廖大珂:《中国古代海外贸易史》,南宁:广西人民出版社,1995年。

110. 彭德清主编:《中国航海史(古代航海史)》,北京:人民交通出版社,1988年。

111. 陈伯坚、黄启臣:《广州外贸史》(上),广州:广州出版社,1995年。

112. 驻闽海军军事编纂室:《福建海防史》,厦门:厦门大学出版社,1990年。

113. 戚其章:《中国近代社会思潮史》,济南:山东教育出版社,1994年。

114. 戚其章:《晚清海军兴衰史》,北京:人民出版社,1998年。

115. 张玮、许华:《海权与兴衰》,北京:海洋出版社,1991年。

116. 海军军事学术研究所:《中国海防思想史》(张玮、邓峰主编),北京:海潮出版社,1995年。

117. 杨国宇主编:《近代中国海军》,北京:海潮出版社,1994年。

118. 卢建一:《闽台海防研究》,北京:方志出版社,2003年。

119. 杨金森、范中义:《中国海防史》,北京:海洋出版社,2005年。

120. 王宏斌:《晚清海防:思想与制度的研究》,北京:商务印书馆,2005年。

121. 王宏斌:《清代前期的海防:思想与制度》,北京:社会科学文献出版社,2002年。

122. 孙光圻:《中国古代航海史》,北京:海洋出版社,2005年。

123. 王家俭:《中国近代海军史论集》,台北:文史哲出版社,1984年。

124. 王家俭:《李鸿章与北洋舰队:近代中国创建海军的失败与教训》(校订本),北京:生活·读书·新知三联书店,2008年。

125. 姜鸣:《龙旗飘飘的舰队——中国近代海军兴衰史》(甲午增补本),北京:生活·读书·新知三联书店,2008年。

126. 包遵彭:《中国海军史》,台北:中华书局,1977年。

127. 吕一燃主编:《中国海疆历史与现状研究》,哈尔滨:黑龙江教育出版社,1995年。

128. 庄国土:《中国封建政府的华侨政策》,厦门:厦门大学出版社,1989年。

129. 张墨、程嘉禾:《中国近代海军史略》,北京:海军出版社,1989年。

130. 吴杰章等:《中国近代海军史》,北京:解放军出版社,1989年。

131. 戚其章:《甲午战争史》,北京:人民出版社,1990年。

132. 胡立人、王振华:《中国近代海军史》,大连:大连出版社,1990年。

133. 鲍中行:《中国海防的反思》,北京:国防大学出版社,1990年。

134. 刘中民等:《中国近代海防思想史论》,青岛:中国海洋出版社,2006年。

135. 茅海建:《天朝的崩溃——鸦片战争再研究》,北京:生活·读书·新知三联书店,1995年。

136. 黄顺力:《海洋迷思:中国海洋观的传统与变迁》,南昌:江西高校出版社,1999年。

137. 许毓良:《清代台湾的海防》,北京:社会科学文献出版社,2003年。

138. 王家俭:《洋员与北洋海防建设》,天津:天津古籍出版社,2004年。

139. 钱刚:《大清海军与李鸿章》,香港:中华书局(香港)有限公司,2004年。

140. 郑永常:《来自海洋的挑战——明代海贸政策演变研究》,台北:稻乡出版社,2004年。

141. 高新生:《中国海防散论》,沈阳:辽宁大学出版社,2009年。

142. 罗欧主编:《广东海防史》,广州:中山大学出版社,2010年。

143. 李育民:《晚清中外条约研究》,北京:法律出版社,2018年。

144. 刘利民:《不平等条约与中国近代领水主权问题研究》,长沙:湖南人民出版社,2010年。

145. 王士强、高新生编著:《中外海防发展比较研究》,北京:军事科学出版社,2011年。

146. 王宏斌:《晚清海防地理学发展史》,北京:中国社会科学出版社,2012年。

147. 张建雄:《清代前期广东海防体制研究》,广州:广东人民出版社,2012年。

148. 戚海莹:《北洋海军与晚清海防建设》,济南:齐鲁书社,2012年。

149. 李金强等合编:《近代中国海防——军事与经济》,香港:香港中国近代史学会,1999年。

150. 马汝珩、马大正主编:《清代边疆开发研究》,北京:中国社会科学出版社,2003年。

151. 李金强等主编:《我武维扬——近代中国海军史新论》,香港:香港海防博物馆,2004年。

152. 麦劲生编:《近代中国海防史新论》,香港:三联书店(香港)有限公司,2017年。

153. 冯青:《中国近代海军与日本》,长春:吉林大学出版社,2008年。

154. 海军军事学术研究所编:《甲午海战与中国近代海军》,北京:中国社会科学出版社,1990年。

155. 张海峰等编:《鸦片战争与中国现代化》(太平洋文集 4),北京:中国社会科学出版社,1991年。

156. 戚其章、王如绘编:《甲午战争与近代中国和世界》(甲午战争 100 周年国际学术讨论会文集),北京:人民出版社,1995年。

157.《中国海洋发展史论文集》,1~10辑,台北:"中央研究院"人文社会科学研究中心编,1984—2008年。

158. 马幼垣:《靖海澄疆:中国近代海军史事新诠》,台北:联经出版事业股份有限公司,2009年。

159. 杨文鹤、陈伯镛:《海洋与近代中国》,北京:海洋出版社,2014年。

160. 戚俊杰、郭阳编:《北洋海军新探——北洋海军成军 120 周年国际学术研讨会论文集》,北京:中华书局,2012年。

161. 丁一平等编著:《喋血沉思——海军专家论北洋海军与甲午海战》,北京:海潮出版社,2013年。

162. 兴河:《天朝师夷录——中国近代对世界军事技术的引进(1840—1860)》,北京:解放军出版社,2014年。

163. 秦天、霍晓勇编著:《悠悠深蓝:中华海权史》,北京:新华出版社,2013年。

164. 石家铸:《海权与中国》,上海:上海三联书店,2008年。

165. 陆儒德:《中国海军之路》,大连:大连出版社,2009年。

166. 张文木:《论中国海权》,北京:海洋出版社,2009年。

167. 倪乐雄:《文明转型与中国海权》,上海:文汇出版社,2011年。

168. 戚俊杰、刘玉明主编:《北洋海军研究》1～3辑,天津:天津古籍出版社,1999、2001、2006年。

169. 林国基、林国华主编:《自由海洋及其敌人》,上海:上海人民出版社,2012年。

四、外文译著、史料译编等

170. [德]希理哈:《防海新论》(傅兰雅、华衡芳合译),上海:江南机器制造局翻译馆刻印本。

171. [德]H. 帕姆塞尔:《世界海战简史》(屠苏等译),北京:海洋出版社,1986年。

172. [日]佐佐木正哉编:《鸦片战争之研究(资料编)》,近代中国史料丛刊·续编,第95辑(941),台北:文海出版社,1983年影印本。

173. [意]白蒂:《郑成功:远东国际舞台上的风云人物》(庄国土、苏子惺译),南宁:广西人民出版社,1997年。

174. [苏]谢·格·戈尔什科夫:《战争年代与和平时期的海军》,北京:三联书店,1974年。

175. [英]F. H. 欣斯利编:《新编剑桥世界近代史》,第十一卷(中国社会科学院世界历史研究所组译),北京:中国社会科学出版社,1987年。

176. [美]斯蒂芬·豪沃思:《美国海军史:驶向阳光灿烂的大海》(王启明译),北京:世界知识出版社,1997年。

177. [美]A.T.马汉:《海权论》(萧伟中、梅然译),北京:中国言实出版社,1997年。

178. [美]马汉:《海军战略》(蔡鸿斡、田常吉译),北京:商务印书馆,1994年。

179. [美]马士:《中华帝国对外关系史》(张汇文等译),第一卷,北京:三联书店,1957年。

180. [美]道格拉斯·诺斯、罗伯特·托马斯:《西方世界的兴起》(厉以平、蔡磊译),北京:华夏出版社,1989年。

181. [美]L. S. 斯塔夫里阿诺斯:《全球通史——1500年以后的世界》(吴象婴、梁赤民译),上海:上海社会科学院出版社,1992年。

182. [美]惠顿:《万国公法》(丁韪良译),北京:京都崇实馆,同治三年印本。

183. [奥]阿·菲德罗斯等:《国际法》(李浩培译),北京:商务印书馆,1981年。

184. [英]J.G.斯塔克:《国际法导论》(赵维田译),北京:法律出版社,1984年。

185. [荷]格劳秀斯:《论海洋自由》(马忠发译),上海:上海人民出版社,2005年。

186. [荷]格劳秀斯:《战争与和平法》(马呈元、谭睿中译),北京:中国政法大学出版社,2016年。

187. [日]藤村道生:《日清战争》(米庆余译),上海:上海译文出版社,1981年。

188. [日]外山三郎:《日本海军史》(龚建国等译),北京:解放军出版社,1988年。

189. [日]村上卫:《海洋史上的近代中国》(王诗伦译),北京:社会科学文献出版社,2016年。

190. [美]约翰·柯林斯:《大战略》(钮先钟译),台北:黎明文化事业股份公司,1975年。

191. [美]包尔温:《明日战略》(奚明远译),台北:黎明文化事业股份公司,1976年。

192. [英]朱利安·S.科贝特:《海上战略的若干原则》(仇昊译),上海:上海人民出版社,2012年。

五、晚清报刊资料

《申报》《东方杂志》《广益丛报》《南洋兵事杂志》《华北杂志》《新民丛报》《国闻周报》《外交报》《时务报》《清议报》《浙江潮》《江苏》《河南》等

后 记

本书是2014年国家社科基金一般项目"近代中国从海防到海权的思想衍变研究"(14BZS053)的结题成果，因各种主客观原因历时十年，现以《重返海洋：晚清中国海洋思想研究》为题付梓出版。

对于当下学人而言，将脑海中竭虑思考的、脉动跳跃的信息文字转变为现实凝结的、可直视推敲的纸质文字，的确是一个甘苦参半、冷暖自知的研习渐进过程。研究成果从课题拟定到正式出版，首先要感谢国家社科规划办当年的立项和信任，使我有机会能将多年零散的思考，逐渐形成现今相对系统的基本思路。其次要感谢厦门大学出版社的支持和厚爱，以及责任编辑韩轲轲女士的细心和认真，使本书得以顺利出版。

南宋哲人陆象山先生有云："为学患无疑，疑则有进。"我曾在拙文选辑《中国近代思想文化史探论》的"前言"中说过，自己在习学、治学的过程中有幸得到罗耀九教授和杨国桢教授两位恩师的面教亲炙，罗师训练了我的思维能力，杨师开拓了我的学术视野，在研习求索的史学道路上，自固然不敢奢望能成"一家之言"，但也确谨遵两条治学的基本原则：一不囿于成说，人云亦云；二不刻意"标新立异"，作惊人之语。回首过往，自己习学、治学的跋涉之途均基本能依此勉力而行。故令人尤其感到高兴的是，杨国桢先生在我课题结题后就为此写了序，在本书出版之时，自然更要感谢恩师的谆谆教诲和热情鼓励！

此外，我衷心感谢为研究课题结题做出鉴定的各位专家先进，你们客观公正而严谨的鉴定意见始终是我继续前进的动力。一路走来，我还要感谢我的学生与同事李卫华、郭奇林、李安峰、王雅娟、王凤先、杨换宇、周红、张彩霞、朱晓芳等，以及厦门大学图书馆、台湾研究院资料室的各位老师，由衷感恩所有一贯鼓励和支持我的亲人和朋友，特别是我的爱妻赛梅和女儿黄晔，是你们温暖无限的爱意才使我得以坚持并顺利完成这一研究任务。

You raise me up.

本书得到厦门大学历史系学科建设经费的出版资助，崮此特别予以致谢！

谢谢大家！谢谢！

黄顺力

2024年1月于厦大寓所"偶得斋"